U0043109

前哈佛大學文理學院院長
柯偉林 William C. Kirby 著

許芳菊 譯

頂尖大學的條件

從現代大學的演變
洞見教育卓越的關鍵

Empires *of* Ideas

Creating the Modern University from Germany to America to China

目　次

台灣版序 —— 5

序 —— 13

導言：「世界一流」大學 —— 19

第 1 章
德國的大學：歷史介紹 —— 39

第 2 章
現代原創：柏林大學 —— 49

第 3 章
**真理、正義與自由，在冷戰的世界：
柏林自由大學** —— 91

第 4 章
美國研究型大學的興起與挑戰 —— 131

第 5 章
在變化和風暴中崛起：哈佛大學 —— 149

第 6 章
**公共使命，私人資助：
加州大學柏克萊分校** —— 215

第 7 章
驚人的野心：杜克大學 —— 253

第 8 章
中國人的世紀？：中國大學的復興與崛起 —— 295

第 9 章
從預備學堂到國家旗艦：清華大學 —— 327

第 10 章
歷史的包袱：南京大學 —— 365

第 11 章
亞洲的全球大學？：香港大學 —— 403

結論：教訓與前景 —— 445
註釋 —— 469

台灣版序

我的書《頂尖大學的條件》中文譯本能在台灣最早問世，應該是最適合不過的了。因為正是在台灣，我開始了我做為現代中國歷史學家的職業生涯。而且也正是在台灣，我透過一系列的講座首次呈現了本書的主題。

2017 年，我很榮幸受邀在中央研究院舉辦第二屆郭廷以學術講座。應近代史研究所的邀請來此演講，我感到特別開心。

郭教授是我本書講述內容中更廣大故事的一部分：現代大學在國際和中國的演變。他是近現代中國史研究的領航人物，畢業於南京東南大學。在來到台灣師範大學之前，他曾陸續任教於清華大學、河南大學和國立中央大學。1955 年，他受命籌備中研院近代史研究所，十年後，此所正式成立，由郭教授擔任創始所長。

我的老師費正清教授曾在 1930 年代在清華大學蔣廷黻教授的指導下學習中國歷史，他與郭教授在近代史研究所、哈佛和其他國際機構之間密切合作的學術交流計畫獲得了中研院、美國社會科學研究理事會和美國學術團體協會的支持。

遺憾的是，在我 1977 年第一次以傅爾布萊特獎學金學者來到台灣之前，郭教授已經過世。當時由王聿均教授擔任所長。我記得費正清教授給了我一封給王教授的介紹信，以展開我的研究。但當我降落在台北松山機場時，我買了一份當地報紙，看到了上面的頭條新聞：「反對費正清大遊行！」（費正清發表了一篇呼籲美國在外交上承認大陸的文章，激怒了中華民國當局。）所以，我把那封信放在口袋裡一陣子。兩周之後，我鼓起勇氣，來到南港，向王教授自我介紹。他非常慷慨熱情。近代史研究所開啟了我的研究生涯，因為它重視學術而非政治。為此，我永遠心存感激。

該研究所的演變，以及中國研究在戰後美國的演變，都是本書所講述內容更廣大故事的一部分：現代研究型大學從歐洲、美國到亞洲的演變。我試圖處理的問題是：有鑑於它的過去，大學的未來將何去何從？

我試圖從歷史學家和高教從業者的角度審視 21 世紀全球領先的高教中心。在本書中，我探討了八所大學的個案研究和三個國家的高等教育體系。我研究它們是如何成長的、評估它們今天面臨的最大挑戰，並且預估哪個體系（如果有任何一個體系可以的話）將在 21 世紀制定全球標準。簡而言之，我問了一個問題：如果德國在 19 世紀定義了現代研究型大學，而美國的機構在 20 世紀開始引領世界的大學，那麼，中國（包括香港）的大學為 21 世紀制定標準的可能性為何？

我希望時間和空間上能允許我單獨寫一篇關於台灣及其歷史上偉大的大學，例如國立台灣大學。但一本書能容納的篇幅有限啊！

但讓我在這裡簡單地討論為什麼本書所提出的主題對台灣也很重要。台灣擁有在人文和科學研究方面都走在前頭的機構。與毛澤東時代的大陸不同，台灣尊重而非貶低知識份子。自台灣在近四十年前開始政治自由化以來，更強而有力的大學治理形式得以蓬勃發展。與此同時，由於教育部是中央集權的，即使在民主國家，政黨也不免誘於試圖將教育政治化，不論是在歷史教育、文學教育或文化教育上。然而在我研究過的世界各處的大學中，這條路幾乎不會有好的結果。

台灣的大學，就像它們在中國大陸和美國的同行一樣，繼承了多個全球的傳統：就台灣的例子而言，首先來自日本，然後在 1949 年之後，來自中國大陸（在這兩種情況下，都間接承襲自德國的機構），並且自 1950 年代開始，受到大批留美學者的影響。

　　與它大陸的同行一樣，台灣也一直熱衷於何謂擁有「世界一流」大學，以及如何建立這些大學的問題。台灣也一直遵循著我在本書中討論的「排名規則」，政府決心至少要有一所台灣的大學進入全球前一百名，並且讓院系和研究中心在其學科排名中在亞洲名列前茅。也許是受到大陸的中國 211 工程和 985 工程（1995-98）的啟發，中華民國教育部和國科會於 1998 年啟動了「大學學術追求卓越發展計畫」。在 21 世紀的第一個十年，該計畫遵循了德國卓越計畫的模式，提供資金和聲望來獎勵一些選拔出來的研究項目。隨後，行政院於 2006 年發布了「高等教育宏觀規劃」報告書，目標設定在 15 至 20 年內，至少有一所台灣的大學排名進入世界前五十名。在台灣，就如同在其他地方一樣，強調「世界一流」的研究會引起爭論和抗拒，特別是因為它似乎貶低了教學和指導的價值，尤其是在社會和人文科學領域。[1]

　　如今，儘管台灣的大學在全球排名中的最高理想仍難以實現，但根據 2024 年泰晤士高等教育世界大學排名，台灣在世界大學排名中保持著穩定的地位，有七所大學進入了前五百名。

　　對台灣的大學來說，國際化不僅意味著與世界各地的大學競爭，也許更重要的是合作。台灣的大學在吸引美國、歐洲和亞洲的研究夥伴方面展現了充沛的活力。僅在 2023 年就見證了以下的合作夥伴關係，主要在科技領域：

● 2023 年 5 月，Nvidia（輝達）公司的執行長黃仁勳宣布將在台灣大學成立一個人工智慧（AI）中心。

- 2023 年 6 月，普渡大學與國立陽明交通大學和位於台北的國立政治大學簽署了合作備忘錄，以加強半導體相關領域的參與和發展工作。

- 2023 年 11 月，德州農工大學系統與台灣大學學術聯盟簽署了針對半導體設計與製造合作研究的交流計畫協定。

- 2023 年 11 月，國立政治大學和捷克查理士大學（Charles University）成立供應鏈韌性中心（簡稱 SCRC），以促進供應鏈韌性和半導體開發的研究。同月，國立台灣科技大學與印度理工學院古瓦哈蒂分校（簡稱 ITTG）宣布在兩所大學建立聯合研究中心，聚焦於半導體技術等領域。

- 2023 年 12 月，伊利諾大學系統和國立台灣大學提供資金給 4 個新的跨學科研究團隊和 8 項旅行補助，以促進參與和研究合作。

在這些合作中，我很高興再加上哈佛台北書院（Harvard Taipei Academy），這是一所提供中文進階語言培訓的暑期學校，它與台灣大學合作，於 2023 年夏季首度亮相。除此之外，台灣大學還有志於成立一所創新的國際政經學院，這是以英語授課的學位課程。

大學部教育在全球大學排名中可能沒那麼受到重視，但是正如本書的案例所闡明的那樣，它是任何一所優秀大學的重要組成成分。在大學部教育的可及性方面，台灣位居世界領先者之中。

在非常早期的時候，中華民國在台灣僅有 7 所大專院校，招生不到 7,000 人。到了 2022 年，台灣已經總共有 148 所大學、學院、專科學校，入學人數達 114 萬名，並且在 18 歲到 22 歲的年輕人之中有 70% 在高等教育機構就讀，其中超過三分之一會繼續攻讀研究所。簡而言之，跟中國大陸（但更早）一樣，台灣也追求高等教育的大眾化，但是與大陸不同的是，它是透過一系列多元化的公私立大學來實現這一目標，這些大學總體上來說，其規模比大陸的同行小。

然而，隨著高等教育異常成功地擴張，挑戰也隨之而來。到了 2024 年，台灣高等教育這一領域正在萎縮而非成長，這反映出低出生率和低移民率的人口統計數據。有些大學正在關閉，有些則正在合併。例如 2023 年 5 月，台灣教育部批准國立台灣科技大學與面臨招生問題的私立華夏科技大學合併。（2022-2023 學年，華夏招收的學生不足其總招生名額的一半。）2023 年 12 月，教育部表示，台灣共有 112 個大學和學院課程在前一個學年度裡沒有新生就讀。這其中甚至包括台灣大學研究所的課程，學科從戲劇、地理、海洋學到微生物學都有。

在馬英九擔任總統期間，台灣與大陸的關係更加密切，解決入學人數縮減的一個辦法是從中國大陸招收優秀的學生。畢竟，台灣既有實力雄厚的研究型大學，也有優秀的大專院校，而且它們都有本書所探討的第一所現代大學所標榜的 Lehrfreiheit（教學的自由），和 Lernfreiheit（不受阻礙地學習的自由）。在過去十多年裡，這些自由在大陸的大學裡一直受到嚴重的侵犯。實際上，招收和留住大陸學生，有望在未來解決台灣著名高科技產業擔心其工程師短缺的問題。而且有歷史延續性可做為基礎：新竹的國立清華大學源自於北京清華大學（本書第 9 章），由清華大學「永遠的校長」梅貽琦於 1955 年重建。它是工程和技術領域的領導者，並且尋求和北京的清華大學重新建立連結。

到了 2016 年，已有超過 4 萬名大陸學生在台灣求學，為入學人數打了一劑強心針，並且為台灣帶進新的人才。但國內政治（民進黨一直對大陸學生持懷疑態度）和北京當年對蔡英文總統當選的嚴厲反應，開始讓兩岸學術合作深陷凍結。還有其他的限制：大陸學生屬於特殊類別，與國際學生分開；他們沒有資格獲得政府獎學金或健保，也不能賺取補充收入。也不允許在台灣長期居住。[2]

隨著海峽兩岸都受到新冠疫情時代的限制，任何對大陸學生做出改變的承諾都告終。儘管北京在 2024 年 3 月再次允許台灣學生申請大陸的大學，但仍然未解除 2020 年大陸新生來台灣入學的禁令。最後一批在台灣的大陸學士學位學生於 2023 年畢業。只剩下 2,000 名短期學生和研究生。[3]

就如同台灣企業透過將部分產能轉移到越南等地，將其大陸投資「去風險」一樣，中華民國教育部也開始了「新南向政策」，招收超過 30 萬名來自香港、澳門、東南亞和南亞的學生。但它將面臨來自韓國和日本的強烈競爭，這兩個國家也計畫這樣做。儘管如此，這項政策可能為台灣提供了一個重要的機會，因為台灣的大學和研究中心近年來對外部人才的開放方面一直極為保守。

對台灣來說，一個相關的挑戰是保持「外向」，並且深入參與 21 世紀的大學世界。世界上躍升最快的大學，其最顯著的一個特徵是對國際化的持久投入，以及讓教職員和學生沉浸在更廣闊的大學世界之中。沒有哪所偉大的大學可以透過原地踏步和閉關自守來保持強大的。我們都必須在全球思想市場上競爭。當年郭廷以教授與費正清合作派遣許多中研院年輕學者出國攻讀博士，正是深刻體會到這一點。如今，隨著台灣本身的高等教育在質量上皆有所成長，出國攻讀更高學位的學生愈來愈少。考慮到台灣的大學的高品質，這是可以理解的，但它也意味著台灣許多年輕的學者被剝奪了與其他地方最優秀學者較量的機會，以及充分沉浸於全球學術潮流的機會。在大學的世界裡，自我封閉無異是自取毀滅。

德國最初在柏林的實驗影響了好幾代美國高教的領導人；而美國的

大學接續教育出中國大陸、香港和台灣在高教領域內外一代又一代的領導人。我希望台灣擁有一個強大、自信、熱情的高教體系，能向世界開放，並且參與其中，在培養台灣、亞洲和其他地區未來幾代領導人方面做出同樣的貢獻。

現在讓我來感謝那些成就本書中文譯本的人。聯經出版總編輯涂豐恩，對此計畫給予了大力支持與關注。譯者許芳菊做出了高度敬業的成果，而編輯李佳姍為這本涵蓋三個世紀、三個國家、多種語言，以及高等教育無盡挑戰的書籍提供了專家水準的編輯。我非常感謝聯經出版的這些同事。我要感謝哈佛大學出版社 Karen Pelaezcm 與聯經安排翻譯出版的事宜。

最後，我要感謝中研院近代史前所長呂妙芬給我舉辦郭廷以學術講座的機會，本書就此誕生。[4] 我的研究生涯始於近史所，對我來說，這裡是永遠的家。

麻薩諸塞州　萊辛頓

2024 年 3 月

序

子曰:「學而時習之,不亦說乎?」

　　儒家經典《論語》的第一句話,寫於西元前 5 到 3 世紀之間,它比我所知道的任何一句話都更貼切地捕捉到現代大學的挑戰與回報。它同時也反映了我本身做為歷史學家、老師和院長寫作這本書的心路歷程。

　　我有幸從十八歲開始就能在學院和大學裡學習與執教。在達特茅斯學院(Dartmouth)、衛斯理學院(Wellesley)以及美茵茲大學(Mainz)就讀時,我學會了重視具備國際面向的博雅教育。在柏林和哈佛攻讀研究所時,我尋求獲得成為一名教授門生所需的才能。在華盛頓大學和哈佛,不論是做為一名學者或是學校主管,我體會到如何學以致用。

　　從歐洲、美洲到亞洲,一路走來,我逐漸了解到大學的世界所具備的豐富性與複雜性。這本書要大大歸功於遍布在三大洲的個人和大學機構所提供的經驗、共同合作與協助。

　　在聖路易斯華盛頓大學(Washington University in St. Louis),這所美國大學中的一顆明珠,我見識到了丹佛斯(William H. Danforth)以及之後的萊頓(Mark S. Wrighton)如何能夠以優秀與有原則的領導,在數十年間改變一所大學並保持合作與清明的治理。我非常感激我在那裡的歷史系和大學學院的導師們。1990 年代初期到哈佛時,我有機會在傑出的院長諾爾斯(Jeremy R. Knowles)和教授出身且雄辯又有說服力的校長魯登斯坦（Neil L. Rudenstine）底下工作，回想起來，這是那所大學的黃金十年。在我自己的海外研究中、在建立國際研究夥伴關係時，以及任職於歐洲和中國的大學顧問委員會期間，我開始覺察到中國大學復甦的活力，以及歐洲大學革新的力道。從清華大學的陳吉寧、邱勇；北京大學的陳佳洱、王恩哥、郝平；香港大學的馮國經、馬斐森（Peter Mathieson）；先後執教於海德堡和維也納大學的魏格林（Susanne Weigelin-Schwiedrzik）；阿姆斯特丹大學學院（Amsterdam University College）以及烏特勒支大學（Utrecht）的范德文德（Marijk van den Wende）；柏林自由大學的羅梅君（Mechthild Leutner）和阿爾特（Peter-André Alt），他們在制度上的建立，都讓我學習良多。對這些同事和朋友我深表感謝。

這本書如果沒有哈佛商學院（HBS）院長諾瑞亞（Nitin Nohria）在他任職期間提供慷慨的研究經費，是不可能完成的，他和他的前任萊特（Jay Light）一樣，提供了不遺餘力的支持。我在哈佛中國基金和哈佛大學上海中心的同事 Julia Cai、王頤、戴華，提供了重要的後勤和研究協助。

哈佛商學院的個案研究法形塑了這本書，而我傑出的哈佛商學院研究人員，則進一步讓它發展得更為具體。Joycelyn W. Eby 為中國和美國的部分提供了非常大的幫助，陪著我進行了多次的訪談，並且和我合著哈佛商學院關於加州大學柏克萊分校、清華大學和香港大學的案例，這是最終章的早期初稿。Yuanzhuo Wang 合著了哈佛商學院關於杜克大學的案例，並對我們到南京大學的研究訪問提供了重要的幫助。John McHugh 和 Joyce Kim 各自憑藉著他們對於中國和美國背景的專業知識，以及他們對這個專案的深度投入，對書稿的完成做出了珍貴無比的貢獻。Mareike-Christin Bues 協助將德國的案例概念化，Carolyn Taratko 則將它們大力發揮，提出了最終的版本。Noah Truwit 協助交稿後的更新與參考資料的附註。我在哈佛商學院的教職員助理專員 Ava Russell，在進行這個專案的期間，讓我們的預算能保持在範圍內（並且在某種程度上）如期進行。她的接任者 Alice Foster McCallum 審閱了這份編輯過的文稿。對於這些同事的協助、建議和支持，我感激不盡。

我有幸與哈佛大學出版社兩位傑出的編輯一起工作。Elizabeth Knoll 最初跟我簽下這個專案，並從那個時候開始就一直提供良好的建議。Andrew Kinney 是一位對高等教育有深入了解的歷史學家，他對整本書稿提出了扎實的建議與編輯，讓內容變得更為簡潔優異。Pen & Ink 的 Penelope Perkins，對書稿的每一行都做了最嚴格的編輯與校對。Jenny Korte 提供了出色的文案編輯，Angela Piliouras 為最終的文案編輯和排版監督把關，Mary Mortensen 則準備了索引。我還要感謝 Belknap Publishing 的主管 Joy de Menil，以及哈佛出版社的兩位主管 Bill Sisler 和 George Andreou，他們見證了這個專案從構想到成書的過程。我非常感謝兩位匿名讀者對本書所提出的評論和建議。

像這樣的研究必須仰賴多種來源：出版的、檔案的和口述的。洪堡大學、柏林自由大學、杜克大學、加州大學柏克萊分校、清華大學、南京大學和香港大學的檔案管理人員所提供的知識與幫助讓我受益良多。對於杜克大學過往與當前材料的順利取得，我要特別感謝大學圖書館館長戴博拉・賈庫斯（Deborah Jakubs）和前教務長彼得・蘭格（Peter Lange）。

我很榮幸能夠採訪到本書所研究的機構近百位過去和現在的領導人。這些校長、教務長、教授和高階行政人員，在談論他們的大學所面臨的挑戰時所表現出來的坦率，讓我感到高興，甚至經常感到驚訝。我無法在此將他們全部列出，但即使是一份簡短的名單，也足以呈現出一份德國、美國和中國高等教育的「名人錄」樣貌。

在德國，我從洪堡大學校長芬克（Heinrich Fink）、馬爾席斯（Christoph Markschies）、奧爾伯茨（Jan-Hendrik Olbertz），以及他們在行政和教學方面的資深同仁 Eva Inés Obergfell 和 Peter Frensch 身上學到了洞見和經驗。我從騰諾特（Heinz-Elmar Tenorth）以及多位對他關於這所大學前兩百年歷史的權威著作有貢獻的多位同事那裡學到很多東西。

我在自由大學的研究是在校長阿爾特（Alt）和副校長余凱思（Klaus Mühlhahn）、格里斯霍普（Herbert Grieshop）、丹南柏格（Matthias Dannenberg），總務長波爾（Andrea Bör），以及無以倫比的前總務長彼得‧朗吉（Peter Lange）（本書中兩位無以倫比的 Peter Lange 之一），通力合作之下所促成的。我從威勒（Hans Weiler）以及自由大學國際諮詢委員會其他成員的建議中獲益良多，該委員會為自由大學在德國卓越計畫（Excellence Initiative）中提供相關的策略建議。

當然，在哈佛，受到我採訪折磨的同事不乏其人，其中最主要的有前校長魯登斯坦和福斯特（Drew Faust），以及接任的校長巴科（Lawrence Bacow）。前院長葛拉漢（William Graham）、布魯姆（Barry Bloom）、納拉亞姆蒂（Venkatesh Narayanamurti）以及前教務長海曼（Steven Hyman），這些人對他們的任期做了詳實的敘述。教務長賈伯（Alan Garber）、院長道爾（Frank Doyle）談到了在麻省理工學院所在的城鎮，工程領域所面臨的挑戰，哈佛幹細胞研究所的負責人米爾頓（Douglas Melton），則更進一步往西看，找尋哈佛的主要競爭對手。

在柏克萊，校長德克斯（Nicholas Dirks）和他的團隊跟我分享了柏克萊近代歷史上顯赫的偉大事蹟、緊張局勢和財政局促。前校長博吉紐（Robert Birgeneau）和接任校長克里斯特（Carol Christ），幫助我了解這所大學的獨特文化。而前教務長布雷斯勞爾（George Breslauer）則詳細談到了柏克萊在 2008 年金融危機之後的耐受力。另一位傑出的前教務長賈德‧金（Judd King），在柏克萊高等教育研究中心親切地接待了我。我的歷史學同儕葉文心和羅斯布萊特（Sheldon Rothblatt），兩位都是柏克萊的優秀學者，他們提供了寶貴的見解。

在杜克，校長布羅德海德（Richard Brodhead）為整所學校豎立了熱情、開放的榜樣。前校長基歐漢（Nannerl Keohane）提供了重要的背景。教務長蘭格和柯恩布魯斯（Sally Kornbluth）接受了我們大量的採訪，並提供了該大學豐富的計畫文件。執行副校長羅伯特（James Roberts）和財務長特拉斯克三世（Tallman Trask III）幫助我了解該校的財務狀況，而副校長默森（Michael Merson）則闡述了杜克大學的國際企圖心。為了瞭解崑山杜克大學在中國的雄心和挑戰，我要感謝謝普德（Blair Sheppard）、布洛克（Mary Brown Bullock）、高海燕、彭諾亞（Noah Pickus）、柯文迪（Wendy Kuran）、強森（William Johnson），特別是拜納姆（Nora Bynum）。崑山黨委書記管愛國、副市長金乃冰和金銘，則提供了中國現場重要的背景。

在清華大學，我要感謝校長陳吉寧和邱勇、黨委書記陳旭、副校長楊斌、院長錢穎一、李稻葵、薛瀾、潘慶中，教授謝喆平和汪暉所提供的觀點。在清華的蘇世民學者（Schwarzman Scholars）項目中，我從它的基金創始信託人蘇世民（Stephen A. Schwarzman）和它永不懈怠的執行長司愛敏（Amy Stursberg）那裡，了解了第一手資料。我要感謝我在北京大學（清華的鄰居和對手）的朋友和同事，他們對於中國的高等教育所提供的廣大視野：特別是校長王恩哥和林建華，金李教授和袁明教授。

我在南京大學的工作得到了傑出的現代歷史學家張憲文、陳謙平、姜良芹的幫助，他們提供了深厚的背景，並且安排了查閱檔案和採訪的機會。我要感謝黨委書記張異賓和胡金波，黨委副書記楊忠、副校長王振林，教授何成洲，前中美中心聯合主任顧百里（Neil Kubler）教授的協助。

最後，我有機會在香港比較開放而緊張的時刻進行研究。如果沒有香港大學校長馬斐森和張翔、首席副校長錢大康、譚廣亨、副校長徐碧美、麥培思（John Malpas），院長何立仁（Ian Holiday）、梁卓偉，以及教授徐國琦、楊銳、（特別是）高馬可（John Carroll）的幫助，我不可能持續我在這裡的工作。前任和現任校務委員會主席馮國經、李國章，對於他們的任期做了詳細的陳述。關於香港更廣泛教育領域的前景和問題，我直接從我在香港大學教育資助委員會的同事那裡加以了解。

如往常一樣，在這樣的研究中，只有一些檔案和採訪內容最後會成為書中的內容，但是它們共同為本書的完成做了很大的貢獻。

我要特別感謝呂妙芬主任和台灣中央研究院近代史研究所。我很榮幸在 2017 年的郭廷以學術講座發表了這個專題的概要。[1]

關於用羅馬拼音呈現中文姓名一事，我在此做點說明：我使用的是中華人民共和國的標準拼音，姓在前面，除非當這個人是家喻戶曉，或比較喜歡以另一種形式被知道。

一個經常為了工作頻繁出國的作者，唯有在國內擁有一個美好的家庭做為後盾才有可能成功。我有幸能擁有兒子 Ted、女兒 Elizabeth、姊姊 Katherine，以及最重要的，我的妻子和歷史學同儕 Yvette Sheahan Kirby，她的耐心只有她在大學世界裡的經歷足以媲美。這本書是獻給她的。

導言

「世界一流」大學

我們活在一個充滿大學的世界裡。至少有 30,000 家機構自稱為大學。其中大約有 1,400 所名列泰晤士高等教育世界大學排名（Times Higher Education World University Rankings）。誰領先群雄？單純從高等教育機構的數量來看，答案可能是印度，在 2020 年，它擁有 1,043 所大學，42,343 家學院，[1] 遠遠超過美國，美國有將近 4,000 家授予學位的學院和大學。2021 年，中國教育部統計它們有 3,012 所高等教育機構。[2] 以色列有 63 所，巴勒斯坦有 25 所。北韓根據某個評量有 3 所，根據另一個評量則有 300 所。甚至格陵蘭、吉布地（Djibouti）、摩納哥（Monaco）也各有一所大學。[3]

當然，這是一個由截然不同的大學所組成的世界。這裡有牛津和劍橋，這兩所世界最古老，而且依照任何標準仍處於領先地位的大學，然而也有幸好已經不復存在而且腐敗的「川普大學」（Trump University），它就如同它的同名者一樣，目前已經被廢除並停業。然後，還有另一類自吹自擂的大學：讀者必定能夠說出許多過去曾是「學校」或「學院」的機構，現在以大學的名義招生。傑出的高教歷史家羅斯布萊特（Sheldon Rothblatt）在討論「大學的身分認同源自於一個單一理念的歷史想法」時，提出了以下這個論點：在大學已經存在的好幾個世紀裡，「從未存在過一個單一的大學理念。」[4] 有些大學所提供的內容非常寬廣。有些則嚴密專精。前蘇聯集團的大學是應用知識的典範，他們的學生畢業之後直接進入預選的國營事業。正如我們即將看到的，高等教育有很不一樣的國家體系，但並非全部都是有系統性的。大學在具備功能之前，可能先以形式存在：想想美國的新歌德式校園，它們早在卓越學術成就被認可前就已存在。

大學的世界與強權政治的世界相距不遠。畢竟，大學是為誰服務？個人？社群？國家？黨派？這些都是具有當代重要性的老問題。所有現代研究型大學的導師（Doktorvater）——柏林大學的建立，是為了振興戰敗的普魯士國家，以知識的力量取代失去的土地。哈佛，在它平凡無奇的頭一百年裡，大部分時間都是一所「公立」大學，但它現在是一所具有強烈公共使命的著名私立大學。加州大學柏克萊分校從一開始就是一所為加州服務，令人引以為榮的公立大學，但它現在愈來愈成為一所由私人贊助的機構，但仍然懷抱著為廣大公眾服務的志向。清華大學成立時被賦予的外交使命是：透過將清華大學的畢業生送到美國，將美國和中國更緊密地聯繫在一起。今天，隨著清華大學登上世界最受推崇大學的行列，它成為美國和國際人才的吸納者。

然而關於強權政治和國家的興衰，在眾多有影響力的研究中，大學的世界卻異常地缺席。保羅・甘迺迪（Paul Kennedy）在他的經典著作《霸權興衰史》中，著重在經濟變化與軍事衝突。藍迪斯（David Landes）在《新國富論》（*The Wealth and Poverty of Nations*）中，評量國家的富裕和貧窮，他對於鐘錶的關注勝過任何形式的教育。在《國家為什麼會失敗？》中，艾塞默魯（Daron Acemoglu）和羅賓森（James Robinson）深入挖掘權力、繁榮和貧窮的起源，但是在索引中找不到

「教育」。還有我的同事麥爾（Charles Maier），對於高等教育的概況，尤其是哈佛，有深入的了解，但在他著眼於美國優勢的傑作《帝國之間》（*Among Empires*）一書當中，對於大學的著墨甚少。[5]不過，在對這些國家財富和權力的分析當中，至少藍迪斯引用了一位商業銀行家的話，這位銀行家來自於一個處於石油繁榮高峰期的波斯灣國家，在思考到財富的真正本質時，他說：「**富裕**就是教育……專業……技術。**富裕**就是擁有知識。是的，我們很有錢，但是我們並不**富裕**。」[6]

「一個富裕的國家不可能有貧窮的農民。」這是泰國正大集團資深董事長與世界上最創新的農業綜合企業之一的領導者謝國民（Dhanin Chearavanont）傳授給我哈佛商學院學生的一堂課，當時我正在教導一個關於正大集團在中國經營的個案。我也相信，一個富裕而歷久不衰的國家，照道理說，不會有差勁的大學。一國的國力也許可以精確地用國內生產總值或軍事實力來衡量，但是如果我們無法同樣精確地計算高等教育的品質，並不意味著它不重要。

過去三個世紀全球最重要的政治和經濟強權，在學術和學習上也一直是強大的領導者。在 17、18 世紀，法國能持續主導歐洲，與其說是軍事實力，不如說是思想的力量。在亞洲，當時處於鼎盛時期的大清帝國，在大部分的東亞世界裡樹立了何謂教化與文明的定義，並且因此而受到歐洲的景仰。在 19 世紀，首先是英國，接著是法國，然後是德國，躍為世界強權，伴隨著這股力量的，是它們領先的學校和大學對全球的吸引力。在英國，來自大英帝國（以及後來自大英國協）的菁英們，會在劍橋或牛津，或殖民世界裡許多英國模式的機構接受教育。法國的大學校（grandes écoles）還沒有受到國際大眾的歡迎（直到最近），但它們可能成為法國海外領土（la France d'outre-mer）菁英的首選教育場所。相較之下，德國的大學之所以成為世界各地學者的首選之地，是因為它們重新定義了大學的可能——而且是在一個德國國力不斷壯大的時代。在整個 20 世紀的過程中，如果說美國的大學獲得了全球的聲望，並吸引了愈來愈多的國際學生和學者，那麼這與美國在「美國世紀」裡的崛起密切相關。在 2022 年，當中國的大學在世界排名中快速攀升，吸引了超過 50 萬名國際學生進入校園，這與中國重返世界強權與影響力大國的地位是無法分開來看的。

這不是一本關於地緣政治的書，而是一本關於在全球背景下，從歷史和未來的角度來看，大學所扮演的角色。這本書是關於現代**研究型**大學在其表現最為強勁的三個場景：德國、美國和中國。它關乎大學的未來，並參照了大學的過去。我從歷史學家的角度，檢視了 21 世紀三個領先的全球高等教育中心：我探索它們如何成長、衡量它們今天所面臨的最大挑戰，並估計哪些系統（如果有的話）可能會在 21 世紀制定全球標準。

德國的大學為 19 世紀各地的現代大學奠定了基礎。美國的大學到了 20 世紀末擁有了巨大的影響力。我提出了一個簡單的問題：那麼，在 21 世紀，**中國**領導地位的前景如何？僅僅是提出一個這樣的問題，就需要針對德國、美國和中國的大學進行某種程度的比較研究。

2022 年，幾乎所有全球大學的主要排名都顯示美國的大學機構居於領先地位。然而，我們知道 1922 年的情況並非如此，所以也沒有理由假設 2122 年的情況會如此。和其他領域一樣，美國在高教的領導地位，如今承受著巨大的壓力，特別是在它的公立大學，以及私立研究型大學的領域。與此同時，近幾十年來，世界上沒有任何一個地方的高等教育比中華人民共和國發生了更多的革命性變化。1977 年，中國的大學經歷了災難性的文化大革命之後才剛剛重新開放。今天，它們已經準備好在研究和教育的領域引領國際。

中國大學近來的快速增長（現在有超過 4,000 萬名學生入學），已經超過了美國戰後的擴張，或是歐洲在 1970 年代和 1980 年代大規模招生時的成長。在過去二十年，中國大學的平方面積增長為五倍。不同於美國 1950 年代的擴張，以及歐洲 1970 年代的成長，這種增長有著自覺的菁英主義成分，其目的在建立大量的「世界一流大學」。這其中最好的，把大量的資源投入在研究上，而其中最具創新性的，也正在創造性地實驗在德國和美國都有先例的「博雅教育」（liberal education）的概念。

因此，我更廣泛的研究是一項針對過去和現在，曾經或誓言要為卓越的高等教育做出定義的三個國家所做的調查：亦即過去兩個世紀裡的德國、美國和中國。我當然了解，德國、美國和中國許多不同的大學機構，往往似乎沒什麼「系統」。我所進行的這項研究，並不是一系列全面性的國家研究，而是透過個別大學的個案研究，從中獲取省思。在教育的領域，研究人員長期以來一直使用個案研究來探討「實踐中的關鍵問題」，並拓展對教育經驗多元化的了解。[7] 在這本書中，可以肯定的是，每一所大學都根植於一個更大的系統，但每一所都有自己獨特的故事，自身的特質和自身的關注。每一所大學都有自己的戲碼，但是我希望能為更廣大的觀眾提供它所帶來的省思。

我至今在哈佛任教三十年，在過去的十五年裡，我也在哈佛商學院授課。我已經看到了個案研究，以及在個案研究方法的教學中，可以如何在釐清整體的同時，也關注到特定的狀況。哈佛商學院的個案研究曾經被描述為是在教導「管理不確定的藝術」[8]。我們的個案主要是為了教學之用，有著多種可能的結果：好的故事可以讓人觸類旁通，而非反其道而行。這本書中的個案研究並非為了得出一套單一的結論，而是為了豐富讀者的經驗，引導他們從多方面沉浸到不同大學的生活中，思考世界頂尖研究型大學共同和不同的中心主題中。

在敘述的過程中，我將會討論每一所大學造成它興衰起落的因素：校長、總務長和院長的領導力；教職員和學生的素質；以及財政資源的能力等等。我將會特別關注三個互相關聯的現象，這些現象可以追溯到1810年柏林大學的成立：第一個是大學應致力於最高水準的科學研究這個概念——德語的 Wissenschaft（科學）這個字，可以是指哲學，或是物理學。第二個是致力於培養出一種博雅教育的文化，這種文化，從最基本的意義上來講，強調陶冶（Bildung）不同於較為實用的訓練（Übung）。用中文來講，就是廣泛的基礎**教育**和**訓練**（一種更狹窄、重複的教育方式）之間的區別。在這樣的結合下，這種理想化的「德國模式」將重塑美國19世紀下半葉至今的高等教育；而今天，正是這種模式（現在通常被視為「美國模式」）正在成為當今中國高教體系的一部分。

第三個是在治理的領域，特別是賦予大學在任命和設定自己優先順序上的自主權，並且高度遠離政治風向的影響。這是**現代源起的**大學（就如今天的洪堡大學喜歡描述自己的那樣），最關鍵性的啟發。在創造或摧毀偉大的全球大學過程中，也許沒有任何一個標準比治理的品質更為重要的了。

對於德國，我們研究的個案是柏林大學，它是所有現代研究型大學之母，隨著時間的演變，它也被稱為腓特列‧威廉大學（Friedrich Wilhelm University）以及後來的洪堡大學；此外還有柏林自由大學，它是在冷戰開始時，在美國基金會的支持下所成立的。

在美國，研究的個案為哈佛大學，我身為哈佛三十年的教職員，更貼切地說，在1990年代和2000年代擔任系主任、中心主任和文理學院院長，我對哈佛可說瞭如指掌；加州大學柏克萊分校，曾經是美國首屈一指的公立學校，現在正經歷痛苦的轉型；還有杜克大學，一所迅速崛起的大學，其立足於全球的野心超過了哈佛或柏克萊。

　　在中國，我們聚焦於清華大學，它成立於 1911 年，是一所美國資助的文理預備學校，現在則是中國在科學、工程和經濟學方面的頂尖大學；南京大學，原為國民政府時代的中央大學，以柏林大學的模式來建立；以及香港大學，一所大英帝國的大學，立志要成為「亞洲的全球大學」。

開誠布公

　　當然，這些大學在全世界都很知名，對於任何此類的書籍，它們可能是很自然的選擇。我之所以選擇它們，也是因為在過去幾十年來，我從親身的經歷中，對它們每一所都甚為了解。做為一名年輕的德國歷史學者，我在大學畢業後於柏林求學，獲得了德國學術交流總署（German Academic Exchange Service）的獎學金在柏林自由大學研究。稍後，在成為博士生和中國近代史領域的助教時，我與洪堡大學傑出的漢學家們書信往來並逐漸熟識。然後，我在自由大學的國際顧問委員會任職，並對柏林的學術環境做了更深入的研究。在美國，我除了曾在哈佛做研究生，以及（在很久以後）擔任教職員之外，我還曾在柏克萊的多個委員會任職，柏克萊是我們在中國研究領域的同儕與競爭對手，這裡還有一個領先的高等教育研究中心，開始進行這本書的時候，我在那裡待了一學期部分的時間。我曾擔任杜克大學崑山校區中國事務的高級顧問，並經常居住在達勒姆（Durham）和崑山。我曾是清華大學蘇世民學者項目的學術顧問委員會主席，現為其董事會成員。自 1984 年以來，我定期訪問南京大學，以及它附近的前共產主義時期國家檔案館。在香港，我曾在該市的大學教育資助委員會任職數屆，這個委員會負責督導香港的大學。我最近還參與審查了香港大學一項重大且有爭議的治理案件。

所以，我很了解這些地方。但這並不意味著我會不加以批判地研究它們。畢竟，這本書源於我身為一名歷史學家（先是德國，然後是中國），以及身為高等教育工作者的職業生涯（主要在美國）。當我在聖路易斯華盛頓大學，獲得第一個職位成為一名年輕教授時，我開始看到卓越的領導，強大而合作的治理，以及優秀的學生和學者社群，可以如何對一個大學機構的生命造成強而有力的影響。當我接受華盛頓大學的院長職位時，我在哈佛的博士指導老師之一費正清（John King Fairbank）寫信給我說，他希望這會是一劑遠離大學行政管理的「早期接種」。但事實並非如此，從那時起，我就一直著迷於創造大學的卓越表現。

理性的讀者可能會好奇：一本關於「世界大學」的書，怎麼會忽略掉它最古老的一員（波隆納大學）；兩所歷史淵遠、最受尊崇，而且仍然絕對是最好的（牛津和劍橋大學）；或是可能在當代印度發現到的成長快速且充滿活力的大學機構？當然，牛津和劍橋的卓越成就早在德國的研究型大學興起之前就已經存在了。但直到 19 世紀德國模式興起，從德國歸來的牛津、劍橋學者才開始在他們的大學體系裡納入研究的重點。[9] 相較於中國，印度擁有大量、分布各處的高教機構，但卻沒有強大的政府部門來發展國家高等教育的政策，以確保品質和提供經費。[10] 也許是效法中國，直到 2020 年，印度政府才啟動了一項雄心勃勃的二十年計劃，要讓高等教育容納量倍增。[11]

無論如何，沒有一本書可以包羅萬象。由於我的目的是在探索 19、20 和（可能）21 世紀，明確設定全球標準的領先地點和系統，因此選擇德國、美國和中國是具有說服力的。本書所研究的德國、美國、中國的大學，都曾經是，或是有志於成為全球的領導者。在整本書中，都會有大學如何衡量其成功的參考資料，特別是將它們放在一起比較時，如何衡量其成功。這就是我們今天所說的「排名」或「排行榜」的故事。這是一個關於追求與衡量領導力，努力成為，或保持在世界一流大學的故事。所以，也許我們應該從檢視何謂「世界一流」的含意開始。

在全球高等教育中的排名和聲望

當代政府領導人、學術管理部門、家長和學生，對於了解和鑑定出世界一流大學向來都很關心。隨著各國競相發展創新驅動型的經濟，他們發現自己正處於一場培養、吸收和留住頂尖人才的全球競爭。大學被視為是達成這一目標的關鍵手段。[12] 這一點在中國最為明顯，中央政府已經將資源投入到最菁英的大學機構，其明確的目標，就是要達到世界一流的地位。大學行政部門也非常重視此一目標。例如清華大學 2011-2015 年的事業發展規劃中，「世界一流大學」這個字眼，出現了 27 次。[13]

但是「世界一流」是什麼意思？美國的專家阿爾特巴赫（Philip Altbach）曾經就國際高等教育發表過大量著作，他承認：「每個人都想要一所世界一流大學。沒有一個國家認為它可以不要擁有一所。問題是，沒有人知道什麼是世界一流大學，也沒有人知道如何可以獲得一所。」[14] 長期以來，學者和媒體都試圖分類和量化是什麼造就了一所偉大的大學。沒有出現明確的共識，但是有一些共同的線索。對於大學品質的評量有很多種，但其中有一種因為它的淵遠流長與廣受歡迎而脫穎而出：排名表。由於便於傳播且一目了然，國家和國際的排名表，成為量化「世界一流」成就最流行的方式。今天，從美酒、飯店到洗碗機，都可以拿來評等或排名。大學，有何不可呢？

美國人（現在則是全球）對於排名的迷戀

排名開始成為美國的一種全民運動。美國最早的大學排名例子之一，源自於一個更廣泛的計畫，是有關於傑出思想家的背景，計畫領導人為心理學家卡特爾（James McKeen Cattell）[15]。卡特爾在 1910 年編製出一份名單，列出 1,000 位最傑出的「美國科學家」（American Men of Science），並完全按照十分位數進行排名和分組，這份名單是更大的傑出學者計畫的一部分。然後他匯總了這些人曾經在哪裡上學、在哪裡工作的資訊，並根據傑出教職員的總數、傑出校友的總數，以及傑出教職員占整體教職員的比例，制定出了一份大學機構的名單。更重要的是，他的總結分析之一，列出了各大學的排名，根據的是目前雇用「科學家」的人數——也就是，真正在進行研究的教職員，根據每個人（當時他們都是男性）在同儕中的個人排名進行加權。[16]

從這第一次的排名就可以明顯地看出來，平衡地使用絕對和相對的統計是非常重要的：如果卡特爾根據教職員總數與「科學家」總數的**比例**來排列他的圖表，我們會得到一個非常不一樣的結果。例如，1910 年克拉克大學（Clark University，當時的加州理工學院）在研究方面，扎扎實實地比哈佛大學要傑出許多。

卡特爾的研究成果，呈現了排名系統在選擇和取捨上持續面臨的困擾。卡特爾的努力是當今排名方法論的支柱之一：結果導向的分析，它的一個早期例子。結果導向分析是根據大學經營的各種產出和成果來評價大學，例如產出了多少有名的校友、聘任了多少位得獎教授，或是有多少研究論文被刊登。

1924 年，化學家休斯（Raymond Hughes）做了一個前導研究，引進了現代排名方法的另一根支柱：聲望導向的分析。[17] 在美國中北部院校協會（North Central Association of Schools and Colleges）的要求之下，他針對邁阿密大學的教職員進行了調查，請他們以 1 到 5 的等級對 36 所大學的 20 門學科進行評分，然後將這些評分匯總成一個綜合列表。在 1934 年的下一輪調查中，休斯針對來自更廣泛大學的受訪者進行了調查，但是他只按字母順序提供匯總的結果，因為他的目的不在於確定排名。他的工作為 1950 年代和 1960 年代聲望導向的研究所課程排名系統奠定了基礎。

但直到 1983 年，才有了第一份由《美國新聞與世界報導》（*U.S. News and World Report*，簡稱 USNWR）所推出的「美國最佳大學」

表 1.1 教職員排名前十名的機構（絕對值）
（0.5 名教職員表示退休或兼職的教職員）（資料來源：James McKeen Cattell 編輯, *American Men of Science: A Biographical Directory*, 2nd ed. [New York: The Science Press, 1910], 589.）

排名	機構	「科學家」教職員人數
1	哈佛	79.5
2	哥倫比亞	48
3	芝加哥	47.5
4	耶魯	38
5	康乃爾	35
6	約翰霍普金斯	33.5
7	威斯康辛	30
8	美國農業部	28
9	美國地質調查所	25.5
10	麻省理工學院	25

（America's Best Colleges）報告，這才讓大眾得以一窺大學的排名，並對它產生興趣。《美國新聞與世界報導》是一家次要且正在走下坡的新聞周刊，被《時代》和《新聞周刊》所超越。它需要另一個使命，而它找到了。「美國最佳大學」最初是一項純粹的聲望調查，僅是根據大學校長的意見進行排名。為了回應對其方法論的批評，USNWR 在 1988 年改變了方法，發展出一套排名方式，聲望占 25%，絕對數據（包括：入學率、畢業率、教職員表現等等）占 75%。從那時起，USNWR 的排名在大學和研究所，以及在專業層級，都主導了美國大學領域的排名，現在

表 1.2　教職員排名前十名的機構（相對值）

（資料來源：James McKeen Cattell 編輯, *American Men of Science: A Biographical Directory*, 2nd ed. [New York: The Science Press, 1910], 589.）

排名	機構	教職員總數： 「科學家」教職員人數的比率
1	克拉克	2
2	約翰霍普金斯	5.6
3	芝加哥	6
4	史丹佛	6.9
5	哈佛	7.8
6	布林茅爾（Bryn Mawr）	7.8
7	衛斯理	8.5
8	凱斯西儲大學（Case）	8.8
9	普林斯頓	9.8
10	麻省理工學院	10.1

每年都會出版一次。[18]

　　根據韋伯斯特（David S. Webster）的說法：「正如邱吉爾所說的，民主是一種最糟糕的政府制度，但比其他的制度都好，所以用品質排名來比較美國大學院校是一種最糟糕的工具，但比其他的工具都好。」[19] 然而，到了 2000 年初，美國國內的排名不再是唯一引起爭議的排名。隨著教師、學生、工作和資訊的移動變得更加全球化，大學發現它們自己正處於日益國際化的市場之中。全球化和對世界一流地位的普遍嚮往，導致了跨越國界比較大學機構的排名系統激增。這使得一項艱鉅的工作變得更加困難。即使像是在美國這樣一個單一國家，要試圖客觀地比較各個大學廣泛的院系、專業、使命，都已經夠困難了。

　　但是，儘管排名有其侷限性（而且還很多），而且面臨著大學行政部門的疑慮和高教界的批評，這些人哀嘆排名的無所不在以及它們的影響力，但這些排名系統的確有助於建立評估和比較的共識。每一種系統 ——《美國新聞與世界報導》、世界大學學術排名（Shanghai Jiao Tong University Academic Ranking of World Universities，簡稱 ARWU）、泰晤士高等教育世界大學排名以及 QS 世界大學排名（Quacquarelli Symonds World University Rankings），傾向於將每所大學的研究成果列在首位，也許這是最容易量化的產出。在排名系統之外，學者和行政部門為偉大建立了更細緻的定義，納入了諸如學術自由、大學自主權等抽象概念，以及可衡量的產出，例如教師論文被引用次數和校友獲得的獎項。對「世界一流」的許多定義，其共同點在於始終強調出三個領域的卓越：教職員、學生和行政部門。近來，特別是在中國，「世界一流」的定義通常還包括了國際和文化的交流。

教職員

　　一群能產出大量研究的頂尖教職員，幾乎是所有「世界一流」概念的關鍵。正如哈佛文理學院前院長羅索夫斯基（Henry Rosovsky）所說的，最好的學校「正確地認定教職員的素質是維持其聲譽和地位的重要因素。最好的教職員會吸引最好的學生，產出最高品質的研究，並獲得最多的外界支持。」[20] 但是，哪些政策可以吸引最優質的教職員？大學如何確保模範學者繼續進行研究？

　　要獲得來自教職員豐富、高品質的研究成果，其最基本的條件是學術自主權。「教學自由」（Lehrfreiheit）和「學習自由」（Lernfreiheit）的概念，是世界上第一所研究型大學柏林大學的核心。隨著研究型大學的模式在歐美傳播與演進，學術自由的價值，讓教授可以成為他們各自領域的專家，在他們的興趣和資源容許的範圍內，盡情地做該領域的研究。這種擴大的研究自由（當然從來不是完美的），讓大學成為創新和發現的中心。對學術自由的保護，與教授和整個社會之間隱含的社會契約相關聯——那些被提供時間和空間進行研究的人，有責任和社會分享他們的發現，並且為更廣大的福祉努力。[21]

　　當然，排名遊戲中缺少了很多東西。排名只能對可以衡量的東西進行排名。它們偏愛發表在特定（主要是英語）國際期刊上的研究論文。例如引用索引這類的標準，也許對經濟學領域至關重要，但對凱爾特語（Celtic）的研究卻沒什麼幫助。國際排名可以著重在主要的研究獎項，大學以擁有諾貝爾獎得主為榮，然而他們得獎的內容經常是幾十年前在另外一所大學所做的研究成果。

　　通常，排名會刻意忽略教學、教育和課程，更不用說輔導或啟發了。大學必須自己評估教學狀況，而它們的做法參差不齊。很少有大學在專業上或財務上積極地獎勵優秀的教學。原則上，傑出的教學可以連結上尖端的教師研究與培養有天分的學生。但即使是最好的教學和指導，也只能透過其他的衡量標準，例如師生比，在排名中模糊地呈現出來。

將教職員做為創建世界一流大學的核心，對行政部門來說，可能會造成財務和組織上的負擔。吸引研究領域中最傑出的教職員，猶如進入一場跟歐洲足球賽沒有什麼不同的競標戰。誰不想要生命科學界的梅西（Lionel Messi）？招聘最優秀的人才需要巨額的薪酬、浩瀚的資源和設施（通常是新的），更別說免於教學的**休假**時間了。終身職制度最初是用來做為確保學術自主權的一種做法，現在則與大學之間的競爭密不可分。在國際競爭的環境中，為了招聘或留住最優秀的人才，大學必須提供終身任期。今天，沒有哪個國家的高教系統比中國更為積極地跨國招聘。但是中國的「千人計畫」，不過是西方長期測試的招聘遊戲中的一個最新例子。

學生

沒有學生，大學就不會存在。吸引頂尖學生和培養出優秀、成果豐碩的畢業生（先不論這些如何定義）的能力，是世界一流大學的另一個關鍵面向。一所世界一流的大學需要有一套招生機制，讓它可以招收和錄取到最具有潛力的學生。一旦被錄取，學生就可以接觸到新的想法和啟發性的研究。雖然教職員的素質必然會影響學生的發展，一樣重要的是同學的素質，當然，還有課程的特質。

在討論關於大學的全球卓越性時，以博雅教育為基礎的課程（通常以通識教育的形式做為必修），經常被認為是培養學生做為未來公民的主要方式。愛荷華大學和達特茅斯學院已故的校長佛里德曼（James O.

Freedman），是美國最能言善辯的博雅教育提倡者之一，他強調大學教育的公共目的在於：「透過博雅教育加強學生處理世界和國家議題的能力，開拓他們的視野，豐富他們的才智，深化他們的精神層面。它要求他們為自己的行為與他人的福祉負起責任。」[22] 美國人文與科學院（American Academy of Arts and Sciences）2013 年的一份報告《事物的核心》（*The Heart of the Matter*）認為，人文和社會科學教育是美國的國家當務之急，必須「（1）教育美國人在 21 世紀的民主國家中成長茁壯所需要的知識、技能和理解力；（2）孕育一個創新、有競爭力且強大的社會；以及（3）使國家在一個互聯的世界裡，具備領導力。這些目標無法單靠『自然』科學達成。」[23]

誠然，在告誡要鼓勵發展博雅教育的同時，學術界也同樣在焦慮著他們所認為的美德（例如：教導批判性思考、培養品格、教育公民）在實踐中是如何缺席了。[24] 此外，對於應該如何教導博雅教育才是最好的，大家也沒有共識。回顧我在哈佛時，自己對大學教育的評論，那是在千禧年代的第一個十年，我當時擔任院長，委託了一組教職員和學生撰寫關於通識教育的論文，大家對於博雅教育的內容，不乏豐富的想像力和截然不同的觀點。[25]

儘管如此，這個想法仍然強大並影響全球。在 21 世紀初，歐洲和中國的大學開始仿效美國文理學院的做法，通常是在研究型大學裡設立菁英榮譽學院。有志於成為世界一流的大學尋求方法，讓他們的學生在全人發展與取得深厚的專業知識上能保持平衡。*

---

* 譯註：liberal education、liberal arts、liberal arts and sciences 這幾個字在台灣都經常被翻譯為「博雅教育」。博雅（Liberal）一詞源自於拉丁文，是「自由」的意思，因此也有人翻譯為「自由人的教育」。liberal arts college、Faculty of Arts and Sciences 在台灣通常翻譯為（美國的）文理學院，也有人翻譯作「博雅學院」。

治理

通常被視為「世界一流」的大學，可以說還有另一個顯著的特徵：它們享有靈活有效的治理體系，它們在任命和教育上，很大程度上不會受到政治的干預，並且有足夠的資源來實現它們的願景。這是 19 世紀洪堡式（Humboldtian）的願景，很少能夠在任何地方完美的實現。在美國，大部分的大學發展出一套治理系統，由位於行政階層頂端的校長，以及一個董事會來領導。在理想的情況下，這種管理結構甚至能讓公立大學（大部分）根據大學的最佳利益做出決定，而不會被捲入政治的潮流裡。但正如美國傑出的高教學者柯爾（Jonathan Cole），哥倫比亞大學前教務長所指出的，當今大學面臨的最大威脅之一是：「政府對學術探究自由的侵犯。」[26]

然而，政府對大學的生存和生計至關重要。國際高教著名學者薩爾米（Jamil Salmi）認為，在當前全球化的世界中，「如果沒有有利的政策環境和直接的公共倡議與支持，是不可能快速創建一所世界一流大學的。」[27]就如同過去兩個世紀的德國、美國和中國的大學，今天，對有志於成為世界一流的大學，它們的挑戰是促進與政府合作、支持的關係，而非壓抑的關係。要與國家建立有如金髮姑娘（Goldilocks）所說的，「恰到好處」的關係，事實證明並不容易。*

無論來自大學外部的政治影響力如何，世界一流大學也需要在其內部建立有效的治理系統。例如在大多數領先的美國大學中，重要的預算和可能有爭議的決策，是由任命的院長、教務長或其他行政人員來執行，而不是由教職員委員會來做決定。對照之下，德國大學有選舉院長

---

* 譯註：Goldilocks 金髮姑娘源自《格林童話》，她凡事求恰到好處。

和校長的傳統，羅索夫斯基指出，此一過程「注定了領導力的薄弱」。[28] 中國的大學在上世紀嘗試了所有可以想像得到的模式，但今天，共產黨在大學裡的管理角色日益增強，可以想見，其領導將會是強而有力卻反應遲緩的。

國際化

雖然在四個主要排名系統中只有三個提到國際化參與，但它經常被引用為世界一流大學的標準，尤其是在中國。國際化參與在大學校園中以許多不同的方式出現，包括國際多元化的教職員、學生團體、國際學術交流計畫，以及獨立的或合資的國際分校。當前大學的國際化，既反映也帶領了經濟全球化，隨著大學競相搶當「全球未來領袖」的東道主，清華大學也宣稱這是它們的旗艦計畫之一。[29] 這也一樣不是什麼新鮮事：本書中所研究的一流大學，每一所都是幾世紀學術國際化的產物。

排名規則

隨著 21 世紀對世界一流大學的討論變成學術界的一個小產業，這個術語的定義變得複雜，有時甚至互相矛盾。中國官方傾向於強調對公共利益的貢獻做為世界一流大學的決定標誌。[30] 有的大學強調大學的創新角色，有一些，則相反地，主張傳統應居於核心地位。[31] 目前還不清楚的是，這些定義是否會集中在幾個關鍵的想法，或者隨時間的演變而更加多樣化。

也許對於「世界一流」含意的爭論，有一部分是針對排名崇拜的反應，排名崇拜可能促使大學只著重在被排名的項目，而不是學術探索與發現的崇高使命。排名（所有的這些都是在衡量過去的活動），難道不會實際上阻礙了創造力去建立新的，或是東山再起的機構嗎？雖然世界各地的校長、教務長、院長在他們的治理委員會裡儀式性地譴責排名的暴政，他們每天仍然竭盡所能地要將學校在排名中提升。

不論有多麼地不完美，排名確實顯示了高等教育全球領導地位構造板塊的移動。假設今天被世界各地的院長、校長所閱讀的大學排名，例如已公布的世界大學學術排名（ARWU 排名），在一個世紀前就已經存在的話，德國的大學仍然會占有一席之地。目前排名甚佳的哈佛大學，則進不了前十名，或許連前二十名都上不了榜，它要等到 19 世紀後期，透過仿效柏林大學的做法，才成為一所名副其實的研究型大學。今天，至少從 QS 世界大學排名來看，北京大學和清華大學的表現優於**每一所**德國的大學。世事難料啊。

第 1 章

德國的大學

歷史介紹

在柏林市中心，中央大道菩提樹下大街（Unter den Linden）上，坐落著一座軍械庫（Zeughaus），這是由布蘭登堡選帝侯腓特烈三世（Frederick III）在 17 世紀末和 18 世紀初所建造的。1875 年，它成為統一的普魯士－德意志帝國下的一座軍事博物館。1943 年，這裡曾是某次企圖刺殺希特勒未遂的地點。今天，它是德國歷史博物館的所在地。

進入博物館的參觀者，聽到的介紹不是「德國」的故事，在 1870 年之前，德國做為一個政治實體還不存在，參觀者所聽到的介紹，是關於歐洲範圍內德語系民族的歷史，無論他們是在普魯士、波蘭、奧地利或法國的統治之下。參觀者從羅馬時代晚期前進到中世紀時代的展覽。他們從不同的角度經歷了宗教改革和三十年戰爭；波旁（Bourbons）王朝與哈布斯堡（Habsburgs）王朝之間的競爭；法國大革命和拿破崙的征服；1848 年失敗的革命；德國的統一，以及它在第一次世界大戰中的戰敗；威瑪共和的實驗；希特勒的崛起、種族大屠殺，以及德國在二戰中的瀕臨絕境。然後在 1949 年，展覽分歧了，參觀者必須決定：向左走，迎向 Trabant，這是一輛豪邁的社會主義玻璃纖維汽車，然後進入德意志民主共和國；向右走，則會被一輛福斯（Volkswagen）金龜車護送到德意志聯邦共和國的西方世界。當參觀者到達 1990 年時，展覽就會像德國一樣，重新結合了。

就像德國歷史的軌跡一樣，德國大學的故事也不是線性的。與博物館穿越的景觀一樣，一些德國創建的大學，已不再位於任何德語系國家的領土內。例如東普魯士柯尼斯堡大學（University of Königsberg），康德（Immanuel Kant）在 18 世紀末曾於這裡任教並擔任校長，現在它位於俄羅斯聯邦，是一所聯邦大學的所在地，這個地方最近被普丁（Vladimir Putin）重新命名為康德。今天，海德堡大學（University of Heidelberg）宣稱自己是「德國最古老的大學」，但只有將德國的地理範圍限制在現在的的聯邦共和國，這才能當真。[1] 散布在神聖羅馬帝國各地，自稱為「大學」的中世紀和早期現代機構，與 19 世紀和之後改變大學世界的研究機構幾乎沒有相似之處。

在教皇的祝福下，查理四世皇帝，他同時也是波希米亞國王，在 1348 年創立了布拉格大學（University of Prague），用以教育波希米亞人、巴伐利亞人、波蘭人和薩克遜人，雖然這所大學花了十多年才培養出它的第一位畢業生。1365 年，他的女婿，奧地利公爵魯道夫四世也仿效他創立了維也納大學（University of Vienna）。基督教的分裂更助長了新大學機構的建立。1378 年西方教會的大分裂以及隨後的對抗，導致了海德堡大學（1386 年）、科隆大學（Cologne）（1388 年）和艾爾福特大學（Erfurt）（1392 年）的成立，現成的教會機構被擴展成大學。這些大學通常由地區主教來管理，原則上，只服從於皇帝。在 1456 年格萊斯瓦德（Greifswald）和 1457 年佛萊堡（Freiburg 或 Breisgau）大學的創建之後，大學除了擁有教皇給予的特權之外，通常還擁有皇帝給予的「特權」，例如免除某些稅收或兵役。德國大學從誕生之初即具有公共的特質。

16 世紀的新教改革增加了一種機構的需求，這種機構的宗教信仰與統治者的信仰一致：誰的領土，就信誰的宗教（cuius regio, eius religio），此時，如果不加以區分的話，可以說德國的大學數量增加了。在宗教改革前，在德語系疆土內有 15 所大學；到了 1700 年，這個數字翻倍。

這些大學普遍都是小型機構，依賴皇帝、教皇和王子的贊助。入學人數和教學職位波動很大；有些大學近乎銷聲匿跡。最受尊重的大學入學人數在 1,000 到 1,200 人之間，最小的大學只有 80 到 100 名學生。它們的聲望起起落落。沒有任何一所大學一枝獨秀。15 世紀初，科隆大學和艾爾福特大學是其中最大和最傑出的。一世紀之後，萊比錫（Leipzig）和英歌斯達特（Ingolstadt）聲名鵲起。人文主義和宗教改革讓威登堡（Wittenberg）、萊比錫、黑爾姆斯泰特（Helmstedt）、奧德河畔法蘭克福歐洲大學（Frankfurt an der Oder）、耶拿（Jena）和英歌斯達特等大學贏得了眾人的關注。在三十年戰爭期間，隨著學生紛紛逃離戰爭和衝突地區，並且避免被徵兵（這是大學生的最佳傳統，不論在任何時代），柯尼斯堡、羅斯托克（Rostock）和科隆成為規模相對較大的大學。

18 世紀的德國大學會訓練人們從事各種專業，例如：醫學、神職人員，或（藉由學習法律）進入政府工作。原則上，大學是多元化學校系統的頂峰，其品質參差不齊。其中的大部分為社會不同的階層提供非常具體的功能。軍校為軍隊培養軍官，而神學院的畢業生則擔任牧師。貴族家庭將年輕人送去我們所謂的「騎士學校」（Ritterakademien），這種學校在 16 世紀後期開始流行起來，成為學習軍事和宮廷禮儀的場所。工匠和商人之子在從事一門買賣之前，會先到拉丁學校學習幾年。這些學校不屬於任何系統層級，所以上大學沒有單一的途徑。不管它們的類型為何，這些學校大部分都「配備不良、經營不善、就讀人數不佳。」[2]

學生的行為並沒有提升這些大學的聲譽。18世紀版本的《動物屋》（*National Lampoon's Animal House*），使得大學因為喝酒鬧事、不道德行為，伴隨著劍術的鬥毆（儘管決鬥的疤痕〔Schmisse〕要到19世紀才流行），而惡名昭彰。18世紀末的教育家坎普（Joachim Heinrich Campe）反問：「大學利大於弊嗎？」他的答案是否定的。「最優秀的年輕人，即使沒有被徹底摧毀，至少在大學裡也會變得瘋狂，從那裡回來之後身體和靈魂都變得虛弱，迷失了自己，迷失了世界。」[3]

甚至，或尤其是，在啟蒙運動的世紀，德國大學的名聲簡直糟糕透頂。當巴黎和牛津大學的生活朝氣蓬勃，吸引了來自歐洲各地的學者，但在德國，大學主要仍是地方性的。當它們被稱為「中世紀」時，這並不是一種讚揚。它們被認為是一個死記硬背的場所，由教授背誦古代文本傳授給學生，而且很大程度上受制於教會和君主。[4] 教授用拉丁語授課並（偶爾）發表文章。頂尖的知識分子大多是在大學之外獲得名聲。偉大的數學家和哲學家萊布尼茲（Gottfried Wilhelm Leibniz）將大學視為「缺乏幻想」的修道院。[5] 他說服布蘭登堡選帝侯**不要**建立新的大學，而是（在1700年）成立一所科學學會（Societät der Wissenschaften），這後來成為了皇家普魯士科學院（Royal Prussian Academy of Sciences）。

然而，在18世紀，有人試圖改革德國大學的可能性。隨著國家官僚體系成長的實際需要，以及早期啟蒙運動的潮流，帶動了人們重新思考大學的角色。哈勒大學（The University of Halle）在1694年創立，由同一位改革派布蘭登堡選帝侯（腓特烈三世）所建。它是在騎士學校（Ritterakademien）原有的基礎上建造的，在其中增加了神學院和法學院。早期的啟蒙運動人物，例如在哈勒的湯瑪西斯（Christian Thomasius），試圖將大學從灌輸正統觀念和教條的地方，轉變成反思和自由言論的避風港，以適用於現代國家。湯瑪西斯開始用德語而非拉丁語在哈勒授課。他將中世紀與現代融為一體，在課程中包含了騎術、劍術以及普魯士公務員的預備課程。哈勒在商業上也取得了成功，藉由結合早期的現代「通識教育」和當代的法律教育，它成功地爭取到貴族子弟的青睞（他們支付比其他人更高的費用）。[6]

哈勒早期的成功（它並沒有持續下去），激發了漢諾威王朝（House of Hanover）的競爭，當時漢諾威王朝與英國統一，是普魯士的死對頭。哥廷根大學（University of Göttingen）由英王喬治二世和漢諾威選帝侯於 1737 年創立，它在某些方面預示了現代研究型大學的到來。它是無宗派的；國家確認教授的任命；它以高薪從德國歐洲招募人才；它發展出一個強大的哲學院（Philosophische Fakultät），包括了藝術和科學；以及出於非常實際的原因，它匯集了一群一流的法學教職員。做為哥廷根崛起的領軍人物，漢諾威官員明希豪森（Gerlach Adolf von Münchhausen）指出：「法學院必須充滿名流賢達之士，這是最為重要的，因為這些教職員必須能夠吸引眾多富裕和傑出的學生到哥廷根就讀。」[7] 哥廷根培養了令人羨慕的內部團隊精神。1789 年，普魯士大臣蓋迪克（Friedrich Gedike）向腓特烈・威廉二世（King Frederick William II）報告德國大學的狀況時，關於哥廷根，他這樣寫道：「這裡的教授對他們大學的喜愛，是我在任何其他地方都找不到的。他們似乎認定，他們的大學是德國最好的，這是必然的結果。他們談論到其他的大學時，經常一副輕蔑或可憐的樣子。就好像他們都陶醉在這所大學令人自豪的優點中，這些優點——部分真實、部分宣稱、部分想像。」至少從普魯士的角度來看，哥廷根是一個學術天堂。蓋迪克幾乎沒有發現在其他大學中普遍存在的「派系、忌妒、毀謗和彼此詆毀對方成就的需要」，「或，至少，它們在這裡較不明顯。」[8]

耶拿大學是另一個卓越的標竿。它位於薩克森・威瑪（Saxe-

Weimar）公國，在 18 世紀下半葉，它在歌德的贊助人奧古斯特公爵（Duke Karl August）的領導下達到巔峰。它是德國觀念論（German idealism）的中心，在不同時期，其教職員包括了：費希特（Fichte）、黑格爾（Hegel）、謝林（Schelling）和施萊格爾（Schlegel）。甚至席勒（Schiller）也在那裡短暫地教過書。

然而，德國的大學「體系」，在某種程度上可以這樣描述，在 19 世紀之交，仍然停滯不前，只教育少數的特權階級。它仍然是各據一方的（儘管哥廷根自命不凡），仍然沒有單一領先的大學機構。它依賴王侯的贊助，以及向貴族和菁英家庭收取高額學費，但是它的目標客戶正在減少，而非增長。奧地利以外的德國大學，在 1700 年最多招收了 9,000 名學生。一個世紀後，入學人數至少下降了三分之一，不到 6,000 人。其他的估計，在 1780 年，這個數字低至 3,700 人。[9] 就創新的程度而言，它發生在哈勒和哥廷根等較新的大學，而不是發生在大多數的大學中，在那裡，有著令人昏昏欲睡和尸位素餐的教授，謹守著食古不化的教學。在坎普等教育改革者看來，改革為時已晚：「要改變大學的性質，就意味著廢除它們。」[10] 在 19 世紀之交，普魯士負責高等教育的大臣提議：徹底消除大學這一機構。[11]

這件事情沒有發生，很大程度上要歸功於一位在家自學的人的努力結果，此人從未完成他在奧德河畔法蘭克福歐洲大學和哥廷根大學的學業，他是威廉‧馮‧洪堡（Wilhelm von Humboldt）。他的故事，以及他在 1810 年創立，並成為現代研究型大學典範的柏林大學的故事，是本書第 2 章的主題。在這裡，我們可以簡單地列出從前洪堡時期的德國大學世界，到今天的大學世界，一脈相承的幾個主題。

首先，即使在柏林大學崛起之後，並在 19 世紀的過程中贏得國內和國際的讚譽，德國高等教育仍然是分散式的，掌握在各個統治德語系領土的政治實體手中。儘管有幾次德國統一（1870 年、1938 年、1990 年），但是都沒有「國立大學」。今天，仍然是聯邦共和國的各邦（Länder）在監督德國的大學。大學的聲望起起落落，而且彼此互相較勁：如果是在 18 世紀，這是一場爭取學生的競賽；如果是在 21 世紀，它就是一場追求卓越計畫認可的競賽。

第二，現代德國大學從它們中世紀和現代早期的祖先那裡繼承了某些機構自治的傳統，起初是成為法人團體，它們制定了自己的治理程序，並且小心翼翼地守護著。然而在 18 世紀，這往往助長了一種防衛性的本位主義和一種迂腐的假道學，19 世紀，一群新起的教授展現出自我調整的能力，制定了新的研究和教學標準，從此讓德國大學與眾不同。而關於內部治理的爭論，則在 1960 年代幾乎搞垮了德國的大學。

第三，從近代早期到接近現在，治理不僅意味著教授的治理，而且意味著正教授（Ordinarien）的治理。19 世紀的改革，正式建立了講座教授大學（Ordinarienuniversität）的常態。教職員基本上分為三個等級：Ordinarius 或 ordentlicher（正）教授，他們擁有講座（Lehrstuhl）；以及 Extraordinarius，或是 außerordentlicher Professor，我們可以翻譯為副教授，他們獲得教授職位的唯一希望是被「召喚」到另一所大學；再往下一級，則是 Privatdozent，是擁有博士學位和博士後 Habilitation（教授甄試資格）的專精學者，他們不是正式的教職員，也不是公職人員。這不是（現在依然不是）「終身制」系統。講座教授負責治理他們的專業領域；學院是環繞著研討會或研究所建立的，每個學院由一位講座教授帶領，並有一群學術人員提供協助。[12] 德國大學創造了資深教職人員治理的傳統，也創造了一類永久兼職的教職員。

第四，因此，一個機構的學術領導很少來自高層。校長只不過是講座的協調者。rector（校長）是首席教授，在名義上領導學校，對外代表教授們。rector 從講座教授中選出，任期兩年；而且對於柏林大學來說，直到 1930 年代，這都是**不可連任**的職位。到了 20 世紀下半葉，這個職位才被改名為「president（校長）」。president 是官員，不一定是大學教授或成員，儘管他們通常是。

第五，雖然教授自治、最終形成的嚴格任命程序，以及對教授職位的慷慨贊助，有助於德國大學在 19 世紀成為研究上的卓越創新者，但大學缺乏強有力的行政領導，意味著資助德國大學的各政府，可以，而且有時會，對它們的方向有決定性的發言權。例子包括了 1810 年柏林大學的成立，以及它在 19 世紀後期，在強大的普魯士大臣引導下，在自然科學領域贏得的優越地位，還有在 1933 年，它的納粹化。

第六，儘管德國大學在 19 世紀和 20 世紀初成為全球典範，對其侷限性的不滿，促成了外部研究組織的大量產生。就像萊布尼茲在 1700 年說服布蘭登堡選帝侯成立一所科學院一樣，兩個世紀之後，皇帝威廉二世（Emperor William II）建立了我們今天稱之為馬克斯・普朗克（Max Planck）研究院的科學學會，它是一個強大的研究引擎，但是它跟德國大學的關聯只不過是有名無實。在共產主義的東德，再生版的科學院（現在採用蘇聯模式），與大學競爭經費與人才。

最後，隨著德國大學在 19 世紀的成熟，以及在 20 世紀後期的大眾化，學生獨立的傳統與自信張狂的行為也延續下去。在德國的大學，決鬥時留下的傷疤是一種榮譽勳章，直到 1930 年代，納粹才禁止了這種做法。但學生的政治激進主義，反覆考驗著大學機構和政府。民族主義兄弟會（Burschenschaften）在 1819 年之後的梅特涅（Metternichian）鎮壓時代被禁止了。1948 年，學生挑戰柏林大學的共產化，並在同一年建立了他們自己的「自由」大學。二十年之後，自由大學的學生成了全球左派的典型代表，因為他們擾亂課堂，並試圖把教授拋出窗外。

這些連貫性很重要，但它們不能模糊了重點。正如法隆（Daniel Fallon）在他對德國大學的研究中所寫的，19世紀大學的再造是一項激進的行動：「19世紀被廣受推崇的德國大學，也許最了不起的地方，就在於它沒有明確的先例可循。」**研究型**大學的構想是從頭開始發想的。[13]

德國大學不斷變化的命運發人深省。1800年時，德國的大學古老又過時，廢除的時機已經成熟。半個世紀之後，密西根大學第一任校長塔潘（Henry Philip Tappan）寫道：「密西根州採用的公共教育體系是從普魯士複製而來的，它被公認為是世界上最完美的。」到了19世紀末，當時在美國工程和應用科學領域領先的克拉克大學的校長寫道：「德國的大學是當今世界上最自由的地方……以無與倫比的熱情全面拓展人類知識的疆界。」兩次世界大戰後，哈佛大學前校長和美國前駐西德大使科南特（James B. Conant）滿懷感傷地稱德國的大學為「世界上最好的大學，對19世紀來說。」[14]

今天很少人會說德國的大學是「世界上最好的」。但是它們曾經是，而且正在努力復興。在當代的排行榜中，無論採用何種排名體系，德國的大學都未進入前二十名，進入前一百名的也屈指可數。ARWU在2003年的第一次排名激起了德國的自我反省，因為德國的大學沒有任何一所名列前五十名。[15]這也刺激了德國人思考重回「卓越」的策略。

正如我們即將看到的，近年來，德國的政治人物和管理階層對於如何重返巔峰、如何重新點燃充滿活力的研究和招募國際頂尖研究人員，一直在絞盡腦汁地想辦法。1999年正式引進的全歐洲高教改革——波隆納進程（Bologna Process），讓德國的大學得以精簡過時且獨特的學位系統，使得國際學生更容易取得。廣受歡迎的伊拉斯謨（Erasmus）計畫（一個歐盟內的廣泛學生交換計畫），提高了移動性和國際化。大學匯集資源吸引並留住人才。用三輪經費贊助獎勵出色的計畫，特別是在全國性的卓越計畫具有高潛力的項目，這推動了某些機構的向前發展，為它們在 21 世紀的研究和教學做好了裝備。

　　要了解德國高教興起、毀滅和復興的最佳方式，是仔細去看看兩所大學。雖然它們都位於普魯士（現為德國）的首都柏林，在許多方面，它們來自於兩個不同的世界。第 2 章和第 3 章描繪了洪堡大學和自由大學的歷史。它們提供的個案研究，讓我們能夠深入了解德國高教的過去和未來。

現代原創

柏林大學

當你進入今天洪堡大學的大門時，你會經過兩個人的大理石雕像，這兩個人的姓與這所大學同名。一位是學者和政治家威廉·馮·洪堡；另一位是他的兄弟亞歷山大（Alexander），他是一位偉大的自然學者。洪堡大學位於柏林市中心菩提樹下大道上，主建築曾經是腓特烈大帝弟弟的家。大學對面的街道上坐落著城市宮殿（Stadtschloß），這座宏偉的城市宮殿可追溯到 15 世紀的霍亨索倫（Hohenzollern）君主，它在 20 世紀中葉被共產黨炸毀，現在已經重建，並再次被考慮做為 21 世紀德國心臟（並在某種意義上是歐洲首都）的文化中心。

進入這所大學的主建築（Hauptgebäude），你會發現自己置身在紅色大理石的宏偉門廳中，這些大理石來自於東德的礦山。一道大樓梯將帶領你來到一個平台，上面有一則用金色字母寫的引句，出自於這所大學最著名的校友之一馬克思（Karl Marx）。「哲學家只是以各種方式來詮釋這個世界；然而，關鍵是，要改變它。」1953 年，共產黨政權下令放上馬克思關於費爾巴哈（Feuerbach）的第十一篇論文警句，當時這所大學正處於變動不安之中。今天，通往馬克思號召行動的樓梯上，裝飾著諷刺的藝術裝置。向前的每一步都警告著：「小心你的腳步」（Vorsicht

圖 2.1 　洪堡大學主建築。Beek100 / Wikimedia Commons / CC BY-SA 3.0.

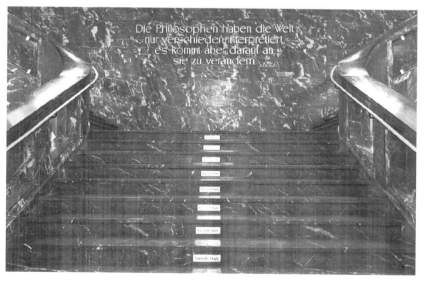

圖 2.2 　馬克思的引句在洪堡大學 。照片 © William C.Kirby.

Stufe）。

　　抵達主建築的第二層，這所大學的 29 位諾貝爾獎得主肖像會在此向你問候。其中包括：哈伯（Fritz Haber），他的研究讓用於肥料的活性氮生產成為可能；蒙森（Theodor Mommsen），著名的古典學者、歷史學家和法學家；科赫（Robert Koch），他發現了導致傳染病的病原體；哈恩（Otto Hahn），他進行了第一次核分裂實驗；普朗克（Max Planck），量子理論的創始人；以及最有名的愛因斯坦（Albert Einstein）。

　　從紅色大理石階梯通往校長辦公室，會往下走向一條又寬又長的走廊，它帶有 18 世紀新古典主義建築的特色。令人印象深刻的是天花板的高度，這使得要在夏天幫辦公室降溫，或是在冬天讓它暖和都變得幾乎不可能。威廉・馮・洪堡指出，孤獨和自由對大學的正常運作是必要的。但對洪堡近來的領導人來說，孤獨更像是孤立。

　　柏林大學是建立在對變革的承諾之上。做為世界上第一所現代研究型大學，在研究、教學和治理的創新上，它是全球的典範。2021 年，它的校長孔斯特（Sabine Kunst）面臨著一個挑戰，要為一個背負著歷史包袱以及被一個遲來的民主治理結構（而且也許太過民主）削弱的機構注入活力。畢竟，在改變這所大學領導結構的嘗試失敗之後，她的前任拒絕了第二任的候選人資格。事實上，自 1989 年柏林圍牆倒塌以來，她的前任都沒有做完超過一個任期。孔斯特上任時便意識到，她面臨了許多挑戰：從拮据的財務狀況，到過時的管理專業，再到要能在德國正在進行中的卓越計畫取得成功的壓力。

　　她最近的一位前任，馬爾席斯的經歷並不樂觀。在迎接國際學者大會（作者是其中的一位學者），以紀念這所大學在柏林成立兩百周年時，馬爾席斯指出這所大學是「洪堡模式」的發源地。但這意味著什麼？他想知道，這是不是指「在 19 世紀中葉發展成普魯士國立大學的那種大學？……它會被國家社會主義和反猶太主義所扭曲，最終墮落在偽裝成馬克思主義者的小資產階級手中？」他指出，在所有的這些狀況下，這所大學一直都是一個典範：「最初被認可的範圍是在全世界，然後是在「大德意志帝國」（Großdeutsches Reich），最後，是在東德。」[1]

但是，今天的這所大學又是什麼樣子？從洪堡大學創立以來到馬爾席斯擔任校長的這兩個世紀之間，這所新大學和其領導階層的雄心壯志一再因政治動盪、對學術自由的限制，以及長期的財政困難而受挫連連。在這次「洪堡模式」的國際會議上，馬爾席斯在他的歡迎致詞中，也是他以這所大學校長的身分最後幾次的演講中，他告訴聚集在一起的來賓：「今天，世界上沒有人會願意以這所大學做為一個典範，它在財政和其他方面都掌握在聯邦共和國最貧窮的邦之一。」這些話讓來賓感到驚訝。[2]

建立現代研究型大學，1810-1848

柏林大學是現代洪堡大學和柏林自由大學的前身，它繼承了多種混和的遺緒。在它的第一個世紀，甚至更長的時間裡，它不論是在實際上和象徵上都在王室的庇蔭下，直接為普魯士－德國服務。它是在大學環境中進行現代科學研究的發源地。它見證了為德國和大學的靈魂所進行的政治鬥爭。

與德高望重的大學機構，諸如波隆納（成立於 1088 年）、薩拉曼卡（Salamanca）（1164 年）、牛津（1167 年）和劍橋（1209 年）相比，柏林大學是一名後起之秀。在德語區，維也納（1365 年）、海德堡（1386年）、萊比錫（1409 年）和羅斯托克（1419 年），都占有重要地位。然而，柏林透過重新想像何謂大學而超越了它們。在 1810 年成立之後的數十年之內，這所大學發展成為全球高教的領導機構之一。它引領德國乃至全世界，建立了以研究為導向的現代高教體系。

　　一開始是因為拿破崙。[3]1806 年 10 月 14 日，拿破崙和他的軍隊在耶拿郊外的戰場上擊敗了普魯士，兩周後，法國軍隊穿越布蘭登堡門，占領並掠奪了柏林。殘餘的普魯士軍隊和腓特烈・威廉三世撤退到東普魯士柯尼斯堡的據點。次年，提爾希特條約（Treaty of Tilsit）帶來了嚴酷的和平。普魯士不僅損失了一半以上的領土，還失去了易北河（Elbe River）以西的 6 所大學。法國大革命和拿破崙的征服使歐洲的大學樣貌面目全非：1815 年，143 所在 1789 年之前就已存在的歐洲大學中，有60 所被關閉了。在德國各邦，34 所大學中有 18 所被關閉了。[4]哈勒大學（成立於 1694 年）是普魯士當時頂尖的大學，也是 18 世紀德國啟蒙運動的中心，一樣在被關閉之列。法國占領者先是將這所大學變成了軍事醫院；之後，它的主建築變成了屠宰場。當哈勒的一個教師代表團拜訪國王腓特烈・威廉三世時，他同意在柏林開設一所「普通教育機構」（allgemeine Lehranstalt）。「這個國家，」國王用了一句我們很少從政治領導人那裡會聽到的句子，深思熟慮地說：「必須用智力取代它已經失去的體力。」[5]

　　在 19 世紀之初，柏林大約有 17 萬居民，儘管這是一個充滿活力的家園，由知識分子、醫生、律師和藝術家所組成，這座城市仍繼續承受著駐軍城市的惡名之苦。在文化上，普魯士的首都無法和維也納相媲美。此外，這座城市裡沒有大學。國王腓特烈・威廉三世要創建新大學的決定，激起了諸如：費希特（Johann Gottlieb Fichte）、施萊爾馬赫（Friedrich Schleiermacher）和沃爾夫（Friedrich August Wolf）等教育改革思想家的辯論。然而，當 1810 年，威廉・馮・洪堡被任命為內政部教會事務和教育處處長時，關鍵的行動發生了。

威廉‧馮‧洪堡是德國啟蒙運動時期的一位文人，也是席勒（Friedrich Schiller）的終身好友。他成為了一名哲學家、語言學家、文獻學者、外交官，以及非常短暫地，成為一位教育改革者。他在這些領域中的每一項工作都引人注目，但他最為人所知的，是他在梵諦岡和維也納這兩個外交職位之間，在柏林度過的這十六個月。他在那裡制定了各級公共教育的改革計畫：重塑小學，注重個人成長，並且創立了一種新型態的中學——文理中學（Gymnasium）。在那裡，他還監督了柏林大學的成立。雖然他投入在管理的時間有限，但時間運用很得宜。「洪堡」模式在很大程度上，形塑了現代大學的世界。

　　洪堡之前的德國大學是什麼樣子？正如我們所看到的，它們很小、很分散，而且默默無名。到了 1780 年，德國**所有的**大學學生加起來，不過寥寥數千名。許多家庭負擔不起他們兒子「不事生產的時光」。[6] 教授的薪水低到他們大部分都會有第二份工作或其他收入。裙帶關係很猖

圖 2.3　威廉‧馮‧洪堡，1767-1835。
洪堡大學，大學圖書館。

獵。正如麥克里蘭（Charles McClelland）所指出的：「如果 18 世紀末的王室官僚機構聽取了任何輿論，他們可能會廢除大學和農奴制度，以及其他中世紀的遺物。」[7]

哈勒和哥廷根兩所大學試圖透過率先從其他地方招募「明星」，並支付更多酬勞，以提高他們教職員的品質。大學主要在做的是醫學、神學和法律的職前教育訓練，後者是進入政府服務的踏腳石。到了 18 世紀末，德國的許多邦要求要有一定程度的大學教育，以做為獲得官方正式職位的先決條件。[8]

因此，大學可以為國家服務並壯大國家的這個想法並不新鮮，但隨著柏林大學的成立，這個想法呈現出另一種形式。根據施泰因－哈登伯格（Stein-Hardenberg）政策（以監督他們的部長名字來命名），普魯士開始轉型成一個現代化管理的國家。政府財政和管理合理化並逐漸專業化；市政當局被賦予自治權，部分是為了在公共事務上創造更廣泛的利益；軍隊重建了；農奴制廢除了；猶太人從廣泛的歧視性法律中「解放」出來；教育也進行了徹底的改革。

這所大學在普魯士的復興中扮演了什麼角色？洪堡早在 1792 年就已經著手完成他的「國家行動界線」（The Limits of State Action）理論（雖然沒有發表）。洪堡認為，大學將以**間接**的方式為國家服務。正如同他對小學的改革一樣，目的在養成「見多識廣的人類和公民」，他們可以以後再學習他們的職業，他對大學的願景，是以培養個人能力為核心，如果可以讓他們自由地發展，將會最有利於國家和社會。[9] 他的陶冶（Bildung）理念，正如歷史學家索金（David Sorkin）所說的，兼具有內在和公民的層面：內在的層面是在培養一位博學並具有「內在優雅」道德人格的人；公民的層面則在讓受過教育的人參與社會。[10]

洪堡對柏林大學的新構想，是哲學家費希特所領導的「國民教育」

（Nationalerziehung）運動的一部分，但是從洪堡的觀點來看，這不應該是民族主義的工具。洪堡的改革跨越了社會的分歧。他激進地提出，教育不應該由一個人的職業或社會地位來塑造，而是，不論是拿最低薪資的工人，或是受過最好教育的人，對於他們的天性（Gemüt）都應平等對待。[11] 為了實踐這一個目標，他推薦了一個共同課程給所有的人。小學教授基本技能。高中（Gymnasien）不僅要教**學什麼**，而且要教**如何學**，並且傳授一定程度的獨立思考能力。在那裡，學生將接受經典、歷史和數學方面的通識教育（allgemeine Menschenbildung）。[12]

洪堡將大學描述為是一個「獻身於科學」的師生社群。[13] Wissenschaft 結合了學習、知識、學術，以及最廣義上的「科學」，包括（尤其是）人文科學。大學會進行最高水準的研究，強調將知識傳給下一代。學生的選拔將根據世襲血統以外的天賦為依據，並在平等的基礎上向所有人提供普通教育。大學要培養一種博雅教育的文化，強調教育（在 Bildung 層面上的意義）以提升個人的發展進步，要跟專業上的實用訓練（Übung）有所區別。

和當時的其他人文主義者一樣，洪堡想要去除掉席勒所謂的 Brotstudium（麵包研究），也就是一心只想著尋找賺錢工作機會的「學做麵包的學生」。洪堡的目的在於培養學生興趣、能力和個性的全面自我發展。[14] 洪堡說服國王腓特烈·威廉三世（King Frederick William III）以施萊爾馬赫的自由主義思想為基礎來建立大學。施萊爾馬赫曾請求君主創建一所大學，不強調實用，「而是激發學生心中的科學觀念，鼓勵他們在所有的思考中考慮到科學的基本法則。」[15]

洪堡提出了大學的新模式。它有三個核心原則。首先，是研究與教學相結合的原則。它確認了教授有責任為他們的教學製作和傳播原創的研究，這在 1810 年是相當新穎的。同時，它為學生引進研究的方法——

例如透過小型研討會以補充講課，並鼓勵以研究為基礎的學習。

第二個原則是保護學術自由。學生可以自由選擇任何課程。反過來，教授在教學上也有不受限制的探究自由。Lehrfreiheit 教學的自由，和 Lernfreiheit 學習的自由，成為基本上互相交織的原則。國家在大學中扮演的角色是在保護它的自由，而非妨礙它的自由。為此，洪堡提議這所大學在財政上要獨立，憑藉著自己的本事，使其成為一所真正的國立大學，並與政府保持一定的距離。

第三個是 Philosophische Fakultät 在大學的核心地位，Philosophische Fakultät 在今天的美國稱之為文理學院（Faculty of Arts and Sciences）。所有的學生都必須從藝術和科學開始學習，然後才能繼續學習專業科目。此一教育藉由追求知識來培養有創造力的個人，最終將是大學對國家所能做出的最大貢獻。[16]

這些原則在今天每一所自稱重視博雅教育的大學和學院都得到了回響。它們從一開始就很難達到目標。

當這所大學在 1810 年冬季學期開學的時候，由施萊爾馬赫所領導的一個委員會召喚了 53 名德國最傑出的學者到柏林。洪堡明白，挑選出一群傑出的教職員，自始至終，都是「事情的關鍵所在」。[17]這 53 個人教導了 256 名學生，大部分都如洪堡所企圖的，來自非貴族的背景。第一任校長，法學家施馬爾茨（Theodor Schmalz）在 1810 年被任命，但他只持續了一年，他曾在這所大學裡打了（並贏得）第一場反對審查制度的戰鬥。

費希特在 1811 年 7 月，成為第一位被選舉出來的校長。他因為國家在蒙受拿破崙戰爭屈辱的高峰時，發表了愛國的「告德意志國民」（Reden an die deutsche Nation），而成為當時最著名的唯心主義哲學家。在他對大學的就職演說中，他向達官顯要、教授和學生聽眾們保證，這所大學在維護人類進步的崇高目標同時，「世界上沒有一所大學的學術自由會比這所大學更安全、更鞏固。」[18] 他很快就與學生團體發生了分歧，這些學生團體，也許並不令人意外地，對於學習專業和建立社會關係的興趣更大過投入在大學的博雅課程（liberal curriculum）。

費希特也見證了該校首次引起教職員爭議的學生行為。一名猶太學生被要求和一名基督教學生同時也是民族主義學生聯誼會（Burschenschaft）的成員決鬥，他拒絕了，隨後遭到公開羞辱，而且最終在光天化日之下遭到一陣狩獵鞭攻擊。[19] 這個事件是個縮影，體現了學生組織中以嚴格的社會習俗來恐嚇外來者的方式。費希特決心藉由這個案子以儆效尤。但是他試圖追究此事的做法被大學評議會給阻止了。取而代之的是，這事件交由一個學生「榮譽法庭」審理，對受害者進行了嚴厲的懲罰。由於這場衝突和隨之而來的痛苦，費希特決定辭職；他在 1812 年 2 月離職。[20] 現代大學領導者的行政半衰期，從一開始就很短暫。

這所大學繼續成長茁壯，儘管方式跟洪堡所想像的有所不同。在最初的幾十年裡，它透過整合現有的大學和基礎設施來擴張。夏里特醫院（Charité）由腓特烈大帝於 1726 年創立，原本是一家治療貧窮和體弱者的「瘟疫」醫院，變成了醫學院。一所動物醫學院變成了獸醫學院。皇家圖書館是這所大學的第一個圖書館。

為了確保這所大學的獨立性，洪堡建議大學以大筆皇家土地的形式來獲得捐贈，但這項計畫被他的繼任者放棄了。不僅在財務上，而且在治理上，這所大學都與國家權力密切相關。國家通過限制入學來招募學生，入學的資格限於特選的幾家政府控制的高中畢業生。一個國家委員會負責招募並任命其教職員。這種關係使大學壟斷了國家官員的培訓，並為國家提供受過學術訓練的公務員。這所大學位於普魯士首都的心臟地帶，周圍環繞著普魯士學院、國家圖書館和國家歌劇院，它的位置，正象徵著皇冠與學士袍之間的密切關係。為了提供這所大學主要功能之用，國王捐贈了（他的兄弟腓特烈大帝給他的禮物）普魯士王子海因里西（Heinrich）的前宮殿，以做為該大學的所在地，就位於菩提樹下大道上。1828年，這所大學更名為「腓特列·威廉大學」，以紀念其創始君主，這個正式名稱一直保留到1945年。

洪堡認為，陶冶有潛力為「德國人注入希臘精神」，並且「使國家人性化」。[21] 但是要實現這一理想，他需要普魯士的官僚。畢竟，不能指望教授們獨自扛起經營大學的重責大任。他在寫給妻子的一封信中寫道：「指導一群學者，並不會比手下帶著一群喜劇演員好多少。」[22] 教授的任命是「國家的特權⋯⋯（因為）大學的性質與國家的切身利益密不可分。」[23] 在這場婚姻中，需要在國家控制和自由主義之間有一個持續磋商的過程，才能彼此調和適應。

這所新大學的理念將面臨拿破崙年代之後，隨之而來的重建和反動時代的嚴峻考驗。從1815年到1848年，奧地利政治家梅特涅（Klemens von Metternich）掌控了中歐的政治。在他的監控下，從1819年開始實施卡爾斯巴德法令（Carlsbad Decrees），緊縮學術言論自由，這些法令是在普魯士的外交官和作家科策布（August von Kotzebue）被一位激進的學生謀殺之後頒布的。這些法令，由新成立的德意志聯邦頒布，目的在限制德語系世界自由主義和民族主義的言論。學生會組織兄弟會被禁了。報紙和期刊都受到國家的審查。每所大學都有一位國家指派的「監護人」——類似於19世紀初期的黨委書記。儘管這些法令直到1848年革命才被廢除，鬆散且疲弱的德意志（包括普魯士）聯邦各邦對這些法令的執行充其量也只能做到參差不齊的程度。在哥廷根，有哥廷根七君子（Göttinger Sieben），七位教授（其中包括格林兄弟）在新國王廢除王國的憲法後，拒絕向新國王宣誓效忠，他們被免去大學職位，並成為學術烈士。在柏林，神學家威特（Wilhelm de Wette）因為對自由主義的同情，在 1819 年被解雇。但是威特的被解雇，遭受到所有政治黨派教職員的抗議，他很快地在巴賽爾（Basel）找到另一個職位。

即使在一個鎮壓的年代，大部分洪堡式的改革在柏林都得以延續。柏林嚴謹的研究型大學模式在德國蔓延開來。這裡已經變成是一個以嚴謹著稱的地方了。費爾巴哈（Ludwig Feuerbach）在 1826 年於柏林求學時寫道：「與這座用功的殿堂相比，其他的大學看起來似乎就像是個酒吧。」[24] 費爾巴哈後來因馬克思關於他作品的「論文」而廣為人知。

這所大學吸引了大批的人才。在這所大學的頭數十年，除了草創世代的施萊爾馬赫、費希特，還加入了黑格爾、法律學者薩維尼（Friedrich Carl von Savigny）、哲學家叔本華（Arthur Schopenhauer），以及自然哲學家謝林。身為一名教授，尤其是正教授，特別是在柏林，成為一種獨特的社會和文化聲望。正如黑格爾在 1816 年寫給一位朋友的信，哲學家想要發揮影響力，大學職位已經成為「一項幾乎不可或缺的條件。」[25]

擁有講座的正教授職位，經費充足，但人數有限。單靠他們無法解釋 19 世紀德國大學在「研究和出版發表活動的爆炸性增長」。[26] 要解釋（在柏林和其他地方）此一現象，另一項新事物至關重要：學術下層階級的成長，這個下層階級我們今天稱之為「兼任」教職員。在正教授的隊伍之外，大學還培養出一大批副教授（außerordentliche Professoren）和無薪水的初級講師（Privatdozenten）──這些大學教職可以為他們帶來聲望，但薪水非常少（如果有的話），而且也沒有投票權。這是一個候補教授的階級。在這所大學 1816 年的章程中，提到了教授甄試資格（Habilitation）的程序，這是一個博士後的程序，擁有此資格者便有權進行授課。雖然這種做法在之前已經存在，但在 19 世紀和 20 世紀的過程中，它在德語系國家中獲得更大程度的認可，成為一種正式的做法。[27]
到了 19 世紀中葉，在德國各大學中，這群傑出的兼任教職員（由愈來愈
多擁有博士學位的學者組成），人數遠遠超過了正教授。[28]

1848 年的革命發生在柏林，距離這所大學僅咫尺之遙：學生和教職
員一定聽到了 3 月 18 日發生在宮廷廣場的槍擊事件，這事件促成了普魯
士和德國其他地方對自由民主政體的承諾，但這個承諾後來也遭受背
叛。這所大學並非沒有受到隔年所發生事件的影響，但是它也不是這些
事件的核心。它本身就被無薪水的初級講師和一群保守教授之間的糾紛
弄得四分五裂。初級講師尋求「法人權利」，而保守的教授和政府則一
起否決了他們的要求。[29]

博雅教育在一個不自由的政體中，1848–1909

19 世紀上半葉最重要的發展之一是大學職業生涯的專業化。教授成
為國家官員，並且逐漸形成一個菁英族群，其地位並非與生俱來，而是
來自學術。[30] 到了動盪的 1848 年，教授已經成為了「名人」，而且做為
一個群體，在這個民主之春的選舉中表現出色。結果，法蘭克福國民議
會（Frankfurt National Assembly），全德國第一個選舉產生的代表機構，
致力於實踐德國各邦的民主統一，變成了所謂的「教授議會」。他們的
努力失敗了，但議會制定的憲法在威瑪和聯邦共和國都有了延續。而且
革命的逆轉並沒有明顯損害德國學者的崇高聲望。[31]

在 1870 年，德意志民族國家成形，柏林大學也成為它的一部分。國
家統治階級的成員在它的講堂中度過了他們的形成期，接受諸如政治或
法律的訓練，這些對於管理這個新民族國家的公務員來說是典型的學
科。為了培養和維護一個新的統治階級，許多洪堡式的陶冶都被取代

了。這也包括了把某些人拒於門外。1878 年，首相俾斯麥（Otto von Bismarck）通過了反社會主義法，這項法律一直到 1890 年都還生效。它禁止社會主義人士的聚會和報紙，再加上其深刻的偏見和對任命的有效掌控，社會民主黨（Social Democratic Party，簡稱 SPD）的成員被排除在較高階的正教授之外。儘管社會民主黨黨員人數在 19 世紀末和 20 世紀初穩步增長，並在 1912 年之後成為德國國會中黨員人數最多的黨，但在 1918 年之前，在德國大學的教授和教職員之中，找不到一個社會民主黨人士。[32] 1898 年通過一項新法律之後，普魯士國家允許自己擴權，拔除那些被視為在政治上不可接受的教師。[33]

在一個強大的行政國家之下，這所大學在培養下一代的官僚和顧問上，採取了更為保守的態度。1870 至 1914 年，德國在世界舞台上鞏固了權力，並且因其在科技和學習上的效率而廣受讚賞。然而，它仍然保留了非自由的政治元素，附上一個配套的大學結構，在這個結構中的基本決定（尤其是戰爭與和平），只掌握在少數人手中。正是在對外展現自信與國內採取保守主義的背景下，德國的大學成為了領導者。

除了在訓練行政和政治階級的角色之外，在 19 世紀的最後幾十年，大學變成服膺於國家的教育政策，強調自然科學和科技做為國家經濟力成長工具的重要性。德國工業企業和軍隊需要科學的知識和成果。到了 1880 年，柏林大學自然科學的學生人數成長快速，從 1867 年的 3% 上升到 1880 年的 18%。[34] 1879 年，為了這個更實用的目的，成立了第二所大學：皇家工業大學（Royal Technical University），即今天的柏林工業大學（Technical University of Berlin）。就像一世紀之後，它們的翻版中國一樣，對科技和自然科學的日益重視，使得柏林的大學成為國家工業實力和軍事力量的引擎。正如皇帝威廉二世在 20 世紀初，無意中抨擊了洪堡所宣稱的，「新世紀將由科學決定，包括科技，而不是跟上世紀一樣由哲學決定。」[35]

在 19 世紀和 20 世紀德國科學的興起中，大學扮演著一個核心的角色，也許是**唯一**的核心角色。它們成為科學研究的所在地，以及國家贊助新水平的受益者。陶冶（Bildung）現在與研究（Forschung）直接相關，Forschung 是一種「迫切需要的研究」，它重視橫跨藝術和科學領域的原創性和發現。[36] 洪堡時代相對比較業餘的主義，被專業專家的時代所取代，這種狀況至今依然如此。關於這一切，沒有任何地方比柏林更為重要了。柏林大學在物理、化學、醫學方面都取得了突破性的發現。第一次世界大戰結束前，大約三分之一的諾貝爾獎頒給了德國的研究者。其中大約一半（十四），頒給了跟柏林大學有關的研究人員。在第一次世界大戰爆發前的幾年裡，柏林大學獲得了所有諾貝爾獎的 15%。[37]

許多大學是由它們的校長（presidents 或 rectors）所定義的。但柏林大學並非如此，直到 1933 年，那裡的校長平均任期只有一年，基本上是一個榮譽職。洪堡並非以校長的身分，而是以政府官員的身分來「創立」這所大學的。當這所大學在 19 世紀下半葉成為統一和工業化的德國其學術皇冠上的明珠時，它的關鍵人物是一位名叫阿爾特霍夫（Friedrich Althoff）的官員，他定義了這所大學以及普魯士大部分的高等教育，這套系統後來被稱為「阿爾特霍夫系統（System Althoff）」。阿爾特霍夫是史特拉斯堡大學（University of Strasbourg）的民法副教授，他在 1882 年來到普魯士，負責掌管普魯士教育部大學部。他在那個位置待了四分之一個世紀，是職業文官（Berufsbeamtentum）的領導，當部長們和校長們來來去去，這位終身制的公務員仍然一直堅守崗位。他的目標是要集中力量打造出少數幾所卓越、專業化的大學機構。身為普魯士大學不講究客氣的「沙皇」，他推出了一種策略性的、非傳統的學術政策（Wissenschaftspolitik），藉此，他為高等教育，特別是柏林大學籌集了新的經費。在他任職其間，柏林大學的研究所數量從 38 個增加到 81 個。這所大學的夏里特醫院成為一所現代化醫院，城市的圖書館整合成一個專業據點網絡，彼此合作，便利借閱和採購書籍。他本人則招募、留用和懲戒教職員，在他個人大力的奔走下，召喚了哈納克（Adolf von Harnack）、普朗克、能斯特（Walther Nernst）、埃利希（Paul Ehrlich）、科赫和李希霍芬（Ferdinand von Richthofen）等人來到柏林，有時，則略過了教職員的毛遂自薦。阿爾特霍夫並不避諱提醒教職員他們的身分是國家雇用的員工，而他對他們的命運掌握著生殺大權。那些不受他喜愛的人，則等不到他的「召喚」。阿爾特霍夫的長期掌權，以及他對正常官僚程序的不尊重，削弱了教授的自治，即便這使得這所大學在學術實力上無人能比。[38]

圖 2.2　從左到右：諾貝爾獎得主（都隸屬於柏林大學）：能斯特、愛因斯坦、普朗克、密立根（Robert A. Millikan）與勞厄（Max von Laue），在後者的公寓裡，大約 1930 年。Nationaal Archief, Den Haag / Wikimedia Commons.

雖然柏林大學在政治上仍然是一個保守的機構，但它在另一個前線則稍微領先了一步。1896 年，普魯士修改了法律，接受女性在大學當旁聽生。在這項新立法之前，女性需要普魯士教育部長的特許才能獲准旁聽課程。有一些課程，例如解剖課，仍然只准男性來上課。柏林大學女性旁聽課程的比例相對較高，其中有許多是從俄羅斯移民到柏林的猶太女性。1899 年，諾伊曼（Elsa Neumann）獲得教育部特准，取得了博士學位。她成為第一位完成物理學博士學位的女性。正式招收女學生要等到 1908 年才開始，而且僅占當年學生人數 5%。然而德國有三分之一的女學生在柏林就讀。[39]

到了 19 世紀末，柏林大學在某種程度上已經成為德國領先的學術中心，超過了哥廷根、海德堡和慕尼黑等老牌學校。毫無疑問地，它為全世界的研究型大學設立了標準。柏林成為學者和科學家的聖地，也是蓬勃發展的學術界中心。被「召喚」到柏林是教授生涯的巔峰。因此，柏林大學正教授的年齡特別大：在 1907 年，柏林大學教授的平均年齡將近六十歲，而普魯士其他地方的教授，平均來說，比他們年輕了六歲。[40]柏林不僅提供了很好的聲望，而且提供了很好的報酬。而且，就像現在一樣，它付出的高報酬很值得。1905 年和 1906 年，柏林的平均薪資比普魯士其他地方的學術界薪資高了 30%。[41]

柏林，乃至整個德國的大學，已經成為世界的典範。美國沒有可以與之媲美的大學，而進入英國大學的管道則受到嚴格的限制。據估計，19 世紀有 9,000 名美國人曾在德國的大學就讀，並接受那裡教授的新科學方法的訓練。柏林大學的聲望和德國的聲望同步增長，正處於我們今天所謂的「軟實力」的巔峰。正如拉許（Christopher Lasch）所指出的，對於 1914 年之前的美國進步主義世代來說，德國「代表的就是進步，別無它者。」[42] 例如：約翰霍普金斯大學仿效柏林大學，於 1876 年在吉爾曼（Daniel Coit Gilman）的指導下成立了美國第一個研究所。它的 53 名教職員大部分都曾經在德國的大學就讀，其中有 13 位獲得了德國的博士學位。

第二個世紀的開始，1910-1932

　　1910 年的百年校慶標誌著這所大學一個歷史性的高峰和轉折點。這個紀念大典的盛況和排場極為顯目：1910 年 10 月 11 日，皇帝威廉二世和他的皇后出席了開幕式。這是一個祝賀神話成型的時刻：做為這所大學建立基礎的「洪堡式理想」，第一次以持續的方式被人們慶祝並當做神話，而且經常以一種無法被辨認的形式出現。而這也到了該反思這所大學已經變成什麼樣子的時候了。[43]

　　跟 1810 年這所大學羽翼未豐的時候相較，其對比再也鮮明不過了。這所大學是在一個戰敗的時代成立的；而它的百年校慶則沉浸在一種洋洋得意的「文化勝利」歡呼中。不論國內、國外，這所大學都是「世界最知名的研究和求學場所。」[44] 成立時得到國家給予大學自治（以及為其提供經費）的承諾，現在這所大學得到了很好的支持，但完全是由國家一手支撐，並且是威廉德國（Wilhelmine Germany）政治文化不可分割的一部分。1810 年，國王腓特烈・威廉三世在軍事慘敗後創建了這所大學，目標是「要用智力取代它（這個國家）在體力上已經喪失的東西。」現在，1910 年的演講裡，以軍事隱喻來頌揚這所大學：它是德國第一個知識分子的閱兵場。文化部長索爾茲（August von Trott zu Solz）宣稱它是「保衛祖國的知識堡壘」以及「其科學武器的兵工廠。」[45] 對於這些斷言，沒有人反駁，因為在一所重視思想獨創性並且第一手目睹了拿破崙、梅特涅和三月革命時代辯論的大學裡，如今在政治領域的統治下變得「墓地般安詳」。[46]

　　周年紀念那年的其他發展也引發了對於這所大學創始理念的質疑。雖然在過去的一個世紀裡，這所大學（相對於法院或科學院）已經鞏固了它做為現代科學權威和發源地的地位，但獨立研究機構的成立逐漸改變了這種平衡。再一次，又是阿爾特霍夫，他有時被形容成是「德國高等教育的俾斯麥」，他在 1908 年去世之前啟動了威廉皇家學會（Kaiser-Wilhelm-Gesellschaft，簡稱 KWG，後來更名為馬克斯·普朗克學會〔*Max-Planck-Gesellschaft*〕）的創立，並在百年周年慶時開幕。這個學會是一個傘狀組織，設置了德國第一個獨立的研究生研究機構，其核心目的在於促進自然科學的基礎研究。它們是工業界和政府之間的合作投資，不隸屬於大學，但經常透過合聘的方式連結在一起。KWG 打破了大學在研究上的壟斷，並顯示出國家對德國工業的支持，只要它能協助支付經費。一批工業企業、銀行和農業企業為 KWG 提供了初始的經費。國家把在柏林－達勒姆（Berlin-Dahlem）的房地產捐贈給 KWG，並且為其負責人設立了公務員的職位。1911 年至 1933 年之間，成立了 20 個新的 KWG 研究所，在國家、經濟和科學之間形成了一個嶄新的強大聯盟。然而，對柏林大學來說，這一發展給了它一記當頭棒喝，促使它探索新的身分。首先，這所大學不再壟斷柏林的高品質研究。其次，它現在必須競爭優秀的教職員和公共資源。KWG 的職位對教授特別有吸引力，因為它是高深的研究機構，不受到學生的牽絆。

　　換句話說，在這所大學於百年之際，慶祝著想像中一脈相承的洪堡價值（例如：教研合一）之時，它也開始轉向新的方向。向來設置研究「純」（而非應用）科學的哲學院，它的重要地位現在被削弱了，因為除了 KWG 的成立之外，一種新的具有大學層級的理工學院出現了。[47]

　　儘管如此，有鑑於德國的崛起、日益增長的實力，以及在高教領域的卓越地位，這所大學似乎已經準備好在預言中的「德國世紀」一馬當先。1914 年戰爭爆發時，學生和教授們的反應都很激昂。

神學家戴斯曼（Adolf Deißmann）在提到這所大學對於這場戰爭努力的巨大支持時指出：「打仗的學期就是勝利的學期。」[48] 化學系和物理系被動員起來支持德軍。1915 年，由化學家哈伯（1918 年諾貝爾化學獎得主）領導的一個特殊小組，致力於開發氯和其他有毒氣體的武器。

柏林的教授在戰前絕大多數是保守的、是君主主義者和愛國主義者。因此他們在處理自己的事務時，享有影響力並具有相當程度的自治權——在一個不自由政體的限制下，威廉德國的學術任命是以專長為基礎，但是也隱含著意識形態。柏林哲學家包爾生（Friedrich Paulsen）聲稱學術自由仍然是，「一般來說，在德國的大學是一種被認可且無可爭議的權利」，但只限於某些範圍內。韋伯（Max Weber）則更嚴厲：「『科學自由』在德國存在於教會和政治可接受的範圍之內。在這些範圍之外，沒有自由可言。」[49]

到戰爭結束時，已經有 57 名教職員和 997 名學生被殺。然而對女性來說，第一次世界大戰在大學裡提供了新的機會。由於年輕男子去打仗，女性終於受到了學術界的重視。到了 1918 年，即威瑪共和國成立之初，大約一成的學生是女性。到了威瑪共和國時代末期，這個數字緩慢但穩定地增長到兩成左右。[50]

黑暗期：
國家社會主義時代的大學，1933–1945

德國從一個「詩人和思想家（Dichter und Denker）」組成的國家淪落成為「法官和劊子手」（Richter und Henker）的國家之一，[51] 其代價是犧牲了它在高等教育的領導地位。1933 年上台的納粹政權，其影響在當年的 5 月 10 日變得明顯，當時德國學生會的成員（其中有許多學生來自柏林大學），在這所大學主建築對面的柏林歌劇院廣場街道上，公開堆放和焚燒公共圖書館的書籍。7 萬名群眾，包括學生、教授和國家社會主義衝鋒隊（SA）和黨衛軍（SS）的成員，目睹成千上萬本書籍被燒毀。[52]

　　這所大學與新政權保持著密切的關係。1933 年春天，學生煽動分子散發小冊子，呼籲清除這所大學內「非我族類」的人群。當時學校的校長柯爾勞施（Eduard Kohlrausch）發現這群煽動分子有問題。然而，他質疑的並不是他們謾罵的反猶太內容，而是煽動者選擇在大學裡分發小冊子和海報的方法，包括在校園裡強行懸掛海報，號召「對非德國精神採取行動」。[53] 贊同（不論是默認，或是像較為投機的教授那樣，更加大聲力挺）國家社會主義者在 1933 年頒布的《恢復專業公務員制度》，主張驅逐猶太教職員，成為了當時的命令。抗議仍屬例外，因為許多教授認為解雇猶太同事是一個晉升的機會，也是對國家目標的一個合理追求。傑出的教師，包括農藝學家邁爾（Konrad Meyer）、法學家施密特（Carl Schmitt），以及曾經在 1933 年至 1935 年擔任這所大學校長的人類學家費雪（Eugen Fischer），都積極為國家社會主義所犯下的罪行，以及其統治和滅絕計畫做出了助紂為虐的行為。[54]

　　納粹政權在短時間內清除了大學裡的非雅利安人和異議者。大學喪失了所有的自治能力。柏林大學對自己的教學和研究傳統愈來愈自暴自棄。純粹為真理服務的學術被拋棄，取而代之的是為「人民（Volk）」服務的學術。自然科學以及古典學、神學、文學等科系都受到「血、土和種族」教條的影響和利用。許多德國學者熱切地擁抱國家社會主義及其意識形態；柏林有超過三分之一的教職員加入了納粹黨。也許參與國家社會主義最極端的例子之一，是這所大學的農業教授邁爾，他被希姆來（Heinrich Himmler）任命為黨衛軍惡名昭彰的「東方計畫（Generalplan Ost）」的總策畫者，這個計畫是要將德國人重新安置在波蘭占領區，並同時驅除、奴役和滅絕成千上萬名居住在這個地區的波蘭人。

納粹政策和反猶太主義的蔓延導致了大量的知識分子移民到英國和美國。但是除了大名鼎鼎的愛因斯坦（原本在普魯士科學院），他在希特勒掌權時人在美國，還有更多人被拒絕庇護——因為反猶太主義在1930年代並不是德國的專利。[55] 一位幸運的學者是霍爾本（Hajo Holborn），他是柏林著名史學家麥內克（Friedrich Meinecke）的學生。1933年，他被柏林大學解除了學術職位，之後他前往美國，他在那裡成為耶魯大學史特林講座教授（Sterling Professor）以及美國歷史學會主席。建築師格羅培斯（Walter Gropius）是另一位，他曾從德紹（Dessau）搬到柏林，卻在1934年逃離這座城市，最終前往美國，他擔任了哈佛設計研究院建築系主任，並親自設計了新的哈佛研究生中心。正如我們即將看到的那樣，這不會是最後一次，美國成為流亡知識分子的幸運接收者。

這所大學裡對納粹的抵抗是很有限的。一個有名的例外是新教神學家和柏林大學助理教授潘霍華（Dietrich Bonhoeffer）。1930年代，他協助組織了認信教會（Confessing Church）對抗納粹控制的國家教會。第二次世界大戰爆發時，他加入了以上將卡納里斯（Wilhelm Canaris）為核心的 Abwehr 反抗運動，Abwehr 是一個意圖推翻並暗殺希特勒的軍事情報組織。在戰爭的最後幾周，納粹在佛羅森保（Flossenbürg）集中營將他絞死。

到戰爭結束時，各種估計顯示，全德國各地損失了它們戰前教職員人數的四成。儘管統計數字有所不同，很明顯地，戰爭摧毀了大學教職員的隊伍。[56]

柏林受到的打擊尤其嚴重，因為有 280 名教職員被迫離開這所大學。這些人被解雇主要是出自於「種族上」反猶太主義的原因。隨著柏林市中心在 1943 和 1944 年成為盟軍轟炸的目標，這所大學在 1944 年 10 月完全停止運作之前，僅能以被削弱的能力運行著。

從公立大學到德國統一社會黨大學：
社會主義世界秩序中的高等教育，1946-1989

1945 年，柏林大學和大多數德國的大學一樣，一片廢墟：該大學一半的建築被毀，包括它的主建築和醫療部門夏里特醫院。不知何故，這所大學的圖書館幾乎完好無損。柏林被獲勝的盟軍瓜分，這所大學被分在蘇聯區。蘇聯在戰爭結束僅僅八個月之後就決定重新開放這所大學。

在慶祝大學回歸的活動上，它的領導階層自豪地宣稱：「重新開放不僅關乎工作的執行和保留既定的傳統，它也牽涉到這所大學外部，甚至更重要的是，內部特質的更新。」[57] 蘇聯當局開始了一段去納粹化的時期，包括了對教職員和學生的肅清，以使他們與那段納粹和軍國主義的過去保持距離。蘇聯當局對這裡的教授抱持懷疑的眼光，並且認為他們對納粹獨裁的統治和戰爭的準備負有部分的責任。當這所大學重新開放，有將近 85% 的教授因為他們與國家社會主義積極合作而被解雇。[58] 當局擔心伴隨著這些職位所帶來的影響。不久之後，這所大學根據蘇聯的政治原則進行了重組，企圖將學生從資產階級的專家轉變成勞動的社會主義者。全人教育的正式教育使命（早已棄守），很快地就被替換成建造一群意識形態忠於社會主義的幹部。

在納粹政權垮台後少數回流的社會民主主義、自由主義和保守主義的學生，很快地，被停學了，有時甚至被捕了。1948 年 4 月，一個由學生、教授和美國駐柏林的軍事總司令克萊（Lucius D. Clay）將軍所組成的聯盟，在這個城市的西區創辦了一所新大學。這所「柏林自由大學」，我們將會在第 3 章詳細介紹，它成立於達勒姆舊有的威廉皇家學會研究院，並且自稱是原柏林大學的真正繼承者。柏林現在是兩座城市了，有著兩所依照冷戰時期意識形態劃分的大學，這體現了蘇聯和西方在接下來數十年日益緊張的關係。

　　1949 年 2 月 8 日，在自由大學成立不久後，柏林大學（它在 1946 年已經將「腓特列・威廉」從它的刊頭刪除）改名為「柏林洪堡大學」以紀念洪堡兄弟。然而，在現實上，它並沒有反映出洪堡學術自由和教育自由的理念。東德（GDR）[*]的執政黨德國統一社會黨（Socialist Unity Party of Germany，簡稱 SED）試圖建立一所與黨的意識形態緊密結合的社會主義菁英大學。這些意圖影響了這所大學的教職員。例如，這所大學歷史上前五名擔任正教授的女性是在戰後不久的幾年裡被任命的，但是到了 1948 年，由於意識形態的掌控愈揩愈緊，除了一人之外，其餘都離開了。

　　學生要上馬克思－列寧主義和歷史唯物論的必修課，以普魯士曾經著名的屍體般的服從（Kadavergehorsamkeit）方式背誦社會主義的新教義。他們在夏天要參與義務勞動服務和值班。大學的領導團隊被改造成黨和學術人員的雙重架構，黨在所有重要的決定中有最終的決定權。在統一後成為這所大學第一任校長的神學教授芬克（Heinrich Fink）回憶說：「校長從來不會在沒有黨參與的情況下做出任何決定。一切都要聽從上頭的命令。」[59]

---

[*] 譯註：我們一般通稱的東德，正式名稱為德意志民主共和國（German Democratic Republic，簡稱 GDR）。

1961 年夏天，柏林圍牆的建造中斷了學生和教職員與西方的任何接觸。東德的 1,600 萬居民被禁止旅行，並且在警察的嚴格控制下。1961 年 1 月至 11 月之間，623 名大學成員離開了東德，其中有 379 人是在柏林圍牆建成之後秘密逃離。[60]「國家安全局」（Stasi）任用了一個擁有 17 名全職人員的部門來監督大學。這所大學也進而參與了東德的監控系統。例如該大學成立了一個「犯罪學」的學位課程，其用意在於做為進入國家安全局職業生涯的非正式管道。除此之外，也不乏「IM」，這是 *inoffizielle Mitarbeiter*（非正式探員）的縮寫，他們在校園裡收集學生和教職員的資料，並將它們轉給國家安全局。在 1950 至 1989 年之間，估計有 62 萬名東德公民當過 IM。[61] 膽敢質疑東德政權根基或是提倡改革的教職員將被開除。

　　儘管與西方隔絕，這所大學並未免於關鍵「1968 年」的影響，當時在西方和波蘭、南斯拉夫、捷克斯洛伐克所發生的政治和社會辯論，引發了其極大的興趣。許多學生對 1968 年的「布拉格之春」表示同情，並反對對其鎮壓。然而，學生之間公開的反對和示威行動仍然很少見。只有 18 名學生受到了校規的處分。[62] 無論是出於恐懼或是信仰，學生、教職員和行政部門都忠於黨的路線。[63]

　　直到 1989 年柏林圍牆倒塌，這所大學一直努力在東德普遍存在的資源匱乏狀況下苦苦掙扎。整體來說，這所大學的特點是學術停滯、政治掌控，以及意識形態的專制作風。儘管如此，依然繼續產出傑出的研究，特別是在醫學和自然科學方面。這所大學還跨越了國界，與鐵幕後的其他高教機構建立了重要的交流關係，尤其是與蘇聯，以及非洲、亞洲和南美洲的社會主義國家的合作。做為東德最大的大學，它仍然受到國際的尊重。洪堡也向來自工人家庭背景的學生廣開大門，並表明歡迎女性。1989 年，東德的大學生有 51.2% 是女性，是世界比例最高的國家之一。[64] 此外，這所大學更加強調教學的重要性：1989 年的師生比約為 1 比 7。[65] 這所大學也與「社會主義兄弟之邦」中的其他大學建立了強大的國際研究和交流連結，並且在俄羅斯／蘇聯和中國研究方面取得了獨特的優勢。[66]

1990 年後，在統一的德國首都重建洪堡大學

德國兩邊的和平統一象徵著洪堡大學的另一個轉捩點，也是它在 20 世紀繼法西斯和共產主義獨裁統治之後，所面臨的第三次瓦解。一開始感到欣喜若狂，接著面對的是現實。由於內部的改革努力失敗了，這所大學在柏林參議院的發動下被重新設計。幾年之內，這所大學以一種幾乎改頭換面的方式進行了重建和重組。除了在這整個階段大學持續它的教學和研究的運作之外，這個過程類似成立一所新的大學。

做為柏林大學第一位自由選舉產生的校長，芬克回憶說：「每一個人，從最低年級的學生，到這所大學的校長，都秉持著洪堡的精神。你知道洪堡精神嗎？完全以科學為本。本著洪堡精神，我們既不帶有意識形態，也不受意識形態的束縛，我們想要更新自己。我們啟動了一項新的學習計畫。我們選出了新的委員會。我們有了一位新當選的，自由選舉產生的校長……然後，西柏林參議院說不、不、不，不是那樣的。你們有太多的教授和太多的馬克思主義者。」[67]

課程被評估和重新定義，研究所和科系被合併重組為三個校區，即為：米特校區（Campus Mitte）、諾德校區（Campus Nord）和阿德勒斯霍夫校區（Campus Adlershof）。教授必須重新申請他們的職位，並且必須和來自西方的同事競爭以保住工作。前校長芬克指出：「最明顯的是，職員之間的關係非常緊張，他們突然發現自己正在被評估，並且不會被

（自動地）再次雇用。」[68] 在 1933 年的肅清（針對猶太人和自由主義者）和 1945–1946 年（反對納粹成員、自由派和保守派）的肅清之後，現在又再加上 1989 年的 nach der Wende（字面上的意思是「轉向之後」）肅清。1990 至 1994 年之間，共有 477 名教授被新任命。1989 年的 2,755 名員工之中，到了 1997 年，只有 16.4% 的人仍留任。[69] 有些人認為對教職員和學術人員進行評估是這所大學去共產化的必要步驟，而另一些人則稱這是來自西德的學術「殖民」，因為新任命的人幾乎全部來自西方。

洪堡大學的檔案館裡，有那些在 1990 年代被解雇者的檔案。其中一位是東德研究現代中國的頂尖歷史學家費爾伯（Roland Felber）。1950 年代，他曾經留學中國北京大學；在萊比錫獲得博士學位；1977 年在柏林擔任中國歷史講座教授；並且是歐洲、北美、亞洲廣受尊崇的學者。1990 年晉升為洪堡大學副教務長之後，他被審問並被迫填寫一些表格（大致改寫自 1940 年代的去納粹化表格），關於他在東德統治下所做的一切。他為 Stasi 工作嗎？（不是。）他是由 Stasi 支付薪水的嗎？（不是。）他是 SED 的工作人員嗎？（不是。）他是 SED 的成員嗎？（是。）等等。他被迫重新申請教授職位，卻被告知他在任用名單上列在第二順位，排在一位來自西德，比他資淺許多的學者之後。然後在 1993 年，他被草草地革職。他的健康惡化，僅能以有限的能力繼續工作到 2000 年。[70] 自此以後，洪堡大學在這個領域就一直表現平平。

柏林現在擁有三所大型學校：洪堡大學、自由大學（FU）和柏林工業大學。在德國首都建立一所大型大學（一所國立大學）的計畫很快就被放棄了。在 1990 年之前，這些大學從相互競爭的東西德政府那裡獲得了國家慷慨的資助。但現在一個統一但更貧窮的柏林卻必須自食其力。尤其是自由大學，一個既競爭又合作的新階段開始了。在 1997-1998，自由大學醫院（Virchow Hospital）和洪堡大學夏里特醫院，合併組成歐洲最大的大學醫院。與此同時,這兩所大學競爭日益激烈,爭奪柏林參議院的資源和認可。1995 年至 2001 年之間,柏林在高等教育的支出減少了 16.5%;1992 年到 2000 年之間,透過柏林邦提供給洪堡大學的資助刪減了 14.5%。[71]

治理:從威權主義到無政府主義

洪堡大學慢慢地自我更新,從治理開始。這所大學從一所由德國統一社會黨主導的大學,轉變成一所民主自治的大學。大學法與 1960 年代和 1970 年代在西德制定實施的非常相似,這些法律賦予教職員工巨大的權限,包括選舉其領導人的權利。最高層的是校長(president),這個職位取代了 rector,這是為了要給予這所大學更強大的行政領導力。三位副校長負責指定的三個行政領域:教務副校長、研究副校長和財務、人事與科技副校長。他們共同組成了校長委員會。該委員會的成員是個別選舉產生的,任期五年。[72] 校長委員會與三個中央行政機構合作管理大學。這三個中央行政機構為:學術評議會、理事會和董事會。

學術評議會(The Academic Senate ,簡稱 AS)被委託就各項議題,從日常事務到大學的策略方向做出決定。學術評議會由 25 名具有投票權的成員組成,他們由選舉產生,任期兩年。他們代表了大學的 4 個不同群體:學術人員、非學術人員、學生和教授。前 3 個小組各有 4 名代表,而教授則被授予 13 名代表,讓教職員在採取一致行動時,可以保有微弱的多數。在學術評議會會議期間,另外 10 個小組擁有發言和提出建議的特權。[73] 該大學的夏里特醫學院與自由大學合作經營,有自己的評議會。

原則上,理事會是這所大學的最高治理機構。除了選舉校長委員會之外,理事會還要負責其他的基本決策,例如制定大學章程和選舉條例，以及對校長委員會的年度報告進行辯論。[74] 理事會有 61 名成員，任期兩年，其中包括學術評議會的 25 名成員，以及來自組成學術評議會相同的四個小組的成員。理事會總共由 31 名教授、10 名學術人員、10 名非學術人員和 10 名學生所組成。學術評議會和理事會的選舉透過一個選舉的過程進行，在其中，所有的大學成員都有資格並有權投票給他們的小組成員。

校長委員會向董事會報告，董事會由 9 名有投票權的成員組成。校長和負責大學的參議員是當然成員。[75] 其餘 7 名成員由學術評議會選舉產生。[76] 董事會就策略和公共事務相關問題的決策向大學提供建議。它還參與了校長和副校長的選舉。校長委員會的選舉和連任需要三個步驟。首先，董事會成立一個遴選委員會（它的 8 名成員一半來自理事會，一半來自董事會）來確認候選人。其次，遴選委員會向理事會提出人選。最後，理事會以絕大多數票選出一名候選人。[77]

這種超級民主的治理方式受到教職員、員工和學生的珍視，但是普遍受到校長的厭惡，因為它經常導致對機構變革的強力抗拒。[78] 做為 1990 年後一所更新的大學，有著一群全新的教授的一部分，「洪堡式」教職員強烈認同他們的機構和它的創始理念。

1990 年代德國統一所帶來的一個特殊後遺症，為行政管理帶來了更大的挑戰。雖然原來的教授職被數百名來自西方的教授所取代，然而在 2020 年，「轉向之後」三十年來，行政人員的組成大約有 1,500 人，基本上保持不變，自我延續著，並且在治理上有其發言權。[79] 新教職員和舊官僚體系之間不同的價值觀，使得校長、教授、員工陷入無止盡的征戰。

擁有如此扁平化治理結構的大學，通常無法做出決策。校長奧爾伯茨（Jan-Hendrik Olbertz）在他的任期結束時表示：「民主文化要求民選官員獲得授權，當然『是由大學機構』控制的。這項授權是暫時的，必須藉由責任和成果使『當選獲得的威信』合法化。然而，不可能讓每個人都享有對重要問題的相同投票權，否則我們將會毫無章法。」[80]

但是幾乎每個人都**擁有**投票權。學術評議會的認可對於任何重大的措施都至關重要。從正向來說，就如研究副校長法蘭契（Peter Frensch）所說的：「一旦學術評議會做出決定，事情就敲定了。」[81] 但是從校長辦公室的角度來看則不同：洪堡大學是一個「每個人都參與決策，但是只有極少數大學成員扛起責任」的地方。[82] 而且最有聲望的教職員，一般來說，不會在學術評議會尋求職位，「以免弄髒他們的手。」[83]

此外，缺乏集中的預算和專業的財務管理，更增添了領導的困境。負責財務、人事和科技事務的副校長不是由校長選擇的，而是主要由教職員選舉產生的。在擔任校長期間，奧爾伯茨的目標是透過設立一位精通財務管理技能的專業「總務長」（正如許多德國大學的慣例）代替學術副校長，以便將繁瑣的財務管理專業化。奧爾伯茨說：「我身邊需要有一位行政專業人員，此人同時也要是我團隊中的一員。但是你絕對無法『在現行的體制下』以一種包容的方式進行任何改革。這就是為什麼我們在邁向現代化管理非常重要的步驟上如此落後的原因。」[84]

在擔任校長之前，奧爾伯茨本人曾經擔任過六個月的財務、人事與科技副校長，所以他知道一個缺乏聯繫的領導團隊所面臨的挑戰。奧爾伯茨想要有自己的團隊。但是在激烈的公開辯論之後，他無法說服學術評議會改變的必要。當他在 2016 年拒絕連任校長時，他加入了自 1990 年來的傑出前任者名單，其中沒有任何一個人完成第二個任期。

爭取教職員

洪堡大學官僚體系的各自為政，也許有助於這所大學因它的個體性、創造力、共治精神和思想自由，而成為廣受教職員好評的一個地方。儘管奧爾伯茨對自己機構的組織感到失望，但是他認為這種知識分子文化是這所學校的主要資產之一。「有時，」他說：「當我在尋找更多的結構和可計算性時，我會害怕危害到我們的知識氛圍、我們極高水準的創造力，以及對跨學科的開放性。我會不會藉由建立一套專業的結構和管理而扼殺了這種氛圍？」[85] 總體來說，這所大學對教職員有很大的吸引力。柏林的「召喚」已經不同於往昔，但重新統一的城市本身就是一個很大的吸引力。根據一位大學高階行政人員所說，在 70% 到 80%的個案中，這所大學成功聘任或留用了教職員，這是一個出色的比例，展現了它相較於其他德國大學所具有的競爭力。[86]

然而，考慮到柏林的預算限制，招聘並不容易。這對於國際學者來說尤其是如此。在德國，教授是公務員，他們的基本薪資是由各邦，而非大學來決定；薪資並非隨著資歷而增加。2020 年，柏林參議院授予正教授的基本薪資在 73,000 歐元（86,370 美元）到 84,000 歐元（大約99,380 美元）之間；初級教授的基本薪資大約 56,000 歐元（66,200 美元）。[87] 除此之外，候選人還可協商獎金和其他學術福利（研究助理、研究預算），特別是當候選人有其他競相爭取的工作機會時。但是這樣的薪資在國際上幾乎沒有競爭力。即使是德國較富裕的邦，會有更慷慨的薪資政策。柏林對教職員每週九小時的教學要求，相較於國際標準要來得高。[88] 教學負擔與預算是互相牽連的，亦即教學時數決定錄取學生的數量；而錄取選生的數量反過來決定了柏林參議院批准的預算規模。洪堡大學很難在國際教師的職涯高峰期聘請到他們，因為柏林規定的退休年齡從 65 歲開始（而且只能延長到 68 歲）。

到了 2020 年，該校教職員總共包括了 440 位教授。儘管有 20% 的職位來自外部（第三方）資源的贊助，其餘的職位完全（且經費不足的）由邦政府資助。[89] 除了 51 名所謂的初級教授之外，這群教職員大部分是正教授。德國在 2002 年在國家層級上設立了初級教授，讓博士後研究員不需要撰寫第二篇論文，或通過教授甄試資格，即可獲得教授的職位。[90]

初級教授最初的任期是三年或四年，然後，經過評估，他們的教授任期可以延長到六年。設立初級教授職位也是為了解決德國女性教職員代表性不足的問題，它使得學術生涯的路徑更為彈性，也因此更有吸引力。洪堡大學的人口結構顯示了這個問題。在 2020 年，58% 的學生是女性，超過 50% 非教授的學術人員是女性，只有 35% 的洪堡大學教授（包括初級教授）是女性。[91] 儘管如此，與德國（在 2018 年）24.7% 的平均水準相比，這一比例在洪堡要高得多。[92] 事實上，與德國其他邦相比，柏林邦在 2018 年女性教授比例最高，而巴伐利亞邦（Bavaria）的比例最低，大約 20%。[93]

大眾化：學生

洪堡大學在 2019–2020 年招收了 35,981 名學生（不包括夏里特大約 8,200 名學生），是德國最大的大學之一。[94] 自 1990 年代中期以來，洪堡學生人數的增長速度是教職員擴張的五倍，[95] 並且快於柏林各大學學生整體的增長速度。[96] 洪堡大學的學生就讀於九個學院，總共有 172 種學位學程。女性占學生人數 57%，高於德國平均 48% 的水準。[97] 有 57% 的學生來自當地（截至 2015 年的數據），這所大學保持了地區邦立大學的特點。[98] 馬爾席斯描述了在提供入學機會和追求卓越之間平衡的兩難：「這是德國老牌政黨大聯盟的共識：每所大學都應該在歡迎本邦所有學生的同時，滿足成為菁英大學的要求。」[99]

相較於美國和英國的大學，德國的大學在入學時的選擇性要少得多。特別是在柏林，各大學遵循著一種強烈的平等主義傳統。無差別錄取的政策受到柏林參議院的保護，參議院還決定了每屆學生的總入學人數。[100] 與德國其他的公立大學類似，洪堡唯一的內部選擇標準是所謂的 Numerus Clausus（NC）。NC 是根據德國高中畢業考考試最終成績來分類的政策。德國的大學使用這個方法，藉由確定最低錄取分數來限制熱門學習領域的招生人數。2014-2015 年，擁有 NC 成績的主修科系，例如生物學和經濟學，錄取率大約是 15%。[101] 馬爾席斯描述了這個問題：「在我擔任校長的告別演說中，我對柏林市長說：『給我們選擇學生，以及學生人數的自由。』他對我笑著說：『不可能，不可能，在我活著的時候都不可能。』」[102]

重新參與世界

為了解大學的可能性，世界各地的學者曾經蜂擁而至來到柏林大學。在東德時代，它將自己的學生送到國外，主要是向東，送到莫斯科或「社會主義兄弟之邦」。這些關係隨著柏林圍牆倒塌而萎縮（儘管它們並沒有完全消失）。到了 2017 年，它已經對新一代的國際學生產生了吸引力，也許這種吸引力同時來自於柏林與這所大學。洪堡大學的國際學生入學率為 17.5%（德國大學的平均水準為 12.3%）。[103] 超過三分之二的國際學生來自歐洲國家（41% 來自歐盟；13% 來自歐洲其他國家），洪堡大學國際化的來源主要來自歐洲。亞洲學生占國際學生的 14%，而北美、中美、南美洲加起來占國際學生 28%。[104] 雖然在東德時代俄語是這所大學的國際通用語，到了 2020 年，這所大學提供 33 種英語學位學程。[105] 和其他德國大學相比，洪堡大學的師資也更加國際化：14% 來自德國以外的國家，而來自德國以外的全職學術人員和教授，平均占比大約 7%。[106]

在波隆納進程的背景下，洪堡大學跟德國其他高教機構共同推出了一系列範圍廣泛的措施，目標在於根據歐盟的指導方針改革大學的結構。波隆納進程在 1999 年隨著波隆納宣言（Bologna Declaration）的簽署而正式展開，並且持續舉行著一系列的部長級會議，其目的在於將橫跨 48 個歐洲國家的高等教育建立一致性與品質標準。自 2003 年以來，這項改革在洪堡的目標在於建立國際認可的學位，改善學習課程的品質，並提高學生的就業能力和移動力。此外，這項改革也渴望提高德國高教機構對國外學生和年輕學者的吸引力。最受爭議的改革措施之一是引入了綜合性同等學位（comprehensible and comparable degrees）的系統（包含了三年制學士學位和兩年制的碩士學位課程），這與德國的五年制學士學位制度大不相同。[107]

對於洪堡，一所曾經設定國際標準的大學而言，這些遍及歐洲的努力，意味著現在要採用國外的模式，例如：美國的學士學位。波隆納進程的目的在於促使歐洲的高教成為一個遍及歐洲大陸的企業，不僅學生具有移動性，教師和員工也一樣，有一部分原因是為了和美國與中國更大、更具競爭力的高教競爭。

但是在正式採用學士學位時，很少人對於許多美國大學院校所定義的學士學位教育價值觀感到興趣，在洪堡大學的原始精神中，它所強調的是在大學教育中採行廣泛的博雅教育。歐洲議會在 2006 年推薦的終身學習「關鍵能力（key competencies）」相當貼切地包括了：語言學習、資訊和溝通技術，以及數學、科學和科技，而不是人文學科。

洪堡大學自己的「2015 年國際議程」制定了一個保守的策略，建立在一系列有限的夥伴關係之上。[108] 在洪堡推出這一策略之前，它在 2012 年第一次與普林斯頓大學建立合作，協助大學生、研究生和教職員的交換計畫。這項合作以每年 30 萬歐元（39 萬美元）的聯合基金支持這兩所大學之間的研究和教學計畫。這個學術夥伴關係還搭配了行政人員的移動計畫做為補充。[109] 洪堡大學也和新加坡國立大學、聖保羅大學（Universidade de São Paulo）建立了其他的策略夥伴關係。[110] 由卓越計畫的經費資助的一個名為 KOSMOS 的計畫，企圖重建與舊蘇聯集團的關係，邀請來自東歐和俄羅斯的年輕學者到洪堡大學做有期限的訪問。

公共經費的限制

綜觀古今歷史，德國的大學主要是公立的，由公共財產資助。有一些小型私立專科學校，但是它們招收的德國大學生不到 5%。在聯邦制度之下，德國的十六個邦要扛起高等教育的主要責任。其結果是，比較貧窮的邦（主要是位在東德的前東德各邦），它們的大學所獲得的經費會少於較富裕各邦的大學。

以洪堡大學為例，柏林邦分配了一個年度預算，並輔以其他額外的經費做為補充，而這些額外的經費大多也都是來自公共資源。2020 年，洪堡大學的總預算剛超過 5.2 億美元（或接近 4.61 億歐元），其中包括身為德國公務員的教授薪水。2016 年，第三資金，主要是來自德國研究基金會的政府經費，占該大學預算的 28%。[111] 來自私部門的捐款是洪堡額外經費的一小部分來源，而且一向低於 10%。[112] 洪堡既沒有傳統，也沒有能力從校友中獲得財務支持，這些校友大多缺乏從事慈善事業的歷史。潛在的產業合作夥伴更樂於投資在柏林工業大學。

　　跟大多數德國大學一樣，洪堡在結構上經費不足。所以，當德國的憲法法院在 2005 年推翻 1976 年一項禁止學費的法律之後，許多大學都引進了年費（法律將這項費用限制在 1,058 美元〔或 1,000 歐元〕）。然而柏林從未引進收費，而且到了 2014 年，由於學生抗議和政治壓力，所有的邦都廢除了收費。在很大程度上，各邦補償了大學在廢除收費後收入的損失。但在從未收取費用的地方，例如柏林，則從來沒有支付過補償費。2020 年，洪堡大學每學期的總學費為 357 美元（或 316 歐元），其中包括一張前往柏林和布蘭登堡的公共運輸車票，其價值就占了這項費用的三分之二。自 1990 年來的各個時期，預算赤字迫使這所大學削減教職員和其他工作人員。1998 年，截至 1993 年受雇的中階學術人員，只有 10% 仍然留在這所大學。[113] 2004 年，將近 80 個教授職位（連同他們的學術人員、秘書和技術人員），約占職工總數的 20%，因為預算原因被裁減了。[114]

追求卓越：卓越計畫，2005–2020

　　在 2000 年代初期，德國的政策制訂者愈來愈擔心德國大學的狀況，尤其是它們在國際排名中的疲弱表現，儘管德國政策制定者與大學行政部門之中，普遍對排名表達出有充分根據的反對意見與保留態度。[115] 沒有一所德國大學能擠進前二十名，而且只有少數能夠名列在全球有影響力的排名（諸如：泰晤士高等教育世界大學排名、QS 世界大學排名，以及世界大學學術排名）的前一百名。

　　在國內，德國大學面臨著來自非大學研究機構日益激烈的競爭，例如普朗克學會、萊布尼茲學會，以及德國研究中心的赫姆霍茲學會

（Helmholtz Association）。許多知名科學家發現，與大學相比，獨立研究機構是更具吸引力的工作場所：不用教學而且更有錢。也許對於德國大學來說，更成問題的可能是「人才外流」。自從 1990 年代以來，成千上萬名研究人員離開德國前往其他國家，主要是美國。在 1998 年至 2001 年間，四位德國諾貝爾獎得主在他們獲得諾貝爾獎的時候，已經轉到美國的大學，此一事實具體說明了這個現象。[116]

德國這項國家級的卓越計畫（Exzellenzinitiative）開始於 2005 年，試圖將德國的高等教育引領到一個新的方向。在英國和美國對大學的公共資助逐步減少的期間，德國高教的稅收資助預算明顯增加，即使是在 2008 年金融危機之後的幾年裡也是如此。2005 年，聯邦和各邦對高等教育的資助為 195 億美元（或 184 億歐元），到了 2015 年，增長超過 50%，到達 305 億美元（或 287 億歐元）。[117] 依據所謂的高等教育協定 I 和 II，聯邦政府在 2007 年至 2015 年之間撥款 85 億美元（或 80 億歐元）給各邦，以資助 425,000 個學生名額。在它的最初十二年裡，這項卓越計畫分配了將近 50 億美元的經費，其中四分之三由聯邦政府資助，四分之一由十六個邦資助。[118]

德國聯邦和各邦政府於 2005 年發起了這項計畫，以幫助若干德國大學加入全球研究菁英的行列。德國研究基金會（Deutsche Forschungsgemeinschaft 或簡稱 DFG）與德國科學與人文委員會（Deutscher Wissenschaftsrat）一起共同發起了卓越計畫，並將該計畫更廣泛的目標定義為「使德國成為更具吸引力的研究地點，使其更具國際競爭力，並將關注更集中在德國大學和德國科學界的傑出成就上。」[119] 事實上，對某些大學來說，這項計畫的確發揮了成效。

這項卓越計畫的第一輪資助從 2006 年到 2011 年。經費的爭取可分成三條線：第一，「研究所」，以支持年輕的研究生；第二，「卓越研究群」，以促進大學內部和其他科學機構（例如普朗克研究院）的合作計畫；第三，「制度性策略」，以提供有潛力的研究型大學在制度的基礎上獲得額外的經費。以第一條線的經費來說，卓越計畫試圖創建超過50家研究所，以提供更具整合性的博士課程，以及比在傳統科系中，或由單一教授督導的講座研究小組更加提升的研究團隊。卓越研究群促進了不同研究領域的跨學科合作。最後，這項計畫透過制度性策略資助這條線，致力於支持德國大學高水準研究的長期發展。要成為「卓越大學」，申請機構必須至少贏得一項卓越研究群和一項研究所獎項。該大學還必須為它的研究概況展現一個具有連續性的整體策略。在第一輪，有來自於74所大學的319個提案。[120]

在第一輪經費中，從2006年開始的五年期間提供了25億美元，如前所述，聯邦政府提供了大部分的經費，其餘的經費則由各邦提供。當然，這筆錢對德國經費不足的大學來說是重要的激勵。同樣有價值的是刺激德國高教機構重新思考它們的優先順序，並且提出世界一流的卓越策略。

洪堡大學在第一輪就遭到難堪。但洪堡的後裔，自由大學，現在則被稱為「卓越大學」，已經在國內人文學科領域建立了領導地位。洪堡懷著忐忑的心情進入了第二輪競賽，而它最終還是進入了菁英大學的圈子，有一部分是透過它和自由大學與普朗克研究院合作成立的一個研究群。對這所大學「以及對其機構的信心來說，這非常非常的重要，」前校長奧爾伯茨回憶道。[121]

至於卓越計畫的第三輪資助，其結果在2019年公布，只有兩線的經費贊助，而非之前的三線。一條線是卓越群，以及另一條新的線稱之為「卓越大學群」，鼓勵機構聯合申請。洪堡將所有的雞蛋放在一個合作籃子裡，與自由大學、洪堡大學夏里特醫院和柏林工業大學共同提議成立

「柏林大學聯盟」（Berlin University Alliance）。這一聯合策略展現了巨大的成功，整合研究計畫獲得了兩線經費的資助。

　　卓越計畫的批評者指出，和其他國家傑出研究機構的資助相比，自卓越計畫啟動以來所分配的經費，在財務方面幾乎沒什麼意義。卓越計畫的年度預算大約 5.3 億美元（或 5 億歐元），分配給十到十二所大學。即使洪堡大學獲得了該計畫的年度全國經費總額，其預算也不過是史丹佛大學的 17%，但是洪堡大學的學生人數大約是它的兩倍。[122]

　　然而這種相對卑微的財政激勵，卻在態度上造成了很大的差異。即使是大多數批評者也都承認，卓越計畫改變了德國高等教育的格局。第一次，德國的大學被鼓勵競爭經費，並且發展正式的策略為它們自己在國內和國際上定位。根據蘇黎世聯邦理工學院（ETH Zurich）名譽教授因博登（Dieter Imboden）所領導的卓越計畫國際專家委員會最近的一項研究〈因博登報告〉（Imboden report）指出，這項計畫「成功地啟動了大學的結構性變革」。[123] 洪堡大學領導團隊的成員，經常受困於這所大學錯綜複雜的治理結構，他們將這項計畫描述為是制定策略的催化劑。奧爾伯茨回憶說，卓越計畫「為這所大學帶來了莫大的活力」。[124]

　　「卓越」首先是透過研究來衡量的。事實上，從引用影響（citation impact）的數據來看，被選為制度性資助的這十一所大學，顯示出它們的研究被引用的頻率高於一般的德國大學。來自這十一所大學的論文，被引用次數排世界前 10% 的比率，從 2003 年的六分之一，增長到 2015 年的將近四分之一。而且數據還顯示，其他較不受卓越計畫青睞的大學，在論文被高度引用方面，也正努力趕上步伐。[125] 過去十年德國研究經費的普遍增加，也可以部分解釋這些正向影響的成因。儘管如此，即使是德國的頂尖大學，在世界領先大學的排名中也表現不佳，連洪堡大學也不例外。

在 2019 年最新一輪的卓越計畫競賽中，這項柏林合作關係大力提升了洪堡大學的重要性，使其成為泛柏林學術「生態體系」的一部分。[126]這個聯盟致力於整合各個機構的研究能力，並且創建專業交流和持續教育的網絡。這項計畫不僅使得這些大學能夠在全國競爭，也可以讓它們在國際舞台上表現更為靈活。2017 年，在英國脫歐之後，這幾所柏林大學與牛津大學合作，讓它成為德國的合作交流夥伴，以減輕英國退出歐盟對學生和研究的影響。[127]正如洪堡大學校長孔斯特所說的：「透過與英國頂尖大學的合作，我們希望制訂一個有目標性的整體策略，以避免英國脫歐的任何可能後果。」[128]該聯盟正式確立了一些互惠訪問，與博物館和圖書館的合作，以及一些共同研究計畫，也制定了在不久的將來建立實體中心的計畫，以支持緊密的合作並吸引第三資金。藉由利用這座城市源自於柏林多采多姿的歷史所形成的制度結構，以及它在吸引人居住和研究所享有的盛名，這個聯盟終於讓洪堡大學可以發揮它最好的一面。

從它的過去，看洪堡大學的未來

在 2010 年的兩百周年慶典上，洪堡大學組織了一次研討會來慶祝自己成為「現代原創」，這所大學可以反思它的過去，並思考它的未來。做為一所公立大學，它的歷史與柏林的歷史密不可分。這所大學已經歷經了五個政權（普魯士王國、德意志帝國、威瑪共和國、納粹德國，以及東德），最後發現自己身處於德意志聯邦共和國，也許這是唯一一個真正接受教學與學習的自由（Lehr-und Lernfreiheit）理想的地方，這些理想曾讓威廉‧馮‧洪堡如此充滿動力。在動盪的歷史中，這所大學也表現出非凡的韌性。

自這所大學的早期歷史以來，洪堡精神所標榜的博雅教育首次成為可能。但隨著民主化，也帶來了預算上的限制和學生人數將近十倍的增長（今天接近 36,000 人）。在東德時期，師生比為 7 比 1，現在 15 比 1。[129]如果說，納粹主義和共產主義曾經在這所大學壓抑了任何自由和開放探究的要求，那麼在追求卓越的時代，學生群體的大眾化和對研究過度的迷戀（以區別於教學和指導），也許可以確定了洪堡式的理想只能被視為例外，而不是課堂上的常規。

經過了將近 180 年的威權統治，洪堡大學在其當代的治理中接納了參與式民主。學術評議會由教職員工和學生組成，擁有對大學領導階層重大決定的否決權。這無疑是洪堡校長任期異常短暫的原因。當校長孔斯特在 2021 年 10 月辭職，距離她第二任的任期還不到一年，她是 1989 年後校長世系的一員，對他們來說，做完一任就受夠了。經過一個多世紀的普魯士－德國統治，十二年的納粹主義和四十年的共產主義，洪堡大學在治理上終於變得真正的民主，但也因此變得無人掌舵，直到最近還沒有明確的學術方向和特長足以匹配它的光環。在地理位置上被柏林宏偉的博物館群（包括重建的 Hohenzollern Stadtschloß 中的一個新博物館）所環繞，洪堡大學在今天是一所活生生的大學博物館，努力想要重返榮耀。然而，毫無疑問的，曾經貴為研究型大學之母的洪堡大學，現在不過是眾多研究型大學之一，而且絕對稱不上是最傑出的，即使是在德國。

第 3 章

真理、正義與自由，在冷戰的世界

柏林自由大學

1963 年 6 月 26 日，柏林圍牆豎立近兩年後，約翰・甘迺迪（John F. Kennedy）飛往西柏林。在 45 萬人的歡呼聲中，這位美國總統發表了冷戰時期最令人難忘的演講。「所有的自由人，」他在結束演講時說，「無論他們住在哪裡，他們都是柏林的公民，因此，身為一個自由人，我以我是柏林人（Ich bin ein Berliner）這句話感到自豪。」[1]

幾個小時之後，甘迺迪向聚集在柏林自由大學校園內的 2 萬名教職員和學生發表演講。在獲得榮譽學位之後，他「很榮幸能立即成為這所傑出大學的畢業生」。但是「自由」這一詞，不顯得多餘嗎？「事實上，」他認為：「任何大學，如果它是一所大學，都是自由的。」但在柏林就未必如此了。這就是那些在自由大學就讀的人所面臨的挑戰：「這所學校對於僅僅是培養出公司的律師或老練的會計師不感興趣。它所感興趣的是……培養世界公民……他們願意為自由社會的進步貢獻自己的心力。這就是你們在這裡的原因，這也是這所學校成立的原因。」甘迺迪引用自由大學的校訓 veritas（真理）, iustitia（正義）, libertas（自由）總結道：「學者、老師、知識分子比任何人都有更高的責任，因為社會已經培養了你們思考與行動的能力。這個社群一向致力於這個目標，所以你們有特別的義務去思考，並且從真理、正義和自由的角度來幫助打造這座城市的未來。」[2]

洪堡也無法說得比這更好了。甘迺迪訪問二十六年之後，柏林圍牆倒塌，柏林的幾個部分（以及很快的，德國）重新統一了。又過了三十年，自由大學在柏林的大學中脫穎而出，並且成為聯邦共和國的一個「卓越」典範。然而它的冷戰起源仍隨處可見。大學校長和主要行政人員的辦公室設在 Allied Kommandatura 大樓（戰後柏林的管理機構），它位於柏林－達勒姆，是一棟威瑪時代的建築，帶有激進的現代風格。在校長辦公室外的走廊上，甘迺迪訪問的照片和紀錄迎接著訪客。離校長辦公室不遠，坐落著精美翻修過的亨利福特大樓（Henry Ford Building），它由福特基金會資助，設計做為這所大學的主建築，用以媲美東柏林原來的那所大學。它是一座 20 萬平方英尺的宏偉建築，被玻璃包裹著，沐浴在陽光中，象徵著自由、開放和透明，這是自由大學創建的標誌。這所大學表示，其建築師所服務的客戶是「民主」。[3]

在甘迺迪發表震撼人心的演講五十多年後，阿爾特（Peter-André Alt）校長踏出 Kommandatura 老建築的辦公室，思索著這所大學在他這一生中的意外轉變。在 2010 年阿爾特就任校長時，俗稱的 FU，已經再次將自己重塑成一所根植於洪堡傳統人文學科的現代化國際大學。在 21 世紀，自由大學享譽國內外，現在是德國頂尖高教機構聯盟卓越計畫的十一名成員之一。在阿爾特的任期內，自由大學已經超越並凌駕位在這座城市東部比它更富盛名的鄰居洪堡大學。但這所大學多次脫穎而出的經驗，幾乎和它所經歷的瀕死經驗一樣多。阿爾特知道他的校長任期即

圖 3.1 甘迺迪在柏林自由大學演講，1963 年。Peter-André Alt 提供。

將結束，而自由大學的一位同事齊格勒（Günter Ziegler），即將於 2018 年 7 月上任。回顧他在 Kommandatura 的八年時光，阿爾特很想知道，什麼能保證這所現代德國最具實驗性大學的未來？

歷經嚴峻考驗的年輕人：起源的故事，1945-1948

柏林，德國的首善之都，曾經是二戰期間盟軍襲擊的焦點。到了戰爭結束時，圍繞著城市宮殿（Stadtschloß）和大學的市中心變成了一片廢墟。很快地，柏林和德國其他的地方一樣，被劃分成四個區。米特區（Mitte 區），這個大多數政府部門和大部分大學建築的所在地，歸蘇聯控制。柏林其餘的部分隨後則被三個西方盟國：法國、英國、美國所占領。柏林大學（今天的洪堡大學）位於蘇聯區，不隸屬於市政府，而是受到蘇聯的掌控。

柏林的獨特處境（一座位於德國蘇聯占領區中間，有一半被西方勢力控制的城市），使它自然成為 1947 年後冷戰的焦點。這座城市最初是由四大強權組成的盟國管制委員會（Allied Control Council）所統治，其領導層每月輪換一次。然而隨著東西方關係惡化，蘇聯退出了這個委員會，並且開始獨立統治它們的區域。管制委員會維持輪換領導的政策，儘管此時只包含三個西方盟國。

柏林大學本身已是一片廢墟，90% 的建築物被毀。1944 年教學已經完全停擺。許多教職員已經移民、被開除或被處決。1933 年至 1945 年之間，超過三分之一的柏林教職員被迫離開大學，這是德國大學中開除率最高的大學之一。

經蘇聯的許可，柏林大學在 1946 年 1 月重新開放。當時蘇聯地區的其他五所大學也重啟，包括：耶拿、哈樂－威登堡（Halle-Wittenberg）、萊比錫、格萊斯瓦德和羅斯托克。在所有的這些大學中，蘇聯都實施了嚴格的去納粹化程序，目的是消滅舊有的法西斯菁英，並且「培養最終能建立共產主義的一代。」[4] 德國每所大學的所有員工都必須重新申請他們的職位。柏林大學隨後僅雇用了其原有的 700 名教授和講師中的 120 名。這所新重建的大學從 9,000 多名申請者中，招收了 2,800 名學生。[5] 當學術教導恢復時，教授和學生必須證明他們要麼是法西斯的受害者，要麼在意識形態上與納粹政權保持距離。最可靠的方法是加入德國統一社會黨，這是一個前社會民主黨和共產黨的混合體，不過完全由後者主導。

蘇聯統治區的教育以階級鬥爭為主題，以建設社會主義「人民的大學」為終極目標。正如在蘇聯，以及後來整個蘇聯集團，包括中國，所有學位課程的必修課都是比照史達林的做法，以馬克思－列寧主義的哲學和政治經濟學來教導學生。這個體制企圖將大學「無產階級化」，並改變學生和教職員的社會結構。它還嚴重限制了學術自由。很快就可以很明顯地看出來，蘇聯領導階層打算將柏林大學當做統一社會黨未來幹部的培養基地。錄取和成功與否，變成了得和政治傾向掛勾。做為回應，一群有民主傾向的學生提出了抗議，他們認為必修課只不過是在灌輸馬克思－列寧主義的教條。有些人對蘇聯和統一社會黨在大學內外所扮演的角色提出了批評。

學生的激進主義遭到了迅速的鎮壓。1947 年 3 月，擔任學生會主席的醫學院學生拉奇德洛（Georg Wrazidlo），在柏林著名的咖啡館 Café Kranzler 與同學會面時，遭到蘇聯警方逮捕。兩個月之後，另外五名學生以類似的方式被失蹤。在一次秘密審判中，蘇聯法院裁定拉奇德洛和其他幾人犯下了「暗地進行法西斯活動」的罪行。這些學生被判入獄十到二十五年。拉奇德洛曾在納粹統治下的布痕瓦爾德（Buchenwald）集中營監禁下倖存了下來。現在他卻身陷共產黨領導下的薩克森豪森（Sachsenhausen）集中營。當他在 1956 年從這個集中營釋放出來時，已經四十歲了。[6]

然而，逃過被捕的異議學生繼續抵抗。一些特別敢言的學生，包括：赫斯（Otto Hess）、施瓦茨（Joachim Schwarz）、施托爾茨（Otto Stolz）宣稱：「自由、人性和人權對我們來說有無比崇高的價值，我們將毫不留情地反對任何試圖侵犯它們的人……我們希望非常公開地聲明這一點……我們將批評任何值得批評的事物。」[7]

到了 1947 年底，這些學運人士對該大學以及其學生的狀況批判得愈來愈強烈。赫斯寫道：「在柏林，絕大多數的學生顯然沒有活力和勇氣來表達他們的觀點，相反地，他們允許自己被極少數人恐嚇而沒有表現出任何抵抗。」[8] 對於這些氣餒的年輕改革者來說，改變這所舊大學的可能性已經微乎其微。因為根據占領協議，直接批評蘇聯當局是非法的，異議分子只能試圖質疑德國統一社會黨當局，同時記錄下蘇聯地區大學民主制度的滅亡。1948 年 4 月中旬，中央政府和該大學校長做出強硬回應，開除了施托爾茨、赫斯和施瓦茨，「因為出版活動違反了學生良好的態度和尊嚴。」[9]

儘管早已有數十名學生受到了類似的開除，隨後被逮捕或到其他地方求學，但最近一次的開除令，讓學生團體的異議分子大為震驚。不同的學生團體立刻組織了示威抗議。1948 年 4 月 23 日，2,000 名學生示威者出現在波茨坦廣場（Potsdamer Platz）的濱海飯店（Hotel Esplanade），此處位於西柏林的英國區，距離蘇聯區僅僅只有 150 英尺。在那裡，來自耶拿大學的學生韋伯（Erich Weber）和施托爾茨宣布了一個之前意想不到的構想：在西柏林建立一所新的大學，學生在那裡可以不受壓迫和意識形態的侵犯，而能自由的學習。

在美國贊助的《新蘇黎世報》（Neue Zeitung）工作過的年輕美國記者佛斯（Kendall Foss），曾經寫過關於柏林大學的事件並且目睹了海濱飯店的示威活動。施托爾茨的熱情讓佛斯印象深刻，於是他主動協助學生連繫美國當局。佛斯拜訪了美國駐德司令克雷（Lucius D. Clay）將軍，以及已經請假擔任盟軍政府文化顧問的印第安納大學校長威爾斯（Herman Wells）。威爾斯聘用佛斯擔任特助，請他研究在西部這邊建立一所新的大學，「佛斯了解狀況，而且似乎有動力和能力。」[10] 一個籌備委員會成立了，由贊同的德國教授、政治人物和尋求在西柏林建立一所相抗衡大學的學生所組成。佛斯和他的委員會在 1948 年 5 月將他們的調查結果提報給克雷將軍。佛斯竭力確保它不會成為一所「美國」大學：「委員會認為，這項計畫隨著它的發展，將會是（並且應該是）在根本上由德國人發起，並且是關乎於他們的。美國的參與可以適度地侷限在道義上和物質上對於一個有價值的德國理念的支持。」[11]

很少有大學這麼快就開辦了。在克雷將軍一時熱情地敦促下，政治學家德裔美國人弗雷德瑞希（Carl J. Friedrich）向哈佛請假來擔任克雷的顧問，給予協助，籌備委員會得出的結論是，新的大學可以在六個月內開辦，並且可以在 1948 年秋季準備好運作。誠然，招聘教職員是一項挑戰，但是柏林大學的 66 名教授中有 60 名已經住在西邊，而且帶著有點傲慢的態度，大家認為「一群相當於現在柏林大學水準的教職員肯定可以找得到」。[12] 隨著籌備委員會交由柏林市長羅伊特（Ernst Reuter）擔任主席，具體的措施展開了，學生也開始為建立新的大學進行計畫。

橫跨整個城市，有三分之二柏林大學學生會的成員已經辭去了職務，並成立了自己的籌備委員會。他們的期望在很多方面決定了這所新大學近期和遙遠的未來。如同赫斯在 1948 年 7 月所寫的：「如果一所新的大學不只想要保留光榮但已經過時的傳統，那麼就必須有勇氣走向新的方向。」每一個世代都有權「去找到自己的路。」[13]

申請進入一所新大學從來沒有如此容易過：學生可以用明信片申請，以簡短的形式介紹他們的學經歷。柏林大學的學生坐鎮在招生委員會，挑選第一批學生。到了 10 月 5 日，500 份申請書已經產出了 2,140 人次的首屆課程。[14]

為了呼籲大家提高對這所新大學的支持，有人試圖將它融入亞歷山大和威廉・馮・洪堡兄弟的傳統中：「這是攸關於建立一所自由的大學，因為它本身就是為真理服務。每一位學生都應該知道，這是一個本著真正的民主精神，個人的個別性可以自由發展的地方，而且個人不會成為片面宣傳的對象。」[15]

原有的柏林大學由國王創立；柏林自由大學則由學生創辦。至少，如果沒有他們的活力、理想和創業家精神的結合，1948 年的柏林不可能有新的大學。因此，隨著這個發展，這所大學的治理結構賦予學生極大的影響力。在後來被稱為柏林模式大學治理的情況下，學生擔任委員會的投票成員，並且位居這所大學最高權力機構——大學董事會的一員。與 1949 年被稱為洪堡大學的柏林大學形成強烈對比的是（甚至與任何德國大學來說也是），學生負責「學生事務」：他們協助制定錄取標準；他們參與規範學生紀律；他們坐鎮大學評議會，在這裡，（德國大學歷史上第一次）學生對教授的任命進行投票。擁有了這樣的威權，責任與大量的工作也隨之而來，而最重要的，在自由大學的早期，大家都有一種共同的目標感。正如這所大學的章程所描述的，自由大學將會是「一個學者和教師的社群」。[16]

這所新大學的特點還在於，部分採用了美國的模式，建立了自己的董事會，有權制定預算和主要政策。時任市長的羅伊特擔任該委員會主席，但該組織主張從邦政府獲得比任何現代德國大學享有更大的自治權。

但即使是民主國家也需要領導人，在它開張之前，這所大學尋找了一位「顯赫人士」，一位著名的人物，來領導它。雷德斯洛布（Edwin Redslob）是一位著名的藝術史學家和新生代教師的早期領袖，他認為新大學必須「由上而下來建立」，而且它的第一任校長應該是一位「知名人士」。在戰後的柏林，很難找到沒有妥協過往的名人，但是羅伊特說服了年邁、生病而且愈來愈重聽的歷史學家麥內克來擔任這個職位。這位八十多歲的老人被廣泛地認為是德國在世的頂尖歷史學家。他在政治上是一位介於中間派到溫和自由主義的人，他的作品將世界主義的價值觀和民族國家的價值觀進行了對比。在 1935 年，納粹曾經將他從世界上最負盛名的歷史研究期刊《Historische Zeitschrift》長達數十年的編輯職務開除。麥內克上任有兩個條件：要有一位執行副校長——雷德斯洛布，負責處理大學行政管理，以及羅伊特要為麥內克的公寓提供更多的電力，以便這位老先生可以閱讀。[17]

1948 年 12 月 4 日，自由大學舉行了這位執行副校長的就職典禮。惡劣的天氣和重感冒讓麥內克校長窩在家裡的床上。被管制的交通限制了其他大學校長和學術領袖的參與。沒有自己的設施，這所大學在當天借了一處可用的公共大廳。但據大家說，這個儀式令人難忘。透過家中的美國占領區電台（Radio in the American Sector）發言，麥內克開始說：「我很高興聽到年輕人的聲音，而且我歡迎他們為了一個真正的科學和教學聖地建立一所新大學的呼籲。」他指出，這是「一所直接從歷經嚴峻考驗的年輕人熱情懇求中崛起的大學，」而「身為教職員中年紀最大的一員」，並且「處於一種祖孫關係中」，他握住了「年輕人伸出的手。」他呼籲柏林現有的兩所大學之間能彼此競爭，而非衝突：「願我們可以再度統一的那天到來。」[18]

生存與永續, 1949-1961

在執行副校長就任之前，自由大學的課堂實際上在 11 月中旬已經開始，就在這三名學生被舊有的大學開除僅僅 7 個月之後。儘管麥內克對未來懷抱希望，柏林現在在學術上和政治上都處於分裂的狀態。在這項官方儀式結束一天之後，柏林市政府的選舉在柏林西部地區舉行，遭到了德國統一社會黨的抵制。但是西柏林已經成為西方一個孤立的延伸。

這所大學是在柏林封鎖最嚴重的時候成立的——蘇聯試圖讓被盟軍占領的、被分隔的西柏林，生活無以為繼。為了回應盟軍藉由發行一種新貨幣，致力將西德的美國、法國和英國區融合成一個政治實體，蘇聯在 1948 年 6 月 26 日封鎖了所有通往西柏林的地面通道——鐵路、公路和運河。英國和美國的空軍展開了大量的空中後勤工作，透過大膽的空中橋梁——柏林空運（Berlin Airlift）運送方式，為這個城市的西部提供補給。

這次空運是美國人、他們的盟友，以及堅忍度過一個寒冷匱乏冬天的柏林市民的英勇行動。封鎖持續了將近一年。憑藉著其非凡的規模（27 萬架班機為西柏林供應了 11 個月）和盟軍的團結（法國人於 90 天內在他們的區域建造了一座新機場），空運似乎使得一切都變得可能，包括閃電般地成立一所新大學。

自由大學缺乏所有的東西，從建築到家具再到書籍；醫學院缺乏基本設備。柏林市可以提供道義和法律上的支持，但財務上的援助則很少。在西方占領軍中，只有美國積極支持這所大學的成立。自由大學很快成為德美友誼的象徵。美國占領軍在這所大學成立的幾個月裡，用在美國區發行的報紙收入資助這所大學。在 1948 年成立的幾個月裡，自由大學從美國人那裡收到了大約 50 萬美元。[19] 他們甚至從空運貨物中為自由大學爭取到特別的配給。隨著柏林成為冷戰的核心戰場，這種援助逐漸明顯地增加。從成立到 1963 年，自由大學獲得了來自美國政府的 570 萬美元。當時，福特基金會正處於參與國際的全盛時期，授予了這所大學 317.5 萬美元，包括了用於班傑明・富蘭克林大學醫院（Benjamin Franklin University Hospital）以及標誌性的亨利福特大樓的經費，亨利福特大樓形成了這個校園的早期風貌。[20] 這所大學初期被設計成美國人所謂的寄宿制校園，這就已經使它有別於德國的其他大學。

這所大學位於柏林－達勒姆，這說明了它的企圖心。在 20 世紀之初，達勒姆曾經被普魯士當局選為「科學之城」。它是許多科學機構的

圖 3.2　亨利福特大樓。Times / Wikimedia Commons / CC BY-SA 3.0.

所在地，例如國家檔案館和博物館。最著名的是普朗克學會的前身威廉皇家學會（Kaiser-Wilhelm-Gesellschaft，簡稱 KWG），於 1911 年在那裡成立，它被視為是「德國的牛津」（考慮到當時柏林在科學領域對牛津的主導地位，這是一個相當奇怪的比喻）。諾貝爾獎得主愛因斯坦、海森堡（Werner Heisenberg）和普朗克，正是在達勒姆，而非市中心的校園裡成名。二戰之後，這些機構正式歸屬於洪堡大學。1949 年美國當局將這些機構的管理權移交給自由大學，（奇怪的是，由於合法所有權仍有待確定）自由大學向洪堡大學支付了租金。但終究，這只是對自然科學和醫學領域主要設施的挪用。兩年之後，洪堡大學獸醫學院的教職員集體叛逃到自由大學。

2,140 名首屆就讀的學生受教於三個學院：哲學學院、法律與經濟學院和醫學院。正教授的資深教職員只有 43 人，包括：校長、院長，以及掛名在企業的「名譽教授（honorary professors）」。青年學者和來自於美國，包括史丹佛和耶魯的訪問教師則加強了其教學陣容。在接下來的幾年裡，藉由招募對東德大學不滿的學者，以及逐漸隨著這所大學規模和聲望的增長，吸引了來自西德機構的學者，師資陣容不斷壯大。在 1948-1949 年的冬季學期，大約 70% 非一年級的大學生在柏林大學的市中心就讀，另有 20% 就讀於東德其他的大學。9% 來自於西德的大學，另外還有 30 名國際學生。

這所大學在 1950 年代和 1960 年代穩步增長，在 1954 年，學生人數達到 6,000 人，到了 1960 年達 12,000 人，1968 年達到近 15,000 人。[21] 預算和教職員的招聘也相應地增長。在波昂、柏林和美國的慷慨贊助下，預算在 1958 年至 1968 年間，每年增長 30%。到了 1968 年，該大學擁有 396 名教授，提供 77 種學位，並設有 155 個研究所。[22] 它是一所重點大學。

至少，在它的第一個十年裡，自由大學保持了促使其創立的大部分理想與活力。正如柏林模式所預期的那樣，學生在協助治理上扮演了重要的角色，而且（在自由大學做為研究型大學的名聲還沒有建立起來之前）教職員投入了他們的主要心力在大學的教育上。在標準的講座課程上，則第一次加上了英美模式的導師制度。自由大學一開始是做為東德的大學生一種補救再入學的方式，它一方面自力更生，一方面也從福特基金會獲得了外部的經費。為此，添加了一種對德國的大學來說同樣很創新的課程，即通識教育。在這種系統中，學生仍然被錄取學習特定科系或專業，通識教育借鏡於美國近來的經驗（例如在哈佛），以開闊學生探究當代社會、政治、文化事務的視野。此外，這所大學向賦予它生命的城市伸出了援手：它的廣播大學，早在 1949 年夏天，就開始為柏林市民廣播基礎課程——再一次，它又是第一所這樣做的德國大學。1952年，它又為大眾增加了一所當面授課的夜間部大學。在 1948 年，將學生、教職員、大學與這座城市團結在一起的強烈集體決心，持續了一段時間。[23]

因應全球挑戰的 1960 年代，以及之後：
抗議與改革，1962-1989

在經濟艱困下篳路藍縷開創的自由大學，在 1960 年代初，達到了可以與其他西德高教機構相媲美的地位。雖然自由大學被廣泛認為是一所「改革」的大學，它的西德同儕抗拒創新，並且致力於「恢復」前納粹時期德國的學術成就。[24] 由於當時它幾乎全部從西德招募教職員和學生，逐漸地，幾乎無法察覺地，自由大學也成為國家體系的一部分，既沒有活力，也不從事改革。

與此同時，西柏林正在發生變化，獲得了愈來愈多原始的身分。柏林圍牆於 1961 年建成，使得它的西半部現在被混凝土障礙物和瞭望塔包圍，更像是一座冷戰島嶼。它位於東德的深處，但是刻意與包圍它的德意志民主共和國不同。西柏林隸屬於西邊的德意志聯邦共和國，它為西柏林提供了大量經費，將其做為一個充滿活力的西方展示櫃，以便與東部單調灰色（在西方人眼中）的「那邊」做對照。

柏林曾經是一個偉大的工業城市，現在發展成一個愈來愈前衛的文化中心，以音樂、藝術和愈來愈多的教育機構聞名。思想獨立的學生，如果他們是在尋找看似走在最前沿的大學，位於全球事務的中心，以及以電影院和酒吧聞名的城市，他們會選擇柏林。而對於處於徵兵年齡的年輕人來說，在柏林求學還有額外的激勵措施：前首都的居民，可免於西德聯邦國防軍徵召入伍，因為柏林在法律上（還）不是在聯邦共和國的一部分。從一個被圍困的冷戰城市（實際上，它仍然是），西柏林成為了一個很酷的，反主流文化的城市，它與展現西德經濟奇蹟的法蘭克福、漢堡、斯圖加特和其他物質主義先進城市形成了對照互補。

甘迺迪總統 1963 年的訪問，將柏林親西方和親美的情緒推到了最高潮。那年稍晚，他被暗殺，而且美國的注意力分散到亞洲（越南），似乎粉碎了柏林圍牆與柏林的分裂只是短暫的這個希望。1950 年代末期，自由大學的學生抗議原子武器的擴散和美國重新武裝西德，埋下了反美情緒的種子。受到諸如弗里茲 · 費雪（Fritz Fischer）等修正主義歷史學家的激勵，戰後出生的德國年輕人開始面對德國軍國主義的過去，費雪在 1961 年出版的著作《德國在第一次世界大戰中的目標》（*Griff nach der Weltmacht*，英文版書名為 *Germany's Aims in the First World War*），為德國在兩次世界大戰中的罪行提供了強而有力的證據。在甘迺迪旋風亮相的兩年之內，自由大學發現自己面臨著一連串似乎無窮盡的內部危機。一場類似加州大學柏克萊分校的「言論自由」運動，挑戰了行政部門批准外部發言者的權利。在另一個案例中，一名初級教職員控訴校長嚴厲審查。學生聚集在一起要求這名校長下台。在數周之內，歷史學家坦特（James Tent）寫道，自由大學「從一所看似運作正常的城市大學，變成了一個危機四伏的機構，其根基受到了質疑」。[25]

到了 1966 年，師生互相友好尊重的柏林模式已經命在旦夕。左派學生籌建了自己的團體，要求全面共同決定（Mitbestimmung），好像他們是一家大公司的工會一樣。隨著人們對美國在越南的戰爭愈來愈激憤，反美示威活動（例如反對美國副總統韓福瑞〔Hubert Humphrey〕在 1967 年訪問柏林）變得愈來愈頻繁而動盪。1967 年，自由大學的學生歐內索格（Benno Ohnesorg）在抗議美國盟友伊朗國王到柏林進行國事訪問時，被柏林的警察擊中頭部，憤怒遍及各處，而整個世代都汲取了教訓。15,000 人參加了自由大學亨利福特大樓內為歐內索格所舉行的喪禮，他是自由大學文化革命的第一個受害者，但他不是最後一個。[26] 這起謀殺在西德引發了數周大規模的示威活動，並激化了學生運動。歐內索格的死，也導致了警察局長、柏林內政參議員，以及西柏林市長的辭職，他們都被迫面對這位犯罪警察的殘酷行為。這名警官最終被無罪釋放，他和幾名證人做出了偽證，試圖掩蓋這件事實。2009 年的消息透漏，這位警官在當時擔任東德國安局的非正式探員（Stasi-IM），使得這個事件更加複雜，但是沒有證據可以顯示，他開槍的意圖是為了在西柏林散播異議。

一所為對應左翼極端主義而成立的大學，現在發現自己處於蔓延全球的激進政治運動的中心。1968 年 5 月，在巴黎爆發了學生主導的示威遊行，導致了一場大罷工，幾乎推翻法國政府。在美國，越戰引起的紛爭，攪亂美國的校園。在中國，毛澤東的文化大革命破壞並關閉了大

圖 3.3　1967 年 4 月 19 日至 4 月 20 日，學生在亨利福特大樓的大廳靜坐。 Bernard Larsson 照片提供。

學，而一種被膚淺理解的「毛澤東思想」則受到了西方左翼人士的青睞。於是在柏林，一所受美國慷慨資助的大學成為了反美政治的標的。

　　到了 1970 年代初期，學生運動進一步激化，並分裂成組織良好的學生團體，運用具政治社會議題的藝文活動做為煽動工具，威脅教學與學習的自由。這所大學變得高度政治化。學術評議會和校長辦公室經常被抗議的學生占領。政治塗鴉布滿了新舊建築。1970 年，自由大學的兼任講師邁因霍夫（Ulrike Meinhof）策畫了一名被定罪的政治縱火犯巴德爾（Andreas Baader）的越獄行動，隨後產生的邁因霍夫幫（Baader-Meinhof Gang，亦稱紅軍派），成為了國內恐怖主義的代名詞。一年後，具有魅力的學生運動領袖杜契克（Rudi Dutschke）被非致命性的槍擊，讓事態達到了沸點。

　　這所有的一切引發了一場治理改革運動，該運動建立在初始的柏林模式之上，並且更進一步將學生的活力融入（而且理想上，聚焦在）大學的工作中。政治學家施萬（Alexander Schwan）是 1969 年新大學法的早期倡導者，他相信全面共同決定，並且讓學生進一步參與大學的運作。這項新法律真的做到了這一點，將激進的學生團體納入委員會和計畫中。到了 1971 年，施萬已經受夠了，並且宣稱這項改革的法律是一個錯誤。毛派學生的反應是企圖將他拋出窗外——也就是說，把他扔出他在奧托蘇爾研究所（Otto Suhr Institute）研討課教室的窗外，奧托蘇爾研究所是政治學系在自由大學的所在地。在一場激烈的肉身搏鬥中，施萬被一群溫和的學生和他的妻子，年輕的助理教授葛希娜·施萬（Gesine Schwan）所救。[27]

　　1972-1973 年，我是自由大學的一名學生，我獲得了 DAAD（德國學術交流服務）學士後獎學金，以及來自柏林市的空運感恩獎學金（Luftbrückendank-stipendium），是麥內克研究所（Friedrich Meinecke Institute）的一名歷史系學生，在那裡聽說了另一位教授奇菲爾（Friedrich Zipfel）差一點被拋出窗外的傳言，他是一位納粹時代的歷史學家，我旁聽他的課程。在冬季學期，新的羅斯勞貝（Rostlaube）大樓開放，開設歷史和政治學課程。在連一堂課都還沒有上之前，它鏽跡斑斑的外觀上，已經被紅色和黃色的政治宣傳標語所覆蓋。我修了一門奧托蘇爾研究所的馬克思研討課。它是由葛希娜·施萬所教授，她比她的丈夫和自由大學所有的紛亂都活得久，成為了一名重要的學者和德國社會民主黨的政治人物。葛希娜·施萬當時處於教學生涯的早期階段，而且沒有研討課比這一堂課更具有挑戰性了。在我們班上 15 名左右的學生當中，至少有 6 個不同的共產黨或派系。也許馬克思從來沒有被如此徹底的檢視過：從毛澤東思想、史達林主義、馬克思無政府主義的制高點來觀看，更不用提那些相信小阿爾巴尼亞以最純粹的形式實踐馬克思主義的人了。我們這些學生以工作小組（Arbeitsgruppen）的形式合作（或多或少）研讀馬克思，雖然經常是在柏林某個悠哉的酒吧裡。因為我是我們當中唯一一個身為盟國公民而且可以越過柏林圍牆的人，所以我有一個特殊的任務，在東柏林以便宜的價格購買我們的課本。葛希娜‧施萬在研討課的每一句話都被這個派系或那個派系給打斷了，她以堅忍和耐心贏得了我最高的敬意。

這所大學在 1970 年代初期已經到了崩潰的地步。柏林市政府的官員哀嘆，這所大學明顯無法自我治理，意味著邦政府必須進行干預。這所大學早期的柏林模式在此時已經成了遙遠的記憶，1974 年對大學法的修訂，以及 1978 年一項全新的立法，恢復了教授的多數制，並強化了校長的地位。這些措施在 1980 年代被更進一步地落實。坦特對自由大學頭三十年歷史的描述仍然是最標準的陳述，正如他所寫的：「在很短的時間內，自由大學在一個如此民主的制度下運作，以至於讓任何共產主義集團的國家或機構都感到驚訝。」結果如此兩極化，引發了一個不可避免的反應。隨著政治運動和大學法的來來去去，原來的柏林自由大學消失了。這裡，坦特再次說道：「一個再清楚不過的事實是，再怎麼修改法律與憲法，也無法恢復『那些』曾經使得自由大學對將近一世代的人來說是一所獨特大學的東西。」[28]

這段期間，也許是為了安撫大學的激進主義，政府在教育上的支出增加了，但課程的改變是為了讓學生針對就業市場做更好的準備，而不是為了革命。1978 年修訂的柏林大學法，重點不在於曾經界定柏林這兩所大學創立年代的「全人教育」，而在於「專業實踐上的需要」。[29] 但是自由大學的十年動盪，已經使得這所大學變得不那麼吸引人，尤其是對務實的人來說也許更是如此。到了 1970 年代中期，教職員和學生的素質已經明顯下降。然而，學生人數急遽增加。在 1970 年代和 1980 年代，這所大學和德國的許多大學一樣，成為了一所大眾大學。學生年紀輕輕就進來，而且待到很晚才畢業——部分原因是為了免於兵役，同時也因為按時獲得學位的限制很少被強制執行。柏林政府面臨的政治壓力，導致了更大的擴張。由於大學在很大程度上取決於學生人數，因此政府和大學之間有一個共同的誘因來促使其成長。以至於這所大學變得臃腫虛胖。學生人數從 1968 年的 15,778 人，增加到 1973 年的 27,892 人，再到 1988 年，柏林圍牆倒塌前夕的 61,198 人。[30] 早期以輔導方式進行小組學習，以及廣為倡議的通識教育等概念都凋零萎縮了。

在 1980 年代，隨著整個西方世界的學術恢復常態，自由大學普遍存在著溫和低調的心態。但是隨著這所大學擺脫政治化的過去，它也變得毫無特色。它「現在是一所正常的大學了，」[31] 但是是在一個德國大學的全球聲望已經成為一個遙遠記憶的時代。當邦政府的預算不可避免地再次變得捉襟見肘，自由大學不得不凍結招聘，它的醫療診所 Westend，已然關閉。一個基於補償的原因，而且也是未來的一個好兆頭，那就是這所大學開始認真地在德國吸引第三方資源。1978 年至 1985 年間，獨立贊助的金額成長到一倍，達到 5,600 萬馬克。[32] 這使得這所大學的國際事務辦公室能夠維持其早期建立的國際計畫，這些計畫曾經使得自由大學被視為是一所與美國有特殊連結的大學，而現在的連結更不止於此了。

「轉向之後」：緊縮開支, 1989-2000

隨著柏林圍牆的倒塌和十一個月之後德國的正式統一，自由大學最初存在的理由不復存在。自由大學和洪堡大學在 1989 年之前已經開始了一些小領域的合作，但是它們很快就為了生存而進入競爭。

柏林再次成為統一德國的首都。令人難以置信的是，真正位於柏林**米特區**的洪堡大學將不復存在。相反地，正如我們所看到的，人們立即致力於將它去共產化，並給予它更多民主的治理。問題是，洪堡應該再次成為柏林的**那一所**大學嗎？一個重新統一的國家和一個重新統一的首都，不是應該立志更進一步嗎？德國的大學在歷史上都是由它們所在的各邦所資助。現在是不是該有一所真正的**國立**大學呢？

答案是否定的。德國統一的代價已經夠昂貴了，大家既沒有意願，也沒有預算來成立一所國立大學。新統一的柏林雖然自豪，但破產了。冷戰期間資助西柏林的西柏林經費將被終止，這座城市將不得不自行扛起大部分高教經費，當柏林成為德國的十六個邦之一，它也成為了最貧窮的邦之一。

接下來的問題便是，洪堡是否應該接管自由大學，也許還有柏林工業大學，以便在柏林擁有一所龐大的綜合性大學，位於這個城市的多個地方，並且在市中心擁有一個菁英核心？畢竟，洪堡大學這個名字，如同柏林大學的豐功偉業，都是世界知名的。自由大學是後起之秀，較不知名，況且或許已經完成了它的歷史任務。柏林的科學參議員艾爾哈特（Manfred Erhardt）想像出一個煥然一新的菁英洪堡，它的影響力將遠遠超過這座城市。他認為，西德的大學在國際上絕對不會被當作典範，至於自由大學和工業大學這類的大眾大學，有很多問題，要經過多年的改革才能在外界享有響亮的名聲。[33]

洪堡大學和自由大學都存活下來了，工業大學也同樣加入了行列，這證明了惰性的力量，也證明了部分現有機構官僚被動的（而且有時主動的）抗拒；以及對於一所統一的大學缺乏願景；再加上，缺乏經費。最終，行政部門和參議院決定保留洪堡大學和自由大學，希望這可以促進健康的校際競爭，並終究能提升這兩所大學的教學與研究。[34]

在柏林圍牆倒塌之後,「轉向之後」(nach der Wende)的最初幾年,有大量來自前東德的學生尋求在自由大學開始或繼續他們的學習。入學人數增加,自由大學的學生超過 62,000 人。但由於要面對柏林預算受限的現實打擊,再加上德國聯邦政府的補貼減少,自由大學在 1990 年代的預算大幅減少。

1988 年,自由大學曾向柏林參議院提出了一項建構計畫,這項計畫對大學在 1990 年代的投資和穩定性提出了 10 年的構想。[35] 這項計畫在當時已經毫無參考價值。參議院 1993 年的大學建構計畫,對柏林各大學未來十年的資助減少了 10 億德國馬克(大約 6 億美元)。對於自由大學來說,它的支出不成比例地高,因為洪堡當時正在重建,自由大學幾乎被吸走了四分之一的經費來幫忙支付。自由大學全額資助的學生人數減少了一半:從 1992 年將近 40,000 人,到 2001 年 26,000 人,然後在 2003 年到 21,000人。在同一時期,教授人數甚至下降得更為劇烈:從 1990 年大約 700 人(醫學領域之外),到 1999 年的 440 人,以及 2003 年的 368 人。[36] 從1992 年到 1999 年,每一年,教職員的離職人數遠遠超過任命的人數。

這些削減對核心學術任務打擊最大。這所大學不可能每個地方都縮小規模。由於非學術人員大部分是終身制,合約不能廢除,許多學術人員被解雇了,而非學術人員則保住了他們在這所大學官僚體制中的職位。除此之外,自由大學和洪堡所提供的學位課程也遭受到削減。一些較小的研究所從自由大學被轉移到洪堡,包括:圖書館科學研究所、體育科學研究所、斯堪地那維亞研究所和斯拉夫研究所。醫學院,包括牙科診所和兒科診所,也被轉移到洪堡大學,這使得留在自由大學的生命科學面臨了充滿疑問的未來。1996 年,柏林參議院大幅削減了這兩所大學圖書館的預算。1996 年 4 月和 1997-1998 年冬季學期,這些削減導致了廣泛的學生示威和罷工。在 1960 年代的回聲中,自由大學的校長辦公室再一次被學生占領。

21 世紀的再造與再生

在 21 世紀，自由大學必須再次重新想像自己。這所大眾大學不得不甩掉學生、教職員和數十年累積下來的一身肥肉和記憶。這意味著它將以一個更精瘦、更健康、更具競爭力企業的樣貌現身，與復興的洪堡大學一較高下——這在世紀之交是無人可以想像的。然而，在 2017 年，泰晤士高等教育世界大學排名將自由大學列為德國研究型大學（超過 100 所）的前五名，並擠進世界人文學科排名前二十名。況且，身為全球冷戰的產物，它已經基於它早期國際化的歷史，成為德國在國際研究和全球夥伴關係領域的領先大學。2020 年，這所大學分布在柏林的 3 個現代化校區，擁有 11 個學術單位，一所現在與洪堡大學合辦的夏里特醫學院，以及 3 個提供東歐、拉丁美洲和北美研究學位的國際研究所。整體而言，自由大學提供了大約 180 種學士和碩士學位課程，以及大約 50 種博士學位課程。它最為人稱道的是它在人文和社會方面的課程，而它的自然和生命科學課程也愈來愈知名。

自由大學在 21 世紀捲土重來？它是怎麼做到的？

治理：領導力

部分的答案必然存在於治理之中。形式上，今天自由大學的許多治理層面似乎與洪堡和許多德國大學的治理架構類似。它的學術評議會由校長領導，由 25 名成員組成，成員由選舉產生，任期兩年。學術評議會由代表大學不同利益的 4 個團體組成：13 名教授，以及分別來自學生、學術人員和非學術人員的各 4 名代表。教授擁有絕對多數，但只多了一票，而且只有在他們全體一致投票時才會形成這情況。學術評議會所通過的有關事項決議包括：大學發展、設備計畫，並制定適用於這所大學的教學、學習和研究的基本原則。它確認每年的學生錄取人數。它也參與了學習課程的設立與取消，並且每年就預算草案發表立場聲明。由於自由大學是一所公立大學，柏林參議院持續以一位身有影響力的利益相關者參與運作。它與自由大學協商每年的基本資助，並且比學術評議會更能決定每年的學生錄取人數，因為幫他們支付費用的是柏林參議院。

跟洪堡大學一樣，自由大學由校長領導，任期四年，可以連任。校長和執行副校長由擴大的學術評議會以多數票選出，擴大的學術評議會包括額外的 36 名成員，提名也是由這同一治理機構負責。校長和學術評議會一起提名另外三位副校長，他們分別負責行政和財務不同的領域。

與洪堡大學相比，自由大學的校長在選擇自由大學的領導團隊上，擁有更大的自主權。而且也許是因為 1990 年代危機的嚴重性，學術評議會和大學領導階層的合作相對比較和諧。與洪堡大學（1989 年之後的校長都沒有做完第二個任期）不同，自由大學的領導階層更具有延續性和實質上的權威。校長的平均任期為七年。校長是執行委員會的一員，執行委員會還包括了總務長、執行副校長和副校長們。它批准預算並提出架構和發展計畫。它還執行學術評議會的決議，例如學習課程的設立與取消。

當然，重要的不僅僅是這些職位，還有擔任職位的人。自由大學在 21 世紀的歷史，證明了在一所大學中，校長領導的連貫性和品質的重要。儘管，或更可能是因為，自由大學過去動盪的經歷，相對於一般的德國大學來說，這所大學的校長被賦予了更多的權威（而他們也如此聲稱）。法律學者格拉赫（Johann Wilhelm Gerlach）於 1991 年至 1999 年領導該大學，強烈抵制自由大學與洪堡大學合併的企圖，鼓勵學生抗議預算削減，並且利用法院程序捍衛這所大學的自主權。教育哲學學者連琛（Dieter Lenzen）於 2003 年被選為自由大學第六任校長，在這之前他曾任教於史丹佛、哥倫比亞和東京大學等國際知名學府。連琛的遠見和動力帶領自由大學建立起它的國際優勢並且改革它的管理，這使得它在第一輪卓越計畫中脫穎而出。[37] 連琛在 2010 年離開前往主持漢堡大學之前，帶領自由大學一馬當先努力贏得它在全國性卓越計畫的第一場競賽，大家都一致認為他們用盡了洪荒之力。還有傑出的德國文學學者阿爾特（擁有十八本專題著作），以外柔內剛的個性，從 2010 年到 2018 年，帶領著自由大學在第二輪和第三輪的德國卓越計畫中取得了驚人的成功。他的繼任者是國際知名數學家齊格勒，他是麻省理工學院的博士，曾經創辦柏林數學學院，這是柏林三所主要大學（包括工業大學）合辦的研究生課程。

鐵漢總務長

校長是，或應該是，任何大學發展方向的核心。但在自由大學，同樣重要的是專業行政的角色。正如我們所看到的，在洪堡大學，職業文官（Berufsbeamtentum）最初是從東德時代延續下來的。在自由大學，行政的領導力是這所大學再生的關鍵因素。

在自由大學，僅次於校長的角色是總務長。總務長是一位財政大臣，就像英國的財政大臣一樣，並且正式負責預算（洪堡大學正是因為沒有這個職位讓它的校長們很挫折）。在自由大學，董事會根據校長的提名選舉總務長，然後由柏林參議院正式任命總務長，任期十年。由於職責已經遠遠超過負責預算，總務長在自由大學扮演著關鍵的角色。總

務長的任期比任何校長的任期都長，而且總務長在匱乏時期（例如 1990
年代），或再投資時期（例如 2010 年代），對於可用經費最能善加運用
也最瞭若指掌。

在自由大學的鐵漢總務長是彼得・朗吉（Peter Lange）（Lange 發音
為 *Lahn-ge*，不要與杜克大學長期以來的教務長彼得・蘭格〔Peter
Lange〕混淆，我們將會在第 7 章談到他。）。朗吉在 1976 年開始與自
由大學結緣，是自由大學經濟教育學系的學生，並且在四十年之後在這
裡退休。他曾經在這裡擔任研究助理和助教，之後擔任過學術評議會的
常務董事，然後擔任校長辦公室主任十年，並且在他於此工作的最後十
五年裡擔任總務長。在柏林圍牆倒塌之後，處於動盪變革的那四分之一
個世紀裡，朗吉代表了行政上的連貫性。他在 1990 年代協調自由大學的
組織重整，他以靈巧的手段與柏林參議院良好互動，他精通預算和預算
政治，並且和歷任的校長密切合作，這一切都有助於確保自由大學變得
更為小巧精瘦，使得它能夠抓住機會，貨真價實地變得更好。他為自由
大學在國內外知名度的提高，以及最重要的，為自由大學在卓越計畫所
獲得的成功，作出了巨大的貢獻。他還監督大學實體設施的發展，委託
福斯特（Norman Foster）男爵設計的語言學圖書館（Philological
Library），在 2005 年開放，而 2015 年為社會和人文科學等小眾學科完
成的優雅綜合體則是自由大學再生的核心——今天它是這個校園裡最大
的建築。

在他漫長的任期內，朗吉是這所大學最持久有力與最不顯眼的領導
者。一份學生刊物在 2011 年就其尋找「幻影（Phantom）」的文章寫道：
「在自由大學，有一個隱形人在統治著。」朗吉總務長是「最有影響力」
的人物之一，但是「校園裡幾乎沒有人認識他」。[38] 事實上，他是到了
退休之後才廣受敬愛。2015 年 12 月，校長阿爾特在為朗吉舉行的退休

歡送會上演說，當時朗吉的肖像掛在亨利福特大樓，阿爾特說朗吉是總務長之中的「全能者」。「這位總務長是在做什麼的？」阿爾特問大家。「幾乎什麼都做。預算和人事、管控、與學術部門一起規劃他們的目標。協調集中式和分散式的流程，建設和發展校園，負責能源和網路科技。招聘終身教職員工、第三方資助、研究設備、圖書館、學習和教學。」不像其他德國大學的總務長只關注預算，朗吉「什麼都做。他一肩扛起，從不傲慢」。朗吉對於自由大學行政部門的 2,000 名同事「牢牢掌握」，因為「他知道要做什麼」。[39]

　　當朗吉退休時，有人問他感到最自豪的是什麼，他的回答是：「自由大學的成功。看到一所大學，置身於一個重新統一的城市『柏林』，一再得不到機會，歷經 1990 年代痛苦的削減之後，仍然可以發展地如此宏偉。這個結果是許多中型、大型和超大型的成功所累積出來的，這一切都必須孜孜不倦地追求──而且肯定會伴隨著挫折。而身為前任總務長，我自然會為我們已經成功建立了德國最現代化、最有效率的大學行政機構之一而感到驕傲。」[40]

外部經費

　　朗吉和與他共事的校長在經濟匱乏之中取得了成功，其關鍵在於必須仔細確定優先順序。柏林圍牆倒塌後的財政危機導致了邦政府經費的大幅削減。柏林參議院將資源從自由大學和工業大學轉移到洪堡大學，將自由大學的預算削減了一半。學費本來可以用來彌補邦政府經費的削減，但即使是在 1990 年代，把腦筋動到學費身上，引發了學生在勃蘭登堡門的大規模示威抗議。無論如何，傳統上左傾的柏林參議院從根本上反對學費的想法，即使在 2005 年，德國最高法院允許大學收取學費，它

圖 3.4 語言學圖書館，由諾曼・福斯特（Norman Foster）設計。senhormario / flickr / CC BY 2.0.

仍然反對。到了 2014 年，德國十六個邦已經全部取消了大學部的學費。「回想起來，」阿爾特後來感嘆：「我們失去了提升我們財務支持和預算狀況的機會。我們本來可以投資更多，做得更多。」[41] 2020 年，自由大學的學生每學期的學費僅 340 美元，其中三分之二用來支付高折扣的大柏林地區公共運輸票券。

讓事情變得更加困難的是，德國的大學對私人和企業募款的紀錄很糟糕。自由大學也不例外。正如阿爾特所分析的：「既然高等教育是由政治決定，大家沒有支持高等教育的意識。就大學資助來說，私人贊助只占很小的一群。私人的財富已經大幅增加。也許這會導致系統性的變化，但這需要時間，至少要十年之後。」2016 年，對自由大學的私人捐贈總額僅有 110 萬美元。[42]

柏林參議院為這所大學提供了主要的收入來源。2017 年，它設定的總金額為 3.06 億美元。這筆經費每三年會在「大學條約」中協商一次，「大學條約」是 1977 年首次為所有柏林的公立大學所制定的。大學只有在符合某些績效指標的條件下可以獲得公共的資助，這些條件包括：錄取學生人數、教職員多元化和國際化程度。大學條約賦予了自由大學規劃上的穩定性，特別是在新教授的任命上。在這些經費之外，還得到了馬克思‧普朗克學會等合作機構在薪資和其他資源方面的補充。儘管如此，柏林參議院提供的經費從來不足以支付這所大學的花費。自由大學的 2015 年結構計畫將經費情況描述為「被迫超過負荷的結構」之一。[43]

聯邦政府透過它的《2020 高等教育協定》介入，提供了額外的公共經費。這項計畫給予自由大學額外的經費，但僅限於在增加招生的條件下。2017 年，這些聯邦資源幾乎占了這所大學全部基本經費總額的 12%。

近年來，自由大學集中精力募集第三資金。儘管「第三資金」這個名稱暗示著另闢財源，但這些經費大部分是公共的，取自於聯邦教育預算和歐盟的其他部分。第三資金和一般經費的不同在於大學必須爭取第三方資源，這就會與特定的研究計畫有關。在 1989 年到 1995 年之間，隨著邦政府的預算被削減，第三資金已經翻倍（從 4,600 萬美元到 8,900 萬美元），但相對於正常的邦政府預算來說，它仍然只是聊勝於無。[44] 然而到了 2017 年，第三資金占這所大學總經費將近 40%。德國研究基金會（Deutsche Forschungsgemeinschaft，或簡稱 DFG）發現，在吸引第三資金贊助研究這方面，自由大學是最屬害的大學之一。在 2014-2016 年報告期間，自由大學獲得德國研究基金會將近 3 億美元的研究經費，在德國所有的大學中排名第五。在人文社會科學領域，自由大學獲得的第三資金比任何其他德國大學都多。

第三資金使得這所大學具有國內的競爭力與國際的能見度。它們也製造了新的壓力。這所大學愈來愈依賴獲得第三資金的協助，尤其是因為這些資助計畫多半是短期的。許多研究活動，特別是新的博士計畫，幾乎完全依賴這些資源，並指望它們能夠繼續支持下去。自由大學為新的研究生課程吸引到經費，這是對自由大學學術領域發展方向的判斷投下了信任的一票。吸引第三資金的能力成為招聘決策的一個主要準則。它使得這所大學隨即變得更有創業精神（在尋求支持方面），也更有管理能力（在運用資源上）。正教授原本就要執行他們的講座任務；現在還要尋找並管理大型的外部計畫。而且——正如在世界各地領先的研究型大學中一樣，第三資金更加強調了原本已經重視研究勝過教學的這股強大趨勢。

儘管如此，尋找外部支持的必要性，讓自由大學更富有創業文化。而且事實證明，它與德國研究基金會，以及其他基金會合作的早期成功經驗，成為了它在最負盛名的卓越計畫競賽中，能夠表現出色的先決條件。

柏林的新召喚：教職員和學生

任何研究型的大學要在競爭當中成功，最終都取決於教職員。經歷了美好與艱難的歲月，自由大學已經吸納了一群全心投入的學者，他們產出了世界知名的研究。自 1948 年以來，已經有 5 位諾貝爾獎得主曾經在自由大學任教。教職員中還包括了 17 位德國最高捐贈獎項萊布尼茲獎（Leibniz Prize）得主；7 位馬克斯・普朗克研究獎得主；以及 15 名德國國家科學院——Leopoldina 的成員，Leopoldina 是德國最古老的自然科學和醫學學者的學會之一。對於自然科學的學者和研究人員來說，被選為 Leopoldina 的成員，可被視為獲得了德國最高機構授予的最高榮譽之一。

在過去的十年裡，自由大學的師資團隊經歷了一波激增。柏林的「召喚」（現在是自由大學的召喚）再一次成為崇高聲望的標誌。但是除了人數受到柏林參議院限制的「正」教授之外，自由大學還透過其他方式設立了數百個新職位。在 2018 至 2022 年之間，自由大學計畫藉由增加各種新的教授職位，以及邁向終身制軌道路徑的某種暫時性步驟，將具有終身教職的學術人員比例提高到 35%。[45] 這些包括了捐贈教授職位、卓越計畫教授職位、與其他機構合聘的教授職位，以及初級教授職位。初級教授是 2002 年設立的一個類別，任期限定六年，屆時，學者們預期將在**其他地方**申請教授職位。到了 2020 年，他們的人數已經增加到 96 人。

自由大學招聘和留任的狀況都表現良好。2000 年至 2017 年之間，留任協商的成功率平均為 82%。[46] 大學無法留任教職員的情形，主要的癥結通常在於薪資。與德國的其他邦相比，柏林教授的薪水相對較低（就生活成本來說也確實如此）。2016 年，柏林教授的薪水比德國薪水最高的巴登－符騰堡（Baden-Württemberg）邦低了大約 10%。[47] 與美國相比，自由大學的薪資更是相形見絀。外籍教授的聘用則是例外，2017 年自由大學正教授的平均基本薪資（包括獎金）為 107,000 美元。對於最高級別（W3）的教授，2018 年的平均薪資為 144,000 美元。[48] 另一個問題是教學量大。柏林的大學要求它們的教授每周授課九小時。跟其他任何地方一樣，教職員想盡辦法減少這些時數，但負荷相對仍然較高。[49]

2018 年，自由大學擁有 358 名正教授，其中 48 人是與柏林及周邊地區的高教機構合聘，或是「特聘教授」。此外，還有初級教授和其他約聘教授 127 名，以及支援教學、研究、營運的 4,450 名非教授工作人員。那 48 位所謂的特聘教授，包括但不限於德國四大獨立研究機構，這四大機構也是公共資助的：馬克斯・普朗克學會、弗勞恩霍夫協會（Fraunhofer Society）、赫姆霍茲學會，以及萊布尼茲學會。合聘教授的費用由各機構分攤。這些夥伴關係強化了與非大學機構的合作，特別是馬克斯・普朗克學會，他們的研究在國內外都享有盛譽。

這 3,798 位教職員在 2018 年教導了 33,000 名大學部和碩士班的學生，以及 4,000 名博士生。[50] 教師多元化是一個問題：教職員有 63% 是男性，其所教導的大學部學生有 59% 是女性。[51] 在 2018 年，有 7,975 名國際學生，大約 13% 的大學部學生和 26% 的碩士生來自德國之外。[52] 大約 14% 的教職員來自國際。[53] 此外，每年大約有 600 名國際訪問學者和科學家來到這所大學擔任教學或研究的職務。[54]

國際化先鋒

從它的起源來看，自由大學的一個核心明顯特徵是它的國際化形象。國際化將使得這所大學在 21 世紀再次脫穎而出。

自由大學是在美國的支持之下創立的，它的首批合作夥伴自然是美國的大學。但是為了讓它從西柏林孤立的位置中仍保有學術上的影響力，自由大學和世界各地的大學也已經建立了連結。當洪堡大學在二戰後將它的國際夥伴關係限制在「社會主義兄弟之邦」（這在蘇聯集團分裂後變得愈來愈少）的大學時，自由大學先是與西方的大學建立了夥伴關係，在局勢比較緩和的年代，則與東歐、蘇聯和中國的機構展開合作。

1968 年，自由大學與列寧格勒國立大學（今天的聖彼得堡國立大學）建立了交流夥伴關係。[55] 隨後與東歐的大學建立夥伴關係。1981 年，自由大學與北京大學建立了合作關係，這是自共產黨接管中國以來，西德的大學與中國建立的第一個夥伴關係。在接下來的數十年裡，出現了更多的聯盟，主要是與北美、東歐和東亞的機構合作，在人文和社會科學領域最為明顯。到了 2017 年，自由大學維持了遍及 100 所大學的雙邊夥伴關係，以及伊拉斯謨計畫網絡內超過 330 所大學的夥伴關係。伊拉斯謨計畫是歐盟贊助的交流計畫，提供學生在歐洲各國獲得學習或工作經驗的機會，並資助歐洲聯合學位學程。此外，在自由大學的各系所之中，也與其他高教機構達成了 50 多項合作協議。

當然，許多大學都會吹噓一份國際連結的名單。對校長來說，簽署幾十份 MOUs（備忘錄）是輕而易舉的事，但他們可能不太了解這些會帶來什麼結果（如果有的話）。維持長期的國際聯盟，並專注在那些可以產生影響的聯盟則是另一回事。在過去的十年裡，自由大學一直活躍在世界各個角落，但也基於學術卓越、地理多元化和未來成長潛力，聚焦於六大策略夥伴關係。2011 年和 2012 年，自由大學發起了三個策略夥伴關係，這三個合作夥伴分別是耶路撒冷希伯來大學（Hebrew University of Jerusalem）、北京大學和聖彼得堡國立大學。英屬哥倫比亞大學（University of British Columbia）在 2014 年，以及加州大學柏克萊分校在 2016 年，也都被添加到策略夥伴的名單之中。2017 年，這份名單又加入了蘇黎世大學。與北京大學的合作，促成了德國第一個孔子學院的成立，該學院培訓中文老師並舉辦研討會與工作坊（我曾出席過其中一些），它在自由大學傑出的漢學家羅梅君領導下，成為了這所大學的一個特別課程。

　　與自由大學國際化策略齊頭並進的另一個重點是在全球建立辦事處。這些辦事處的目的在於增加自由大學在德國以外的知名度，促進該地區現有的夥伴關係，並且做為這所大學招募學生和研究人員的地點。到了 2020 年，自由大學的國際網絡包括了 7 個辦事處，是德國所有的大學中數量最多的。[56] 鑑於它和美國的歷史淵源，自由大學與慕尼黑大學（Ludwig Maximilian University of Munich）合作，在 2005 年於紐約設立了第一個辦事處。這個「德國大學聯盟」坐落於紐約聯合國大樓對面的辦公室裡，尋求在「大西洋上搭起一座橋梁，以提升（自由大學）融入科學界的國際整合力」。[57] 隨後，在布魯塞爾、開羅、莫斯科、新德里、北京和聖保羅都設立了辦事處，每個都有區域特定的重點。這些規模都不大，通常只用一點點經費在運作，但是它們讓自由大學可以插旗五大洲，並且讓這所大學的國際抱負更具可信度。其中一個結果是，根據 2016 年德國學術交流服務（DAAD）的數據，自由大學的國際計畫在所有的德國大學中，獲得了最多的外部經費。

　　迄今為止，自由大學也是德國最受國際學生歡迎的目的地。DAAD 出版的一份研究，《*Wissenschaft Weltoffen 2019*》顯示，在德國的伊拉斯誤計畫中，自由大學的參與人數（761）也是第二高。[58]2016 年，自由大學有 20% 的學生來自國外；博士生的這一比例甚至更高（34%）[59]。自由大學也是國際研究學者的首選目的地。對國際學者來說，亞歷山大‧馮‧洪堡基金會（Alexander von Humboldt Foundation，簡稱 AvH）是最負盛名的經費來源之一，它擁有來自 140 多個國家各個學科，超過 28,000 位洪堡人，包括 54 位諾貝爾獎得主，所組成的一個全球網絡。每一年，該基金會使得來自世界各地的 2,000 名研究人員能夠在德國展開合作研究。自由大學領先所有的德國大學成為學者前往的目的地，有 15% 的洪堡人在那裡落腳。2014 年至 2018 年間，自由大學吸引了 265 名學者進行研究，停留時間超過一個月。[60]

2019 年，歐盟委員會啟動了歐洲大學倡議（European Universities Initiative），以加強策略夥伴關係並提高歐洲大學的國際競爭力。該倡議包括了 17 個大學聯盟。自由大學被選為其中一個聯盟的成員，此聯盟為 University Alliance Europa（UNA Europa），俗稱「未來大學」（University of the Future）。[61] 其目標是要讓在這個聯盟內的大學將研究和教育重點放在歐洲研究、資料科學和人工智慧，以及文化遺產等跨學科的主題上，以促進社會創新和國際化。

在 21 世紀，自由大學正迅速成為一所國際網絡大學。它也即將正式以這樣的面貌被大家認可。

創造德國的「常春藤聯盟」：
在卓越計畫中的自由大學

雖然德國在 19 世紀和 20 世紀初曾經擁有世界上最好的大學，但在 21 世紀初，這已經成為遙遠的記憶。很少有德國大學出現在主要大學排名系統的前五十名機構中。經費（主要來自地方政府）的限制；缺乏可以創造收入的學費或學術慈善事業（如在美國）；以及將最負聲望的研究計畫外包給諸如普朗克學會這類機構（研究通常包括大學教職員，但對外都歸功於普朗克研究院），這所有的一切都導致了德國大學研究排名的大幅落後。正如我們所見，為了因應這種狀況，聯邦政府和各邦在 2005 年與德國科學與人文委員會和德國研究基金會合作，推出了卓越計畫，目標是挑選出少數德國大學成為具有國際競爭力的高教機構。

自由大學擁有九個資助專案（一些與其他大學合作），它是第一輪資助期間最成功的大學。它被公認為是一所「卓越大學」，這是奠基於它的「國際網絡大學」機構策略之上。發展這一策略必須要建立研究聯盟、提拔年輕的研究人員，並且藉由創立三個研究中心來加強國際合作：研究策略中心；達勒姆研究學院（Dahlem Research School），它為年輕學者孕育出一套整合的跨領域博士課程；以及國際合作中心。自由大學獲得了四項卓越群。自由大學有五個研究所也得到了資助。此外，自由大學成立了兩個管理機構來監督自由大學卓越計畫的推動。一個是卓越委員會，這是一個內部的顧問委員會，由來自自由大學各處的 20 位傑出教授所組成，為這所大學在卓越策略中的策略研究優先順序提供建議。另一個是國際委員會，這是一個外部諮詢機構，由來自 12 個國家的 21 名專家所組成，這些專家都具有大學管理和高教政策的國際經驗。[62]（從 2012 年到 2018 年，我曾在後面這個機構任職。）

簡而言之，第一輪競賽中，在校長連琛和總務長朗吉的督導下，全校總動員，努力規劃，自由大學躍居德國頂尖大學的行列。連琛精明果斷地將大部分經費投入到一個強大的管理機構中，該機構為這所大學在 21 世紀的競爭做好了裝備，並同時支持它的研究議程。2009 年中，聯邦和邦政府決定將卓越計畫再延續五年，期間為 2012 年到 2017 年，此時經費已經超過 35 億美元。在第二輪中，新的提案要與先前的申請競爭額外的經費。經費頒給了 45 個研究所和 43 個卓越群。校長阿爾特此時帶領自由大學再度獲得卓越的地位。2012 年 6 月，這個「國際網絡大學」機構策略再度獲得資助。三個卓越群獲得了進一步的資助，另外兩個研究所成立了，並獲得資助。到了 2012 年，在達勒姆研究學院的大傘之下，有 9 個新成立的研究所。

我們已經看到，頭兩輪的卓越計畫已經對德國大學的格局造成了巨大的變化，與其說是因為錢本身（在前兩輪中，自由大學額外收到的經費不到 3 億美元），倒不如說是因為這項計畫所激勵出來的學術創業精神和抱負。但是在 2018 年秋季，卓越計畫宣布展開第三輪，並沒有太過鼓吹大學機構勇於冒險，而且似乎是要促進整體高教部門的整合。有兩條線的經費贊助：一條線同樣是卓越群，另一條是對「卓越大學」提供更廣泛的支持，這將為機構本身提供額外的經費。第一次，大學被鼓勵以聯合的方式申請在卓越大學之下的經費項目。

考量到柏林大學悠久且複雜的歷史，以及在 1989 年之後，柏林參議院很勉強地才批准保留三所大學，我們就不用感到驚訝，為什麼自由大學有這麼強烈的意願要和柏林其他的大學機構一起聯合申請。雖然從財務和聲望的角度來看，這對自由大學並沒有明顯的好處，但它加入了柏林大學聯盟，與洪堡大學、工業大學和柏林夏里特醫學院（Charité Berlin University of Medicine，重組後的夏里特）透過「跨領域邁向一個整合的研究環境」之策略，爭取卓越大學的經費。

卓越計畫在 2019 年 7 月宣布，柏林大學聯盟成為 13 所獲得卓越地位的德國大學之一。伴隨著這個地位，該聯盟獲得了為期 7 年 2.12 億美元的獎助。[63] 這個聯盟還獲得了四項卓越群的經費。在這四個機構之間，有超過 30 個國際夥伴關係、辦事處和國際校區。當阿爾特在回顧自由大學在卓越計畫的成功時，他稱這個策略性的國際夥伴關係「是這所大學這十年裡整體發展最關鍵的要素之一，它可能決定了這個機構的整體進展。」[64]

面對未來

儘管爭取第三輪卓越計畫的經費獲得成功，藉由透過柏林大學聯盟投入在更為區域的策略，仍引發了一些疑問。自由大學是否會折損了其自身在國際上的努力？洪堡大學和自由大學之間歷史上的競爭較勁，是否會限制了它們共同的成功？組成柏林大學聯盟的機構，它們在行政體系上的明顯差異是否會阻礙了新研究的執行，並阻礙了這些新計畫轉變成更永續恆久的組織？柏林參議院是否會走向更大的整合，甚至整合它的大學呢？

到了 2020 年，卓越計畫已經促進了研究的產出，提升了德國大學的國際知名度。獲得卓越計畫資助的 45 所大學，也獲得了德國高教機構在 2012 年募集的所有第三資金的 76%。到了 2015 年，將近四分之一（23%）的研究所和卓越群的學術人員是從德國境外招聘的。德國的大學再次吸引了全球人才。

柏林自由大學在 1948 年成立時，將自己設想成是一所回歸洪堡式理想的大學，提供年輕人在一個免於效忠意識形態的環境中接受培養和教育的空間。這所大學所面臨的障礙主要是在政治和經濟的層面，也就是這所大學對西德和美國支援的依賴，以及在戰後飽受摧殘的柏林，它必須不斷地努力爭取經費、教職員和認可。

在 21 世紀的頭二十年裡，自由大學不僅在德國高教的領域中，而且以身為一所歐洲大學的身分，為自己開闢了一片天。2016 年的英國脫歐公投掀起了高教的驚濤駭浪，學生和研究人員都難以想像未來流動性所受到的限制。當英國試圖與這項歐洲計畫保持距離時，德國則已經介入並加倍承諾。這可以從它的大學中看出來，尤其是在自由大學，在那裡，透過伊拉斯謨計畫入學的人數每年增加，使得它成為最受歡迎的學習和研究場所之一，新的學位課程中，有許多是以英語提供，並且充分利用了這座城市獨特的歷史和文化遺產。這些豐富的高等教育課程，對於柏林做為歐洲真正首都的名聲有不小的貢獻。

當阿爾特校長在 2018 年離開這所大學，成為德國大學校長協會（German Rectors' Conference）主席時，自由大學面臨著一連串不同的挑戰。在過去的十年之中，這個機構已經在歐洲最具活力的城市之一，發展成一所領先的德國大學。現在它面臨著來自柏林、德國和海外其他高教機構的競爭。而且它也面臨著將自身的命運與其他柏林大學的命運連結在一起的挑戰。

和他的前任一樣，齊格勒是一位內部行政任命的校長，他自 2011 年以來就一直在數學研究所任教。和阿爾特一樣，他在學術界也有一番職涯上的成就。在建立並主持了柏林數學學院之後，齊格勒也親自體驗到在加強柏林高教體系的合作上，所面臨的挑戰。為此，最新的卓越計畫／策略，不只提供額外的大學資助，還迫使自由大學本著與洪堡大學和工業大學合作的崇高精神，重新調整它自己的學術使命。這將會如何影響這所大學的自主權和發展還有待觀察。

抗議在柏林是一種當代儀式。但是今天，與 1968 年躁動的學生示威抗議大學僵化的保守主義或海外的糾葛不同的是，新的團結目標已經物換星移。從 2019 年 3 月起，柏林人不分老少（但主要是年輕人）聚集在露天廣場參與「氣候大罷課」（Fridays for Future），抗議德國和全世界持續忽視重要的氣候政策。這些集會也對自由大學留下了深遠的影響。

自由大學是在政治爭議中創建的，而且也曾有一段時間（在冷戰和 1960年代的左翼運動中）被此決定它的命運。今天，隨著自然界的威脅進入到大學的生活當中，焦點話題已經轉變成環境。2019 年 12 月，在齊格勒擔任校長一年多之後，自由大學宣告進入氣候緊急狀態。[65] 該大學宣布，它將在 2025 年實現氣候中和（climate neutral）的目標，並且設計以永續和氣候保護為核心主題的課程。一個由學生、教授和其他大學成員所組成的新指導委員會成立了，以幫助這所大學規劃如何努力提升能源效率和擴大校園的可再生能源。這個宣告奠基於自由大學先前對永續發展善盡心力的承諾之上。從 2001 年到 2018 年，自由大學將其電力和熱消耗量減少了 25%，並將其碳排放量減少了 75%。齊格勒在回顧這一公告時表示：「做為大學，我們肩負著特殊的責任。……我們的任務並不僅是提高科學知識並將之傳播給社會，而且還要在我們的職責範圍內帶頭示範。」[66] 這一努力，反映了齊格勒的觀點，也就是大學應該做為社會的「生活實驗室」（Zukunftswerkstätten），或是發揮動態環境的作用，引領先進的研究和教學以解決社會最迫切的問題。

我相信約翰・甘迺迪也會同意，因為他很久以前就已經確定柏林自由大學有一項特殊的使命。它的畢業生將成為「世界公民」，他們負有「特別的義務去思考並幫助創造未來。」[67] 自由大學做為追求真理，正義，自由的「生活實驗室」已經有 70 年了。身為最具實驗性和最具國際性的德國大學，它仍然準備迎接更多的挑戰。

第 4 章

美國研究型大學的
興起與挑戰

今　天，美國的大學在每一個全球排名系統中都優於它的德國同行。

然而在一個半世紀之前，研究型大學對美國的高教機構來說是個完全陌生的概念，包括那些曾自認為是名副其實的大學機構。「在 19 世紀，德國的大學在學問和科學的研究上引領著世界，它們優秀的教授吸引了來自世界各地的許多學生到此尋求高等教育。但時代變了。」1904 年，美國駐德國領事迪德里西（Henry W. Diederich）在《科學雜誌》的一篇文章中如此宣稱。他繼續說：「儘管我們有很多不完美之處，但人們不能不欽佩美國的教育體系，在過去的幾十年裡，從不起眼的地區學校開始，一直不斷地大步提升。」[1] 高教主導地位的轉變，不僅在大西洋的一側很明顯。1909 年，在萊比錫的大學教師節上，歷史學家蘭普雷希特（Karl Lamprecht）向他的聽眾發出警訊：「我們不再是世界大學的佼佼者。法國和美國已經把我們遠遠拋在後頭。」[2]

時間已經證明了迪德里西和蘭普雷希特的先見之明。研究界的重心轉移是如何發生的？迪德里西和蘭普雷希特在 20 世紀之交所觀察到的趨勢是如何滾雪球般地發展，讓美國在下一個世紀的過程中，獲得了被廣泛公認的高教主導地位？

對德國的迷戀與奮發圖強

到了 19 世紀初，高等教育在美國已經有了穩固的基礎，儘管規模相對較小。在 1776 年美國獨立之前，已經有九所學院成立。劍橋和牛津為這些殖民地學院提供了原始的模型。甚至在哈佛創立的章程上也有這樣的句子「根據英國大學的方式」（pro modo Academiarum in Anglia）。[3] 然而，在這些殖民地學院中，創辦人都意識到，美國背景下的社會和實體環境的差異，促使這種英國模式產生了意想不到的變形。[4] 到了 1820 年，美國有 52 個授予學位的大學機構。[5]

最早的高教機構都像是個孤島。一旦哈佛有足夠的畢業生可以從中任命校長和教授，它只會在自家的庭院裡找教職員。[6] 相較之下，傑佛遜（Thomas Jefferson）在 1819 年建立維吉尼亞大學時，他的第一個直覺是要從美國其他的機構招募人才，但是，由於無法挖到像哈佛的蒂克諾（George Ticknor）這樣的教職員，他轉而招聘歐洲的教授。[7]

隨著美國獨立成一個國家，並且著眼於自身的權利與歐洲國家合作，大家愈來愈意識到歐洲的大學，尤其是德國大學的優勢。1815 年，哈佛董事會（哈佛大學的管理委員會之一）決定在聘請艾佛瑞特（Edward Everett）擔任希臘文學教授之前，將他和哈佛未來的教授蒂克諾送到德國深造。艾佛瑞特在哥廷根學習，成為第一位在德國大學獲得博士學位的美國人，開啟了美國頂尖學者在德國機構追求文憑的模式，時間長達一世紀。

在德國學習後，大多數學者都帶著教學自由、學習自由的概念，以及最重要的──獻身於科學，並透過研究和發現促進所有領域學習的信念回到美國。一代代受過德國教育的學者，改變了美國的體系，從一種由博學通才之士透過朗讀、講課和辯論來教育學生，轉變成由專家學者透過研究促進他們擅長領域知識的進展，並同時訓練學生了解他們學科的最新發展。

1861 年，耶魯大學授予了第一批美國博士學位，但直到 1876 年，第一所真正的研究型大學才在美國成立。1873 年，巴爾的摩金融家霍普金斯（Johns Hopkins）的六位財產受託人聯繫了三位高教界的領袖（哈佛的艾略特〔Charles Eliot〕、密西根大學的安吉爾〔James Angell〕，以及康乃爾的懷特〔Andrew White〕），就如何將霍普金斯的 700 萬美元遺贈用於大學提供建議。根據高教歷史學家斯洛森（Edwin Slosson）的說法，「這三位先生都非常一致地回答說，大學和他們所主持的機構非常不同，而吉爾曼（Daniel C. Gilman，當時的加州大學校長）應該擔任它的校長。」[8] 在吉爾曼的領導下，約翰霍普金斯大學按照德國模式建立，設有研究生研討課、博士課程，並大力強調研究和科學，這一點到今天依然如是。

一些領導人仍然對德國模式在美國的適宜性抱持懷疑的態度──據報導，哈佛大學校長艾略特評論說，德國模式「配上哈佛的新生，就大概就像是『穀倉前的空地配上鯨魚一樣。』」[9] 儘管如此，到了該世紀末，大部分大學都受到約翰霍普金斯模式的啟發（並且由約翰霍普金斯的校友組成職員），全國各地的學院透過大量投資於以研究為基礎的研究生課程都轉變為大學。非職業性的研究院數量從 1850 年的 8 所，增長到 1876 年的 400 所，到了 1910 年則多達 5,000 多所。[10]

美國的教授也開始建立自己的德國模式。身為美國最頂尖的高教學者之一，柯爾（Jonathan Cole）指出，發育生物學者摩根（Thomas Hunt

Morgan）的實驗室建立了「大多數學科的新標準」，亦即一個更民主、更少階級的實驗環境，在其中，研究生可以和教職員更密切的合作。[11] 斯洛森評論了他所謂的新興美國模式的優勢和好處，它是「在美國發展出來的教學和研究、研究生和大學生，以及文學與科技的獨特組合。」[12]

這種學術上的轉變與美國經濟和社會的根本變化前仆後繼地發生，充實並加速了美國高教的研究和應用學習。工業化、城市化和農業進一步的機械化，促使了對於受過教育的勞動力和公民的需求更高。這個需求變得大到足以讓聯邦政府至此退出高等教育，在 1862 年通過《摩利爾法案》（Morrill Act），優先發展新的公立大學。該法案讓聯邦在各州捐贈聯邦土地，用以興建高教機構，並特別著重在農業和機械工藝。許多偉大的美國公立大學，例如加州大學和威斯康辛大學，以及一些頂尖的私立大學，例如康乃爾大學和麻省理工學院，都是透過《摩利爾法案》的慷慨贈與而成立的（或是顯著地擴張）。《摩利爾法案》著重在技術和科學，也在傳統博雅課程的背景下，促進著應用科學和工程學科的發展。

工業化造就了一批新的美國富豪和一種新的私人慈善事業文化，這些慈善事業支持高等教育，特別是研究型大學。洛克斐勒（John D. Rockefeller）稱他在 1890 年成立芝加哥大學做為捐贈是「我做過的最好的投資」。[13] 當利蘭・史丹佛（Leland Stanford）和珍・史丹佛（Jane Stanford）尋求建立一個機構來紀念他們的兒子時，在權衡了各種學校的優點之後，他們在 1891 年創辦了小利蘭・史丹佛大學（Leland Stanford Jr. University）。[14]

即使美國大學的研究能力不斷提升，大學教育仍然是許多機構的優先順序。在殖民時期學院所發展出來的博雅模式的大學教育，已經成為美國高等教育不可磨滅的一部分。那些選擇不強調它們大學教育課程的機構，等於是把它們的未來置於險境。在 20 世紀初，約翰霍普金斯和克拉克大學，兩者都以其卓越的德式風格研究生課程而聞名，卻眼看著它們在國內的聲望節節下降。大學教育成為激發教職員求知慾和熱情的重要驅動力。

從約翰霍普金斯大學的成立到迪德里西和蘭普雷希特的觀察這之間不到三十年的時間裡，美國的大學在全球舞台上獲得了一席之地，成為令人激賞的機構，它們將教學與研究整合在一起的方式，會令洪堡感到欽佩。然而，正是 20 世紀兩次世界大戰的全球政治和制度變遷的後果，導致美國研究型大學湧入了大量的國際人才，以及政府和產業界更廣大經費的投入，這些資源回過頭來又大力推動了美國研究型大學向前發展。

《摩利爾法案》為大學的建立和擴張提供了聯邦政府的支持，但是開始將大學研究和政府經費與優先順序連結在一起的，則是 1916 年國家研究委員會（National Research Council）的成立。該委員會將政府資源和實驗室與大學研究人員和工業生產管理者串聯起來，創造和製造出新的技術，有助於美國在第一次世界大戰的戰事。[15]大學和聯邦政府在諸如學生軍隊訓練團（Student Army Training Corp）等計畫中，建立了進一步的夥伴關係，此訓練團在校園裡為軍隊訓練學生，不但滿足了政府對訓練有素的士兵的需求，而且因為大學獲得了聯邦的經費來執行諸如此類的計畫，大學對於經費的需求下降了，即使面臨了嚴峻的招生狀況。隨著美國參戰，頂尖大學的入學人數下降達 40%。聯邦政府與大學夥伴關係的早期努力，為下一次世界大戰期間更高層次的合作奠定了基礎。[16]

到了 1940 年代，當聯邦政府再次求助與大學合作以支援戰事的時候，它發現大學有某個部分因為來自歐洲，特別是來自德國的學術難民而重新活躍起來。正如我們所看到的，德國大學日益的軍事化和納粹化終結了它們做為全球領導者的地位，並導致人才外流，造福了其他國家，特別是美國。如果不是英語國家反移民和反猶太人的態度，這個數字會更大。學術專精的人文主義者、社會科學家，特別是物理宇宙學者的湧入，幾乎立刻帶動了美國大學的研究，此時正當美國聯邦政府再次開始求助於大學來支援一場新的戰事。

戰後的繁榮

二戰後，隨著美國高教的入學人數從 1940 年的 150 萬人，激增到 1950 年的 240 萬人，美國高等教育也變得大眾化了。[17] 1960 年，學院和大學入學人數達 360 萬人。1970 年為 800 萬人，1980 年為 1,160 萬人。[18] 到了 1980 年，上大學的學生人數是二戰開始前的八倍之多。[19] 尤其是州立大學，給了更多學生上大學的機會，而且大家對於「大學生活」的文化迷戀與日俱增。[20] 儘管有這種擴張，高等教育，尤其是在那些最好的研究機構，仍然是少數社會菁英的領域。哈佛、耶魯和普林斯頓保留了它們僅限於圈內人的招生程序，這些程序非常偏愛（白人、盎格魯薩克遜人、清教徒）預備高中的畢業生。

《軍人復原法案》（Servicemen's Readjustment Act，俗稱 GI Bill《退伍軍人權利法案》）的提倡者估計，二戰退役的士兵中，只有 8% 到 10% 的人會利用該法案的教育條款，該條款為退役軍人提供大量的財務津貼以接受高等教育。事實證明，這些估計是不正確的。相反的，在 1944 年至 1950 年該法案通過期間，16% 符合條件的退伍軍人（1,400 萬人中有 200 多萬人）利用了這些條款。[21]1947 年，在退伍軍人入學率達到巔峰時，退伍軍人占所有大學錄取學生的 49%。[22]

學生和教授得到的政府和產業界支持都達到了一個新水平。戰時學術界和政府的合作是由科學研發辦公室（Office of Scientific Research and Development，簡稱 OSRD）管理，該辦公室是由羅斯福（Franklin D. Roosevelt）總統於 1941 年成立，並且由范納瓦爾・布希（Vannevar Bush）所領導。隨著戰爭接近尾聲，布希擔心政府對基礎科學研究的支持會終止，而這些基礎科學研究在戰爭期間已經帶來了如此多的益處。[23] 在他 1947 年的宣言〈科學：無止盡的疆界〉（*Science: The Endless Frontier*）中，布希認為政府、產業和國家經濟的發展是依賴在大學實驗室裡進行的基礎研究之上，而這樣的研究應該得到一個新的政府機構支持（但不是發號施令）。[24] 二戰之後，布希主張在學術上宣布從德國脫離獨立：「我們不能再指望飽受蹂躪的歐洲做為基礎知識的來源⋯⋯我們必須更加重視靠自己發現這些知識。」[25] 這份文件促成了國家科學基金會（National Science Foundation）的成立，國家科學基金會相當於美國的威廉皇家學會／馬克斯・普朗克學會，此舉開啟了承平時期政府資助大學研究的新時代。

聯邦政府的擴大參與不僅意味著新經費的來源，也意味著監督與控制力道的加強。政府干預大學的最頂點（或者，你也可以說，最底點／最糟的時刻）出現在麥卡錫時代（McCarthy era），當時全國各地的大學都糾結於在學術和機構自由的原則下（這些在上世紀受到德國的影響而更為加強），如何與反共的要求和政治風向取得一個平衡。對於政府和大學之間關係的擔憂並沒有隨著參議員麥卡錫（Joseph McCarthy）的垮臺而結束，而是以各種形式繼續存在。1961 年，曾擔任哥倫比亞大學校長的艾森豪（Dwight D. Eisenhower）在美國總統的告別演說中，針對軍事－產業結合體的力量不斷增強，以及「自由的大學」日益依賴於「聯邦就業、計畫撥款和經費力量」的潛在後果提出警告。[26]1960 年代大學校園內的激烈政治活動，對政府干預高等教育提出了更強烈的批評。但政府對美國高教的資助與參與，現在已經成為學術領域恆常的一部分。

一種混搭的系統

　　20 世紀下半葉，大家可以看到美國研究型大學在個別機構的規模、整體的系統和總體聲望的持續提升。美國高教的一大優勢是其機構的多元化。[27] 因此，現代美國研究型大學是建立在三個不同要素的基礎之上：殖民地學院傳統的大學博雅教育；從 19 世紀的德國傳統發展而來的參與式研究；以及 20 世紀，政府、產業和私人慈善事業的參與投入。

　　當我們從 21 世紀的全球視野看美國的高等教育，對於釐清美國高等教育不是什麼是很有用的。首先，儘管有前面列出的共同特徵，但並沒有一個美國高教**系統**。也沒有國立大學。高教機構和政策因各州而有所不同，每州可能包含各式各樣的機構 —— 公立和私立、學士學位和博士、菁英式的和大規模的。許多學者指出，這種非系統化的多元化，使得美國的高等教育達到相當高的品質水準，因為大學機構試圖在一個開放、競爭激烈的市場中極大化它們的競爭優勢，以便爭取到最好的教職員、學生和財政支持。[28]

　　然而，儘管缺乏系統，仍然有一些相似之處將這些機構連繫在一起。「大學傾向反映、呼應和解讀他們的國家和社會文化，」阿克斯特爾（James Axtell）曾經這樣指出。[29] 美國民主、機會平等和個人主義的理想，以各種方式影響著美國的大學。更具體地說，美國大學之間的競爭已經形成了它們在治理、教職員政策和財務方面的一些基本結構相似之處。

治理

美國的大學通常具有類似的總體治理結構，儘管構成該結構的各個機構其相對的權力和影響力在各大學之間有很大的差異。[30] 通常，董事會是大學的法定代表。董事通常是該機構的校友（尤其在私立大學），他們被期待能運用他們的行政和財務經驗來支持（並監督）大學校長的工作，他們也負責選出校長。

大學校長是學術團隊的核心人物，通常由教務長和一批專注在學術和校園生活各個特定領域的院長予以襄助。哈佛大學前校長伯克（Derek Bok）觀察到，行政和募款的職責占據了大學校長愈來愈多的時間，其結果是，「今天的校長傾向於將大部分學術事務的責任委託給教務長和院長們。」[31] 美國的院長也是教職員，他們或是從現有的教職員中選出，或是從其他的機構招募來擔任某個院長的職務。不像他們在歐洲的同行，美國的院長不是由他們的同儕選舉（或罷免），但通常依照特定任期，或依照他們校長的意願任職。

董事會和校長之間，校長和教務長之間，以及校長和院長之間的相對權力平衡，在各個機構之間差異很大。私立與公立機構在權力結構的差異上並沒有明顯的一致性。例如哈佛以權力分散（惡名昭彰的）出名，其十二個學院的院長擁有大量的經費和權力，而中央的行政部門保留的則相對較少。對照之下，杜克大學的中央行政部門則保有更多的掌控權，用以指導該機構的策略計畫過程。行政機構之間的權力平衡是傳統和大學文化，以及個別領導人的個性交互作用下所產生的結果。

整體教職員除了做為挑選院長和校長的人才庫之外，通常也會透過學術評議會或類似的組織，在大學治理上發揮作用。一般來說，這類集體的教職員組織在美國的權力低於歐洲大學中的類似團體，在歐洲大學中（例如在洪堡大學），這樣的團體會負責做出關鍵的學術任命。儘管如此，事實已經證明，學術評議會或教職員會議能夠在許多大學的歷史關鍵時刻影響決策。正如伯克所說：「事實上，無論正式的組織為何，最終的權力都掌握在那些最難被取代的人身上。」[32] 在競相爭取和留住頂尖教授的菁英研究型大學裡，當教職員團結一致的時候，可以證明他們的力量是非常強大的。

教職員

美國研究型大學的教職員不僅靠著他們對大學不可或缺的重要性所產生的實力來獲得保障，他們還受到「終身」制的保護。這是德國講座的變體，儘管通常個人獲得的聲望和資源較少，這是因為美國大學「正」教授的數量比任何德國的大學都要多。美國的教授，即使是州立大學的教授，也不是德國傳統中的永久公務員。終生教職的程序，基本上是給予那些已經證明自己價值的學者持續的聘用，這些學者的出版品，以及（有時候）他們的教學，都已經通過一系列嚴格的審查，這種做法原則上是要保護教授，並保證他們可以自由探索任何他們認為有價值的主題。大多數大學都實施「晉升或離職」的終身制程序——候選人無法獲得終身職不僅意味著無法晉升為終身教職員之列，也意味著它們將被「請出」該機構。這個過程不僅在學術生涯上豎立了一個重要的關卡，也代表了大學對教職員的承諾有高度的期待，反之亦然。

大學可以透過兩條基本途徑來提高它們教職員的素質。第一種是透過橫向招聘，或是從其他大學招聘終身職正教授（而且通常是明星）。第二種是投入資源培養年輕、終身制軌道上的教職員，在理想的狀況下，可以從他們隨後的學術成就獲益。大學如何在這兩種方法中取得平衡，取決於大學的傳統和文化，以及可用的資源。

　　美國大學教職員生活的另一個面向是休假。研究型大學裡終身制軌道上的教職員和已獲得終身職的教職員，通常會在服務六年後，獲得定期的帶薪假，以便他們在第七年可以有機會花更多時間在研究上。這種休假制度是從 19 世紀初期美國高階學術訓練不足的情況下所發展而來的。教職員（或潛在的未來教職員）被准予進修假，以便在歐洲（特別是英語或德語）大學接受進階的培訓。[33] 1880 年，哈佛大學校長艾略特首次將教職員的休假制度化，到了 1900 年，有 10 所大學採用了這種做法。到了 1920 年，至少有 50 所主要的文理學院和大學，不論是公立的還是私立的，都制定了休假的政策。[34] 現在這已經是一種常見的做法。這種制度被認為具有諸多好處——包括個人的和機構上的。當然，很少有教職員會拒絕。[35]

經費

　　美國的大學，不論公私立，都是從多種的來源獲得經費，包括：收入（學費）、政府資助和私人慈善事業。聯邦政府用於大學的經費最大一部分是透過培爾助學金（Pell Grants）來分配的，該助學金是聯邦政府所提供的基於需求的財政援助獎學金。2019 年，在聯邦政府用於資助高等教育的 756 億美元中，培爾助學金占了將近 300 億美元。聯邦資助的研究經費占聯邦高教總支出的三分之一（246 億美元）。[36] 研究經費通常透過競爭性的撥款程序獲得，並且這些經費是撥給特定的研究目的。公私立大學都會獲得聯邦的資助。此外，公立大學也會從它們的州政府那裡獲得經費。這些州政府的資助，至少在理論上，可以讓公立大學向當地學生收取較低的學費。

政府對研究和高等教育的支持，是美國研究型大學能夠在全球取得如此卓越地位的主要原因之一。如今，這些經費正處於危急之中。2010年至2019年，聯邦資助研發的經費（以定值美元計算）下降了28.9%。[37] 州政府對公立大學的資助也急遽減少。2017年，在經過通貨膨脹調整後，州政府對兩年和四年制大學院校的總體資助比2008年的水準低了將近90億美元。[38] 目前，美國一流的公立研究型大學從它們的州政府所收到的資助通常不到10%。[39]

當然，政府撥款並不是美國大學唯一的經費來源。私人慈善事業在塑造高等教育的格局上，扮演了重要的角色。根據教育補助委員會（Council for Aid to Education）的數據，2018年對高等教育的慈善捐贈總額超過467億美元，這是自該機構從1957年開始收集資料以來的最高金額。[40] 這種慈善事業具有很強的針對性。對少數幾家機構的大筆捐贈推升了總體經費的增加——29%的慈善捐贈，捐給了不到1%的大學和學院。十所大學各自募到了超過5億美元的經費，而史丹佛和哈佛這兩所大學，則各自募集了超過10億美元。[41]

這些巨額的捐贈更壯大了原本已經相當可觀的贊助金庫。例如史丹佛和哈佛大學在2019年會計年度末，已經收到的捐贈價值分別為270.7億美元和400.9億美元。長期以來，捐贈資助在美國各大學和學院的分配一直存在著偏差。1990年的全國學院和大學協會業務主管捐贈報告顯示，當年受贈金額排名前五名的大學（它們是哈佛、耶魯、德州大學系統、普林斯頓和史丹佛），其受贈金額大約占了所有被調查機構受贈價值的25%。在過了將近三十年之後，情況依舊如此。[42] 一言以蔽之，美國大學的財務狀況反映了這個國家日益擴大的財富和收入差距。

從光譜的最高端來看，捐贈幅度的變化是非常明顯的。1990年，美國受贈最多的前五名大學，其受捐贈的價值相當於美國國內生產總值的

0.26%。到了 2019 年，這一百分比已經躍升到 0.72%。[43] 這些接受最大捐贈的管理人將愈來愈多的資產轉移到其他的投資策略上：流動性較低、高風險、高回報的工具，包括：私募基金、對沖基金、風險投資，以及能源和自然資源。特別是最後一類，在 2015 年之後引起學生的抗議，因為學生提倡從化石燃料中撤資。

當然，大學捐贈基金在 1990 年代到進入 21 世紀的驚人增長，反映了美國股票市場價值的增長，儘管大學從市場上漲中受益，但它們也容易受到經濟衰退的影響。2008 年的金融危機充分證明了這一點。從這場危機中復甦的過程走得斷斷續續。在 2010 年代的大部分時間裡，投資報酬率都較低，壓低了美國各大學捐贈基金的十年回報率。[44] 到了 2020 年，得益於強勁的股市表現，大學捐贈基金的長期平均回報率已經達到 8.4%。[45] 但並不是每個人都知道該把他們的錢放在哪裡，最富有的大學哈佛，在這段時期的捐贈基金報酬率很低：以定值美元計算，其捐贈基金在 2020 年的價值並沒有比 2008 年多。

除了捐贈基金的回報減少之外，美國的大學在 21 世紀的頭二十年，還面臨了來自政府（聯邦和州）經費的減少。剩下的財務槓桿是學費，幾十年來，學費的增長遠遠超過了通貨膨脹。隨著多元化（種族和社會經濟的層面）受到高度的審視，頂尖大學在增加學費的同時，也迅速增加了學生的獎助學金方案。然而，提供此類方案的能力，取決於菁英機構。2018 年，巨富商人、前紐約市市長彭博（Michael Bloomberg）捐給了他的母校——約翰霍普金斯大學一筆 18 億美元的禮物。在《紐約時報》的一篇專欄文章中他解釋說，這份禮物的主要動機是為「合格的中低收入學生」提供經濟援助，因為「為了美國夢的未來，我們可能沒有比這更好的投資了」。[46] 這是迄今為止，美國大學收到的最大一筆捐款。[47]

有愈來愈多人質疑高等教育是否仍然是促進社會流動和實現「美國

夢」的有效工具。在 20 世紀中葉，高等教育被視為是一種公益，社會透過國家稅收承擔了大部分的成本以支持公立大學的預算。到了 1980 年代，隨著高等教育愈來愈被視為是一種「私人財產」，即使是在公立大學，資助高等教育的成本也逐漸落到學生和他們的家庭身上。[48]

國際大學？

美國研究型大學長久以來的優勢之一，就是歡迎外國的學者和學生。1910 年，歷史學家斯洛森預測：「未來的國際大學將會比州立大學和國立大學更偉大、更有影響力。」[49] 今天，來自世界各地的學生都來到美國尋求大學和研究所的教育。在 2018-2019 學年度，有 1,095,229 名國際學生在美國的高教機構就讀，為美國的經濟貢獻了 410 億美元，並提供了美國超過 450,000 個就業機會。[50] 儘管，這些學生豐富了校園視野的多樣性，通常，也豐富了機構的淨利，但這不是既定的結果。隨著祖國的學術和其他市場對於擁有高等學位的國際學生（例如：來自中國的學生）變得愈來愈有吸引力，美國大學吸引和留住國際頂尖學者的能力被削弱了。在川普（Donald J.Trump）總統本土主義政府的領導下，這些憂慮進一步加劇了，他們在簽證和其他方面的限制，使得美國顯然不再是那麼受留學生歡迎的目的地。

在戰後時期，美國的大學成為國際和區域研究的主要中心。正如我們將看到的，這最初是出於戰時研究的需要，隸屬於政府的策略服務辦公室（Office of Strategic Services），這個辦公室亦即中央情報局（Central Intelligence Agency）的前身。這種需求在冷戰時期仍然存在。1958 年，美國政府批准了國防教育法案（National Defense Education Act，簡稱 NDEA），該法為培養國際研究、區域研究，以及世界文化和語言方面的專家提供經費。這一批准的主要動力來自於政府本身所面臨的窘境，因為它的隊伍對於美國現在正介入的世界許多地方，缺乏廣泛或深入的專業知識。在研究蘇聯和毛澤東時代的中國等冷戰對手方面，專業知識尤其薄弱。（1948 年，中央情報局的 38 名蘇聯分析員中，有三分之二不會說俄語）。[51] 最高額的經費用於研究世界上「最危險的」地區，因此，這麼說吧，相較於從事南亞研究，做俄羅斯研究和中國研究的美國大學，一直比較占優勢。隨著冷戰的推進，政府的領導得到了私人團體的支持，例如福特基金會，它支持海外對美國友好的機構（例如柏林自由大學），以及在國內的區域研究。國防教育法案的國際層面被重新批准，做為 1965 年高教法案的一部分，該法案如今負責資助美國大學的國家資源中心（National Resource Centers，簡稱 NRCs）。截至 2018 年，美國教育部支持了（儘管經費減少）一百多個公私立高教機構的國家資源中心，尋求在亞洲、俄羅斯、東歐、拉丁美洲，甚至像加拿大這樣的危險地區建立認知理解能力。[52]

美國的大學也一直在新增它們在海外的實體據點。包括西北大學和康乃爾大學在內的六所美國大學，在卡達政府支持的「教育城」設立校區，「教育城」是一個大型綜合體，頂尖大學在其中可以獲得設施和經費，以換取它們在這裡設立和本校區同樣水準的課程。[53] 2010 年代初，紐約大學在阿布達比（Abu Dhabi）和上海開設了校區。杜克大學於 2013 年在中國崑山開設了校區。一些大學與其他國家的大學合作，建立專注在特定研究領域的中心，例如位於中國深圳的清華－伯克利深圳學院，該學院專注於利用雙方具有優勢的領域，包括資訊科技、新能源、精準醫療等。其他的大學，像是哈佛，成立了研究前哨站，以支持海外教職員和學生的工作。也許正如斯洛森所預料的，「國際大學」真的會成為「未來大學」。[54] 至少，似乎每一所美國大學都必須制定 21 世紀的國際策略。

隨著教職員和學生的全球流動，病毒也隨之而來。在 2020 年，新的十年開始之際，國際化達到高點之時，一場全球大流行的疾病也來襲了。出現在中國武漢的 COVID-19，是一種經常引起嚴重呼吸道疾病的傳染病，在全世界散播開來。從 2020 年 3 月開始，美國的大學將它們的課程移到線上。學生的出國留學計畫被縮短了。許多國際學生回家去了。隨著城市和州政府發布就地避難建議，許多大學在 2020 年春季學期的剩餘時間裡，完全在線上上課。隨著大流行病的繼續，大學的方方面面都受到了影響——包括招生、教學、研究、學生和教職員的移動，以及財務。雖然大學在 2020 年秋季「重新開放」，但大多數大學都是進行遠距教學，再度依賴虛擬學習。一向對國際學生很有吸引力的美國大學機構，對於即將到來的留學生入學率，看低很多。美國大學的國際化是否已經過了巔峰期？

美國獨特論？

也許最重要的，正是美國高等教育裡所經歷過的多元化，多元化的機構、目標、思想、教職員、學生、治理、經費來源，以及其他等等，讓它有別於歐洲的祖先和世界各地許多企圖仿效其成功的機構。歷史學家拉巴里（David Labaree）認為，美國高等教育的成功，以及它「意外地崛起」源自於五個關鍵特質：機構的自主性、對消費者的敏感度、對廣泛選民的吸引力、結構的模糊性，以及組織的複雜性。[55] 這些特質源於動態的市場力量和對國家的總體依賴性較低，因而形成了「4,700 所美國學院和大學的混雜組合」[56]。曾擔任加州大學校長，以及加州大學柏克萊分校第一任校長的克爾（Clark Kerr），在他的經典研究《大學之用》(*The Uses of the University*)中指出,對於美國高等教育意外地崛起有一個更簡單的解釋。它來自於三種模式的獨特融合:(1)英語學院,以大學博雅教育為主;(2)德國研究型大學,強調研究和研究生的水準;以及(3)美國的贈地學院(land-grant college),以職業教育為中心,為公共問題提供應用解決方案。[57] 現有的「美國現代大學」,他認為,「既不是牛津,也不是柏林;它是世界上一種新型的大學機構。做為一種新型的機構,它既非真正的私立,也非真正的公立;它既不完全屬於這個世界,也不完全脫離這個世界。它是獨特的。」[58]

在第 5 章到第 7 章中,我們將檢視三所獨特的美國大學,它們反映了美國現場的不同優勢和挑戰。哈佛大學,這所美國最古老的高教機構,最初仿照英國的大學而建,之後又依照德國的模式改造。它可能是當今世上最著名的大學,也是高等教育保持悠久卓越的典範。加州大學柏克萊分校是一所贈地大學,是美國最受推崇的公立大學。它是世界一流的研究型大學之一,也是加州大學系統皇冠上的明珠,該系統可以說是世界上最好的公立高教系統。然而,柏克萊現在面臨的挑戰是,在依靠私人經費的狀況下仍然維持著它公立大學的身分。最後,杜克大學,它具有強大的研究方向和雄心勃勃的國際化進程,我認為它是上升最快的美國研究型大學,部分的原因是它對未來的規劃最明確。

我希望這些例子有助於回答這個問題:美國的大學在 20 世紀的下半葉開始引領世界——但是,它們會在 21 世紀繼續如此下去嗎?

第 5 章

在變化和風暴中崛起

哈佛大學

美好的哈佛！你的兒子們我們加入了你的禧年慶典人群，

帶著祝福向汝臣服，

透過這些節日儀式，從過去的時代，

到眼前即將來臨的時代。

喔，我們先賢的遺風典型，

長久以來溫暖著他們的記憶，

他們荒野上的第一朵花！

他們夜裡的星星！

穿越變化和風暴，在平靜中崛起。

……

不要讓青苔滿布的錯誤將汝繫住，

隨著世界真理的氣流滑翔，

成為光的使者與愛的傳送者，

直到清教徒蒼穹的星星消逝。

——Fair Harvard，1836 年，作者：吉爾曼（Samuel Gilman），

　　　1811 年畢業班，原創歌詞和修訂版 1997 年，2018 年

1836 年

　　1836 年，吉爾曼牧師為哈佛建校兩百周年創作〈美好的哈佛〉（Fair Harvard）時，哈佛仍然是一所牢牢根植於新英格蘭「清教徒血統」的機構。當它在 21 世紀即將迎來它的四百歲生日時，有了一首更具包容性的校歌，它的雄心壯志也已變得超凡脫俗——一個享有塵世的聲望和永恆生命的機構。這可能會讓吉爾曼牧師和他在 1836 年哈佛兩百周年慶典上重聚的 25 位同學感到驚訝。

　　就在兩年前，1834 年 5 月底的一個傍晚，哈佛的大學生焚燒了一間教室，並將椅子扔出窗外。在持續的混亂中，他們在教堂裡燃放鞭炮，並且從哈佛園（Harvard Yard）的叛逆樹（Rebellion Tree）上懸掛了哈佛校長昆西（Josiah Quincy）的肖像。這場騷動是昆西嚴厲執行紀律的結果，這些紀律非常不受學生歡迎。昆西的回應是開除了整個二年級的學生。在這所大學建校兩百年後，哈佛 1836 年的應屆畢業生人數是自 1809 年以來最少的，入學人數遠低於耶魯、普林斯頓，甚至達特茅斯。[1]

　　昆西是一位前國會議員，並擔任過六屆的波士頓市長，他在 1829 年被任命為哈佛校長。昆西的兒子指出，出自於清教徒的情感，昆西的「內心願望是要讓這個學院培育出高尚、有原則、受過良好教育、品行良好、教養良好的紳士」。[2] 哈佛的大學生可能對堅毅的校長對秩序的執著感到不妥。學生要「背誦」一門傳承下來的、必修的，而且極其乏味的課程，並且每天都必須依照 1 到 8 的等級被評分，而且昆西每周都會親自審閱學生的成績單。昆西認為，一堂理想的課程就是要「徹底鑽研」。[3] 但是昆西確實開始為高年級生開設了歷史、化學、地質學和天文學等已經開始成為德國學術新領域的「選修」課程。之後，他為這所大學的天文台揭幕，創立了哈佛的第一個研究單位。他成為了教職員教學自由的捍衛者，並且慢慢地、勉為其難地、部分地，成為大學生學習自由的捍衛者。正是在昆西任內，真理（veritas）這一詞才正式被添加到這所大學的校徽上。哈佛那時仍然是一個教區意味濃厚的場所，但到了它的兩百周年慶時，這所大學已經準備好超越它開拓者的血統。

1936 年

在 1836 年哈佛建校兩百周年的時候，只邀請了其他新英格蘭學院的校長，而且只有其中一位來了。一個世紀之後，哈佛校長科南特（James Bryant Conant）迎接了來自 502 所學院、大學和學術團體的校長和代表，以及美國總統，慶祝它的三百周年校慶。在慶典之前，哈佛為來自全球各地的學者（包括 11 位諾貝爾獎得主）舉辦了為期兩周的藝術與科學研討會。其重點是自然科學（科南特是一位傑出的化學家）以及各個學科的進展。科南特表示，專門化是科學知識進步的關鍵。[4]

當哈佛這所「美國學院之母」在 1936 年承諾「成為世界文化的新中心」時，根據另一所美國大學校長的說法，它在很大程度上是透過採用德國在不同學科的科學研究模式來實現的。然而，1936 年對德國的學術界來說並不是一個值得驕傲的時刻，而且只有一位德國學者出席了會議。羅斯福總統宣稱，哈佛和美國所面臨的挑戰在國內外是一樣的：「在這個當代女巫仍會被焚燒的今天，當思想自由從曾經是其家園的許多地方被放逐的時候，為人類思想的自由挺身而出，並傳遞真理的火炬，便成為了哈佛和美國的一部分。」[5]

本著羅斯福的國際主義精神，中國北京大學的一位代表參加了這場三百周年校慶，並被授予榮譽學位。他的名字叫胡適。胡適 1917 年後任北京大學教員，他成為中國「新文化」運動的領軍人物，也是中國自由主義的有力支持者。胡適在他贈送給哈佛的大理石碑上題詞，將學術的卓越與國家的興盛連結起來：「國家之所以興也繫於文化，而文化之所以盛也實繫於學。」時至今日，這座石碑仍矗立於哈佛校園內。

到 1936 年，哈佛擁有將近一千名中國校友，哈佛正朝向不再只是一個清教徒聚集的地方發展。然而，它幾乎沒有什麼包容性。受邀參加三百周年校慶的 86 位學者中，沒有一位是女性。主要的儀式在猶太新年的盛大假期間舉行（以迎合這一個體制性反猶太主義的時代），而且從祈禱到祝福都是嚴格的基督教作風。[6]

1836 年，昆西校長曾經「中止」了校友大會，直到一個世紀之後，才「再次相聚於此」。[7] 1936 年，隨著第二次世界大戰的威脅不斷逼近，牛津大學的副校長非常懷疑，一個世紀之後，是否還能舉行另一場這樣的慶祝活動。

科南特校長本人也有疑慮。現代的大學憑藉著它們新發現的財富，給予教職員和學生「任何學術團體從未有過的設備」，是否還能保有「它們賴以生存的眾人仰慕與尊敬呢？」哈佛是否能「逃脫那個經常困擾著歷史悠久大型企業的魔咒──自滿平庸的詛咒？」科南特思索著：「當 2036 年冬天哈佛即將迎來四百周年校慶時，大學，尤其是這所私人資助的大學，所扮演的角色是什麼？」[8]

2036 年？

從哈佛建校 300 年至今，這所大學所獲得的聲望，即使沒有贏過 19 世紀的柏林大學，也堪與之媲美。隨著它在 20 世紀崛起為全國的翹楚，美國各地的大學都爭相成為「南方的哈佛」（杜克大學、范德堡〔Vanderbilt〕大學、萊斯〔Rice〕大學）、「中西部的哈佛」（密西根大

圖 5.1 哈佛三百周年紀念碑，轉載自 *Notes on the Harvard Tercentenary*（《哈佛三百年記事》）。David T. W. McCord 編輯，1936 年由 Harvard University Press 出版。

學、西北大學、華盛頓大學）、「西部的哈佛」（很久以前的史丹佛大學）。[9]

離麻薩諸塞州劍橋市的距離愈遠，哈佛的全球聲望似乎就愈來愈高。例如在中國，國家工業和商標局資料庫顯示，在 1997 年至 2017 年間，試圖將 Harvard（哈佛）註冊為商標的紀錄有 375 次。當哈佛大學在 2010 年成立哈佛大學上海中心（Harvard Center Shanghai）時，最初被告知它可以開張，但是不能使用「哈佛」這個字，因為有一所「哈佛大學」已經在這個城市裡註冊登記了。今天，中國的「哈佛們」包括了汽車（最暢銷的 SUV）、專業的培訓中心、托兒所、快餐店、「哈佛寶寶」消毒劑，甚至還有一家「哈佛考試槍手」公司，你可以花錢請人幫你去參加大學考試。它們也含括了世界上最暢銷的高教書籍之一，《哈佛女孩劉亦婷：素質培養紀實》這本書記錄了虎媽、虎爸劉衛華和張欣武如何將女兒劉亦婷養育成一個自律且能獨立思考的人。亦婷於 1999 年被哈佛大學錄取。這本「如何進入哈佛」的手冊在 2000 年出版，立刻引起轟動，並掀起了一陣跟風：《康乃爾女孩》、《我們如何讓孩子進到耶魯》以及（其中最小的）《我們的傻小子去劍橋了》。[10]

2018 年，距離哈佛建校 400 年還有 18 年，哈佛的校長並非像昆西是來自波士頓的老牌家族。他也不像科南特是早期麻薩諸塞灣區移民者的後裔。巴科（Lawrence S. Bacow）出生於密西根底特律，母親是奧斯威辛集中營的倖存者，父親是一位東歐難民。他大學就讀於麻省理工學院和哈佛，並且在哈佛獲得了三個學位（JD, MPP 和 PhD）[*]。研究所畢業後，他在麻省理工學院任教 24 年，之後成為該校的教職員主席，然後成為名譽校長。隨後，他擔任塔夫茲大學（Tufts University）第十二任校長長達十年。2018 年 7 月 1 日，巴科開始了他在哈佛校長的任期，他在學術領導方面的經驗，比過去 382 年的任何一位前任都還要豐富。

哈佛的歷史既造就了哈佛，也拖累著哈佛。有很多事情要深思。在一個大眾批評美國高教的時代，巴科承接了一個在國外比國內更受推崇的機構；一所擁有巨額的捐贈，以至於被要求納稅的大學；以及一群由

---

[*] 譯註：JD（Juris Doctor），是美國法律教育體系中的第一個學位，字面直譯雖可翻成法律博士，但應較接近台灣的碩士學位，學習的內容較傾向實務面，而非學術研究。MPP（Master of Public Policy）是公共政策碩士。

半自治的院長們領導的強勢學院，其中一些院長所掌控的資源比校長還多。他首先要面臨的優先事項，是一系列令人生畏的機構性疊床架屋，包括發展一個新的工程學院——在這個鎮上，有另一所在這個領域更為知名的機構，它是現在威脅到哈佛「美國大學」領導地位的諸多競爭對手之一。[11] 哈佛沒有專門化的奢侈。它的包袱就是要比別人做得更多、更好。

在巴科擔任校長的第二年，一場全球大流行病爆發，他的領導力受到了考驗。COVID-19 危機是高教的一個關鍵時刻。2020 年 3 月 10 日，巴科宣布所有的課程都將在線上進行。在他宣布之後，美國和世界各地的許多大學，也關閉了它們的實體空間。

近四個世紀以來，從 1640 年校長鄧斯特（Henry Dunster）採用被廢棄的英國術語 freshman（新生）、sophomore（大二）、junior（大三）和 senior（大四），到 1886 年校長艾略特創立了選修課程，再到校長科南特將 SAT 測驗發展成 1940 年代通用的招生工具所扮演的角色，哈佛的決定和行動都為美國高教定下了基調。在其悠久的歷史中，哈佛勇於對大膽的想法下賭注。但是沒有任何機構可以靠著停滯不前而保持領先地位。哈佛將如何在 21 世紀繼續引領美國高教界？或是它會嗎？

基金會

新英格蘭的第一批英國移民來自一個具有悠久高教傳統的社會，其高等教育負責培育宗教領袖和法律、醫療專業人士。在新的殖民地中，是否能夠培養出受過良好教育的人來擔任這些角色，是移民者最迫切關心的問題。當麻薩諸塞州議會於 1636 年 10 月 28 日召開會議時，其 43 名成員包括六名劍橋大學校友、一名都柏林三一學院校友，並且由牛津大學校友哈里‧文（Harry Vane）州長所領導，他們通過了一項立法，在紐敦（Newtowne），即今天的劍橋，建立一所「scholae（學校）或學院」。[12] 然而，該機構將培養什麼樣的人，終究很難達成一致的意見，而宗教派系的鬥爭也阻礙了建立這一機構的進展。直到法院最初宣布的一年之後，他們才得以任命第一批「學院監督人」，他們迅速採取行動，招聘受過劍橋大學三一學院和荷蘭教育的新移民伊頓（Nathanial Eaton）來擔任新學院的第一任大師（master）。

很有可能是在 1638 年夏天的某個時候，伊頓開始教授第一批學生不久後，另一位新移民約翰‧哈佛（John Harvard）來拜訪他，此人是劍橋伊曼紐學院的畢業生。此後不久，約翰‧哈佛於 30 歲病歿於肺結核之際，他口述了一份口頭遺囑，將他那擁有 400 卷藏書的圖書館和他一半的財產留給了新學院。1639 年，這所學院被命名為哈佛，以酬謝這一份贈禮，這可能是有史以來對捐贈者最具價值的認可。

將約翰‧哈佛與這所學院建立關係是是伊頓對這所學校的最大貢獻，但成功的募款者卻很少被記得。僅僅一年之後，伊頓被免職了，原因是他被指控對學生有不當的暴行，而且他的妻子提供給學生的牛肉和啤酒不足。這家年輕的機構在沒有大師的情況下委靡不振了一年，直到 1640 年 8 月 27 日，剛剛抵達波士頓的 30 歲劍橋大學畢業生鄧斯特被任命為新頭銜的校長（president）。

鄧斯特試圖依照諸如伊頓公學（Eton College）和牛津、劍橋大學等英國機構的傳統傳統來建立哈佛，並讓它具有同樣的合法性：可以由捐贈收入來支持學生和「大師們」的住宿環境。[13] 鄧斯特專注於建造哈佛的第一處學生－學者宿舍，並同時在一開始擔任所有學生的主要講師。他所建立的課程一直沿用到 18 世紀初，是英國傳統的進一步延續。他制定了七藝（Seven Liberal Arts）和三門哲學的固定課程，閱讀古典經典、學習所謂的博學方言，包括希臘語和希伯來語，以閱讀聖經經文。

　　哈佛是為什麼而創立的？其課程是回答這個問題的一個線索。它並不像人們經常斷言的那樣，只是為了訓練傳教士。它**的確**培養了牧師（約占 17 世紀畢業生的 50%），但它的使命從一開始就是更廣泛地為新世界教育所有職業的領導者。哈佛三百周年的歷史學家莫里森（Samuel Eliot Morison）宣稱，哈佛的創立是為了提供年輕紳士廣泛的「**博雅**教育」，這個說法也許說得太過頭了，但是他有一點寫對了，它並不是一所神學院。[14]

　　為了這個目的，它開始展開了它做為公家機構的生涯。它的創辦人不是約翰・哈佛，而是麻薩諸塞州議會。它在 17 世紀時靠著稅收和「捐獻」資助，這些資助來自遠在南邊的紐哈芬（New Haven），有時以徵收玉米的方式進行，有時以連接劍橋和波士頓的查爾斯頓渡輪的收益，用貝殼串珠（麻薩諸塞灣殖民地的貨幣）來支付。早期的收入來源包括禮物（許多來自英國）、遺贈和學生的學費，學費通常以商品支付，諸如：牛肉、雞蛋、乳酪、蘿蔔、蘋果，甚至靴子和鞋子，直到殖民地開始使用他們自己的貨幣。即便如此，校長的薪水也頗豐富：根據 1654 年的報導，鄧斯特掌管學院多年，平均每年的預算為 175 英鎊，其中保留了 55 英鎊做為自己的薪水。[15]

　　鄧斯特的任期開創了許多先例。他所取得的「校長（president）」職稱，被美國絕大多數高教機構所沿用。更重要的是，儘管哈佛和在法律和財務上和州政府有所關連，哈佛靠著這項支持邁入了 19 世紀，但該學院既是一個公共機構，也是一個獨立的法人團體。大家很早就認定，哈佛像英國的學院一樣，將由常駐教師管理。由於常駐教師人數不足，該州議會在 1642 年將重組後的監督委員會定為常設機構，做為外部的委員會來管理該學院，直到常駐的教職員足以集結力量。但是當該學院於

1650 年被州議會正式特許成立時，它也正式成立了擁有該機構的「哈佛學院校長與董事會（President and Fellows of Harvard College）」，亦稱為「哈佛董事會（Corporation）」，其擁有該機構。該董事會由校長、財務主管和五位教職員組成，他們最初是教學人員，但後來包括了外界的人士。但在實際上，一直到 1680 年代，它仍然在監督委員會的影響力之下，監督委員會持續運作著。因此，哈佛的治理從一開始就是複雜而混亂的。

在 18 世紀的第一個 25 年，教職員在管理大學所扮演的角色，被日益重要的董事會功能所掩蓋過去，董事會的董事擔任受託人，他們在大學之外的社會各個領域都受到尊重。由校長和外部董事會共同治理一直是美國高教機構的共同特徵。[16] 由於校長和董事會有相當大的自治權管理該機構，監督人被設定為顧問和輔助者，他們今天仍持續扮演這樣的角色。這種外部董事會的治理結構，有時可以緩衝學院受到州政府的直接干預。但在同時，它也嚴重限制了教職員在治理上的可能性，而這是英國體系的核心。直到今天，哈佛仍沒有全校性的教職員團體扮演治理的角色。

哈佛成立時，是一所自稱為大學（university）的學院（college）。它並不被稱為「大學」（除非是非正式的），但是它挪用了其中的一項權力，以便在 1642 年授予它的第一個學士學位。在英國和歐洲，授予學位在歷史上一直是大學的特權，哈佛在早期開創後所立下的最後一個先例是，單獨一個學院可以運作，還可以授予學位（這項權力透過該學院在 1692 年的第二份特許權予以確立，其賦予此董事會「授予和承認學位的權力」，就如同英國的大學一樣）[17]。美國文理學院（美國高教真正與眾不同的元素）後來爆發式的增長，就是一個結果。另一個結果是在哈佛本身內部，被稱為「哈佛學院（Harvard College）」的大學學院確立了它的核心地位。當哈佛在 18、19 和 20 世紀新增了專業學院和研究所，它不像許多大學，它沒有按照學科細分大學教育。對於那些學習文學、歷史、經濟學、工程學或生命科學的人來說，只有一個大學文理學院錄取程序，由單一學院來授課，亦即由文理學院（Faculty of Arts and Sciences，簡稱 FAS）來授課，文理學院一直是，而且致力於保持它在這所大學的核心地位。

在整個 18 和 19 世紀，哈佛加強了它在專業學科的進階課程，1782 年建立了醫學院，1816 年神學院正式成立，然後在 1817 年增設法學院。在這段期間，這所學校的規模跟知名度都開始增長，但新英格蘭以外的一些人則將其視為富人的遊樂場。十六歲的富蘭克林（Benjamin Franklin）在 1722 年以「沉默行義」（Silence Dogood）為筆名發表文章，痛斥哈佛，尤其是「（那些）父母的極端愚蠢，他們對自己孩子的魯鈍視而不見，對他們的頑冥無所察覺，只因為他們認為他們的荷包負擔得起，所以要把孩子送到學習的殿堂，在那裡，因為缺少一個真正稱得上的天才，他們學到的只是如何優雅地打扮自己，以及如何優雅地進入一間教室（這也可能是在舞蹈學校學會的），在飽受大量的麻煩和收費（Charges）* 之後，他們從那裡回來，一如以往是個大笨蛋，只是更加地驕傲和自負。」[18]

德英混合體

在將近兩百年的時間裡，儘管傳統的英國教育結構對哈佛的建立產生了重大的影響，但未曾有哈佛的教職員在歐洲上過大學。哈佛的教授

---

* 譯註：Charges 在此為雙關語，除了有「收費」的含意之外應也有「指控」的意思。

只要是系出哈佛門下即可，不需要其他資格。這種情況在 1814 年發生了改變，當時哈佛的未來校長艾佛瑞特（Edward Everett）被聘為希臘文學教授，並且有機會在他支薪工作的頭兩年在歐洲留學。艾佛瑞特善加利用了這個前所未有的機會，並且與蒂克諾、科格斯韋（Joseph Cogswell）和班克羅夫特（ George Bancroft ）等哈佛所屬學者一起在哥廷根大學深造。[19]

在歐洲度過的時光，對這四個人都產生了深遠的影響。蒂克諾在歐洲期間被任命為哈佛的資深講座教授，他在根據德國模式重塑哈佛教育的奮鬥中尤為堅決。改革的第一個跡象出現在 1825 年，哈佛通過了一項新規定，開始打破令人厭惡的背誦模式，允許學生根據能力參加課程並晉級。[20] 蒂克諾還提倡改善圖書館做為學術研究的工具，並且將外國學者引進哈佛的教職員隊伍。受過德國訓練的學者比例不斷增加，這有助於為哈佛注入德國學習自由的精神，這種精神從根本鞏固了柏林大學和其他德國大學以研發為中心的發展和名聲。[21]

儘管如此，哈佛當時是以它的歷史悠久聞名，而非以它傑出的學術成就聞名。大學歷史學家莫里森指出：「在 19 世紀，有一種傳聞，哈佛的人只要付 5 美元就可以獲得他的碩士學位，而且不用坐牢。」[22] 耶魯大學、普林斯頓大學、哥倫比亞大學和約翰霍普金斯大學等同行機構，正在吸引優秀的學者和領導者，同時，在 1862 年和 1890 年莫里爾贈地法案（Morrill Land-Grant Acts）的推動下，加州、威斯康辛州和密西根州的州立大學，也將自己打造成東岸之外的學術中心。與此同時，新英格蘭就讀學院的人數比例在 1838 到 1869 年間，實際上有所下降。[23] 哈佛本身缺乏強有力的方向。從昆西於 1845 年退休到 1869 年艾略特被任命，這所大學經歷了八任失敗或代理的校長，其中任期最長的是沃克爾（James Walker，1853-1860），此人根據莫里森的說法，「他完全聾了，而且毫無美感可言」，但他卻創立了哈佛的音樂課程。[24]

　　哈佛之所以能成為一所名聲卓越的大學，是因為艾略特的領導，毫無疑問的，他是「哈佛歷史上最偉大的人」[25]。今天，他的那幅深色肖像從學院會議室校長座椅後面的牆上向外凝視，主持著文理學院的每一次會議。1869 年 10 月 19 日，他在一小時又四十五分鐘的校長就職演說中妙語如珠，其中有一些在今天聽來可能被視為冒犯，例如：「世界對女性的天生心智能力幾乎一無所知。」他並不想討自己和教授的歡心，他指出：「很少有傑出的美國人會被這個職業所吸引，」而且（我身為院長最喜歡的台詞）「每天看到糟糕任命所帶來的惡果，一定是最殘酷的公務折磨。」然而他指出，「在這個追求金錢的國家，貧困的學者是無價之寶。」但是現在回想起來，他最有說服力的是這幾句話：「一所龐大的大學，其惰性是可怕的。美好的過去如果會讓我們滿足於現在，卻對未來毫無準備，那它必定是危險的。」[26]

　　艾略特明白哈佛落後了多遠。耶魯，而不是哈佛，在新英格蘭成立了第一所研究所。約翰霍普金斯正從德國招募學者。哈佛在哪裡呢？正如莫里森所寫的：「哈佛學院迂腐守舊、哈佛法學院垂垂老矣、哈佛醫學院效能不彰，而（相對較新的）勞倫斯科學院（Lawrence Scientific School）是『懶惰者和脫隊者的流連之處。』」[27]

　　艾略特是一個完完全全的局內人，但卻能從局外人的角度看待事物。他是哈佛艾略特教授職位（Eliot professorship）捐贈人的孫子；他是前大學財務主管（以及董事會成員）的兒子；他是某位監督人的表兄弟，此人幫助他選上了校長。他還是化學和數學前助理教授，因不受學生和同事的喜愛，而未能晉升。他旅居歐洲，研究那裡的學術環境，特別是德國。他在 1865 年回國，於新成立的麻省理工學院擔任化學教授，並於 1868 年當選為哈佛監督人。同年，在哈佛校長的職位空缺時，第一位被邀請擔任該職位的人拒絕了。艾略特「絕非每個人的第二選擇」，但是當這位平庸化學家的替代人選似乎更糟糕時，他被選中了。[28]

艾略特在 35 歲時就任校長，他立即依照著他曾在歐洲訪問過兩年的偉大大學路線為哈佛建立了願景。在他的就職典禮上，他宣布他企圖提高所有學科的學術地位，開發創新的教學方法，從歐洲招聘教師，擴大低收入學生進入哈佛學院的機會，並全面更新美國大學的做法，他發現美國的大學「實際上已經比最優秀的思想家對於教育的教誨落後了數百年」。[29]

在他四十年的校長任期內，艾略特統治著哈佛。一位希臘歷史的教授評論說，看過艾略特的積極作為，他明白了伯里克里斯（Pericles）是如何控制雅典議會的。[30] 1870 年，艾略特在其畢業典禮演說中宣稱：「我們打算在這裡，按部就班地，建立一所最廣義的大學。」[31] 他開始釋出一些權力，於當年任命了第一位學院院長，並在 1890 年成立了文理學院。然而，在他擔任校長的四十年裡，最終的任命和晉升都是他一個人決定的。隨著文理學院的成立，哈佛第一次，正式的科系出現了，主要是比照德國的科系（Fachbereiche）來組織的。

在他的任內，文理研究院於 1872 年成立，讓學生首次在哈佛獲得科學和人文學科的高等學位。在蒂克諾改革的基礎上，艾略特進一步按照學科和專門領域來劃分教職員。他還將哈佛學院迅速擴張，從 1869 年的 23 名教職員教授 529 名大學生，擴大到 1886 年的 61 名教職員教授 1,080 名學生。哈佛第一位非裔美國學生格林納（Richard Theodore Greener，他從歐柏林學院〔Oberlin College〕轉學過來）於 1870 年畢業，以及 1879 年透過開設哈佛附屬學校（Harvard Annex，即後來的拉德克利夫學院〔Radcliffe College〕），開始將女性容納進來，這些都發生在艾略特任內。

儘管艾略特的目標是增加貧困人口的入學機會，但在 1870 至 1890 年間，從公立高中畢業的新生比例從 38% 下降到 23%。此外，成為菁英社會俱樂部的成員並融入波士頓的上流社會，也成為學生生活愈來愈重要的一部分。[32] 哈佛變得比以往任何時候都更為菁英。

　　在大學教育上，艾略特是民主的，逐漸促使課程幾乎完全變成選修。到了 1885 年，除了英文作文和法語或德語外，哈佛沒有其他的大學必修學分。簡而言之，他第一次把學生當成大人對待：「（一個）受過良好教育的 18 歲青年，可以比任何大學老師……為自己選擇更好的學習課程。」[33] 他們這樣做的動機是為了追求「榮譽」，這如同教師授予的一種「誘人的刺激」系統，「讓大腦和性格上的**菁英**」去尋找「自我實現和社會效用」。最終，甚至連強制性的禮拜也廢除了，正如佛萊明（Donald Fleming）所寫的：「在哈佛，上帝已經成為選修課。」[34]

　　創新將以多種形式展現。研究型大學的發展需要更多的書籍，這很難被容納在學院圖書館既有的設備裡。解決的答案是書架：「有史以來最靈活、最密集，最易於使用的書架樣式」並創建一套「公共目錄卡」，以提高圖書館的使用方便性。[35] 哈佛在大學圖書館無庸置疑的領導地位可以追溯到艾略特的時代。哈佛在美式足球界的地位也是，儘管艾略特瞧不起這項運動。他監督了哈佛體育場（1903 年）的建造，見證了美國大學第一次持續的運動狂熱浪潮。從課程到課外活動，到艾略特校長任期結束時，哈佛本身已經成一個領先的典範，是一所綜合性的大學，一所傑出的美國大學。[36]

　　它甚至名揚海外。1912 年，新建立的中華民國政府與當時的名譽退休校長艾略特接洽，請求派遣一名顧問來協助亞洲第一個共和國起草憲法。他派出了美國政治學會首任主席古德諾（Frank Goodnow），古德諾後來成為了約翰霍普金斯大學的校長。在中國，古德諾的憲法草案幫助

圖 5.2　艾略特的肖像。哈佛大學肖像收藏。1907 年，由學生和各俱樂部捐贈給哈佛聯盟受託人的禮物，photo © President and Fellows of Harvard College, H192.

中國強人袁世凱成為終身總統（好在，袁世凱的命短，否則他很可能成為皇帝[37]）這就是哈佛對中國民主的貢獻。

　　到 1909 年 5 月艾略特退休時，哈佛已經成為了**哈佛**，是一所大學，也是一所學院，在全國享有盛譽，擁有美國最大、最具名聲的教職員團隊。美國領先的 1,000 名科學家當中，有四分之一曾在哈佛就讀。在他 1924 年去世前不久，艾略特說：「最好的還在後頭。讓我們為即將到來的時刻歡呼。」[38]

哈佛漫長的 20 世紀

哈佛在學術上的崛起，伴隨著一連串長期服務且有影響力的校長：艾略特 40 年、羅威爾（Abbott Lawrence Lowell）24 年、科南特 20 年、普西（Nathan Pusey）18 年、伯克 20 年，以及魯登斯坦 10 年（到了 20 世紀後期，這已算是一個很長的任期）。每一位都在這個地方留下獨特的印記。

如果艾略特是哈佛智力拓展的建築師，那麼他的繼任者羅威爾則是它硬體改造的領導者。如果艾略特是在歐洲大陸找到現代大學的海外模式，那麼羅威爾則是一個親英派。如果艾略特讓學生自由選修課程，羅威爾則信奉結構和必修學分。如果艾略特（在他那個時代）對信仰和種族問題保持開放態度，羅威爾（即使在他那個時代）也是一個偏執狂。

1909 年，羅威爾開始執掌哈佛，當時的學生處於分裂狀態，住在私人公寓的學生和住在哈佛簡陋設施的學生之間分成了兩派，主要是根據社經狀況來劃分。為了促進學生群體之間的凝聚力，並為了將哈佛的體驗轉變為更類似於融合了學習和學生生活的牛津劍橋模式，羅威爾建立了新的宿舍：首先是為新生，然後，在他校長任期即將結束時，為所有在「the Houses」，亦即住宿學院（residential colleges）的高年級學生興建宿舍，這是由當時大學歷史上最大的捐贈（並透過一名耶魯畢業生）所促成的。為此，還添加了一套牛津劍橋風格的導師制。[39]

為了避免他改革校園生活的嘗試被視為激進，羅威爾只願意將這些新近整合的學術社交校園場合提供給某些人使用。對他來說「清教徒的血統」事關重大。羅威爾試圖將非裔美國學生拒於宿舍門外，並對猶太學生的入學人數設了一個非正式的上限。[40] 在寫給一位黑人哈佛新生的父親信中，羅威爾寫到：「我很抱歉告訴你關於新生宿舍的事情，住宿在那裡是有規定的，我們從一開始就感到有必要不包括有色人種。……我們認為強迫不同種族的人住在一起是不可能的。」[41] 羅威爾試圖為猶太新生設下硬性規定的額度（12%），但教職員拒絕了任何正式的配額。所以一個非正式的額度被採用了。在羅威爾的任職期間，哈佛大學新生的猶太裔比例，從 1925 年的 27.6%，下降到他 1933 年退休時的不到 15%。[42] 正如羅威爾向一位教職員同事解釋的那樣，「接納猶太人的夏季旅館毀於一旦，不是因為它接納的猶太人品行差，而是因為他們嚇跑了非猶太人。」[43]

當然，哈佛最徹底的歧視行為發生在針對女性身上。拉德克利夫學院是一個被區隔出來的教育實體，即使它的老師是哈佛的教職員。拉德克利夫的大學生可以使用懷德納圖書館（Widener Library，這是一座於 1916 年開放的學術殿堂），如果她們僅限於待在一個小小的閱覽室裡的話。建造於二次大戰後，用於大學藏書的拉蒙特圖書館（Lamont Library），它是禁止對女性開放的。在科南特的時代之前，哈佛只有一個研究院（教育研究院）招收女生，而這個研究院如果沒有這些女生的話就只能關門大吉。在排斥女性方面，哈佛的法學院、醫學院和商學院的同儕們「幾乎是有志一同」。[44]

羅威爾關注於學生生活的同時，也將艾略特所鍾愛的課程自由往回拉了一把。羅威爾建立了一個「集中和分配」的體系，這再次奠定了全美高等教育的基調，幾乎所有的大學都開始在某些學科上實施主修和輔修制度。[45]

為下一代的課程奠定基礎的，是下一任校長科南特，他將哈佛推向具有全國與全球影響力地位的研究型大學，他視哈佛的同行，像是芝加哥、霍普金斯、哥倫比亞和柏克萊，頂多只是舊東部地區學術界的一部分。從 1933 年的就職典禮開始，科南特就專注於提升哈佛做為研究驅動型機構的特色:「如果我們在大學的每個科系都可以擁有我們竭盡所能可以找到的最傑出教職員,我們就不用太擔心未來。」[46] 問題是,一半的教職員並不清楚他眼中的這個篩選關卡。在「晉升或淘汰」的任期制度中,晉升評估變得更加嚴格。同樣地,他也從才能和地理範圍更廣泛的尋找學生,而不只侷限於大家習以為常的波士頓－紐約這一帶。做為第一位在學生入學上公開擁護功績主義(meritocracy),並在財政援助上支持這個概念的校長,他創立了哈佛國家獎學金(Harvard National Scholarships),以為「資源有限的青年才俊開闢道路」。[47]

大學與國家(一)

正是在科南特的任內,當時有 1,600 名殖民地軍組成的軍隊被安置在哈佛校園內,也許比 1775 年以來的任何時候還多,這使得哈佛與美國的國家使命更加緊密地結合在一起。對科南特來說,功績主義與民主相關,並在某種程度上,與我們今天所謂的社會正義有關。與他許多的校友不同,他欣賞羅斯福的政府。跟他的一些教職員不同,他在二戰前幾年是一位堅定的干涉主義者。

就像 1914 年民族主義和愛國主義精神席捲它的德國同行柏林大學一樣,哈佛和它的教授在 1941 年戰爭降臨時也欣然接受了它。珍珠港事變後的隔天,科南特召集學生一起聆聽羅斯福在國會發表的「國恥日」演說。科南特承諾將哈佛全部的資源用於戰事。士兵,主要是接受訓練的軍官,再次被安置在校園裡(他們的一些「臨時」宿舍至今仍在)。

哈佛的教職員以各種方式嘗試為軍事效力。他們開發了用於潛艇戰的先進魚雷,以及用於轟炸敵方城市的凝固汽油彈,他們還協助製造了第一枚原子彈。他們也提供情報。許多哈佛學者加入了策略服務辦公室

（OSS），亦即中央情報局（CIA）的前身。美國外交史上的元老朗格
（William Langer）負責監督 OSS 的研究部門。[48] 朗格招募了一批傑出的
年輕歷史學家：思想史歷史學家休斯（H. Stuart Hughes）；巴爾幹歷史
學家沃爾夫（Robert Lee Wolff）；法國大革命的代表性學者布林頓
（Crane Brinton）；英國及其帝國的歷史學家克萊夫（John Clive）；從戰
爭歸來領導哈佛中國研究的費正清；以及哈佛文理學院未來的院長富蘭
克林・福特（Franklin Ford），他在 OSS 的工作聚焦在德國。最終，所
有的人都成了哈佛的資深教師。他們在 OSS 各區域部門組織起來的集體
成果，在國防部的支持下，為哈佛和美國各地奠定了戰後「區域」研究
的基礎。

　　戰後，透過退伍軍人權利法案（GI Bill）湧入大學的退伍軍人，使
得大學與國家之間擴大的關係更為加強。哈佛學院的入學人數從二戰前
約 3,500 人，增加到 1946 年的 5,500 人。到那時為止，哈佛的大學招生
上從來沒有如此嚴格的篩選，通常每三位申請者中，就有兩名被錄取。
一時間，它變成得從十五個人之中選出一位。這種激增並未持續多久，
雖然它在幾十年後會再度反彈。退伍軍人權利法案一個更持久的後續影
響發生在學生身上。大多數大學生一向都來自於私立學校，但到了 1952
年，一半以上的新鮮人曾就讀於公立高中，這成了一個不曾逆轉的趨
勢。[49]

　　就像他的前任們一樣，科南特也以一種意圖影響美國教育的方式在
大學課程烙下了他的印記。有鑑於學生群體來自於日益多樣化的中學教
育背景，科南特在 1945 年召開了一個傑出教師委員會來檢討大學課程，
並發表了最終報告：《自由社會中的通識教育》（*General Education in a
Free Society*）。因為它的封面顏色，被稱為「紅皮書」（事實上，它是被
當做是哈佛「深紅（crimson）」的褪色紫色）。該報告對中等和高等教育

機構在教育美國公民上所扮演的角色進行了全面的論述。為了幫助學生尋找科南特所說的：「一種……他們將共同擁有的，對社會的普遍理解，」哈佛的大學課程再次進行了改革，依此改革，大學生所修課程的四分之一必須是新開設的通識教育課程，以便為學習**與培養公民**提供廣泛和跨學科的基礎。「通識教育」至今仍然保留在哈佛教育的DNA之中。

雖然哈佛在大學課程發展方面處於領先地位，但它並不是社會政策的先行者。哈佛延續了其悠久的歧視歷史。當限制猶太學生入學的非正式配額此一歧視在 1950 年代被廢除時，女性仍然沒有資格進入哈佛學院或許多哈佛的專業學院。1960 年，全校 427 個正教授職位只有 4 個由女性擔任。[50] 在那十年間，就讀拉德克利夫學院的女性被允許參加哈佛的所有課程，1963 年，拉德克利夫的學生被授予了哈佛的文憑（儘管仍然是由拉德克利夫學院的校長簽名）。[51] 非裔美國學生的比例在 1950 年代和 60 年代仍然極低，儘管沒有任何特別的政策障礙。直到 1960 年代後期，這所大學才更積極地在學生和教職員工之中尋求種族和性別的多元化。

無論哈佛在國內如何保守傳統，隨著它在高教領域的大規模擴張，即使是在戰後更加競爭的世界，哈佛的外部聲望持續增長。在美國高教學者韋伯斯特引用的研究院學術排行榜中，從 1925 年到 1982 年間，哈佛在全國的排名沒有任何一次落在第三名之後。[52] 國外的輿論也同樣肯定。1958 年布魯塞爾世界博覽會美國館的一項民意調查，詢問參觀者想要把兒子送到哪裡上大學；超過 32,000 名展館參觀者回答「哈佛」。「麻省理工學院」是第二受歡迎的，回覆的人數只有哈佛的一半。[53]

20 世紀下半葉，哈佛的規模和聲望持續增長，儘管並非沒有爭議。隨著學院和教職員的擴張和慢慢多元化，較大的專業學院在財富和自主權上有所增長，而大學生則開始挑戰權威。普西（1953-1971）和伯克

（1971-1991）的校長任命，可以被視為是哈佛傳統的一大突破，此二人並非波士頓人，也沒有上過哈佛學院，這是以前在尋找校長人選時，哈佛狹隘的標準。

錢攸關重大：發展狀態

「哈佛一直很窮，僅能靠著一點微薄的捐贈在維繫著，」漢德林（Oscar Handlin）在談到該大學的最初幾個世紀時寫道。[54] 在普西擔任校長之後，沒有人會相信這一點。身為位於威斯康辛州阿普爾頓（Appleton）勞倫斯學院（Lawrence College）的文理學院和音樂學院的院長，普西從相對較為默默無名的位置脫穎而出，他成為現代大學校長做為募款總負責人的原型。他將哈佛學院和文理學院的行政監督權委任給文理學院的新任院長，當時的這個人即是令人敬畏的政治學家邦迪（McGeorge Bundy）。

在戰後的時代，政府，尤其是基金會的補助金（美國版的第三資金）變得愈來愈重要，但是哈佛只是眾多受贈者的一員。哈佛以前曾收過大筆的私人捐贈（例如貝克〔George F. Baker〕在 1924 年一手資助哈佛商學院的新校區），但是還沒有看過像 1957 年為哈佛學院推出的這樣大規模的全方位「募款活動」計畫。其 8,240 萬美元的目標在四年內就達成，而且它也為許多次同樣的表現奠定了基礎。哈佛校友做為一個團體絕不是他們同儕中最慈善的。但有某些哈佛校友（例如銀行家拉蒙特〔Thomas Lamont〕，1892 年文學學士，哈佛大學部圖書館總館名稱的由來）口袋比別人深，當被乞求時，他們會掏出一些錢來。

那場募款活動和其他捐贈為哈佛帶來了新的現代主義面貌：科比意（Le Corbusier）的視覺藝術中心、斯塔賓斯（Stubbins）的洛柏戲劇中心

（Loeb Drama Center）、山崎（Yamasaki）的詹姆斯大廳（William James Hall），以及塞特（Sert）的荷立歐中心（Holyoke Center），這些都是普西開始建造的 33 座新建築之一。它們依傍著殖民地和早期聯合校園的建築，身處於 19 世紀晚期理查森（Richardson）的優雅風格，以及 20 世紀初期對新喬治亞風格（neo-Georgian）的迷戀之中。這項募款活動只是更多這類活動的開始。為商學院、醫學院、法學院，甚至實際上為該大學的每一個學院所進行的募款活動，經常都是在爭取同一群捐贈者的捐款。這從而形成了創業家精神、競爭和官僚達爾文主義的結合，這使得哈佛的募款從此之後變得如此的混亂，也如此的成功。到了 1964 年，這所大學的捐贈基金在十年之內增長了一倍，並突破了 10 億美元的神奇大關。[55]

大學與國家（二）

1963 年 10 月，甘迺迪總統（1940 年應屆畢業生）最後一次訪問哈佛，那是他在凱旋式訪問柏林四個月之後，也是他遇刺前一個月。就像在柏林一樣，1963 年標誌著自由大學親美情緒達到巔峰，哈佛這所大學與政府的關係也在此時達到最高點。文理學院院長邦迪成為甘迺迪的國家安全顧問；小亞瑟・施萊辛格（Arthur Schlesinger, Jr.）（1938 年文學學士）成為甘迺迪的特助；貝爾（David Bell）（1941 年碩士）成為預算主任；哈佛大學教授高伯瑞（John Kenneth Galbraith）和賴世和（Edwin Reischauer）（1939 年博士）分別是駐印度和日本的大使。

與自由大學一樣，哈佛在四年內便陷入了政治動盪，部分原因是甘迺迪在東南亞開啟的強硬外交政策。1966 年，國防部長麥納瑪拉（Robert S. McNamara）（1939 年工商管理碩士）某次到校園參訪時，還得通過地下蒸氣隧道以避開和學生的正面衝突。隔年，與國防工業相關的企業招聘人員被封鎖在建築裡。學生示威反對戰爭、帝國主義、種族主義，以及單純地反對哈佛（它被當做包括與中央情報局的關係、軍官培訓計畫和企業捐助者這一切的化身），示威學生成倍的增加，最終導致學生在1969年春天接管了大學廳（University Hall），此處是布爾芬奇（Bullfinch）的莊嚴傑作，位於哈佛園的中心，是學院院長辦公室的所在。

在1950年代麥卡錫主義狂熱的高峰期，普西曾經（大體上）捍衛大學免於右翼政府的入侵，現在他拒絕向左派屈服。對大學禮堂的占領持續不到24小時，184名占領者被400名州警和當地警察暴力驅逐。而隨著所謂的「搜捕」，哈佛分崩離析了。文理學院院長富蘭克林・福特就是被學生趕出去的人之一，他後來中風辭職。普西留了下來，但他的校長任期也結束了。

在隨後幾年的學生罷課、教師辯論和內部重建中，哈佛重新調整了與政府的關係，取消了ROTC（預備軍官訓練團）軍官在校園的培訓計畫，禁止政府機密研究合約和聯邦補助支持終身教職員的薪資，並且至少在表面上限制與中央情報局的過多牽連。

（然而舊習難改。1977年，當我還是一名即將到台灣展開傅布萊特〔Fulbright〕一年獎助計畫的博士生時，我應邀會見了生涯服務辦公室的主任。我很樂意這樣做，因為我知道在我完成論文研究後，我將面臨到一個慘淡的學術就業市場，我想問問看「現實世界」中的機會。然而，主任卻問我是否有空為一家〔未透漏名字的〕機構做一些關於台灣的附屬研究，這讓我感到驚訝。在我啟程的時候，美國正在從台灣撤軍，並考慮在外交上承認中國大陸；國民黨政府圈子裡的反美情緒日益高漲。會有很多東西需要研究。但我禮貌地拒絕了，並順便指出我最近看到的，台灣是個島嶼，而我的游泳技術很糟。回想起來，我不應該對這個提議感到驚訝，因為我的兩位導師富蘭克林・福特和費正清，都曾在二戰期間為策略服務辦公室效力。其中一人一定認為這是一個好主意。）

伯克接替了普西，並且在接下來的二十年擔任校長。他以普西的計畫為基礎，將死氣沉沉的公共管理學院改造成甘迺迪政府學院，試圖讓這所大學重新參與公共事務，該學院現在建於河岸土地的現代建築群中，彷如用古老的磚塊砌成。它為研究生從事公共服務做好準備，並做為大學生參與政治世界的一個（不那麼激進的？）據點。它還（重新）培訓現役公務員，並做為政治人物往上爬升，或（更常見的）下台時的中途站。在伯克任職的大部分時間裡，甘迺迪學院在充滿熱情的院長艾利森（Graham Allison）領導下，成就了它今天的樣子：一所有關政府研究和實踐的領先中心。

然而，當他在 1991 年從校長職位上退休時，伯克對這所大學長期以來與國家和社會脫節感到遺憾。如果在 1950 年代「美國和它的大學團結一致，決心建立一套世界一流的科學研究體系，並擴大我們的大學接受⋯⋯這個國家更大一部分的年輕人，」這種理解早已不復存在。他提醒：「除非社會能體會到大學的貢獻，否則它將透過逐漸剝奪它們在世界上保持卓越地位所需的保護和支持，繼續將它們貶低到成為另一個利益團體的地位。」這些話今天聽起來尤為真實。[56]

黃金十年

伯克的繼任者是魯登斯坦，他在 1990 年代的校長任期，可能是哈佛現代史上最低調但也最具影響力的十年。他是一位真正的知識分子，一位博學的作家和演說家，親切而好奇，而擔任普林斯頓教務長十年的歷練，讓他獲得了鋼鐵般的意志，他深受教職員的喜愛。他的任務是在相對較短的時間內（他 56 歲上任，這是自南北戰爭前夕，沃克爾校長以來最年長的），為一所不同的、更大的，但更團結的大學做好準備，以投入於遠超出美國之外的宏圖大業。

他的挑戰是艱鉅的。普林斯頓是一所高度集權的大學，其學術和預算權力根植於校長和教務長。哈佛沒有教務長，幾乎所有能花的錢都在院長們的手裡。「每個桶子都立在自己的底板上（every tub on its own bottom）」的財務模式，目的是要讓這些學院扛起自己的財務責任。這也讓其中的一些變得非常富有。魯登斯坦的挑戰（不同於基歐漢領導下的杜克大學）是要逐漸但穩定地將更多資源帶進學校的中心，但同時又不會破壞支撐這所學校成功的創業家精神。為此，他透過（1）為基礎設施徵稅，（2）籌集了一筆當時多得嚇人的經費，來做這件事。

哈佛並不貧窮，但也不比它的競爭對手富裕**那麼多**（貨真價實地來比較，普林斯頓當時擁有與哈佛文理學院相當的捐贈基金和學生規模，在過去和現在都是所有受贈狀況最好的）。在伯克時代的財政低潮期，捐贈基金只貢獻了哈佛收入的 18%；如今它的貢獻加倍。然而 1990 年代是哈佛真正起飛的十年。魯登斯坦的十年，見證了哈佛與其他綜合型研究大學拉開巨大的差距，哈佛的捐贈基金從 1990 年的 47 億美元，激增到四倍多的 192 億美元；這是受益於強勁的市場環境；哈佛管理公司（Harvard Management Company，簡稱 HMC）總裁兼執行長梅爾（Jack Meyer）的卓越領導，該實體成立於 1974 年，負責管理哈佛大學的捐贈基金；以及透過「發展」（現在稱為募款）而慷慨湧入的經費。

這次由魯登斯坦出色領導的大學募款活動，是哈佛第一次全面性的全校募款活動。這也是哈佛第一次，並且是目前為止最後一次，努力於全校範圍的學術計畫。它將每個學院的策略計畫所延伸出來的過程相連結，但同時也為跨大學的提案預留空間。該活動由魯登斯坦的親密夥伴、哈佛董事會的資深研究員史東（Robert Stone）主持，該活動每天募集到 100 萬美元，最終募集到 26 億美元的捐款，超出其目標 5 億美元。[57]

魯登斯坦的年代也見證了哈佛實體足跡的顯著擴張。這所大學在劍橋已經沒有擴展的空間。它在鄰近的沃特敦（Watertown）租了一段時間的土地。為了更長遠的打算，哈佛加快了從波士頓奧爾斯頓（Allston）附近的劍橋哈佛園購買查爾斯河對岸土地的速度，那裡當時只有商學院和運動場。關於這一決定的理由，魯登斯坦回憶道：「當時的想法是認為哈佛在下一個世紀會需要土地，我們不知道究竟會出現什麼事⋯⋯所以我們應該留下很多可以靈活運用的土地，看看會發生什麼。」[58] 到了1997 年，哈佛在奧爾斯頓購買了 52.6 英畝的土地，使得它在那裡的土地總面積達到 192 英畝（儘管當時面臨了當地社區的一些不滿），而它在劍橋的土地則是 215 英畝。[59] 到了 2017 年，哈佛大部分的土地都轉移到了奧爾斯頓，哈佛在那裡擁有 358 英畝土地。[60]

在魯登斯坦任內，大學的財務和實體擴張鞏固了他的總體目標，亦即加強哈佛許多「桶子（tubs）」之間的合作與整合（如果不是統一的話），這些「桶子」在科南特、普西和伯克的時代變得愈來愈自主（一個著名的事件從 1994 年開始，長期擔任哈佛商學院院長的指揮官麥克阿瑟〔John McArthur〕，策畫了兩家由他擔任董事會主席的哈佛附屬醫院 —— 布萊根和婦女醫院的合併，並與麻省總醫院〔Massachusetts General Hospital〕合作，促成了「合作夥伴醫療保健」（Partners Health-Care）的創立，他是該公司的創始共同主席。麥克阿瑟顯然是在公開宣布合併的前一天晚上才向大學校長告知這項消息。隔年，哈佛商學院便換上了一位新院長）。

魯登斯坦確認了教務長的角色，這是他在普林斯頓擔任的職位，也是他被招募來領導哈佛的職位，其目的是為了提升人手嚴重不足的中央行政部門的能力。他努力加強在環境、健康政策、倫理／心理／大腦行為方面跨觀點和跨學科的「跨學院提案」。他推動國際研究領域的主要提案（並帶頭為之募款）：創建全校的大衛洛克斐勒拉丁美洲研究中心和哈佛大學亞洲中心。他還創立了拉德克利夫高等研究院（Radcliffe Institute for Advanced Study），以接續拉德克利夫學院的學習，並在這個過程中招募到了一位未來的校長。

　　除了利用新機會當作胡蘿蔔之外，魯登斯坦還利用了經費贊助這根棒子：院長們被告知在獲准參與全校的募款活動之前，他們要一起合作，並且評論彼此的計畫。[61] 為了資助在奧爾斯頓的擴張，他帶領哈佛各學院的院長們（他們通常不會一起投票），贊成對每所學院的捐贈徵

圖5.3　魯登斯坦的肖像，由金斯特勒（Everett Raymond Kinstler）繪製。哈佛大學肖像收藏，2006年受文理學院委託。© Everett Raymond Kinstler Estate, H814.

收 0.5% 的年度「稅」。[62]

　　魯登斯坦對哈佛的特質看得很透澈。他曾經為我比較了領導普林斯頓和哈佛的挑戰。他說，普林斯頓，當一切順利時，就像是在指揮交響樂團一樣。哈佛，在狀況最好的時候，則是一群出色的獨奏家湊合在一起。然而他留給獨奏家們的樂器，比他找到他們時更好，而且是在一個更能共同合作、更隆重、更廣闊的音樂廳裡——這所有的一切，都以最樂觀的精神完成。以十年的成果來說，還真不賴。魯登斯坦的光輝肖像如今掛在大學廳教職員室的主要入口上方是有道理的。

21 世紀初的試煉

　　從艾略特到魯登斯坦，哈佛擁有一個多世紀的好運，以及四分之一長期任職且具有影響力的校長們。相比之下，在 2000 年至 2006 年之間，有四個人在麻薩諸塞廳（Massachusetts Hall）的校長辦公室裡臨時代理。這所大學的治理結構面臨壓力，因為它最大的學院對校長投下了「不信任」，然而它古老的董事會，仍然像 1650 年一樣，由它的五位「教職員」、財務主管和校長組成，吃力地為一所現代化的、權力分散的，且有爭議的大學指引方向。它的財務管理不善，而且（仍然是世界最大的）大學捐贈基金表現落後其他的學校。查爾斯河對岸的哈佛「新校區」依然荒蕪，在 21 世紀最初的四分之一世紀裡，沒有一座學術建築完工。一所曾經制定全國教學和研究標準的大學發現自己在科技革命和全球化的時代面臨激烈的競爭。如果到了 2020 年，哈佛仍然是大學世界裡的佼佼者，其衡量的指標就要看各個學院的實力以及其中心更新的能力。

　　2001 年 10 月，桑默斯（Lawrence Summers）在他的就職典禮上，

坐在那張吱吱作響、不舒服的三腳「霍利奧克椅子（Holyoke Chair）」上，這是一張 16 世紀的英國遺物，這位前哈佛經濟學教授和美國財政部長對哈佛的 21 世紀曾經懷有一套完整的計畫。正如科南特和伯克在他們的任內所做的那樣，他將督導大學教育的一項重大改革，以確保哈佛學院仍然可以成為一所不斷擴大、權力分散的研究型大學的核心。他將像科南特一樣，保持哈佛在科學領域的領導地位。他也將在魯登斯坦國際主義的基礎上打造一個更全球化的哈佛。透過這些做法，哈佛將在實體上擴張，在內部則變得更為凝聚。總而言之，這對哈佛的教職員和學生來說，的確是一個有吸引力，令人振奮的願景（這也是我擔任歷史系主任和亞洲中心主任之後，同意擔任文理學院院長的主要原因）。

四年半之後，2006 年 2 月，桑默斯宣布辭職。他是繼費爾頓（Cornelius Conway Felton，1860-1862）以來任期最短的校長，而費爾頓是在任職期間去世的。在某種程度上，桑默斯任內的緊張情勢從根本上來說是源自於文化上的。桑默斯直來直往，有話直說，這對一所仍沉浸於新英格蘭傳統，習慣保持溫文儒雅、不正面衝突（至少在公開場合）的大學來說，是未曾經歷過的。在 1960 年代的「麻煩」之後，文理學院的會議一直受到了試圖限制辯論的程序規則的壓抑，結果會議變成了癡人說夢的活動。在桑默斯的時代則並非如此。一群已經習慣於確信他們是全世界最好的教職員，發現他們正面臨著一位校長／挑釁者的挑戰，此人以現代經濟學家的堅定信念，相信這群教職員可以做得更好。魯登斯坦可能拒絕某個高階職位的任命，但是他會先和系主任討論，讓他感覺好些。桑默斯可能批准一項終身職位，卻讓提名的科系鼻青臉腫且慘遭羞辱。在那些日子裡，校長和院長每年主持大約四十次半天的終身教職員會議，在這些會議上，有許多教職員同事出席「作證」；因此，不和的機會很多。

儘管這些緊張情勢被委婉地稱之為是校長的「管理風格」所引發的，桑默斯在他短暫的任期內仍制定了重要的提案。他對奧爾斯頓提出了雄心勃勃的計畫，其中包括了一個 50 萬平方英尺的科學綜合大樓、公共衛生學院和教育學院的新校舍，以及新的大學宿舍，這些都預示著校園的徹底改變。他敦促不同學院的院長在招聘和博士生教育上進行合作——在歷史上向來孤立的生命科學領域取得了顯著的成功。他努力確保哈佛的科學家在新成立的博德研究所（Broad Institute）可以扮演重要的角色，博德研究所是一個源自於麻省理工學院懷海德研究所（Whitehead Institute）的生物醫學和基因研究中心。還有，影響最深遠的是，他和身為院長的我一起制定專款專用並募款，顯著地改變了對哈佛學院學生提供的助學金範圍。2004 年，我們宣布對哈佛收入低於 40,000 美元的家庭免費（2020 年，該數字是 65,000 美元），而對於家庭收入達 15 萬美元的家庭，費用將大幅降低。這則訊息很簡單：你不一定要有錢才能上哈佛。這則訊息很受歡迎，但傳遞訊息的人則在其他問題上和教職員（特別是在文理學院）以及和多位院長產生愈來愈大的衝突。

　　「星星之火，可以燎原，」毛澤東曾經寫道。在桑默斯擔任校長第四年的 1 月，他發表了對科學界女性的評論，這項評論至此讓他變得惡名昭彰，他在評論中推測，女性科學家的代表性不足，可能是性別之間「天生差異」的結果，哈佛的星星之火即將燎原。[63] 在 2005 年 2 月 7 日文理學院的教職員會議上，大學教育改革原本是核心的議題。但這項提案將在兩年之後才會通過，而且是在代理校長的帶領下通過的。替代這項議題討論的，是這群教職員對校長爆發的言語攻擊，即使在 1960 年代也未曾出現過此類的行為。

　　哈佛的大學廳是由美國國會大廈的主要建築師布爾芬奇（Charles Bullfinch）於 1813 年設計的，是聯邦時期早期的新古典主義傑作。位在二樓的前教堂現在是教職員室，是文理學院教職員開會的地點。這是一個充滿歷史的房間，主要有艾略特、羅威爾、科南特和伯克（以及今天的魯登斯坦）的肖像，但也有一些小名人的身影，例如 17 世紀斯托頓（William Stoughton）的木雕像，他是一位早期的捐贈者，也是塞勒姆審巫案（Salem witch trials）唯一一位永不悔改的法官。

這間教職員室可以勉強坐進去兩百人。兩倍於這個數字的人在 2005 年 2 月擠進這個房間，當面對校長表達了不滿。文理學院做為洪堡意義上的哲學院，被視為是這所大學的核心，依照傳統，校長會主持文理學院教職員會議。同樣的傳統讓校長得面對同事可能希望提出的問題或任何發言。它們來得又快又猛，而且來自最資深的教職員。人類學家凱博文（Arthur Kleinman）指責桑默斯說出了「魯莽且未經消化過的話，根據的只是半生不熟的社會學偏見。」社會學家斯考切波（Theda Skocpol）想知道：「我們要如何著手解決破壞哈佛大學榮譽、競爭效率和共同合作治理的領導病症？」羅威爾學舍（Lowell House）的院長艾克（Diana Eck）問桑默斯如何回應：「你是否適合領導我們這所大學？這顯然是一場不斷擴大的信心危機。」大學教授宇文所安（Stephen Owen）（哈佛最高級別的教授）問道：「校長先生，我什麼時候不再是你的同事，而變成了你的員工了？」這些是這次會議上較為克制的一些評論，這個會議將在另外兩場更深入、更大型的會議上持續進行一個多月，然後將在哈佛可以為這類型聚會找到的最大型會場：洛柏戲劇中心，進行總結。那天晚上稍晚的時候，馬羅（Christopher Marlowe）的戲劇《迦太基女王迪多》（*Dido, Queen of Carthage*）將在這個舞台上演出，這齣戲講述的是一位女性對一個文明港灣的統治，而就在這個舞台上，這群教職員通過了一項對校長不信任的決議，這是在哈佛歷史上前所未有的。[64]

雖然桑默斯將再留任一年，但他的校長任期事實上在那天下午就結束了。提案陷入停頓。奧爾斯頓的計畫被擱置了。哈佛董事會，這個桑默斯領導下的高階治理機構，變得與治理任務愈來愈脫節，受到了強烈的批評。一年後，伯克回來做為臨時校長，並重新開始尋找 21 世紀的新領導。

在轉向拉德克利夫研究院創院院長福斯特（Drew Gilpin Faust）的過程中，一個改過自新的董事會立刻回顧了魯登斯坦的時代（魯登斯坦招募了福斯特，而她有跟魯登斯坦一樣的外交手腕），董事會期待找到一位富有創造力並能與人合作，有說服力但不會在爭論中與人好鬥不休的的領導者。她不喜歡別人過於看重她身為哈佛首位女校長的這個身分：她只是哈佛的第 28 任校長。哈佛絕不是任命女性擔任校長的最先鋒：麻省理工學院、普林斯頓和賓州大學早已行之有年。但在一個仍充滿歧視傳統的古老地方，福斯特的任命受到了廣泛的讚揚。

福斯特剛擔任校長的第三年，21 世紀的一場重大危機便開始了。就在 2008 年金融危機之前，哈佛捐贈基金的價值已經達到 369 億美元。它將在幾周內損失 100 億美元的價值。幾乎在一夜之間，損失了 27.3% 的捐贈基金。[65] 這種表現，落後所有的同行。[66] 更糟的是，哈佛日常開銷中的 18 億美元**現金**一夜之間化為烏有。[67] 那年秋天，每所擁有捐贈基金的大學都出現了價值的大幅下跌。但只有哈佛不只損失了超過四分之一的儲蓄帳戶，亦即捐贈基金，**而且還**損失了它大部分的支票帳戶：每所學校的短期儲備金。

這種大規模的財務管理不善，告訴了我們很多關於哈佛的治理和內部籌資模式。每個學院都被預期在財政上自給自足，但是每個學院都有不同的籌資模式。較老的學院（例如文理學院和神學院）極度依賴捐贈基金。較年輕的學院（例如教育學院和公衛學院）則極度依賴學費和外部補助。相較之下，校長辦公室既沒有學費，也沒有（很多）捐贈基金

構成哈佛捐贈基金的大部分經費僅限用於特定計畫、科系或目的

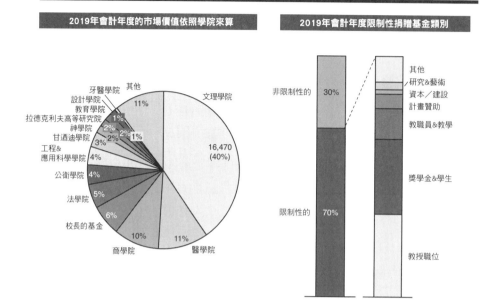

2019年會計年度的市場價值依照學院來算

其他 11%
牙醫學院 1%
設計學院 2%
教育學院 2%
拉德克利夫高等研究院 2% 1%
神學院 3%
甘迺迪學院
工程&
應用科學學院 4%
公衛學院 4%
法學院 5%
校長的基金 6%
商學院 10%
醫學院 11%
文理學院 16,470 (40%)

2019年會計年度限制性捐贈基金類別

非限制性的 30%

限制性的 70%

其他
研究&藝術
資本／建設
計畫贊助
教職員&教學
獎學金&學生
教授職位

圖 **5.4** 2019 會計年度哈佛捐贈基金明細圖。哈佛大學文理學院。

可以指望，因此世界上最富有大學的中心比哈佛任何主要的學院都還要窮。校長辦公室的經費依賴對個別學院的適度稅收，以及將它們每年的短期儲備金存入到「中央銀行」的投資。在桑默斯擔任校長時，他尋求（在我看來是正確的）透過投資這些儲備金，而不是只是持有它們，來增強中央銀行的生財能力。藉由將哈佛一般營運帳戶（General Operating Account，簡稱 GOA）持有的現金與捐贈基金投資到風險相對較高的工具，他希望提高報酬，並將更多的大學資源帶進中央行政部門。如果桑默斯繼續擔任校長，我猜他會知道什麼時候該讓大學退出這些投資。但在他離開兩年後，幾乎沒有人有這樣的記性或專業知識來了解可能使大學損失將近 20 億美元現金的潛在風險。[68] 負責大學財務管理的哈佛董事

會既不知情也怠忽職守。例如：公衛學院的院長就身懷 1 億美元的儲備金。它一瞬間就沒了。金融危機導致哈佛 40 年來最大比例的財務下滑。[69] 在 2011 年加入董事會並擔任其財務委員會主席的巴科，回憶起他的驚訝：「哈佛的計畫能力為零，而且不僅如此，捐贈基金的管理完全獨立於營運預算……當我到那裡的時候，我簡直不敢相信我所看到的。」[70] 即使經濟有所改善，大衰退的影響仍然是長期的。直到 2021 年，捐贈基金的實際價值才會比 2008 年更高。

突來的財務危機使哈佛陷入入不敷出的恐慌之中。哈佛不得不急忙向外以較高的利率借了 25 億美元，到了 2010 年，僅每年的利息支出就增長到 2.65 億美元。同期，年度營運費用的捐贈基金分配減少了 3 億美元。提前退休獎勵計畫和裁員開始實施，結果到了 2009 年 5 月，有 800 多名員工離職。[71] 文理學院原本已經計畫要擴充它的師資隊伍，但凍結了職務，從此一直未曾增長。在奧爾斯頓建造一個巨大生命科學綜合大樓的工程停止並放棄了，儘管四層樓深的地基已經撒了 4 億美元下去興建，這賦予了「沉沒成本（sunk cost）」這一詞新的含意。福斯特任期內的一個主要目標是要在各個學院之間建立更多的團結，將它們轉變成「一個哈佛」。然而在財務危機之後，它成了隨人顧性命（sauve qui peut），因為哈佛的各學院愈來愈依賴自力更生。

2020 年的哈佛

儘管 21 世紀的開場非常不吉祥，但 2020 年的哈佛仍然是世界上最受推崇的大學之一。它的許多專業學院在全球排名中名列前茅，而整所大學在世界大學學術排名自 2003 年開始建立排名系統以來，每年都被評為世界最好的大學。

哈佛在 202 個國家／地區擁有超過 371,000 名在世的校友，這有助於鞏固它在全球的聲望。然而，是哈佛長久以來吸引傑出教職員和學生的能力，並確保他們能以某種方式彼此學習，這才使得它能保持在頂尖或幾近頂尖。

教職員

　　日積月累以來，哈佛的教職員已經包括了 52 位諾貝爾獎得主和 44 位普立茲獎得主，這並非一向如此。在羅威爾擔任校長期間，哈佛的研究聲望落後芝加哥和哥倫比亞。它最著名的教職員是教學明星，而不是研究明星，而長期講師的人數超過了終身職教職員。科南特認為「讓一個平庸的人留在大學是一項錯誤的慈善事業。」他於 1939 年開啟了終身職的「時鐘」。這個時鐘在 8 年後停止了，在那之後它變成了「晉升」終身任命，或是「離開」大學。1942 年科南特還開創了審查終身教職案的哈佛代表性做法：特設委員會（ad hoc committee）。與大多數同行機構不同，哈佛沒有任命或晉升的常設委員會。而是，針對每個終身教職案都會成立一個獨立的委員會，由哈佛以外的學者（大多數成員）和大學內部不同科系的學者組成，對個案進行審查，並向擁有最終任命權的院長和校長提出建議。[72]

　　到了 21 世紀，這個特設委員會成為一個極費力程序的最後階段。各系被允許「尋找」某個終身職聘任人選，無論是內部晉升或是外部招募，並且會發出「盲」信件，詢問這所大學以外的同事評估一份沒有指明哪位是首選候選人的名單。如果，在收到這些評估者的回覆後，該系投票贊成晉升，然後，系裡所有的終身教職員都必須寫機密信件給他們的院長，說明他們**為什麼**這樣投票。院長隨後會和他（或她）的學術顧問小組一起評估這個案子，而如果院長同意了，這個案子將轉呈給校長，並在期限內進行特設委員會的審問，這場審問通常持續至少三個小時。該程序繁瑣且耗時，確保了高度的外部審查，同時確保院長和校長對不同學科的最新狀況能有所掌握。最重要的是（尤其是在 1960 年代之後，只有正教授才能獲得終身教職的情況下），它確保了較少的「錯誤」。

哈佛畢竟是哈佛，這種特設制度以一種特設的方式應用於整所大學。在文理學院和較小的學院（例如神學院和教育學院）它是必要的，而對於較大或較有力的專業法學院、商學院和醫學院，則沒有那麼嚴格地要求。但任何終身任命都需要得到校長的批准，這點仍然是絕對必要的。

這些就是它的優勢。它的弱點是大大減少了「資淺」教職員晉升的前景，就如被他們的前輩們所稱呼的那樣，他們是沒有終身教職的人。詹姆斯・布萊恩特・科南特教育學教授辛格（Judith Singer）指出，她在 1984 年被教育研究院聘任時，她被告知：「要假設你不會獲得終身教職。」[73] 從 1970 年代到 2000 年代初期，哈佛人文和社會科學的助理教授基本上只是一把折疊椅，坐不久。終身教職員和助理教授之類的臨時工，他們之間在社會和專業上的差距變得愈來愈大，大到像在 19 世紀的任何一所德國大學都可以看到的那樣。隨著哈佛從外部招聘明星而不是從內部本身培養年輕人才，最優秀的年輕學者往往不會接受哈佛提供的職缺或提早離職，然而哈佛在許多領域從外部招聘來的終身教職員，都比他們在「終身制軌道」上的大學同行更老、更偏向白人、更偏向男性。外部招聘的人平均比內部晉升的人年長十歲，而他們也已建立了良好的名聲。風險在於：他們是否已經在其他地方完成了他最好的成就？他們可能以爆發式的學術成就而出名，但是他們是否會像文理學院院長諾爾斯（Jeremy Knowles）在 1990 年代所擔心的那樣，「是座死火山？」

　　這種聘任文化可能會限制一個偉大科系的自我更新能力。以我所在的歷史系為例，在 1970 年代，哈佛歷史系聲名遠播，它的教職員（其中許多人在二戰期間曾經參與策略服務辦公室）既有學問又見過世面。它從美國、歐洲、俄國到中國歷史的領導地位，為哈佛多個區域研究中心奠定了基礎。然而，它缺乏自我更新的雄心，因為誰可以優秀到足以加入這個俱樂部呢？現有的教職員怎麼能夠被取代呢？因此它錯過了歷史研究中的動態革命，無論是在種族、階級、性別或社會方面。一定是這種態度刺激到羅索夫斯基（Henry Rosovsky），他無疑是文理學院有史以來最有成就的院長（他任職於 1973 年至 1984 年，並於 1990 至 1991 年再度任職），他在他的大學廳辦公室放了那個有時被認為是出自於戴高樂（Charles de Gaulle）的清醒推算：「墳墓裡充滿了不可或缺的人」。

　　當我在 1992 年加入歷史系時，系上有 31 位終身教職員同事，其中 1.5 名是女性（有一位是聯合任命）。一個外部審查委員會已經發現歷史系是「一個陷入危機的科系」。任命被擱置了，因為每一位資深學者都可以**自由否決**他們所在領域的候選人。當哈佛大學報《哈佛克里姆森報》在 1933 年出版它的課程《內行人指南》（*Confi Guide*），歷史系的頁面打開來是一張**興登堡號**（Hindenburg）飛船被大火燒毀的大照片。美國歷史，曾經是這個部門的驕傲，至此已經變得無足輕重：自從艾森豪政府以來，沒有一位終身教職員來自於這個系上的美國史學者。而偉大的學者－教師們，例如 20 世紀的政治歷史學家布林克里（Alan Brinkley）也讓他走掉了。《哈佛克里姆森報》仍然向學生推薦該系，「你不用做太多學校作業，大多數的課程都是憑直覺進行和打成績。」因此他們建議同學，「你真的不需要轉學到耶魯，尤其如果你真的不關心新政（New Deal）的話。」[74]

今天領導著哈佛歷史研究的則是一個截然不同、多元化、人才濟濟的科系（在其資深層級中有 44% 是女性）。助理教授只有在他們有承諾，有時間和獲得支持，可以成為認真的終身職候選人的情況下，才會被聘用。這種轉變不是偶然的結果，而是幾位系主任，包括我自己，甘冒引起舊勢力不悅的風險，從內外招募一批新一代的領導者，所有的這一切都得到了校長（魯登斯坦）和院長（諾爾斯）的大力支持，他們絕不會袖手旁觀，目睹學術的衰敗。

當我在 2002 年擔任文理學院院長時，歷史系更新的經驗形成了整個文理學院變革的背景。聽起來很奇怪，晉升和終身職任命的正式程序從未公開過。系主任會有影本，有時他們會與未獲終身職的同事分享，但許多年輕同事根本毫無頭緒。嚴格的「終身制軌道」程序被制定、修訂並公布在網上了。文理學院眾多科系的搜尋過程由大學廳監控。終身職的評估信件不再是「盲」信件。哈佛開始將更多資源集中在年輕教職員的培養、發展和留用上。換句話說，在尋找人才的過程中，哈佛正在成為一所正常的美國大學——不過，它在招聘和留用上更為成功。

2004 年至 2014 年之間，終身教職員的人數成長了 22%，而在終身制軌道上的教職員則減少了 12%，哈佛教職員發展和多元化辦公室 2013-2014 年的年度報告稱這是「史上最高內部晉升率的結果。」[75] 到了 2010 年，大多數大學終身職的任命是透過內部晉升而非外部招聘。[76]

與美國許多最頂尖的大學教職員一樣，哈佛並不以多元化著稱。當漢米爾頓（Alice Hamilton）在 1919 年成為第一位在哈佛擁有教職的女性時，距離哈佛成立已經將近 300 年了。在文理學院，直到 1947 年才出現女性，當時一位贊助者捐贈了一個教授職位，**條件是**這席教授必須是女性。1985 年，全校 898 名終身教職員只有 45 名是女性。[77] 到了 2020 年，這一比例有所增加，但仍遠低於性別平等水準——哈佛 31% 的教職員是女性，高於 2004 年的 26%。[78]

　　然而，文理學院的每個科系和整所大學的每個單位仍各自保留了其文化的元素，其中有一些在歷史上不利於多元化的觀念。多年來，經濟系一直是「年輕男子」的俱樂部。而數學系抗拒同事晉升為終身職的想法，它也未從外部聘請女性教職員。結果是，直到最近，它仍然全部是男性（當校長福斯特在幾年前宣布對哈佛的單一性別社會組織採取**禁令**時，她的目標是「Final Clubs」，這是一個奢華的兄弟會──我則建議她從數學系開始）。

　　哈佛在增加少數族群在教職員中的代表性方面則取得了一些進展。到了 2019 年，24% 的哈佛教職員是少數族群，比 2004 年增加了 1%。這個本來就很小的群體，亞洲人不成比例地高（約占 60%）；黑人、拉丁裔和多種族人士僅占教職員總數的 10%。儘管各學院和學科之間存在著差異，在 21 世紀的上半葉，能夠獲邀到哈佛任教，仍然是一名學者可能會接受的最尊榮邀請（如果報酬不總是最高的話）。它仍然是 21 世紀版的「柏林的召喚」，雇用（來自內部或外部）資深學者的條件談判，就像在任何地方一樣，是一場求愛的過程。但一旦這位教職員被任用，求愛就變成了婚姻。哈佛將共同投資住房，幫助學者只需承擔一點有限的個人成本便可以生活在昂貴的環境中。透過提供無息貸款，它也投資在教職員孩子的教育上，不論他們選擇在哪裡就讀。這些都是留住教職員的誘因，同時也是一副金手銬。

　　當然，哈佛的教職員可能會，而且也的確流失到了同行的機構。畢竟，你不會想要一個沒人要的教職員。我記得我擔任院長的最後幾個小時，從劍橋挪出來的許多時段，都是花在試圖勸阻一位優秀的同事不要去史丹佛。我沒有成功，但是哈佛整體的離婚率仍然非常低。

學生：招生和體育運動

當我們在考慮大學部的教育改革時，我曾經告訴過我的教職員同事：「你知道的，如果沒有學生，我們都不會在這裡。」這的確是事實，因為哈佛是為了教學而成立的機構，它是將研究植入到它的使命之中的，它從來都不是一個純粹的高等研究機構——例如馬克斯・普朗克。做為一所大學，哈佛的定義不僅取決於教職員，也取決於它的學生和校友。

衡量一所大學聲望的標準之一，就是人們有多麼渴望進去就讀。根據此種算法，哈佛仍然是大學生（以及商業、法律和醫學生）招生的表率。我在世界各個角落都會一直被問到：「我（或我的女兒或兒子）如何能進到哈佛？」為此，我有一個現成的答案：「申請。如果你不去申請，真的進不去。」但該建議忽略了一點：**一個人如何進得去哈佛？**有一種外部的看法認為得靠錢。幾年前，當我在哈佛大學上海中心時，有三個人來找我，提供了驚人的慷慨「捐贈」給哈佛，每人大約 500 萬美元。當我詢問是什麼激發了這種令人欽佩的慈善心時，結果發現，在每一個案例中，都有某個家庭成員在哈佛的這個或那個學院的招生池中。而在每個案例中，我都向這些想成為慈善家的人表達謝意，感謝他們慷慨解囊的精神。遺憾的是，我得讓他們知道，我們不能接受這些經費，我告訴他們：「我們不想讓別人誤解你的好意。」

在上海（但在任何地方都有可能發生）企圖賄賂的原因很清楚：哈佛學院的入學競爭在 21 世紀初變得異常激烈。申請人被錄取的比例從 2000 年的 10% 下降到 2025 年應屆的不到 4%。哈佛學院的錄取生註冊率通常徘徊在 80% 左右，而耶魯和普林斯頓則是 70%。[79] 哈佛的招生數據幾乎和史丹佛完美匹配，它錄取了 2022 年應屆 4.36% 的申請者，並且有 82.4% 的註冊率。[80]

　　大學錄取的競爭日益激烈，尤其是在嚴格挑選的大學裡，這導致了潛在的學生跟他們的家長不惜一切代價要獲得錄取，甚至採取非法的方式。2019 年 3 月 12 日，美國檢察總長萊林（Andrew Lelling）宣布了一項在內部暱稱為「大學藍調行動（Operation Varsity Blues）」的全國調查結果。這項陰謀牽連到至少 33 位家長向威廉・里克・辛格（William Rick Singer）支付總計超過 2,500 萬美元，以賄賂大學招生官員並提供騙人的標準化考試分數。許多菁英大學，包括史丹佛、喬治城和耶魯都受到這個醜聞拖累。雖然哈佛並沒有被大學藍調行動牽連，但它也面臨著自己的招生醜聞。那年 7 月，哈佛以違反利益衝突為由解雇了它的擊劍教練布蘭德（Peter Brand），他的房子以幾乎是估價兩倍的價格賣給了兩名擊劍運動員的家長，這兩名運動員一位是哈佛大學生，另一位是哈佛學院的申請者。[81]

　　考量到在招生和體育運動雙重交織的壓力下，哈佛（還）沒有出現類似大學藍調行動的醜聞，幾乎是一個奇蹟。為此，要歸功於哈佛的前體育主任斯卡利斯（Robert Scalise）和招生主任費茲西蒙斯（William Fitzsimmons）兩人之間長達數十年堅持原則的合作關係。這樣的人在任何機構都是罕見的（甚至擊劍教練的醜聞也是可以避免的。在哈佛，體育運動和招生一樣，也是向文理學院院長報告。在我擔任院長時，我想投資新的體育設施，並且將較老舊的馬爾金運動中心〔Malkin Athletic Center，簡稱 MAC〕變成一個學生中心。其中一個複雜的問題是擊劍隊的未來，他們的練習占據了 MAC 很大的空間。他們的搬遷並不容易。我公開地懷疑，我們是否真的需要一支擊劍隊，但我很快地了解到挑戰大學體育運動的風險，尤其是在一項學生攜帶武器的運動中）。

　　體育運動在哈佛的重要性遠遠超過了這所大學以外所知道的程度。

哈佛有 42 項第一級別的校際國家大學體育協會（National Collegiate Athletic Association，簡稱 NCAA）運動項目，比全美任何一所大學都多，因此它有比全國任何一所大學都多的校隊運動員。哈佛的運動員都是**招兵買馬**而來的運動員。「無獎學金運動員（Walk-ons）」有如神話中的生物一樣罕見。和美國其他地方一樣，哈佛對體育運動的癡迷始於 19 世紀下半葉。在 20 世紀的前 25 年，哈佛一直是重要校際運動的主要參與者。哈佛美式足球隊在 1890 年到 1920 年間贏得了 9 次全國冠軍，最後一次奪冠是在玫瑰碗體育場（Rose Bowl）以 7 比 6 擊敗奧勒岡。哈佛體育場建於 1903 年，是美國第一座大型鋼筋混凝土結構建築，也是美國最古老的體育場。它的實體布局有著正對著球場的看台，協助確定了現代美式足球的場地大小和規則。

在哈佛近來的歷史中，學術優先於體育運動，但運動仍然很重要。畢竟，常春藤聯盟，正式來說只是一個體育聯盟。哈佛拿到的冠軍總數也許已經下降了（除了壁球和輕量級隊伍項目），但是運動項目、教練和招募的運動員數量都處於歷史最高水平。2019 年，約有 1,200 百名大學生是校際運動員，占學生總數將近 20%。[82] 他們的錄取途徑較為容易：根據哈佛機構研究辦公室的數據，學業成績高的運動員錄取率為 83%，非運動員的錄取率則為 16%。[83] 而且雖然常春藤聯盟學校官方沒有提供「體育獎學金」，但哈佛為那些戰功彪炳的運動員提供基於需求的獎學金：即使運動員離開隊伍，獎學金依然不變。

除了運動員，當然還有後裔，亦即校友們的後代，也占了哈佛大學生人口的很大一部分。2020 年的哈佛也許不是「你父親的哈佛」，但是 2022 年應屆的畢業生中仍然有 36.8% 是後裔學生（legacy students），與喬治城大學的比例大約相同。[84] 後裔錄取（legacy admissions）是許多美國菁英大學的另一項鮮明特徵，比偏好運動員的歷史更為悠久。機構研究辦公室委託進行的一份 2013 年分析顯示，相較於非後裔申請者，具有後裔身分的申請者高出了 40 個百分點的錄取優勢。[85] 也就是說，校友子女被錄取的可能性是其他人的 6 倍之多。[86] 總體來說，被錄取的後裔學生，就像哈佛招募的運動員一樣，在學業上是有競爭力的。但其他偉大的研究型大學，例如麻省理工學院、加州理工學院和約翰霍普金斯大學都已經顯示，它們可以在沒有任何此類偏好的情形下成為偉大的大學。

多元化

在 21 世紀，哈佛不只愈來愈精挑細選，而且在種族、社經地位方面也愈來愈多元化。例如 2013 年，哈佛推出了「哈佛學院連結（Harvard College Connection）」，這是一項招生推廣計畫，目的在鼓勵低收入學生申請哈佛和其他菁英學校，同時增加他們對於助學金機會的了解。[87]2023 年應屆的畢業學生，有超過四分之一被認定是非裔美國人、拉丁裔或美洲原住民，另外有 25.6% 被認定為亞裔美國人。[88] 在 2019 年所有哈佛學院的學生中，有 20% 的人根本不用支付學費，在哈佛助學金的政策之下，總收入低於 6.5 萬美元的家庭無須繳納學費。[89] 對於收入超過 6.5 萬美元的家庭，在預期捐款以一個比較大方的彈性尺度來計算時——90% 的哈佛學生只要支付等同於州立學校的學費，或多一些。[90] 在 2017-2018 年，哈佛大學生有 16% 獲得了培爾助學金，相較之下，耶魯為 16%，普林斯頓為 19%，史丹佛為 16%。[91] 即使和 2008 年相比，這一數字也有了大幅的增長，當時只有 6.5% 的哈佛大學生獲得了培爾助學金。[92]

維持多元化是一項高度政治化的活動。2014 年有一項訴訟，指控哈佛歧視亞裔美國人，偏袒黑人和拉丁裔申請者。兩個下級法院做出了對哈佛有利的裁決。截至 2021 年 11 月，最高法院尚未決定是否審理此案。*

課程

　　為進入哈佛等菁英大學付出巨大努力的學生，大體上來說，對於他們進到那裡之後將要學些什麼明顯地不感到好奇。也許是因為課程一直在變化。在其現代歷史中，哈佛學院經常處於大學課程發展的前沿，從艾略特的自由選擇方法，到羅威爾較受規範的課程，再到 1940 年代柯南特的通識教育，以及院長羅索夫斯基在 1970 年代創立的「核心課程（Core Curriculum）」。每一項改革都在當時留下了他們的印記，但隨著時間的流逝，每一項改革也都變得過時了。然而，他們和他們的繼任者有幾個共同之處。首先是在大學教育經驗中奠定一些公民素養的基礎，但不完全是必修課程，就像哥倫比亞和芝加哥大學的「經典選讀（Great Books）」方法一樣。其次，「通識教育」或「核心課程」的教學，並不是被當做一個負擔被分配給最新來的助理教授，而是把它當成是一種特權，給予哈佛最優秀的教職員來教學，他們必須來申請或是被邀請來教這門課。這曾經是，現在也依然是哈佛的明顯特徵。至少一個世紀以來，這已經融入了這個地方的教育 DNA，而這也是大學教育仍然如此受到教職員重視的原因之一。

　　當我擔任院長開始檢討大學教育並尋求教職員同事的參與時，我感到震驚。在我找來協助檢討的一百位同事中，只有一位拒絕了我。當然，這一百個人未必總是意見一致，但是他們深度地投入，迎接此一挑戰，好讓哈佛學院的教育能媲美在教學和啟發上最好的小型學院，並同

---

* 譯註：美國聯邦最高法院已在 2023 年 6 月 29 日裁決推翻哈佛大學和北卡羅來納大學在一定程度考量種族因素的招生政策，並稱此舉違反了憲法。

時憑藉著身處於一所偉大研究型大學核心的優點而能超越它們。多份報告和教職員論文闡述了這些抱負，並引起了遠遠超出哈佛之外的共鳴。我還記得一所中國主要大學校長的訪問。他想要研究我們即將改頭換面的核心課程。當我告訴他我們正要擺脫掉它時，他改變了心意。我們稍後關於課程改革的報告，在北京被仔細閱讀的程度，至少跟在波士頓一樣。

哈佛 2020 年的通識教育課程是歷史累積的產物。它深受科南特和「紅皮書」，以及他信念的影響，即認為通識教育應該承擔起「學生整體教育中，做為一個負責任的人和公民的這一部分，這些是學生生活中首先要看重的」。[93] 這與羅威爾的信念一致，即受過良好教育的學生應該「什麼都懂一點，而且對某些東西懂得很多」。[94] 而它也是在向艾略特致敬，艾略特強調課程選擇對於學生個人發展和專業發展的影響力和重要性。

課程檢討當然有其挑戰。伯克曾經將此比做「搬動墳墓」。當然，沒有完美的課程可以一體適用於任何時空。在我看來，哈佛在大學教育的每一次迭代都獲得了成功，到目前為止最重要的事情，則是要確保當前這一代的教職員創造出並承擔起大學教育的基礎。富有想像力的老師為吸引大學生所教導的精彩課程——這比任何一套規則、程序和類別都重要得多。當文理學院在 2007 年終於就第一輪課程改革進行投票時，它已經進行了長達三年冗長而激烈的辯論（其中包括與試圖改造課程的桑默斯校長的辯論）。當它最終幾乎一致通過時，我想起了中國共產黨歷史上一次重要的會議，該會議紀錄總結道：「儘管有許多同志反對，該決議仍一致通過。」這一直是我對教職員會議最大的希望。

治理，挑戰

做為美國歷史最悠久的大學，哈佛曾經一度為大學治理立下了標準。它藉由賦予獨立委員會權力，以確保機構自治。哈佛董事會和監事會自 1650 年以來就一直執行著這個功能。但隨著其他美國大學在 19 世紀和 20 世紀發展出更成熟、反應更靈敏和更專業的董事會，哈佛仍保持原封不動。這個幾乎獨攬大權的小小董事會，是自我獨立、自我提名的。監事變成了優雅的壁紙。這種結構可以運作得很好，只要有非凡的董事會領導人，例如 20 世紀最後 25 年長期擔任董事會資深研究員的史東。但在困難時期，例如在 2000 年代初期，這個由七人組成的董事會太過天高皇帝遠、太過不清楚狀況，而且規模太小，無法理解一所如今已經變得龐大且各自為政的大學所面臨的治理挑戰。在這個國家裡，沒有任何一所主要的大學或學院由一個這麼小的團體在治理。

受到教職員反抗桑默斯，以及隨後 2008 年金融危機的撼動，一個被圍攻的董事會成立了治理檢討委員會，對其做法和職責進行檢討。該委員會提出並實施了一系列的改變，這些改變朝向更強調策略計畫和更加強董事會與監事會之間的協調。最直接的是，這個七人董事會的規模幾乎擴張了一倍，包括 12 名成員和校長。並成立了在其他的大學都可以找到的一種小組委員會，專注於財務和設施等特定領域，以使得這個團體可以更有效地評估專案計畫。這是一個可喜的變化。

重組後的董事會與第二個治理團體——監事會，更加緊密地合作。監事會由 30 名成員組成，由所有哈佛學位持有人選出，任期 6 年，加上哈佛校長與財務主管為當然成員。實際上，董事會仍然當家作主，而監事會則從相當遠的距離之外監督著大學。

兩個委員會均由一個治理委員會辦公室管理，這些賢達人士的人生使命是要維持治理委員會的運作穩定性與保密性。我對於治理委員會辦公室最好的類比是日本的宮內廳。事情**可以**改變，但必須以潛移默化，以一點一滴的分量推進。

因此，從正式的治理術語來看，哈佛是一個非常保守的機構，擁有一個小型的治理中心。不像大多數的美國大學，這裡沒有全校性的教職員團體（例如學術評議會）可以來處理全校性的議題。這幾十年來，這所大學所取得的進展，多半是在它學院的推動之下完成的，而所有的學院，原則上，都會向校長和教務長報告，但事實上，所有的學院，都是出了名的擁有自主性。

我之前曾經描述過哈佛成為校長統治的那一段歷史。而且這些的確很重要。但是自 1930 年代起，哈佛院長們的角色即使沒有更為重要，也可以說是不相上下。科南特任內的文理學院院長巴克（Paul Buck）才是那本「紅皮書」的真正作者。邦迪、富蘭克林・福特，以及特別是羅索夫斯基，都在文理學院留下了不可抹滅的印記。

以哈佛商學院為例，這是這所大學較新的專業學院之一。哈佛商學院成立於 1908 年的金融危機之中，並且在 2008 年慶祝它 100 周年的時候，又正好遇上另一次金融危機。它曾經有過許多位厲害的院長，但是沒有一位比它的第 7 位院長麥克阿瑟更為獨立自主，更具創意特質，他任職於 1979 年至 1995 年。他的領導使哈佛商學院在管理學院中名列前茅；他讓學院的捐贈基金擴大了 6 倍；而且他對更廣泛的波士頓都會區醫療健保產生了巨大的影響。他還讓哈佛商學院與這所大學的其他部分健康地分開：建造自己的體育館，甚至是自己的教堂！（關於後面這項行為，他被董事會傳喚去報告，這是他被要求與他假定中的老闆見面僅有的兩次之一。）他的繼任者克拉克（Kim Clark）和萊特（Jay Light）則使得哈佛商學院成為哈佛最國際化的學院。哈佛商學院 2010 年至

2020 年的院長諾瑞亞（Nitin Nohria）是麥克阿瑟模式的領導者，但是他不是透過查爾斯這條護城河將哈佛商學院隔絕在外，而是透過成為哈佛所有院長中，某種程度的大學公民領導人，而使得哈佛商學院不斷地壯大。

簡而言之，哈佛當代的成功故事，不在於董事會，也不在於治理委員會辦公室，而是要先從院長和學院之中找起，他們負責了所有的教學和研究，大部分的募款，以及幾乎在哈佛所有可以發現的創新作為。

這一成功也可以透過人們所謂的哈佛永久公務員制度（Berufsbeamtentum）的貢獻來衡量。文理學院、哈佛商學院和其他大型學院的執行院長和副院長負責監督研究、實體設施、實驗室和音樂廳。而且他們遵守預算。費雪爾（Laura Fisher）和克里斯皮（Angela Crispi）這些人的名字，只有哈佛內部的人會知道，但他們是哈佛的內心和記憶。哈佛的教職員一般來說都很優秀，學生一級棒，專業員工更是出色，特別是包括它的工會成員亦是如此。

經費

卓越需要花錢。花很多的錢。儘管有 2008 年的財務管理不善，但以任何可以想像的到的標準來衡量，哈佛仍然富有。哈佛在 2020-2021 年會計年度的總營業收入為 52 億美元。[95] 最大的收入來源為捐贈基金收入，它為整所大學提供了 39% 的經費，儘管在橫跨 12 個學院和研究院的這一個占比有所不同，在拉德克利夫高等研究院和神學院分別為 80% 和 72%，在商學院和陳曾熙公衛學院（T.H. Chan School of Public Health）則分別為 20% 和 30%。[96] 這所大學的其他收入來源則包括學雜費收入（17%）、贊助收入（18%）、以及當前使用的贈禮（10%），剩下的 16% 來自其他來源。哈佛報告的 50 億美元營運支出中，最大的一類是薪水、工資和員工福利，占 27 億美元，約占所有支出的 54%。[97] 雖然哈佛的財務報告是全校性的報告，但財務決策是由各個學院自主完成的。

哈佛 2021 年的捐贈基金價值（532 億美元）高過了一百個國家的名目 GDP。從 1974 年到 2021 年，該捐贈基金的年化報酬率超過 11%。[98] 然而，捐贈基金並不是一項單一的東西，而是近四百年來累積的龐大捐贈，通常與特定或有限的用途相關，其中許多是有限制性的。而且全世界的錢都無法使一個科系強大。

讓我舉一個例子。凱爾特語文學系（The Department of Celtic Languages and Literatures）是美國最好的凱爾特研究學系。事實上，它是美國唯一的此類科系。它存在於今天（而且是一個卓越的科系），這是因為它的三個資深教授職位全部都是全額資助的。但是每當資深教授的教席出缺時，該科系就會出現一場生死攸關的爭奪戰——潛在的候選人太少了。身為院長，我仔細研究了一下，如果凱爾特是我們英語系的一部分，是否可能會找到更多的申請人。這又是另一個劍擊隊的教訓，因為我很快就明白了，為什麼要把愛爾蘭人和英國人安置在不同的建築裡。

哈佛與世界

哈佛向來是一個孤立的機構。它的第一批學生來自其他地方，然後他們就不想回去了。即使在 20 世紀，其國際研究的實力和聲望上日益增長，它的大學生經驗依然侷限於當地而非全球。在「什麼地方還能比這裡提供更多？」的這種心態支撐下，多年來，出國留學的哈佛大學生比例極低——例如：2000 年秋季學期只有 170 人。[99] 人們幾乎無法責備這些待在家的學生，因為想要出國留學，首先得找到留學辦公室，它位於生涯服務辦公室一個沒有窗戶的地下室裡。然後他們必須申請從大學宿舍和哈佛學院退出。然後他們還得要寫一篇文章解釋為什麼出國留學不是你在劍橋就能做的事情。如果學生在採取這些曠日廢時的步驟時還沒有畢業，他們可能會獲得許可，然而他們並沒有被承諾在其他地方進修的課程可以獲得學分。

舊習難改，哈佛大學生在學年期間仍然黏在家附近走不遠。不過，2000 年代初期課程改革的結果之一，是透過大約三十所海外哈佛暑期學校、扎實的全球實習計畫，以及對國際公共服務和研究的支持來擴大學生國際學習的機會。在我擔任院長時所進行的那項改革中，我們曾考慮過要求大學生要有八周或更長的「國際經驗」。取而代之的，我們將國際經驗塑造成一種對學生的「期望」，剩下的，就看他們要不要盡他們的本分了。從那之後，大約有 80% 的人盡了這個本分。

然而，對這整所大學來說，世界上大部分地區都是未知領域。21 世紀初，美國大學急於發展「國際策略」。哈佛則非如此。我記得我在擔任杜克大學中國事務高級顧問時，杜克的校長布羅德海德要求他的每一位院長報告一家同行機構的國際策略。負責談論哈佛的人說：「這會很短，因為據我所知，沒有。」

這並不完全正確，因為有多少科系和學院就有多少國際策略，只是就哈佛整體來說並沒有。其他的大學則帶頭做起。紐約大學成立了 14 個全球學術中心和兩個完整的校區，一個在上海，一個在阿布達比。杜克首先和新加坡國立大學（NUS）建立了聯合醫學院，然後在中國崑山建立了博雅教育校區。紐約大學和杜克大學都有強大的中央辦公室、全球課程和策略。哈佛直到 2005 年才設立負責國際事務的副教務長職位，然而其資源仍不足。只有當耶魯大學校長萊文（Richard Levin）在 2010 年宣布成立 Yale-NUS（耶魯－新加坡國立大學學院，一個位於新加坡的文理學院）時，哈佛才召開一個國際策略研究小組來研究（並拒絕了）設立一個國際校區的想法。[100]

值得注意的是，哈佛過去曾在海外建校：於 1911 至 1916 年開辦了中國哈佛醫學院（Harvard Medical School of China）；在 1950 年代和 1960 年代瑞士和法國成立商學院時，哈佛商學院也扮演了重要的角色。這些努力的結果都未能持久，但學校也沒有因為嘗試而受到傷害。現代的哈佛更傾向規避風險。

為了代替成立校區，並在某些校友的壓力下要做一些媲美同行的事情（福斯特懷疑：「我們是否錯過了什麼？」[101]），哈佛在 2015 年嘗試了一種新的做法，即哈佛全球研究院（Harvard Global Institute，簡稱 HGI）。這是一項將這所大學的研究任務（而非教學）擴展到世界各地的努力。這個想法是要將哈佛各自為政的學院和研究院聚集到一個單一的、標誌性的全球研究計畫。但是它完全依賴外部經費。它的前五年由中國大型房地產公司萬達集團的創辦人王健林資助。[102] 資助的一個主要專案是調查中國的永續性和氣候變遷。HGI 還在等待第二份贈禮。

到了 2020 年，哈佛無意間投入在一種不同類型的國際策略，這更適合它的封建結構。個別的學院已經在不同的地點建立了自己的存在，例如哈佛商學院在 1996 年建立了一個全球行動方案（Global Initiative），到了 2016 年，它在全球各地已擁 8 個研究中心。這種去中心化的做法並非沒有風險。但這種風險在國內和國外都一樣大。勇敢的哈佛公衛學院（Harvard School of Public Health，簡稱 HSPH）前院長布魯姆（Barry Bloom）將國際參與列為優先事項。他大幅增加了國際學生的數量，並讓這個學院致力於應對全球的健康危機。他成功地申請到一筆聯邦撥款，讓哈佛公衛學院管理美國總統的防治愛滋病緊急救援計畫（President's Emergency Plan for AIDS Relief，簡稱 PEPFAR）的部分工作，該計畫主要在非洲運作——這一努力遲早會對該大陸的愛滋病防治產生巨大的影響。他遠遠領先這所大學的領導階層。他後來回憶起這段痛苦的經歷：

> 我被叫出去開會……到校長的辦公室，我以為我會因為獲得這所大學歷史上最大的一筆撥款而得到一個大大的擁抱。相反地，我因為讓這所大學在各個層面，財務上、聲望上都處於風險之中，而受到痛斥。這反映出這所學校對其改變世界的本事缺乏了解，而且它也沒興趣這樣做。我開始認為哈佛不是一所大學，而是一個品牌。在我看來，在那段時期，為了這所大學最大的利益所做的一切事情，都是為了保護這個品牌。[103]

隨著時間的累積，經過多年各個學院「從下而上」的國際化行動方案，哈佛至少在五大洲都以某種形式現身了。到了 2020 年，哈佛在世界各地有 22 個具有特色的機構中心和課程。而且它將在支持美國國際化方面扮演日益重要的角色。

這不僅僅是因為國際人才在哈佛的重要性迅速增加的關係。截至 2019 年，哈佛學院只有 791 位國際學生，僅占大學生人數 12%。[104] 但整所大學有來自 155 個國家的一萬多名國際學生和學者。自 20 世紀中期以來，這所大學在人才和聲望方面一直有很大的進展，是因為它有能力吸引最優秀的人才，不論他們的國籍背景。

COVID-19 的危機和川普政府反移民的政策讓這些連結受到了挑戰。當 2020 年 7 月美國政府試圖禁止國際學生進入或留在美國時，是哈佛校長巴科勇敢帶頭批評了這一「殘忍和魯莽的」政策，這政策將影響來自 155 個國家／地區的哈佛學生。[105] 哈佛和麻省理工學院提起訴訟，得到全美兩百多所大學的支持。[106] 一周之後，美國政府做出讓步。

在國內和在國外一樣，哈佛的未來取決於國際化的深化。正如哈佛國際事務副教務長歐立德（Mark Elliott）所說的：「我們的未來岌岌可危。美國的高等教育無庸置疑是全球領導者，因為我們有能力吸引來自世界各地用功有創意的學生和學者到我們的機構……如果沒有國際學生在我們的高教機構中參與學術討論、推動研究創新，並激發新事業和新產業的發展，我們的整體富裕程度將會變差很多。」[107]

國際參與的機會與風險在和中國的關係中最為明顯。幾十年來，哈佛與中國一直有著某種共生關係。從培養國家領導人到透過能力建構和培訓學者協助中國大學的現代化，哈佛在中國高教的影響力和聲望一直很高。例如擔任兩國橋梁的冀朝鑄，出生於中國，主要在美國成長。他就讀於哈佛（本應於 1952 年應屆畢業）直到韓戰爆發；他在 1950 年回國，就讀清華大學。他曾擔任中國領導人的翻譯，包括為毛澤東和鄧小平翻譯。在 1979 年，季辛吉秘密訪問北京期間，他是不可或缺的對話者，這趟密訪為尼克森總統成為第一位訪問中國大陸的美國總統奠定了基礎。

哈佛曾經在 1911 年成立了中國哈佛醫學院（幾年後失敗了），之後有將近一個世紀未曾以機構的方式回歸，直到 2010 年哈佛大學上海中心（HCS）成立。這項提案由哈佛商學院院長萊特（Jay Light）以及身為隸屬於教務長辦公室之下哈佛中國基金主席的我所帶領，我們建立了一個平台，這所大學所有的部門都可以在這個平台之上，透過教學、研究、會議和實習，與中國有更進一步的接觸。[108] 哈佛商學院（再次扮演大學公民的角色）是這一提案和其他全球提案的「主力進駐戶（anchor tenant）」。2010 年哈佛大學上海中心的開辦，開啟了哈佛有史以來最國際化的十年，在這十年創紀錄地成立了八個國際中心，未來十年將再增加十個。[109]

如果，正如福斯特在哈佛大學上海中心啟動儀式所宣稱的那樣，我們「身處在一個大學無國界的世界」，還有比中國更適合擴張的地方嗎？到了 2020 年，哈佛的每一個學院在中國都有行動研究和相關的課程，以及在哈佛大學上海中心的課程。每年有超過上百名教職員來訪，還有超過兩百名將中國列為是重要研究的地方。已有超過四百名大學部學生曾參加過哈佛中國暑期實習計畫，還有數百人在哈佛北京書院從事更進階的中文學習。在國內，哈佛整所大學現在每年都有近千名中國學生和數十名中國訪問學者。哈佛自下而上的國際化做法仍然符合其學院的創業精神，而哈佛大學上海中心則讓它們加速投入到世界上發展最快速的高教領域。從 1998 年魯登斯坦成為第一位訪問中國大陸的在任校長開始，此後每一位哈佛校長都曾訪問過中國的國家元首，並且在它的頂尖大學演講。在 2002 年的一次訪問中，桑默斯在 13 位哈佛教職員的陪同下，在清華大學演講並且公布了一項計畫，哈佛的甘迺迪學院將培訓中國的公務員。[110]2015 年 3 月，福斯特會見了習近平主席，並在清華大學就美國和中國大學合作因應氣候變遷的重要性發表演講。[111] 2019 年 3 月，巴科在他上任的第一年會見了習近平，並在北京大學發表了重要的演講，他強調大學是「價值和想法討論和辯論的地方──而不是鎮壓或讓人噤聲的地方」。[112]

增加國際參與，尤其是在中國，也可能轉變成緊張局勢。2020 年 1 月，FBI 敲開了哈佛大學化學系主任利伯（Charles Lieber）的大門，這是打擊可疑學術間諜的一項行動，FBI 聲稱利伯從中國獲得了大筆的經費（部分用於在那裡建立實驗室），並對此事撒謊。[113]

利伯被捕之際，正值美國本土主義政府試圖限制大學與外國的連結。2020 年 2 月，美國教育部對哈佛和耶魯展開聯邦調查，以查明這些大學是否未曾報告來自中國、俄羅斯、沙烏地阿拉伯等國家至少 3.75 億美元的經費。[114] 在 1950 年代的麥卡錫時代，哈佛曾經歷了一次「紅色恐慌」。它現在需要保護自己免於另一次攻擊。*

哈佛延伸與線上

　　一個多世紀以來，哈佛透過哈佛延伸學院（Harvard Extension School）提供夜間和夏季的課程以拓展它在國內的教育範圍，並在 2020 年招收了大約 14,000 名學生——比哈佛任何其他學院都多。延伸學院是哈佛第一個冒險涉入線上學習的學院，這為更大的嘗試奠定了基礎。

　　對於大規模、開放線上課程潛力的覺察，哈佛並不是先行者，但在 2012 年，它搭上了該領域先驅者麻省理工學院的潮流，建立了 edX，這是一個向大眾提供免費課程的線上平台，它的技術平台是由麻省理工學院所開發的。[115] 哈佛、麻省理工學院和合夥機構在它們自己的「機構 X」的品牌下（例如：HarvardX），利用這個平台提供課程給世界各地的學習者。做為一家非營利機構，edX 提供免費的課程，學生可以選擇支付課程結業證書的費用。

　　到了 2019 年，全球 90 多家機構已經為 edX 平台開發了超過 2,400 門課程，有超過 7 千萬名學生註冊。來自哈佛 10 個學院的教職員開發了 104 門課程。我自己的課程「ChinaX」是和我的同事，也是當時的進修副教務長包弼德（Peter Bol）一起創建的，我們在十個迷你課程中，探

---

* 　譯註：美國司法部 2023 年 4 月 26 日新聞稿指出，利伯被判居家軟禁 6 個月並罰 5 萬美元，另須繳還美國國稅局 3.36 萬美元。

索中國三千年的歷史、文化、經濟和社會，而它已經有超過 50 萬名參與者，其中有數萬人在中國。

到了 2016 年，edX 被公認為是線上課程的「三巨頭」之一，但卻是其中唯一的非營利組織。它的財務前景似乎不確定。不像延伸學院，它收取學費並且支付教職員豐富的教學酬勞，HarvardX 在最初幾年沒有可觀的收入來分配。第一批在其中教學的教職員基本上都是在做志工。即使是對教職員中最優秀的公民來說，這也不是一種可以永續的做法，這就是為什麼哈佛商學院成立了它自己的 HBX（今天的 Harvard Business School Online），擁有真正的商業模式。與其他領域一樣，線上學習中不會有「一個哈佛」。2021 年，麻省理工學院和哈佛將 edX 出售給一家私人的科技新創公司 2U, Inc.，並首次開始外包它們的教育服務。對於曾參與其中的哈佛教職員來說，隨著 COVID-19 在 2020 年的大爆發，大學的世界突然全面移到線上時，edX 被證明是有用的基礎訓練。

下一件大事：哈佛與工程領域

到了 21 世紀，哈佛在多個領域以卓越著稱：文學和歷史研究、政治學和科學史、經濟學和生態科學、幹細胞研究和人類演化。它的法律、商業、醫學等大型專業學院似乎無人能比。但是，沒有人能這樣評價哈佛的工程領域。然而在工程領域獲取成功，是哈佛在 21 世紀投入數十億美元的巨額賭注。這是一個巨大的賭注，不僅僅是因為在麻薩諸塞州劍橋市已經有一所世界一流的工學院，而它不是哈佛。

工程和應用科學一直努力在哈佛的學術結構中占有一席之地。隨著 1847 年勞倫斯科學院（簡稱 LSS）的成立，應用科學學科首次成為哈佛的一部分，當時哈佛收到第一筆（但不是最後一筆）開創先例捐給哈佛工程領域的捐贈，這筆 50,000 美元的捐贈來自著名的麻薩諸塞州實業家雅培‧勞倫斯（Abbott Lawrence），他是哈佛第 22 任校長羅威爾的祖父。儘管開始經費充足，「LSS 從未實現其創始人的期望，」特別是在鄰近的麻省理工學院成立之後。[116] 校長艾略特本人曾經是麻省理工學院的教授，他認知到 LSS 無法與麻省理工學院競爭。他多次嘗試將兩者結合，但均未成功。[117] 1905 年，經過漫長的追求，這項合併得到這兩家機構的贊同，但這門親事從未真正實現。

取而代之的，LSS 被分解成不同的課程，以各種方式分散在哈佛各處，包括以研究生為中心的哈佛工程學院，直到 1949 年，當時所有級別的工程和應用科學教育全部都合併在文理學院之下的工程與應用科學部（Division of Engineering and Applied Sciences，簡稱 DEAS）。儘管獲得的捐贈金額龐大，在接下來的五十年裡，該部門在更專注於純科學的哈佛裡仍苦苦掙扎。它與文理學院密不可分，因為其一半的教職員是與文理學院物理系一起合聘的。彭博社專欄作家波斯特雷爾（Virginia Postrel）指出，「哈佛從來都不是工程界的那個哈佛（或甚至是工程界的那個賓州大學）。」[118] 哈佛工程和應用科學最出名的校友創辦了偉大的公司——蘭德（Edwin Land）創辦了寶麗萊（Polaroid）、張忠謀創辦了台積電、蓋茲（Bill Gates）創辦了微軟，以及祖克伯（Mark Zuckerberg）創辦了 Facebook——但他們從來都沒有費心去完成他們的學位。

然而，工程與應用科學部以往在哈佛內被低估的角色，在 21 世紀初開始迅速改變。當代就業市場的需求，以及來自麻省理工學院的競爭與史丹佛快速的崛起，讓事情變得很清楚，用前哈佛學院院長，也是工程與應用科學學院（School of Engineering and Applied Sciences，簡稱 SEAS）前代理院長路易斯（Harry Lewis）的話說：「如果哈佛沒有一個

偉大的工程學院，它就不可能在 21 世紀成為一所偉大的大學。」[119] 2007
年，哈佛宣布「工程與應用科學部」正式更名為「工程與應用科學學
院」，仍歸屬在文理學院的大傘之下，並且維持它對博雅教育的全力投
入。工程與應用科學學院的創始院長納拉雅納穆爾第（Venkatesh
"Venky" Narayanamurti）指出，這裡將培育出「文藝復興式的工程師」。

2007 至 2016 年間，工程與應用科學學院的形象在哈佛內部持續看
漲。大學 concentrators（哈佛對「主修」的稱呼）工程與應用科學學院
的學生，從 2008 年的 291 人增加到 2016 年的 887 人，在八年之內增加
到將近三倍。[120] 在 2013 至 2014 學年度，主修於工程與應用科學學院的
人數首次超過主修藝術與人文的人數。[121] 到了 2019 年，主修於工程與
應用科學學院的學生占了哈佛學院學生的 20%。[122]2014 年秋季，哈佛學
院有 12% 的學生註冊了哈佛大學報《哈佛克里姆森報》所謂的「如同某
種校園文化現象的一門課」：工程與應用科學學院的計算機概論
（Introduction to Computer Science I）（CS50）[123]。隔年 CS50 課堂被直播
到耶魯，耶魯的大學生可以註冊這門課做為計算機和程式編寫概論。這
兩所學校的學生都參與了駭客松之類的聯合活動，耶魯的學生甚至來到
哈佛校園參加教授的課後輔導時間（office hours）[124]。CS50 成為（到目
前為止）哈佛在線上提供的課程中最受歡迎的一門課。

儘管做出了這些努力，哈佛的工程課程在全國仍然只排到第二十五
名，相較於查爾斯河下游的另一所大學，它則排名第一。[125] 工程與應用
科學學院是一個小型的學院，規模與加州理工學院相當。但是加州理工
學院是唯一一所名列前茅的小型工程學院。至於其他的頂尖工程學院，
規模影響重大。

2015 年，億萬富翁、對沖基金經理人，同時也是哈佛商學院畢業生
的鮑爾森（John A. Paulson），捐贈了 4 億美元的歷史性贈禮，用於資助

現在所謂的哈佛約翰・鮑爾森工程與應用科學學院（Harvard John A. Paulson School of Engineering and Applied Sciences）。在不到十年的時間裡，工程與應用科學學院眼看著自己被重新命名，並獲得新的資助，有了新的院長道爾（Frank Doyle，哈佛第一位領導工程學院的工程師）、新的教授職位、激增的學生人數，以及在奧爾斯頓正在興建中的新綜合大樓。

哈佛能引領嗎？

四百年以來，哈佛一直處於美國高教的領先地位，並受到愈來愈多優秀美國大學良性競爭的刺激。然而，哈佛的全球地位是一個相對較新的發展。在各國政府傾全力建立「世界一流」大學的情況下，哈佛能否保持其全球領導者的地位？

到了 21 世紀的第三個十年，挑戰似乎無所不在。憑藉著它非凡且無與倫比的圖書館，哈佛在 19 世紀和 20 世紀的資訊科技時代領先群雄。沒有一所大學能緊追其後。但書籍和期刊的數位化，讓這個競爭環境趨於公平，而哈佛（還）沒有走在下一個資訊科技時代的尖端。

它在國內的競爭對手，其中包括耶魯、普林斯頓、史丹佛和杜克，都是更為中央集權的機構，能夠將整所大學視為一體來思考未來。它們其中的一些甚至以定期且嚴謹的方式**計畫**自己的未來。哈佛有著強勢的學院和弱勢的中央，缺乏能力也缺乏興趣對整所大學進行策略計畫。

奧爾斯頓土地的故事正是一個足以說明這一點的例子。2013 年，教務長賈伯（Alan Garber）採取斷然措施，宣布工程學院將大規模遷移至奧爾斯頓，這個想法遭到該學院所有資深副院長們以口頭或書面陳述的方式公開反對。[126]

我還記得在我擔任院長期間與之後，關於奧爾斯頓應許之地（Allston Promised Land）鋪天蓋地的預期規劃。他們預見了一個橫跨河川的校區，由新的道路和一座被設計成像是佛羅倫斯老橋（Ponte Vecchio）擴建後的橋梁整合在一起，兩邊都點綴著商店。還有新交通方式的規劃：火車隧道、單軌電車，甚至運河，只差沒有鳳尾船。在最極端的概念中，整個哈佛陸塊會像現代的盤古大陸（Pangaea）一樣，藉由查爾斯河的移動而聚集在一起。

這一切都沒有發生。奧爾斯頓外部規劃的首席顧問來來去去，一個換過一個。到了 2018 年，哈佛終於決定將奧爾斯頓外包出去。它創立了奧爾斯頓土地公司（Allston Land Company）來監督從工程與科學等科系學術事業分離出來的 36 英畝商業「企業研究園區」的建造。[127] 未來不能也不會由哈佛單獨規劃，而是透過未來一系列有前瞻性的私人夥伴關係來規劃。商業夥伴關係現在在大學的世界很重要。在泰晤士高等教育世界大學排名中，可以看到哈佛從 2011 年的第一名逐步下降至 2020 年的第七名。這種下降的主要原因是排名指標中的「產學收入（Industry Income）」。[128]

哈佛的主要競爭對手不再是常春藤名校，甚至不再是與芝加哥大學或霍普金斯大學等一流研究中心的競爭。它是在和麻省理工學院、加州理工學院、劍橋大學，以及特別是和史丹佛大學競爭。史丹佛大學的成功在很大程度上要歸功於它的創業文化，這讓它造就出一群傑出的校友，其中包括 Google、Nike 和 HP 等多家世界 500 大企業的創辦人。大學教授、艾略特學舍（Eliot House）前院長梅爾頓（Doug Melton）評論道：

> 史丹佛無疑是哈佛的挑戰。如果非要我賭一把，我會押寶

在史丹佛⋯⋯我會說史丹佛有幾個明顯的優點。第一是，不管我們在這裡怎麼說，史丹佛感覺不受傳統的束縛。他們真的不會擔心太多。你永遠不會聽到那裡的人說：「我懷疑校友會怎麼想」或「董事會會怎麼想」。他們純粹不會有這種想法。我們的職責是要建設未來，我們不是要緬懷過去。第二件事情是，我很抱歉這麼說，但這是美國人生活的現實，錢攸關重大。有大量的財富來自史丹佛本身，並且由於其他原因，這些錢現在都位在美國西岸。[129]

相比之下，哈佛校長巴科是一個樂觀主義者：奧爾斯頓將成為波士頓下一個研究、發現和創新的中心。⋯⋯它的成果將會長期影響我們校園以及更廣大社群的發展，並激發和塑造出未來的企業，這些企業將會以我們料想不到的方式改變世界。[130] 身為麻省理工學院的前名譽校長，巴科知道加強與產業界的連結可以如何對一所大學產生巨大的好處。比鄰麻省理工學院，圍繞著它周遭的肯德爾廣場（Kendall Square）曾經被稱為「集塵碗（dustbowl）」，有著破舊的停車場和舊工廠。[131] 幾十年來，該社區成為世界領先的生物科技中心，並且吸引了大量科技公司湧入，包括科技巨頭 Google、Facebook 和微軟，轉變成與麻省理工學院合作的活躍創新中心。*

要媲美肯德爾廣場（或此處更在乎的史丹佛所在的 Palo Alto）的成功並不容易。許多時間已經流逝了。下面的照片顯示了幾十年前的肯德爾廣場和奧爾斯頓，當時兩處都很荒涼；而今天的肯德爾廣場和奧爾斯頓，一處是先進的全球創新中心，另一處，嗯，幾乎一如往昔。

---

* 譯註：2023 年 7 月 1 日，蓋伊（Claudine Gay）接替巴科就任哈佛校長，成為哈佛首位非裔校長，也是校史上第二位女校長。

圖 5.5　1966 年的肯德爾廣場。「位於肯德爾廣場的交通系統中心建築工地，向東看。」ca. 1966；研究與創新管理局紀錄〔交通〕，1965-2002，紀錄組 467，波士頓國家檔案和紀錄管理局。

圖 5.6　今天的肯德爾廣場。Les Vants Aerial Photos.

圖 5.7　1929 年的奧爾斯頓。
Aero Scenic Airviews Co. /
Boston Pictoral Archive / Boston
Public Library / CC BY-NC-ND.

圖 5.8　今天的奧爾斯頓。照片提供 Steve Dunwell.

2017 年 11 月，為了奧爾斯頓新工程和科學大樓最後一根鋼梁的安裝有了一次「封頂」（topping-off）儀式。[132] 起重機升起放置這根梁柱，這是花了幾十年才走到的一刻。然後，起重機壞掉了。不會封頂了。新的工程大樓計畫於 2020 年秋季開放。然而，在 2020 年春季，COVID-19 全球大流行，它又因此再度延遲。這棟建築的開放再度延遲到 2021 年 8 月。[133] 哈佛可能還沒有封頂，但幸運地是，它在奧爾斯頓已經觸底了。

　　身為美國最古老的大學，哈佛與任何機構一樣，反映了它的起源國。它誕生於移民，在這些海岸重塑了自己的身分，同時繼續從國外引進最好的想法與人才。就像許多美國人一樣，它相信有限政府（limited government）的優點，因此它擁有了美國主要大學中規模最小、干預最少的中央管理機構，也因此在中央計畫上表現平平。它的學系和學院享有過去所謂的「地方的權力（states' rights）」，它們堅決捍衛它們的自主權，以及（那些富有的）捍衛它們的捐贈基金。儘管它的學生是從美國各個生活階層招生而來的，就像當代的美國一樣，它的學院之間存在著實際收入的不平等。就像美國一樣，它有著令人羨慕的資源，它也想辦法將它們揮霍殆盡。它是一個學術創業精神無與倫比的地方，也許將來會更直接與來自商業界的創業家搭配。它經歷過一場革命、一場內戰，以及許多時期的內部動盪，並展現出驚人的自我更新能力。正如高教歷史學家拉巴里（David Labaree）曾經寫過的：「每個人都想要成為哈佛。」[134] 但是這個系統性去中心化的哈佛，是否能夠繼續成為 21 世紀的那個「哈佛」？它必須是，不管以什麼方式，如果它要繼續引領大學的世界。

第 6 章

公共使命，私人資助

加州大學柏克萊分校

> 我們站在十字路口。危在旦夕的不是我們的生存本
> 身，而是以下這些想法面臨了危險：當獲得世界一流
> 的教育是基於功績，而非特權或經濟狀況，整個社會
> 都會受益；私人部門不能成為唯一的優秀人才庫；為
> 公眾利益而進行的研究有別於為了追求利潤而進行的
> 探究；讓世界變得更美好的堅定承諾，會讓我們的校
> 園充滿活力，這絕非偶然。
>
> ——尼古拉斯·德克斯（Nicholas Dirks）
> 加州大學柏克萊分校前校長

2017 年，加州大學柏克萊分校校長克里斯特走向講台發表校長就職演說。自 1970 年首次來到校園以來，克里斯特就目睹了柏克萊幾十年來的變化，並且非常熟悉這所美國一流公立大學的歷史、文化和豐功偉業。次年將是柏克萊的 sesquicentennial，即一百五十周年紀念。她很好奇這所大學的創辦人在 1868 年的展望是什麼，並且叩問這對於一所 21 世紀的大學意味著什麼。在她的演講中，她轉述了前柏克萊校長和加州

大學系統校長克爾的話：「在大學生的教育方面，要盡可能地英國化，因為牛津、劍橋等大學提供了寄宿式文理學院的模式；在研究生教育和研究方面，要盡可能地德國化，因為德國已經發展出研究型大學的模式；至於就公眾整體來說，要盡可能地美國化。」她認為，這是「柏克萊的創始合成體，在我們開始第 2 個 150 年的時候要牢記這一點。」她繼續她的演講，眺望未來，她看到了一個更具挑戰性的局面：「我相信，我們正處於柏克萊歷史上最偉大的變革時刻。有鑑於州政府資助的減少，我們必須重新構想校園的財務模式。」[1]

克里斯特的前任德克斯在 2017 年 6 月 1 日辭職之前，已經開始在柏克萊的結構性赤字問題上取得進展。他已宣布了到那年夏天將 1.5 億美元赤字減少 8,500 萬美元的計畫。[2] 不幸的是，跟這所大學所面臨的預算問題一樣困難，甚至更大的挑戰，在德克斯離職的陰影中逐步逼近。因為許多曾經使柏克萊卓越的因素，現在成為了它最棘手的弱點之一。

柏克萊的核心是一所公立大學，致力於為加州公民提供世界一流的教育。1960 年加州高等教育總計畫為該州的公共機構制定了分工，其多年來將加州大學（UC）、加州州立大學（CSU）校區，以及諸多加州社區學院的努力整合在一起。柏克萊做為加州人民向上層社會流動的引擎的這個象徵，仍然深植於這所大學社群的信念之中，長期推動並激勵其成員的工作。

然而，在經過一段迅速成長和人口變化的時期之後，加州現在看起來跟這份總計畫書制定時大不相同。在人口急遽變化和種族多元化的背景下，該州的公民和柏克萊社群在維護其公平機會與追求卓越理想的平衡中苦苦掙扎。更重要的是，與採用總體計畫的時代不同，加州，就像美國的許多州一樣，大幅削減了對公立高等教育的投資：2017 年，美國 50 個州之中有 44 個州的學生人均支出低於 2008 年。[3] 加州的旗艦機構柏克萊，在 2020 年僅從加州獲得了它預算的 13%，相較於 1990 年，這一比例為 50%。[4]（從 1919 年到 1968 年，加州提供了柏克萊 95% 的預算。[5]）校園內頻繁的學生抗議活動，以及董事會董事、UC 系統治理委員會反對學費上漲的聲明，限制了柏克萊行政部門可以使用的工具，以解決州政府經費減少的問題。除了經費之外，前加州州長布朗（Jerry Brown）的言論還貶低了柏克萊，因為「普通、一般的學生」要被「打入冷宮」，指出州政府對於柏克萊做為一個卓越機構的投入將會減少。[6]布朗的繼任者紐森（Gavin Newsom）在上任初期表示，他看到了加州大學的價值，最初提議增加 2020-2021 年的經費。但在 2020 年 COVID-19 爆發後，他反而將高教支出削減了 10%。[7]然而，即使面對多年來經費資助下降的證據，柏克萊的教職員和學生大致上仍依循著有獲得公共經費的假設下運作。在州政府資助的美好年代，公共使命曾經使得柏克萊如此卓越，現在則限制住了它的反應能力，甚至限制了它在艱困時期認清現實的能力。

教職員熱情投入於柏克萊的治理，是這個機構另一個長久以來的優勢。但是隨著財務捉襟見肘，關於資源分配的困難決定也愈來愈多，柏克萊教職員參與治理的模式，經常阻礙了這所大學的領導力與它前進的能力，因為透過這樣的參與機制雖然高度民主，但也同樣低度效率。

柏克萊所承襲的使命和模式仍然享有盛名，也是其他各州公共機構羨慕和仿效的泉源。然而，現在柏克萊的預算被持續不斷地壓縮，是否會迫使其偉大的歷史化為神話？長期以來，柏克萊一直是美國公立高教的黃金標準，對於它如何回應「何謂成為美國一所由私人資助的公立大學？」這個具有挑戰性的問題，將會是全美國州立大學校長目光匯聚的焦點。

從淘金熱到黃金標準

　　加州大學系統和柏克萊校區的故事都始於加州學院（College of California）——一個小型的學術前哨站，位於新成立的加州。加州的居民非常重視高等教育，甚至在建州之前就開始討論創立一所大學的問題。最初，由耶魯校友於 1855 年成立的加州學院等私人機構，滿足了加州公民對於高等教育的需求。

　　七年後，即 1862 年，美國政府通過了《摩利爾法案》，該法案鼓勵各州政府透過向各州提供公共土地來建立（或資助）農業和機械學院，藉此來發展高教機構。在該法案的支持下，一波新的機構，所謂的贈地大學，例如普渡大學和康乃爾大學，在全國各州成立。加州人渴望利用聯邦計畫以建立它們期盼已久的公立大學。然而，體認到由加州學院所打下的基礎的價值，不管是實質上的或象徵上的，加州人決定，新機構成立的條件除了農學院和機械學院之外，還要包括文理學院，贈地機構可以建在加州學院的校園內。1868 年 3 月 23 日，這所新的文理學院和贈地大學混合體被命名為加州大學。

　　自 1868 年以來，加州大學從當時只有 1 個校區到現在有 11 個校區，一直都是由董事會指導下的某一位校長來領導，董事會是一個規定於加州憲法內的領導結構，於 1879 年 5 月 17 日批准。今天，這個董事會由 26 名成員組成，其中包括 15 位由加州州長任命任期 12 年的成員、1 名學生代表，以及 7 名當然成員，包括州長、副州長、議會議長、州教育廳廳長、加州大學校友會主席和副主席，以及這所大學的校長。[8] 從成立之初，董事會就幫助培養了加州大學包容和多元化的風範，從 1870 年開始就允許女性入學，並且也同時歡迎國際學生。

　　在它成立的第一個十年裡，它努力打造一種既能夠被文理導向的耶魯後裔所認同，也能夠被《摩利爾法案》所鼓勵的農業和機械派所接受的身分。[9] 在這個關鍵時刻，加州大學由幾位特別重要的校長之一：吉爾曼（Daniel Coit Gilman）所領導。起初，吉爾曼對建造加州大學的前景感到興奮。將加州大學與德國和新英格蘭模式進行比較，他說：「我們要複製的不是柏林大學或紐哈芬。……而是這個州的大學。……它必須適合這裡的人、適合他們的公私立學校、適合他們特殊的地理位置、適合他們新社會的要求和未開發的資源。」[10] 吉爾曼僅擔任加州大學校長三年（1872 -1875），在此期間，他經常因為政治和財務困難感到挫折，之後他離開，成為約翰霍普金斯大學的創校校長，他在那裡以柏林模式建立了第一所研究生大學。[11] 儘管如此，他在短暫的任期之內，還是設法克服了關於加州大學特質的不同意見，並將它朝著綜合性學術機構的方向發展。

即使在機構成立初期，加州大學與州政府的關係也處於對抗狀態。1878 年加州召開第二次制憲會議時，一個重要的討論項目是政府與大學的關係。部分歸功於大會代表對州立法機關的幻想破滅，部分歸功於代表溫南斯（Joseph Winans）對於大學機構自治慷慨激昂地捍衛，1878 年的加州憲法將大學確立為自治機構，「完全獨立於政治和宗教影響，並在其董事任命與行政事務上保持自由。」[12] 加州大學的機構獨立性在原則上非常完整，以至於它有時被稱為加州政府的第四個分支機構。

主張機構自治是一回事，將其做為一所由州政府資助的公立大學來運作則是另一回事。加州大學在惠勒（Benjamin Ide Wheeler）校長的任期內開始蓬勃發展，惠勒於 1899 至 1919 年任職於該大學。隨著他逐漸說服董事會將某些議題的決策權交給校長辦公室（Office of the President/ OP），惠勒的任期確認了加州大學校長強勢、中央領導的地位。在惠勒任期結束時，加州大學的校長負責教職員的招聘決策和預算編制。這種權力與惠勒的前任凱洛格（Martin Kellogg）的權力形成了強烈的對比，凱洛格在擴大校長權力方面的主要勝利是獲得了雇用、解雇和規範看門警衛的權力。[13]

惠勒曾就讀於多所德國頂尖的高教機構，並獲得了海德堡大學的博士學位。就像許多同時代的人一樣，他身受德國綜合性研究型大學模式的影響與啟發。在惠勒的任內，加州大學開始發展多個學科並更強化它的研究取向。當斯洛森在他 1910 年的著作《偉大的美國大學》（*Great American Universities*）審視這所大學時，他發現加州學院學術取向和《摩利爾法案》實用取向之間的衝突大致上得到了解決：「我不知道有哪所大學能夠同時如此成功的陶冶機械學和形上學，也沒有哪所大學能夠如此深入地研究太空，同時如此地貼近人們的生活。」[14] 斯洛森還稱讚了加州大學的平等主義、學生團體，以及由來自廣泛經濟與種族背景所組成的學習者。

惠勒變革性的任期與艾略特在哈佛的任期沒有什麼不同。他並非沒有批評者。惠勒在擔任校長時行使了如此多的權力，以至於在他退休時，學術評議會發起了柏克萊第一次教職員反抗，要求透過學術評議會將更多學術和教職員事務的權力交到教職員手中。在惠勒退休後的權力真空期，這一致的努力強化了加州大學學術評議會權力，甚至到了 2016 年，學術評議會柏克萊分部仍然是美國大學中最具影響力的治理機構之一。教職員參與學術決策的傳統成為加州大學系統長久以來的標誌，也是柏克萊治理的核心和顯著的特色。

總體計畫和反叛的學生

就在後惠勒時代教職員革命發生之際，加州的急遽成長使得加州大

學從它的柏克萊創始校區發展成為一個橫跨該州多校區的系統。隨著 20
世紀之初在該州南部發現石油，南加州的人口、財富和影響力不斷擴
大；來自南加州的董事推動將地方機構升級為加州大學的一部分。1919
年，加州大學南部分校（即後來的加州大學洛杉磯分校，UCLA）在洛
杉磯師範學校（Los Angeles Normal School）的基礎上在洛杉磯正式成
立。隨著新校區的增加，加州大學的治理結構基本上維持不變。它仍然
由董事會和一位校長領導，其辦公室仍然在加州大學柏克萊分校的校園
內。這位校長仍然是掌控著這兩個校區的管理者。

在整個 20 世紀初期，柏克萊持續地成長，即使加州的教育資源分布
在愈來愈廣泛的高教機構中。加州大學的學生人數從 1899 年的 2,600 人
增加到 1919 年的 12,000 人。[15] 加州大學（所有校區）在 1923 年有
14,061 名學生，是美國和世界上最大的大學。[16] 這種機構規模的快速擴
張並沒有削弱柏克萊做為一所大學機構的品質；相反地，它的聲望隨著
它規模的擴大而上升。從 1906 年首次出現美國大學的全國評等和排名，
到 2019 年的全球大學排名，柏克萊一直名列前茅。

克拉克 ‧ 克爾

到二次大戰結束時，柏克萊和它的加州大學姊妹校區都已經建立完
善且備受推崇。儘管如此，戰後驚人的繁榮，不管是加州的人口或是尋
求進入加州大學的學生人數，都讓人清楚地了解到，加州需要一個規模
更大、組織更好的高教系統。對加州來說幸運的是，加州大學恰巧擁有
能夠應付如此巨大的後勤和智力挑戰的人選。克爾在柏克萊獲得他的博
士學位，並隨後在柏克萊度過他大部分的職業生涯。1952 年，當時的董
事會體認到，由單一的中央管理者來管理加州大學所有的校區愈來愈不

可行，他們在柏克萊校區和 UCLA 設立了分校校長（chancellor）職位以分擔行政負擔。克爾成為了柏克萊的首任校長。在加州大學校長不願意放棄掌控權的背景下，他的主要職責開始於定義他新建立的角色。克爾慢慢地將行政和決策重新集中在這個校區，而不是在加州大學的層面。克爾擔任分校校長的經歷證實了他對地方校區行政彈性和權威需求的了解，並讓他隨後在 1958 年至 1967 年擔任加州大學校長的這個角色時更了解情況。他採取行動使各校區更加獨立，不受中央的影響，並且透過啟動加州大學第一個「連續任期」制度，讓教授更獨立於校園行政部門，這個制度在 1958 年 12 月被董事會採納。[17] 他後來指出，權力逐步下放給每個校區是這個系統的巨大成功之一，因為它讓各校區相互競爭，進而都達到更高的標準，而不是將一兩個校區提升到菁英的地位，任由其他的自生自滅。也就是說，柏克萊，以及後來加入的 UCLA，是這個系統的旗艦，然而，正如德克斯所發現的，繼任克爾系統校長位置的人，有時會試圖扭轉權力下放的趨勢。

在克爾對柏克萊和加州高教的眾多貢獻中，最著名的是他在 1960 年加州高教總體計畫的發展過程中所扮演的領導角色。在這個總體計畫下，任何合格的學生（定義為任何從加州的高中畢業的學生）都有機會接受三級高等教育。前八分之一的高中畢業生將被加州大學的校區錄取，而排名前三分之一的學生保證可以進入加州州立學院（今天的州立大學／CSU）系統，而其餘的畢業生可以進入社區學院。UC 和 CSU 大學會在其初級課程中，為來自社區學院的轉學生保留大量的名額。對照之下，當哈佛在 2019 年錄取一名來自社區學院的轉學生時，它成了全國性的新聞。[18] 在這個計畫背後，有團結一致的州政府和相關機構的行政人員，多年來它一直是促進加州社會流動的強大引擎，即使加州本身經歷了重大的人口結構變化，加州由少數族裔（尤其是亞裔和拉丁裔）組成的增長人口比例愈來愈大，收入不平等也加劇。[19] 我們可以不誇張地說，在克爾的領導之下，加州發展出世界領先的公立高教體系。

學習自由，加州風格

在 20 世紀下半葉，柏克萊比美國任何其他大學都更足以成為政治激進主義和動盪的代名詞。雖然柏克萊最著名的政治對抗開始於 1964 年由學生領導的言論自由運動，然而早在 1949 年，政治動盪就引起了校園騷動，當時全國各地的大學校園和政府廳堂都積聚了反共情緒，這促使加州大學校長史普羅（Robert Sproul）和董事會要求教職員簽署忠誠誓言。教職員對這一要求的反應迅速且有異議，用克爾的話來說，「是美國歷史上大學教職員和其董事會之間最大的一次對抗」。[20] 在麥卡錫時代，美國大學有 69 起因政治動機導致教職員被解雇的事件，其中 31 起發生在加州大學。[21] 這場衝突引發了大學教職員和行政部門之間長期的緊張關係和不信任。

這場風暴之後是 1964 年的言論自由運動與後續發展，在這場運動中，學生贏得了美國憲法保障的言論自由權，在此之前，柏克萊或大多數美國大學校園都不允許這項權利。這開啟了多年激烈的校園政治化，就像在柏林、波士頓和北京一樣，這讓學生與大學和州政府的行政部門陷入對抗。也許是因為柏克萊明顯處於美國學生運動的最前線，反革命也來得更早。1966 年，演員雷根（Ronald Reagan）以平息「柏克萊的學生起義」為政見競選加州州長。[22] 他的當選使得克爾的領導面臨了一個跟他立場不一致的州政府。1967 年，克爾從加州大學校長的位置上被開除。克爾是一個以機智與坦率著稱的人（他曾經打趣道：「我發現校園裡的三大行政問題是關於學生做愛、校友的體育運動，以及教職員的停車問題。」）[23] 當他離任時，他回憶說：「事實上，在我離開這所大學校長的職務時，就如同我進來這所大學時一樣：fired with enthusiasm *；我自己在進來的路上，某些其他人則在我離開的路上。」[24]

克爾被趕下台了，但柏克萊，以及克爾大力推動的加州高教系統，持續沿著他總體計畫中確立的發展軌道前進。即使來自加州州長的財政和政治支持日益不平衡，儘管愈來愈多的加州大學校區進一步瓜分了州政府的經費大餅，並削弱了柏克萊在加州大學系統中的特殊地位，它依然持續成長。經歷了這一切，柏克萊仍然是一所菁英大學，然而最大的後勤、財務和生存挑戰尚未到來。

掙扎求存

到了 2008 年，柏克萊就如同哈佛一樣，已經經歷了財務上的許多起起落落，並拖得更久一些，但是這些經歷都無法與 2008 年的金融危機相比。美國金融市場的崩潰不僅對柏克萊的捐贈基金和養老金投資造成了嚴重的破壞，捐贈基金從 2007 年的 29 億美元下降到 2009 年的 23 億美元，下降超過 20%，而且對加州的預算產生了更大、更糟糕的影響。[25]由於近來加州立法的趨勢，用於指定用途的專項經費有所增加，加州大學的預算是少數幾個政府的經費未預先承諾的領域之一。面對州預算的危機，立法機關通過了對大學預算的殘酷削減；2008 年，加州大學系統不得不將預算削減 20%。[26]

雖然全國各地的大學都面臨了捐贈基金和投資回報明顯減少的情

---

* 譯註：fired with enthusiasm 是一句雙關語，fired 可指被點燃，也可指被開除。fired with enthusiasm 可指「被熱情點燃」，也可暗指「被熱情地開除」。「我自己在進來的路上」，表達出克爾仍如進到這所大學時那般被熱情點燃。「其他人則在我離開的路上」，這句話則表達出有些人正在被熱情地開除。

況，但很少有大學像加州大學校區一樣面臨如此嚴重的經費損失負擔，它們同時受到自身投資的崩潰和大量州政府經費突然取消的打擊。柏克萊發現自己得想盡一切辦法，從減少圖書館時間到實施教職員工休假，到減少90%的新教職員職位，以使得支出能符合大幅削減的預算。[27] 全國大學的各個科系開始圍繞到柏克萊教職員的身邊，認為從該機構挖走學術明星的時機終於到了。

2004至2013年擔任柏克萊校長的博吉紐（Robert Birgeneau），在一個情勢岌岌可危的情況下表現出色。他必須決定如何管理一個幾乎在各個方面都面臨危機的世界一流機構。前執行副校長兼教務長布雷斯勞爾（George Breslauer）回憶了博吉紐的堅忍剛毅：「他說他這輩子沒有採取過守勢，也沒有打算來這裡進行防守。他告訴我們：『勇往直前吧。我們必須帶著榮耀走出這一切困境。』」[28]

博吉紐和布雷斯勞爾策略性地達成了他們削減的預算。柏克萊在財務管理上從來未曾像，例如杜克大學，那樣強大，因為在過去它並不需要。甚至在危機爆發之前，博吉紐就已經在校園財務專業化管理方面邁出了開創性的一步，他在2006年聘請了摩根大通（J. P. Morgan）的前常務董事布勒斯特朗（Nathan Brostrom）擔任行政副校長。

博吉紐還透過將收到的講座捐贈經費部分轉回到中央，以加強大學中央的財務持有：講座捐贈收益的50%將回歸到大學預算，以支持這個講座教職員的薪水。這對於柏克萊說，是具有象徵意義的一大步，在那裡，州政府長期以來都被認為有責任為講座提供經費。然而在諸如哈佛等其他大學，捐贈講座的收入將全部返還給學校行政部門，在柏克萊被任命為講座教授，歷來只支持教授的研究，而不是教授的薪水。

即使是最好的財務管理也無法印鈔票。在危機之前，布雷斯勞爾負責分配教務長辦公室4,500萬美元的預算。在這筆總預算中，約有500

萬美元可做為自由支配的經費,他用這筆經費支持整所大學的各個計畫,例如新教職員的職位。他回憶說:「2008 年金融崩潰後,這種樂趣沒了。」布雷斯勞爾決定策略性地制定預算,因此他避免一致性的削減校園預算,而是用一套廣泛的標準來評估所有向他報告的單位,然後將它們分成四層,並對每一層進行不同類型的削減。布雷斯勞爾獨自完成這個過程的大部分:「衝擊如此嚴重,州政府的削減如此嚴重⋯⋯我們的時間緊迫,而我對於委員會的了解是,他們永遠要花上很久的時間。」儘管如此,他還是專注於透明度和協商,希望他提出的削減雖然痛苦,但「具有可信度和合法性。」[29]

大多數人認為,布雷斯勞爾的危機管理策略,包括財務專業化、資源策略分配,以及透過經費募集和對重大贊助與競賽的爭取這些遲來但齊心協力的募款努力,取得了初步的成功。在危機最嚴重的時候,柏克萊在一年之內失去了 14 位教職員,但很快地恢復到其傳統強勁的教職員留任率,並逐漸地站穩了腳步。[30]

然後,博吉紐的繼任者德克斯,正是懷著這股樂觀的精神,於 2013 年來到了柏克萊。他在學術研究和學術領導方面都有著傑出的紀錄;他曾經擔任哥倫比亞大學文理學院執行副校長和學院院長。當他開始擔任校長時,仍處於 2008 年全球金融危機的餘波盪漾之中,柏克萊開始找到足夠堅實的基礎,可以投入認真的時間和精力來思考其未來的策略。其財務狀況仍然充滿挑戰,但柏克萊挺過來了。德克斯回憶:「有一種感覺是,這個地方已經倖存下來了,而現在每個人都可以回去工作了。」[31]

有了設定議程的自由,德克斯聚焦於三個策略優先事項:大學生的體驗、跨學科的計畫,以及全球夥伴關係。一組管理人員檢討了提升大學生生活的方法,不僅是在課堂上,還包括更健全的住宿計畫和校園活動。跨學科計畫,例如資料科學計畫以及 Social Science Matrix,一個跨學科的社會科學研究機構，藉此促進跨科系的合作，並避免科系孤立。全球夥伴關係，以一個全新的全球校區為例，將加強柏克萊與世界各地機構的合作。然而，在他上任的第三年，德克斯發現自己陷入了一個愈來愈小的空間，處於一位不支持他的州長、一位活躍的加州大學系統校長和一群投入（並且有時憤怒的）教職員當中。

柏克萊「新常態」的危機

從歷史上來看，春天一向是柏克萊校園抗議的時期，2016 年的春天也不例外。誠然，這所大學挺過了 2008 年的危機，並且在德克斯的任命下，似乎重振旗鼓，準備創新改革。柏克萊仍然擁有 170 個學科和課程，分布在 14 所學院和研究所，有 27,000 名大學生與 10,000 名研究生就讀，由 1,620 名全職教職員帶領。但是它的州政府經費現在僅為 2007 年水平的 57%。德克斯在 2016 年 2 月啟動了一項策略計畫，以作為面對已成為永久結構性赤字問題的最終手段。德克斯指出：「我們將經歷的一些變化會是痛苦的，」但他總結說，這些變化絕不是「放棄我們對公共使命的承諾。」相反的，他認為經過改造的柏克萊將體現「對這所公立大學概念的根本捍衛，一個我們必須重新創造才能保留的概念」。[32]

但是德克斯樂觀的聲明與令人不悅的現實不一致，柏克萊實際上是在採取守勢。此外，柏克萊所面臨的結構性赤字不單純是因為州政府經費減少的結果。由於這所大學在學術之外的巨額資本支出，使得這項赤字現在將近 1.5 億美元。這些支出包括重建加州紀念體育場，這裡是柏克萊美式足球比賽的主場。體育運動、募款和資助之間的複雜關係在許多美國大學校園裡引起了爭議，柏克萊也不例外。

加州紀念體育場建於 1922 年，是一座優美的新古典主義建築。與哈佛不同，柏克萊在 21 世紀仍決心與名人合作，並且是 PAC-12（太平洋 12 校聯盟）的成員，PAC-12 是校際運動（正如克爾所說的「校友的體育運動」）中最重要的聯盟之一。問題是，這座體育場正位在海沃斷層（Hayward Fault）之上，這使得它容易遭受毀滅性地震的影響。改造體育場以確保其安全的初始成本為 1,400 萬美元。2010 年的預算成本為 4.45 億美元，將透過舉債支付，一開始是透過出售特別座來募集經費，如果「加利福尼亞金熊隊（Cal football）」可以在一個新的體育場裡比賽就太好了。但是金熊隊儘管出現過像是羅傑斯（Aaron Rodgers）和高夫（Jared Goff）這樣厲害的四分衛，但表現從來沒有**非常**好過。這支球隊在 2013 年的戰績是 1：11，而且自從體育場重建以來，它輸掉的比賽和贏得的比賽一樣多。這些座位沒有賣出去。2012 年《華爾街日報》估計，柏克萊對這座體育場的總財務義務可能超過 10 億美元。[33] 據估計，柏克萊甚至要到 2032 年才能開始清償與體育場貸款相關的本金。[34] 與體育場相關的募款和支出一直是教職員和行政部門之間的引爆點，教職員大致上反對他們。

但這座體育場現在是沉沒成本，而且沒有州政府經費贊助它。因此柏克萊的策略計畫必須包括其他地方的重大策略刪減。沒有別的法子了。德克斯成立了柏克萊第一個策略計畫辦公室（Office of Strategic Initiatives，簡稱 OSI）來領導和協調這一個痛苦的過程。

儘管在博吉紐的時代就開始努力推動，但認真、跨校區的策略計畫從來都不是柏克萊的做法和文化。現在，這成了一種緊急措施。事實證明，這個過程確實是痛苦的，而且它重新喚醒了學術評議會教職員裡的積極分子，他們仍然持續相信柏克萊做為一家公家資助機構的使命（以及學術評議會在指引它方面所扮演的核心角色），即使在一個州政府實際上已經放棄其做為資助者角色的時代。這沒關係，學術評議會本身有著歷史悠久的學術激進主義，是個龐大的組織，包括各個層級的教職員，從講師到榮譽退休教授（甚至退休的同事也可以投票），然而並沒有資格進行認真的計畫。

與此同時，另一場風暴又來襲。對抗普遍性騷擾的遲來爆發在 2015-2016 年攪亂了數十個美國校園，也導致了柏克萊激烈的衝突。該校捲入了無數的騷擾指控，包括幾起針對傑出管理者與教授的指控。在一個案例中，化學家佛萊明（Graham Fleming）在他的助理於 2015 年 4 月提出騷擾指控後，辭去了研究副校長一職，當時有一百多名教職員簽署了一封信支持佛萊明，並批評校長辦公室領導的調查過程。[35] 佛萊明隨後被任命擔任一個較不顯眼的角色，負責監督柏克萊全球校區全球聯盟的發展。然而，在 2016 年 3 月，加州大學校長娜波利塔諾（Janet Napolitano）採取了一個非比尋常的措施，公開否決了柏克萊分校校長的決定，並幾

圖 6.1　加州紀念體育場。Kilfmuny / Wikimedia Commons / CC BY-SA 4.0.

乎是命令德克斯將仍受到其教職員同事支持的佛萊明，從他剩餘的行政位置上解雇。[36]

與此同時，隨著柏克萊的行政部門開始推動策略計畫的進程，教職員工對於德克斯的計畫看起來一副由上而下的性質感到憤怒。他曾經承諾他的行政部門會避免缺乏員工諮詢，缺乏員工諮詢曾經導致教職員對博吉紐的危機計畫提出批評。[37] 但是與學術評議會領導階層的「諮詢」（其建議校長繼續與小團體繼續進行討論），結果就是德克斯計畫的死亡。

突然，針對德克斯的其他攻擊開始了。為了因應嚴重的安全考量，柏克萊校區的校長官邸周圍已經開始修建價值 70 萬美元的圍欄。然而，它招致了廣泛的批評，包括來自學術評議會的一封信，因為它不符合柏克萊的開放文化。但是這棟房子坐落在校園的邊緣，因此很容易成為大學內外攻擊的目標，毫無防備能力。即使有了這些圍欄，它的象徵性也

圖 6.2 校長官邸周圍的 70 萬美元圍欄。Photograph © William C. Kirby.

勝過它的安全性，無法阻止任何有心闖入的人。在德克斯前任的領導下，這棟房子曾遭到多次的示威，有時甚至是暴力示威。在前校長田長霖任職期間，一名武裝婦女強行闖入官邸，被警察開槍擊斃。[38] 況且，德克斯在加州廳（California Hall）的辦公室就在校園的中心，距離他的住處走十分鐘就到了，德克斯因「將自己擋在門外」而遭到嘲笑。

在中央的層級，德克斯的行政團隊在面對教職員公開的攻擊時，開始土崩瓦解。2016 年 4 月，執行副校長兼教務長斯蒂爾（Claude Steele），這位德克斯唯一一位從外部聘請的高階主管，因處理另一起性騷擾案而受到批評。他立即宣布辭職，緊接著幾天之後，策略學術和設施計畫副教務長斯理（Andrew Szeri）宣布將於 2016 年 6 月底辭職。[39]

帶著一群因辭職、退休和改組而愈來愈精簡的行政團隊，面對著一群精力充沛的教職員，德克斯在學術評議會的春季會議上走上講台。「在柏克萊，這是極具挑戰的一年，」他開始說道，「而我承認這一點。我也想對所有身為學術評議會的成員、身為同事的你們保證，我一直在聆聽你們的擔憂，我也一直在聆聽你們的建議……我很感激你們在這兩方面的緊迫盯人，今天我要在我們的幾個基本層面重新設定我們的策略行動。」[40]

德克斯接著宣布了一系列的措施，減少中央的權力並強化教職員的領導，包括解散他新成立的策略計畫辦公室，削減中央集權的校園分享服務計畫（一個被公認失敗的計畫，開始於博吉紐的任內），以及增加學術評議會在學術和財務計畫方面所扮演的角色。[41] 他還宣布計畫讓他的辦公室更直接地參與處理性騷擾案件的調查。

儘管如此，這些學術政治活動對於解決柏克萊長久以來的財務和組織挑戰毫無作用，它也沒有讓德克斯免於成為這個社群裡最方便用來宣洩不滿的箭靶。柏克萊破產了。德克斯願意承認這一點。他對於討論柏克萊的赤字抱持不尋常的開放態度，而他也願意將所有的事情攤到桌子上來談，在一個教職員高度焦慮不安的時代，這使得他成為一隻承受不滿的代罪羔羊。德克斯終於受夠了。2016 年 8 月 16 日，校長德克斯通知加州大學校長娜波利塔諾他打算辭職。以這種做法，這位柏克萊的局外人是在向柏克萊最古老的傳統之一致敬：加州大學第二任校長，也是柏克萊早期最有影響力的領導人之一吉爾曼，同樣是在僅僅三年之後就結束了他的任期，「飽受財政困難和政治騷擾的困擾」。[42] 德克斯的兩位直接前任，跟他一樣，是從外面招募而來的，也是在教職員某種程度的不滿之下離開的。

治理混亂和投資縮減

　　柏克萊正在進行的文化鬥爭（Kulturkampf），與當代洪堡大學頻繁更換的校長沒有什麼不同，部分根植於更高的參與式治理結構。在柏克萊校區本身，由校長領導的高級行政部門和柏克萊獨特強大的學術評議會共享治理。一位教職員指出：「學術評議會在日常事務中所扮演的角色是至高無上的，……（它）真正完全掌控了課程，並且控制了 95% 的招聘、升遷和升等。」[43] 柏克萊的學術評議會是加州大學學術評議會的一個正式分支，它比「國內任何（類似的機構）都更認真看待自己的角色」。[44] 雖然全體學術評議會通常每年只召開幾次會議，但還有由 8 位被選出的教職員成員就（還有什麼別的？）組成了 40 個評議會，形成了評議會中的評議會。

　　當然，柏克萊是一個更大的大學體系中的一個校區，因此其校區層級的行政結構只是兩層治理中的一個，另一個層級是全加州大學的治理體系。加州大學系統有它的董事會，但不像哈佛和杜克，領航的柏克萊校區沒有自己的治理委員會，這限制了分校校長接受建議和支持的來源。加州大學系統的校長應該做為所有校區面對州政府的代言人。因此，校長辦公室負責與州政府就經費問題進行談判，並將經費分配給十個校區。校長還保有對高層管理者的薪酬掌控權。如果德克斯要為他的行政部門招募新成員，他首先必須和加州大學校長娜波利塔諾就薪酬提議進行談判。屬於校長辦公室授權範圍的其他重要議題還包括學費的設定和州內外學生的比例。因此，州政府可以決定學生的入學人數，並限制柏克萊向他們收費的數量。德克斯指出：「你必須從校長辦公室那裡得到很多、很多事情的批准，而這些事情似乎是任何一所私立大學的校長都可以自由決定的。」[45]

加州大學系統校長的工作和成功與否，受到加州州長優先順序的影響，因此延伸來說，柏克萊的校長也是。布雷斯勞爾認為，從歷史上來看，州長的支持是柏克萊獲得卓越機構地位的五個主要因素之一。他進一步指出，綜觀該州歷史，除了雷根著名的例外之外，由於加州大學校長有說服力的領導，州長都選擇在艱困時期支持柏克萊。[46] 在州政府對於這所大學近乎災難性的投資縮減之後，有些人冀望亞歷桑納州前州長娜波利塔諾在 2013 年的任命，可能有助於加州大學與加州州長建立更穩固的關係。娜波利塔諾與當時的州長布朗在所謂的 CO2（二人委員會／Committee of Two 的縮寫）中展開密切合作。一位前行政主管希望娜波利塔諾可以「挺身面對『布朗州長』，並且與他平起平坐地交談，而且以一種處於這種地位的學者『難以做到』的方式行使權力，除非你是另一個克爾。」[47]（2020 年 8 月，俄亥俄州立大學前校長德雷克〔Michael V. Drake〕接替娜波利塔諾成為加州大學第一位黑人校長，這讓加州又多了一位在其他地方有管理大學與州政府關係經驗的領導人。）

不過，即使加州從大衰退中復甦並重新填滿它的財庫，州政府對加州大學的支持僅顯示出最溫和的年度增長。考慮到通貨膨脹和入學人數的增加，過去幾十年，州政府的資助已經減少了一半。在 1990-1991 會計年度，州政府資助加州每位學生平均 19,929 美元，占教育總支出的 78%。2017-2018 年，州政府僅資助每位學生 7,730 美元，占教育支出 37%。[48]

在整個 1990 年代和 2000 年代初期，州政府逐漸地縮減投資，跟隨著 2008 年州政府資助的急遽下降，導致懷抱著公共使命的加州大學，但卻沒有來自公家的主要經費。2012 年通過的 30 號提案（Proposition 30），批准增加個人所得稅，以防止削減州教育預算，顯示加州公民對於資助教育可能重新產生興趣，到了 2013 年，柏克萊似乎朝著更穩定的財政基礎邁進。[49]

柏克萊 2013-2014 年的預算計畫提出收入約為 23.5 億美元，支出約為 21.4 億美元，另外還有 2.4 億美元的帳戶經費餘額轉移用於償債和資本投資。[50] 柏克萊行政部門增加收入的選擇有限——其董事會承諾凍漲學生學費（柏克萊收入的 28%），以換取略微增加的州政府資助，這在當時提供了 14% 的收入。聯邦政府的合約和補助金，以及其他的合約和補助金與非營業收入，占收入的 32%，這些收入是柏克萊不論採取任何行動都改變不了的。總而言之，這意味著 73% 的總收入受到了限制。如果柏克萊需要支付增加的成本，而它可以預期成本將定期逐步地增加，例如醫療健保計畫的支出、設施維護等等，這些將必須透過非政府、非學費的收入來源，例如私人慈善事業或合作夥伴關係來提供經費。「時間不在我們這邊，」行政和財務副校長威爾頓（John Wilton）警告：如果沒有共同努力來支撐這些收入來源，柏克萊將面臨無法持續營運的赤字。[51]

柏克萊開始探索新的資助管道。在泰晤士報高等教育世界學術高峰會上的一次演講中，德克斯表達了他將致力於增加私人部門參與公立高教機構的合作與資助。[52] 柏克萊已經有過這種合作關係的歷史，儘管他們最初常常擔心如何在企業利益面前保持學術自由。2007 年宣布成立的能源生物科學研究所（Energy Biosciences Institute），是一項由柏克萊、英國石油公司（BP）、伊利諾大學香檳分校以及勞倫斯柏克萊國家實驗室（Lawrence Berkeley National Laboratory）共同合作的新能源科技研究計畫，最初獲得了 BP 承諾的 5 億美元資助，在一開始引起了教職員強烈的批評。[53] 1998 年至 2003 年，諾華（Novartis）和柏克萊植物與微生物學系之間的合作關係，也引起了類似的爭議。[54] 私人部門的合作關係是可能的，但他們經常遭到直言不諱的教職員的質疑。

發展停滯的狀態

德克斯接手了一家在私人募款方面有著糟糕紀錄的機構。加州大學的所有校區，尤其是柏克萊分校，都沒有像其他領先的公立大學，例如威斯康辛大學或密西根大學，已經準備好脫離州政府，密西根大學在 1960 年代初期是第一所發起大型募款活動的公立大學。在加州，UCLA 的募款經常超過柏克萊，這兩所機構都遠遠落後於威斯康辛大學麥迪遜分校，麥迪遜分校從 2008 年至 2018 年，每年平均比柏克萊的募款多了 31%。[55] 做為一所研究型大學，柏克萊雖然經常躋身世界前五大頂尖大學之列，但它卻很少進入美國募款前二十名的大學。在反思柏克萊的財務狀況時，德克斯說：「我來到一所由州政府資助 13% 的大學。我並沒有把它私有化，**它已經私有化了。**」[56]

好消息是，還有很多改進的空間。畢竟，柏克萊位於全世界最富有的城市地區之一。而且，雖然他們的校友跟他們的母校一樣，以他們的社會良知而聞名，這並沒有阻止他們當中許多人變得非常富有。根據超高淨值的校友總財富，2019 年的一項研究將柏克萊的校友列為所有大學中第十二位富有的大學，而且 2014 年的一份報告發現，柏克萊的大學校友中已經產出了第八多的億萬美元富翁。[57] 位於灣區，靠近矽谷的中心，柏克萊和它的校友都處於有利的位置來參與利潤豐厚的科技業，而校友們也成群結隊地加入了這個行列。這些統計數據一針見血地點出了關於募款的那句老老格言：人們為什麼要捐贈？因為他們被**請求**這麼做。所以，如果以柏克萊的情況來說，你沒有請求捐贈，所以你還沒有收到。

因此，德克斯尋求增加私人捐贈，尤其是來自校友的捐贈。在 2016 學年，德克斯帶領柏克萊從來自超過 6.5 萬名捐贈者的將近 10 萬份贈禮中，募款將近 4.8 億美元──創下了柏克萊募款總額和捐贈數量的新紀錄。新的募款水平代表了為吸引廣泛的捐助者所做的重大努力。諸如「Big Give」等方案，吸引了一群廣大的捐贈者，這是一場 24 小時的募款快閃活動，刻意安排在與「Big Game」同一時間，亦即與柏克萊和史丹佛年度美式足球賽的時間吻合。與此同時，柏克萊的募款活動也瞄準了更大筆的捐贈，從 2015 年到 2016 年，超過 100 萬美元的捐贈數量創下了紀錄。[58]

德克斯的繼任者，克里斯特校長趁著這股氣勢，在 2020 年公開啟動柏克萊有史以來最大的經費募集。2014 年，「照亮道路（Light the Way）」活動在德克斯的領導下悄然展開，優先順序包括：「擴大教職員和研究生的獎學金；改善大學生的體驗；支持用以解決當代重大挑戰的多學科研究計畫；以及為住宿、體育、教學和研究建設更好的設施。」[59] 它的啟動活動包括了宣布一筆 2.52 億美元的匿名捐贈，這是大學歷史上最大的一筆捐贈，用於為柏克萊的電腦、資料科學和社會部門興建一座綜合體。[60] 在 2019-2020 的會計年度結束後，克里斯特宣布柏克萊募集了 10.4 億美元，這是有史以來最成功的募款週期。[61] 但是幾十年以來過度依賴州政府與忽視其潛在的慈善校友，意味著柏克萊仍在苦苦追趕。2019 年，柏克萊的私人和公共捐贈基金總額為 48 億美元，僅僅比密西根大學 124 億美元捐贈基金的三分之一高了一點。

　　卓越營運計畫（The Operational Excellence，簡稱 OE）是彌補柏克萊經費缺口的另一項努力。該計畫是在博吉紐擔任校長期間啟動的，聚焦在尋找新的方法來簡化行政成本，且無須犧牲營運品質，其最終目標是每年節省 7,500 萬美元的營運成本。OE 試圖透過諸如強化全校預算和採購計畫、創建新的線上管理工具使學生和教職員獲得重要資訊，以及集中行政資源等方案來達成此一目標。OE 計畫還包括了一個創造收入計畫（Revenue Generation Program），透過這個計畫，OE 計畫辦公室的員工與各個校園單位合作，推出創造收入的項目，這些營收也將支持學術目標。[62] 然而，這個計畫卻遭到了教職員冷淡的回應。儘管威爾頓體認到透過 OE 節省了大量的成本，但對於該計畫是如何決定裁員的，教職員工仍然抱持懷疑態度。[63]

　　威爾頓警告：「削減開銷以平衡收支，一定會對接受高教的機會並達到教育的標準造成長遠的影響。我們想要改進的指標，包括獲得學位的時間、畢業的學生人數、債務水平等等，也都將惡化。開源和節流這兩方面都必須同時努力。沒有其他真正的解決辦法了。」[64] 但事實證明，不論是州政府的經費或是外部募款的企圖都遠遠不足。

卓越與叛逆的文化

　　柏克萊在教職員招聘上的長期投資，意味著校園擁有一批敬業的學者，他們做出了舉世聞名的研究。2021 年，柏克萊的教職員隊伍中包括

了 10 名活躍的諾貝爾獎得主、33 名麥克阿瑟獎得主、1 位菲爾茲獎
（Fields Medal）得主、4 名普立茲獎得主、3 名 A. M. 圖靈獎（A. M.
Turing Award）得主、251 名美國人文與科學院院士，以及 144 名美國國
家科學院院士。[65]

（岔開來講一下關於停車：克爾曾經正確地指出，停車是教職員的一
項困擾，因為柏克萊受限於這個區域的空間限制。那麼，如何獎勵最傑
出的教職員呢？柏克萊的教職員中有 22 位諾貝爾獎得主。起初，柏克萊
獎勵諾貝爾獎得主一間新的實驗室，或甚至是一棟新建築。這變得很昂
貴。如今，諾貝爾獎得主既沒有實驗室，也沒有建築，但是他們在校園
裡擁有自己的專屬車位，上面標示著「NL」[*]。在撰寫本文時，校園裡的
NL 停車位似乎比使用它們的諾貝爾獎得主多得多，但或許這是一種很
好的行銷方式。）

教職員對於推動校園前進的高度參與與自主性是柏克萊的一個特
質。自 1919 年以來，學術評議會就負責監督和批准教職員的聘用，這一
過程涉及到許多同事的意見提供，並且受到大家非常認真地看待。德克
斯指出：「當『教職員』來求職時，他們都一起看作品。一起做工作面
談。在試圖做這些決定時，不僅是在進行一項合議，而是一種集體投
資。」[66]克爾將柏克萊的許多傑出研究歸功於學術評議會主管深入諮詢
的招聘過程。[67]

柏克萊在助理教授層級的招聘做法是全國最嚴格的，部分原因可能
是為了減輕財務負擔，因而不利於聘請外部的資深教職員。其中一個結
果是，很大一部分的教職員是從內部晉升為終身職的。在 1985 年至
2011 年間加入柏克萊人文、社會科學、物理科學、工程、科技和數學的

---

[*] 譯註：NL 為諾貝爾獎得主 Nobel Laureates 的簡寫。

圖 **6.3** 諾貝爾獎得主停車標誌。
Jose Camões Silva / flickr / CC BY
2.0.

助理教授中，約有 80% 最終獲得了終身教職。[68] 一旦他們通過了招聘過程，教職員很可能會繼續留在柏克萊。眾所周知，柏克萊的教職員很難被引誘到其他機構工作，即使其他機構能夠提供高出許多的薪水。博吉紐指出：「在最黑暗的日子裡，我們的留任率上升了……那是留任率最好的時期，當時我們有最多的教職員收到了私立大學提供的工作機會。」[69]
一位高階行政人員回憶：

> 「某位教授」的底薪是 15 萬美元。……杜克大學提供 45 萬美元請他離開柏克萊去那裡。……院長把他帶到我的辦公室，然後我們試著跟他說之以理。我們對他說的是：「你必須明白，我們能給的薪水遠遠比不上杜克提供給你的薪水……你願意接受的數字是多少？」我還說：「請確保它不是 3 或 4 字頭起跳。」

此刻他才意識到，如果他不小心自己所說的話，我們可能只好讓他走人。[70]

柏克萊的教職員和行政部門可以指出為什麼這所大學可以擁有如此強大的留任能力。首先是教職員之間的情誼、平等性和責任感。德克斯發現教職員「想留在這裡的原因跟同事最為相關，勝過其他任何事情……他們發現同事思想風氣的深度和類型都是無與倫比的」。[71] 哈佛的資深教職員跟每個人之間始終都存在著巨大的社交距離，柏克萊則不同於哈佛，它讓助理教授也感覺像個同事。

另一個原因是教職員對於柏克萊公共、社會使命的奉獻精神。博吉紐指出：「有些『教職員留下來的願望』源自於身處在一所公立大學所帶來的意義和滿足感，並確保這裡是一個向上流動的引擎。」這項公共使命的部分吸引力在於與來自不同社經背景的學生一起合作，包括柏克萊許多家裡第一代的大學生和低收入家庭的學生。博吉紐補充：「當你問大多數教職員『你為什麼留在這裡？』他們會說：『為了我的同事、我的學生。我愛他們。』」[72]

這種奉獻精神可以說是一把雙面刃。柏克萊透過終身職的過程培養年輕學者，並讓他們在整個職業生涯裡忠心耿耿，這讓柏克萊受益匪淺。這個過程產生了自豪地堅守柏克萊文化的教職員，但他們也變得過於往內看。他們可能會質疑從其他機構聘請的領導人。正如德克斯所發現的，那些沒有在柏克萊度過職業生涯的管理者會被指責「無法真正了解柏克萊的意義所在」。[73]

雖然柏克萊在留任教職員方面很出色，但是財務受限已經使得聘請教職員變得困難。從 1990 年代初到 2018 年，終身教職員的人數幾乎完全持平，從 1993 年的 1,147 人下降到 2018 年的 1,133 人。在這同一個

25 年間，學生人數從剛剛超過 3 萬人增加到 45,183 人。[74] 這所大學愈來愈依賴層級較低、非終身職、非終身制軌道上的講師，其人數從 1993 年的 54 人，增加到 2018 年的 379 人，增長為七倍。與此同時，隨著學費愈來愈高，學生對服務水準的要求，以及遵守監管規則的政治要求也同樣水漲船高。為了因應這種不斷變化的環境需求，大學員工不斷擴充——全職行政和管理人員翻倍，從 1993 年的 306 人增加到 2011 年的 638 人。到了 2018 年，負責大學管理、商業、財務運作，以及辦公室、行政支援的工作人員總數接近 3,000 人。[75] 因此，雖然終身職教職員的總數維持不變，但是他們在大學員工總數中所占的比例正在縮小。對某些教職員來說，這似乎是這所大學性質上的根本轉變。

即使是最好的教職員也有其極限。回想起來，教職員對這所大學領導階層的攻擊，與其說是針對他們的目標，倒不如說是反映了憤怒和不安的結合，到了 2010 年，這已經成為這群美國一流公立大學教職員的標記。在我主持柏克萊東亞研究所的一個外部審查委員會時，我親身注意到這一點。我以前曾做過這項工作，而且感到很榮幸，因為這個研究所和哈佛亞洲中心一樣，是美國乃至全世界最領先的兩個東亞研究中心之一。其傑出的教職員領導，有著淵遠流長的歷史。幾乎與所有此類的跨區域運作一樣，它存在著內在的緊張，因為對每個國家的研究，反映了其現狀：因此，與其他研究相比，中國研究的教職員過多，而且資源不足，日本研究雖然經費富裕，但只有為數不多的教職員能夠花這些經費，韓國研究一向被忽視，直到最近才有所改變。儘管如此，該研究所還是世界知名。然而，隨著持續的預算危機之後，有些事情似乎崩潰了。

當我在 2011-2012 年訪問時，與之前的訪問形成鮮明對比的是，我發現教職員疲憊不堪、恐懼不安，而且處於內戰邊緣。我們的報告指出，我們正處於「整個柏克萊校園極度緊縮和焦慮」的時期（而這麼說已經算是輕描淡寫了），這考驗著教職員之間「共同合作的極限」。我們對薪水的審查顯示，與其他地方的同仁相比，柏克萊優秀教職員的薪水是多麼的低。而曾經被形容為薪水低但使命導向的教職員團隊精神也消失了。大家變得尖酸刻薄且互相詆毀。他們沉迷在有關行政部門和他們自己同事的陰謀論（「有些錢被藏起來了，**他們**沒有告訴我們」）。對於他人的動機，他們只相信最壞的，而不是最好的。他們相信那些明顯不真實的事情。令我震驚的是，一個偉大的課程和一所偉大的大學都處於生存危機中。[76] 在過去的十年裡，我在東亞研究所的經歷肯定在整個校園裡層出不窮。

對於一所龐大且似乎不講究人情的研究型大學來說，令人刮目相看的是，柏克萊長久以來的優勢是它的學生群體。柏克萊的學生在優秀和多樣性方面一向比他們公立大學的同儕突出。跟它的大學同行相比，柏克萊整體的畢業率也較為優越。到了 2019 年，柏克萊大學生的四年畢業率為 75.8%，高於 2008 年的 66%。這個數字與密西根大學安娜堡分校（79%）相當，並且遠高於威斯康辛大學麥迪遜分校（62%），以及德州大學奧斯汀分校（61%）。[77] 從 2012 年到 2015 年，柏克萊獲得國家科學基金會（NSF）研究獎學金的大學部校友累積人數是最高的，而且獲得 NSF 獎學金的研究生人數也是最多的。[78]

在幫助社經和種族多元化學生社群獲得它卓越的大學教育上，柏克萊展現出全力以赴的精神，它在這方面比美國任何一所私立大學做得更早，並且做得更好。2018 年，8,684 名柏克萊大學生獲得了培爾助學金，這與八所常春藤盟校的總和（11,001）相差無幾，而且是當地競爭對手史丹佛的八倍。這 8,684 名學生占了柏克萊全部大學生的 28%，相較之下，史丹佛的 1,133 名培爾助學金得主僅占了該校大學生總數的 16%。[79] 柏克萊是第一所針對中等收入學生提供全面助學金計畫的公立大學。不論是公立或私立，它也是美國第一所為無合法身分證明的學生提供全面助學金的大學。到了 2020 年，23% 的柏克萊新生是家裡第一代的大學生。[80] 2019 年，少數族群占了柏克萊大學生人數的 19.4%。[81] 柏克萊甚至為前寄養兒童制定了一個全面的支援計畫。2020 年，克里斯特還宣布柏克萊將致力於成為一個由美國教育部指定的西班牙裔服務機構（Hispanic-Serving Institution，簡稱 HSI），這意味著它至少有四分之一的全職在校生是西班牙裔。[82]

柏克萊的學生，就像柏克萊的教職員一樣，也以一些人所謂的「反叛公民權（insurgent citizenship）」而出名。畢竟，是學生領導了 1960 年代的言論自由運動，而且直到進入 21 世紀，這群學生仍然針對校園和社會的各種理想目標發聲。到了 1960 年代末，柏克萊是某些首次全國性抗議活動的發源地，這促成後來族群研究學系在美國各地的成立。第三世界解放陣線（Third World Liberation Front，簡稱 TWLF），這個由非裔美人、拉丁裔美人、亞裔美人和美國原住民學生所組成的聯盟，1968 年在柏克萊鄰近的舊金山州立大學成立後，1969 年初也在柏克萊創立了他們自己的 TWLF。[83] 這個 TWLF 要求成立一個「第三世界學院」以創建專為有色人種學生設計的學術科系。經過十周的罷課，學術評議會以絕大多數票通過了在校園內成立一個族群研究學系的決定。[84] 柏克萊的學生運動在全國引起回響，也影響到杜克大學，校長基歐漢（Nannerl Keohane）後來提到，柏克萊的事件是 1969 年杜克成立黑人研究系，以及稍後它的拉丁裔／亞裔美人研究課程的先導。[85]

要求改變課程並非學生運動的唯一目標。從 2009 年開始，愈來愈多的學生抗議學費上漲和預算削減，最終導致學生在 2011 年 11 月戲劇性地「占領」了柏克萊的斯普勞爾廣場（Sproul Plaza）。博吉紐校長對該事件的處理，讓人想起了幾個世代前的學者，哈佛的普西。博吉紐找來了警察，他們採用激烈的肢體衝突驅散了這場千人的示威，這引來了更多的抗議和要求他下台的呼聲。[86]

　　就像他們的教職員前輩一樣，較為政治活躍的柏克萊學生，也深入地投入在他們機構的文化，以及他們在維護這些文化上所扮演的角色。經過學生多年的倡議，有幾棟建築被重新命名，因為學生宣稱它們最初名字的同名者延續了種族主義的觀點。Boalt Hall 是其中一棟被撤銷名字的著名建築。它的 19 世紀同名者約翰・波爾特（John Boalt），曾經呼籲停止中國人移民美國，並且擁護反對黑人和美國原住民的種族主義信仰。這是一個重大的進步，因為「波爾特廳」這個名詞長期以來就是柏克萊法學院的實際名稱，大家都是如此認得它的。

　　德克斯把改善大學生體驗做為他擔任校長期間的一個主要目標。校長的大學生計畫（The Chancellor's Undergraduate Initiative）尋求在整所大學創造更具有連貫性的大學體驗。該計畫有四個主要組成部分：透過「柏克萊學院」博雅教育學位課程改造文理學院的大學課程；更新大學課程，特別是針對一、二年級的課程，讓它更具連貫性，並且更具跨學科性；翻新大學生的實體活動空間；並且發展全人教育的理念。[87] 源自於他來自於哥倫比亞大學的背景，該校有著堅定致力於博雅教育與科

圖 6.4　2009 年 Sproul Plaza 抗議。Steve McConnell / UC Berkeley, © 2009 UC Regents.

學的理念，德克斯希望創建一個大學課程，該課程將建置一個更為共享的課表，將柏克萊的研究文化連結起來，並將教育與住宿生活融為一體。[88] 所有的這些努力都在德克斯的校長任期危機中陷入停滯。

與其他的加州大學校區一樣，柏克萊力求在其學生中保持一定程度的種族多元化，以反映出加州的情況。然而，這愈來愈不符合總體計畫的要求，該計畫要求加州大學學校首先錄取加州前 12.5% 的高中畢業生，不考慮種族或民族。1996 年，加州通過了 209 法案，此案有效地禁止了在公共教育中使用平權法案，這使得保持學生多元化成了一個更大的挑戰。人口預測估計，到了 2024 年，在加州的大學生年齡群體中，幾乎一半的人口是西班牙裔或拉丁裔。[89]2019 年，就讀柏克萊的大學生中，只有 11.5% 被確定為西班牙裔或拉丁裔。[90] 如何以公平的方式平衡入學機會與追求卓越，柏克萊面臨了艱難的決定。

當把州外學生和國際學生包括進來時，錄取的複雜性則更為加重。隨著州內學生的學費被董事會凍結，提高州外學生的學費，並提高州外學生或國際學生的比例，是柏克萊增加學費收入的少數幾個方法之一。與此同時，在全國大學入學競爭日益激烈的情況下，加州公民對於州外學生和國際學生入學人數的增加非常敏感。然而，高教國際化是一個柏克萊無法忽視的更廣泛趨勢。

國內外的合作與競爭

柏克萊參與國際的歷史悠久，從它早期的歡迎國際學生，到 1962 年成立加州大學全系統的海外教育計畫。甚至這所大學的第一份慈善禮物，來自於律師兼學校董事湯姆金斯（Edward Tomkins）於 1872 年所捐贈，也是「東方語文與文學」的教授職位，目的是讓學生為美國和亞洲之間擴大的貿易做好準備。在設立這個教授職位之前，湯姆金斯在寫給一位校董同事的信中寫道，他感到「深深的羞恥」，當他看到前來美國留學的東亞學生「幾乎每天都從我們身邊擦肩而過，前往這個大陸的另一邊，尋找那種知識分子的熱情好客，這是我們還無法感染到他們的，因為我們還不夠開明」。[91] 從那時起，柏克萊就一直堅定地致力於國際參與，不論是在個人或機構的層面。2019 年，來自 94 個國家的 1,555 名學生被錄取為柏克萊的大學新生。[92] 各級的國際學生入學總人數從 2005 年到 2019 年增加了一倍多。[93]

這一切都已經夠好了，但在美國其他大學都在國外建立校區（紐約大學、杜克大學）或中心（哈佛、史丹佛、芝加哥、哥倫比亞）的時代，其中許多設立在中國，一所缺乏經費、以服務加州居民為使命的州立大學，要如何與之競爭？德克斯有一個絕妙的答案：他將在國內建設他的國際校區。他的核心方案之一，是規劃位於里奇蒙灣（Richmond Bay）的柏克萊全球校區，地處黃金地段，大部分是沿著舊金山灣供這所大學使用的空地。德克斯在 2014 年 10 月 29 日的學術評議會上宣布，這個校區將為柏克萊和世界各地大學的國際合作提供一個實體的據點。在這個校區內設立的第一個課程將會是一個研究生層級的全球公民課程。在德克斯為這個校區所做的計畫中，該課程將與其他各種跨學科、全球相關的教學和研究課程相結合。[94]2015 年 10 月，德克斯與劍橋大學和新加坡國立大學的領導人共同宣布，承諾在這三個機構之間建立一個全球聯盟，其中一些計畫將以新的里奇蒙校區為根據地。[95]

這些國際計畫代表了對主導高教的全球化和國際化趨勢的投入，但在同時，也標誌著這與大部分大學迄今為達到「全球化」所採用的出口模式背道而馳。柏克萊所引進的全球校區，將以一種德克斯覺得更符合柏克萊身為一所與全球相關，當地資助的公立大學這種雙重身分的方式，將世界帶到加州。[96] 而且他相信（並沒有錯），許多正在崛起的國際大學，會支付高價在柏克萊共同設立研究課程。對於柏克萊本身來說，初始的投資將會最小。在他辭職之前，德克斯與幾所主要國際大學在全球校區共同設置研究課程的協商已經接近完成。

但即使是些微的投資似乎都太多了，以至於有意見的教職員確信，這是對這所大學核心使命和經費不足任務的經費挪用。在 2016 年的風暴中，德克斯被迫放棄了他的全球化野心。他被迫說：「我們沒有在進行投資，」並且重申：「我們沒有在里奇蒙校區投入任何校園基金。」由於內部教職員產生異議，一項曾經具有舉足輕重地位，曾經被視為是德克斯對柏克萊和他校長任期願景基石的計畫，從此不再受到青睞。到了 2020 年，柏克萊的里奇蒙校區，在缺乏令人信服的新願景之下，處於一種被善意忽視的狀態。

但德克斯和他的繼任者克里斯特體認到，在日益全球化的學術市場中，柏克萊需要到全球爭取人才，而且做為一個 87% 的經費來自州政府之外的機構，柏克萊需要爭取資源。[97] 雖然柏克萊仍然在每項全球高教排名中名列前茅，但排名是落後指標。在 2019 年不具全球競爭力的大學，可以透過成功爭取關鍵資源，像是有才華的教職員，從而快速成為全球有競爭力的大學。

全球人才的爭奪已經開始影響年輕教職員的招聘；在這方面，一個特別強勁的對手是中國。在 21 世紀初期，中國推出了國家政府政策和資助計畫，支持從國際招聘傑出的大學教職員，並特別著重在鼓勵曾在國外求學或展開職業生涯的中國學者返回中國大陸。前校長博吉紐告訴我，他的兩名學生選擇不申請在柏克萊和麻省理工學院他們領域的初級教職員職位空缺，而是回到中國的頂尖大學。「『中國人才招聘』的策略正在奏效……幾十年前，『這些學生』絕不可能回到中國。」[98] 豐沛的經費、立刻獲得正教授職位，以及文化和情感上的原因，是吸引在美國受過教育的中國研究生回到中國的幾個誘因。僅清華大學就有高達四十名資深教職員在柏克萊取得他們的博士學位。清華還能從柏克萊吸引終身職教職員來擔任位高權重的學術領導職位：錢穎一在成為柏克萊終身教授之後，出任清華大學經濟管理學院院長，還有心理系的終身教職員彭凱平，擔任了清華大學心理系的創始系主任。

柏克萊至少有一所學院具有足夠的創業精神能夠單槍匹馬勇闖國際。在德克斯的祝福下，工程學院與清華大學，以及中國南方活力十足的城市深圳合作建立清華－伯克利深圳學院（TBSI），以進行工程和應用科學上的研究和教育。深圳是世界上好幾家最有活力的公司（騰訊、華為）的所在地，但本身沒有知名的大學，它為此支付了 2.2 億美元的興建費用。清華每年貢獻 1 美元。而柏克萊則不用出錢，因為對柏克萊的教職員來說，即使出一塊美元都似乎太多了。

未來以及州南邊的競爭

柏克萊的一些強勁對手是它的近鄰。當小利蘭・史丹佛大學於 1885 年在距離柏克萊僅 40 英里的地方創立時，大家擔心草創的州政府將無法支持兩所綜合性的研究機構。然而，史丹佛大學的創立與發展，反而使得舊金山灣區成為密西西比河以西的學術界首要堡壘，並幫助該州培養了大量的學者。雖然柏克萊和史丹佛仍然是競爭對手，但是它們在學術與體育領域的競爭，似乎對雙方都有益處。就像哈佛和耶魯，或是清華和北京大學，舊金山灣區兩岸的這兩大巨頭幾乎沒有合作。

UCLA 在成立初期，籠罩在南加州人感受到州政府資源分配不均的焦慮陰霾之中，據說州政府獨厚柏克萊。隨著 UCLA 變成一個愈來愈強大的機構並獲得了更多州政府資助，它明顯經歷了一番成長的痛苦，但是到了 1960 年，UCLA 與柏克萊的聲望已經並駕齊驅，並且獲得了同樣多的州政府資助。兩個校區之間的友好競爭促進了它們的成長。然而，州政府和加州大學之間爭議不休的關係，有能力加強或削弱這種關係。2020 年，柏克萊所面臨的許多挑戰——因應州政府的縮減投資、管理學費水平、平衡種族多元化、確定州外招生等諸多問題，也同樣挑戰著 UCLA，然而 UCLA 在募款方面更為靈活，並且已經建立了更大的捐贈基金。

柏克萊不僅與加州的機構競爭而且與美國許多實力雄厚的大學競爭。然而，相較於這幾個機構，柏克萊在某些方面還是有競爭力的，包括整體學術卓越。在爭取全國教職員方面，博吉紐體認到柏克萊擁有「巨大的競爭優勢」，因為它身為一所公立大學的使命和角色具有吸引力。「如果教職員想進入公立大學，而且他們的才能可以從『這個國家的頂尖大學』獲得錄用，那麼將會是遠處的菁英私立大學與眼前的一所公立大學『柏克萊』之爭。」[99] 對加州的學生來說，較低的州內學費（2020-2021 年為 14,312 美元），相對於長春藤聯盟等菁英大學仍然有強大的吸引力，大家認為這些私立菁英大學每年的入學成本（在財務援助之前）超過 6 萬美元。做為一所獨特優秀的公立大學所帶來的招生優勢，是柏克萊保持它公家機構身分的原因之一，即使州政府的經費在收入所占的比例持續下降。

後疫情的世界

在德克斯於 2016 年宣布柏克萊的「新常態」後不久，克里斯特於 2017 年 3 月被任命為柏克萊第十一任校長，成為第一位擔任該職位的女性。她具有豐富的高教行政經驗，並且對這個校園並不陌生。克里斯特是一位研究維多利亞時期文學的學者，她在 1970 年以助理教授的身分首次來到柏克萊，並在 1985 年成為英語系主任。三十多年來，她擔任過教授和管理者，職位從院長到教務長不等。2002 年，她離開柏克萊，成為史密斯學院（Smith College）校長，她在那裡一直待到 2013 年。2015 年她回到柏克萊，在最終成為校長之前擔任過多個領導角色，包括臨時執行副校長。她的任命受到熱情的歡迎，因為她是一位知名且深受肯定的行動者，一位具有外部經驗的內部人士，她的領導風格有著社群取向與擅於協商的風評。政治學教授、即將離任的學術評議會主席包威爾（Robert Powell）說，教職員欣賞克里斯特的領導，並稱她的風格為「有意義的協商式」風格。[100]

然而，挑戰並沒有隨著德克斯的離職而離開。迫在眼前的困境包括預算赤字、圍繞「言論自由」這個老話題的新爭議，以及學生的住宿危機。到了 2018 年 6 月，克里斯特將她繼承的赤字減少到 5,600 萬美元。[101]透過學生、校友、行政部門的推動，加州州長布朗簽署了 2018-2019 年的預算，其中包括 3.469 億美元的經費增加，9,810 萬美元做為從 2018-2019 年預算起的永久性增加，以及 2,500 萬美元的一次性增加，用於打消柏克萊的赤字。到了 2019 年 9 月，柏克萊達成了預算平衡，並且在連續兩次創紀錄的募款年度募到了 12 億美元。[102]為了回應有時針對右翼活動人士的暴力抗議活動，克里斯特也成立了一個「言論自由委員會」，並且發起了一個「言論自由年」，讓學生、教職員和員工聚集在一起參與對話，話題圍繞著對一所創立言論自由運動的大學，言論自由意味著什麼。[103]克里斯特甚至嘗試解決柏克萊大學宿舍短缺的問題。在加州大學系統所有的學校中，柏克萊的宿舍容量最小。克里斯特提出了九個新地點用於擴建大學新宿舍，其中一個位於里奇蒙，德克斯曾計畫在那裡建造全球校區。

　　儘管克里斯特取得了初步的成功，但隨著預算持續削減與教職員逐漸流失之後，柏克萊在大學排行榜的位置下降了。在 2018 年 Quacquarelli Symonds 的調查中，柏克萊在八十個類別中下滑。2018 年，UCLA 在《美國新聞與世界報導》的排名中與柏克萊並列，這是近二十年來，柏克萊首次不是美國唯一的頂尖公立大學。[104] 柏克萊甚至沒有被列入《美國新聞與世界報導》最初的排名中，因為該大學誤報了 2016 年的校友捐贈率，宣稱其為 11.6%，而不是真實（且悲慘的）7.9%。[105] 在糾正了這一誤報之後，柏克萊重新回到了《美國新聞與世界報導》的排名，它的名次在 2019 和 2020 都落後 UCLA。[106]

　　德克斯的「新常態」一詞，在 2019-2020 學年則有了新的含意。COVID-19 引發了一場全球疫情，並帶來了意想不到的變化，預示了國際上所感受到的「新常態」。這對柏克萊產生了深遠的影響。在最終達到預算平衡之後，由於短期收入損失與州政府資助大幅且長期的削減，柏克萊再次面臨預計 1.7 億美元至 4 億美元之間的預算赤字。[107] 預計未來兩年加州預算削減總額將高達 534 億美元，這將進一步減少州政府對加州大學系統的資助。[108] 2020 年 6 月，克里斯特宣布柏克萊將會有一個混合式的秋季學期，包括小型的面授課程；一個「雲端學期」，或線上提供的大型調查課程；以及將學生錯開上課，並且將學生住宿人數限制在 6,500 人。[109] 為了緩和加州高教體系所面臨的挑戰，州長紐森在 2020 年 8 月組織了「加州高教復甦與公平專案小組」。[110] 前教務長布雷斯勞爾曾經認為，柏克萊最糟糕的狀況是，如果「州政府不能挺住，競爭變成富者愈富，」導致這所大學「被徹底擊垮」。[111]COVID-19 的大流行會證明了他的話具有預言性嗎？

　　在危機重現的時刻，那些最困難的問題仍未得到解答：當絕大多數的機構經費來自私人來源時，做為一家所謂的「公立」機構意味著什麼？當加州不再以永續的方式資助柏克萊時，柏克萊對加州的公民、納稅人和兒童的義務是什麼？柏克萊能否在滿足這些地區期望的同時保有世界上最好大學之一的地位？正如克里斯特所宣告的：「這可能是一個危險的時刻，但也是一個充滿創造、興奮與可能性的時刻。」[112] 在一個持續緊縮的時代，這所大學裡志氣高昂、直言不諱的教師、學生和員工，將如何因應另一場危機？柏克萊的歷史優勢之一，教職員治理，是否使其無法面對不可避免的艱難選擇？柏克萊，這個言論自由的發源地，有著悠久學術自治與叛逆公民傳統的大學，在面對多重「新常態」的壓力下，最終會變得既無法治理，又無力償債嗎？

第 7 章

驚人的野心

杜克大學

2017 年 5 月，布羅德海德在擔任杜克大學校長將近 13 年後，來到了中華人民共和國江蘇省崑山市。就在他卸任校長前幾周，他與崑山杜克大學的顧問委員會進行了談話，崑山杜克大學是杜克最具野心的國際計畫。他回憶在他就任校長時，他已經在耶魯度過了「整個成年歲月，先是當一名耶魯的學生，然後成為一名傑出的英國文學學者，接著又擔任耶魯學院院長十一年。」許多在紐哈芬的人無法想像他會為了杜克而放棄耶魯。他想起了一位學生，這位學生抱怨說：「你看，布羅德海德院長就好像嫁給了耶魯——而現在我們得知他要離我們而去，尋找一位更年輕、更擅長運動的對象。」[1]

杜克大學的確更年輕，而且在 21 世紀初期，比它曾經與之較量的長春藤聯盟學校更擅長於運動。其著名的男子籃球隊贏得了五次全國冠軍，其中兩次是在布羅德海德任內，球賽是在卡麥隆室內體育館（Cameron Indoor Stadium）進行，布羅德海德稱它為「杜克學校精神的歡樂主場，球迷在這裡瘋狂，敵手只希望能趕快逃回家」。[2] 而正是杜克大學的學術運動精神——它堅持不懈的計畫，以及它在跨越知識和國際邊界上相對較少的約束，使得它成為一所既具備成效又懷抱渴望的機構，它也許是美國研究型大學中最有活力的。

　　布羅德海德考察了令人驚豔的現代化崑山杜克大學校區，該校區由 Gensler & Associates 設計，並且由中國最具創業精神的城市崑山市所興建。[3] 剛剛簽署了崑山杜克大學 200 英畝住宿校區第二階段的興建計畫，布羅德海德回顧了他和這所大學已經走了多遠的路。從他所在之處，離家 18 小時（搭乘飛機），距離杜克大學的創立已有 179 年。杜克大學正在中國依照美國的標準建立一所文理學院——這是從 1919 年燕京大學（現為北京大學）成立以來的第一所此類中美合資學校。杜克積極向中國投資學術資本，中國是全世界高教體系快速成長的所在地，不論在品質或數量上皆是如此。中國也是一個對執政的共產黨持有異議觀點就會被嚴厲政治鎮壓的國家。

　　當他乘坐高鐵以每小時三百公里的速度離開崑山返回上海，然後搭乘一系列熟悉的航班返回北卡羅來納州達勒姆，布羅德海德思索著他將留給他的繼任者普萊斯（Vincent Price）的遺產，普萊斯將在 7 月 1 日上任。崑山杜克大學對杜克來說又是一次大膽的舉動，也許是迄今為止，在中國的所有美國大學中最大膽的，但它並非沒有挑戰。杜克的董事會稱這是一個「影響百年的決定」。對於新校長和杜克大學來說，它會成為全球領導者的標誌，讓它從猶豫不決的美國競爭對手中脫穎而出嗎？或這會是一個太大的風險，即使對一所著名的大學而言，用一位早期的校長桑福德（Terry Sanford）的話來說，因為「野心太過驚人」。[4] 無論如何，這是一所年輕的大學迄今為止最大膽的冒險之一，這所大學不到一個世紀之前還離高教的最前排遙不可及。

偏鄉源起與本土捐贈

　　杜克將它最新的校區設立在直到近幾十年都還是上海郊外偏鄉的小城市，這是再合適不過了。到了 2020 年，杜克大學已經成為美國領先的私立研究型大學，擁有 12 個學院，將近 16,000 名學生，超過 3,800 名教職員工，分布在達勒姆 1,000 英畝的土地上。[5] 它的研究所和專業學院——醫學、商業、法律、公共政策和環境等領域，經常躋身於各自領域的頂尖機構之列。它的大學學院是美國最嚴格篩選的學院之一，而它的畢業生也是最受雇主器重的人才之一。[6] 但是杜克的源起可以追溯到布朗學校（Brown's Schoolhouse），這是一所只有一間教室的學校，由北卡羅

圖 7.1　布朗學校，1982 年。David M. Rubenstein Rare Book & Manuscript Library, Duke University.

來納州鄉村的衛理公會和貴格會家庭所建造。布羅德海德曾說過，杜克成立於「南方最不發達州之一的窮鄉僻壤。但是不論再怎麼窮，也不會讓一個地方的民眾不關心教育，而且也沒有一群人可以因此被剝奪他們採取行動以獲取這一益處的權利」。[7]

這所學校發展成一所師範學校，培訓教師，然後在 1859 年成為一所名為三一學院的小型學院。1892 年，為了達勒姆更具都市和工業的環境，它離棄了北卡羅來納州的三一鎮（該鎮以此學院命名）。督導此一轉變過程的是一位早期的耶魯移居者 ── 校長克羅威爾（John F. Crowell），他預想著一所以德國模式致力於研究和教學的大學（還有別的嗎？）克羅威爾首先對他在三一學院看到的一切感到沮喪，他差點辭職回到北方。他開始著手進行改革，包括發展這所學院的第一個綜合圖書館。他的計畫不僅限於學術，他是體育運動的大力支持者，並以此做為一種手段，以團結分裂的學生團體，跨越地理和階級的界線，同時也用來挑戰附近位於教堂山的州立大學。[8]

19 世紀晚期的達勒姆是一個鐵路樞紐和美國菸草貿易中心。在內戰結束後，北卡羅來納州的菸草在美國名聲大噪，當時占領的北軍軍隊迷上了它的甜美香氣。該產業的先驅華盛頓·杜克（Washington Duke）是那些支持將三一學院吸引到達勒姆的人士之一，他的兒子詹姆斯·布坎南·杜克（James Buchanan Duke）引進了捲菸機，徹底改變了這個產業。到了 20 世紀之際，杜克的美國菸草公司（American Tobacco Company）幾乎壟斷了美國的捲菸市場，一路發展順利，並透過與英國夥伴的結盟，讓世界上大部分地區都對尼古丁上了癮。到了 1930 年，該公司在中國生產和銷售了大約 550 億支香菸，並在那裡建立了一種延續至今的男性抽菸文化。[9]

在 1890 年代，三一學院得到了華盛頓·杜克和卡爾（Julian S. Carr）

的資助，足以在今天的東校區建立一個新校區，以容納這所雄心勃勃，且現在是男女合校的新機構，在那裡，根據華盛頓‧杜克的贈與條款，女性將「與男性一視同仁」。[10] 三一學院從北方諸如約翰霍普金斯和哥倫比亞大學等新成立的研究所招聘教職員，在 20 世紀初，成為美國南方領先的文理學院。[11]

今天杜克大學的基礎是在弗尤（William Preston Few）校長的長期任內所奠定下來的，他從 1910 年任職到 1940 年去世。當時和現在一樣，成功的募款需要耐心和毅力。弗尤經過至少十年的追求，才說服了以喜歡「想做大事（think big）」聞名的詹姆斯‧布坎南‧杜克來支持他建立一所「國家級」而且是「一流」大學的願景，並重新命名以紀念華盛頓‧杜克。[12] 1924 年，三一學院從更大筆用於資助教育和健康的杜克捐贈基金中獲得 4,000 萬美元，在 1920 年代以喬治亞風格重建，以容納這所大學的女子學院，同時大約在一英里外，有一個壯麗的新哥德式校園正在構思和興建，以做為西校區。[13] 在杜克捐贈的十年內，三一學院成為了杜克大學，擁有研究所、神學院、醫學院和護理學院，而工學院和林業學院也即將成立。

杜克大學蛻變的發生地和象徵是新的西校區，其設計精緻，有著高聳的教堂和兩側的方庭，全部採用學院哥德式建築，而且都是由費城 Horace Trumbauer 建築師事務所的非裔美國建築師阿貝勒（Julian Francis Abele）一手設計。為這所大學設計了四分之一個世紀的阿貝勒，在那個充滿種族主義與種族隔離的年代，他不能，或不願意到訪北卡羅來納州，這是關於杜克大學一個令人感觸的故事。那個想像著杜克大學現代校園的男人，從來沒有看見過他的創作成品。

1925 年，詹姆斯‧布坎南‧杜克生命的最後一年，他又送給了這所大學另一份禮物：400 萬美元用於建立杜克醫學院、護理學院和杜克醫院。當時他的願景是區域性的，他希望杜克可以成為巴爾的摩和紐奧良之間最大的醫療中心。杜克醫學院和醫院離西校區僅幾步之遙。[14] 它們與杜克大學核心區域實體上的接近，反映出它們在整合大學生活、運作與施展抱負上將扮演的角色。1930 年開業後，這家新生的醫療中心迅速取得了巨大的成功。到了 1935 年，根據美國醫學會，它進入了美國前 20 名頂尖醫學院的行列。對這所醫院的服務需求迅速增長，於是在 1940 年增添了一所新的醫院側樓以增加容量。[15]

杜克對北卡羅來納州公共衛生的投入至今仍在持續，1998 年杜克大學健康系統（Duke University Health System，簡稱 DUHS）的建立更加強了此一承諾，該系統將杜克區域醫院與羅利社區醫院（Raleigh Community Hospital）和附近其他的醫療服務提供者整合在一起，為該地區建立了一個單一的「學術醫療保健系統」。[16] 正如我們稍後將會看到的，這個以區域為重點的醫療中心，將成為杜克大展雄心，邁向國際化的第一步，杜克在 2005 年與新加坡國立大學合夥成立了杜克－新加坡國立大學醫學院。

英國小說家和哲學家赫胥黎（Aldous Huxley）於 1937 年到訪北卡羅來納州，當時他描述了穿越森林的旅行，「在那裡，人們永遠不會期待有什麼特別的事情會發生。然後，突然之間……不得了的東西確實出現了……在那裡，一棟迄今世人未曾見過的超大型哥德式建築，驚人地拔地而起……。這座巨大而奇妙的建築，現在是一所大型大學的所在地……這是我所知道的最成功的新哥德式嘗試。」[17] 一次建築上的出擊，使杜克大學成為足以和普林斯頓、芝加哥大學、華盛頓大學媲美的學院哥德式建築大學。

它的設計中沒有一點點矯飾——從杜克教堂往下走的階梯超乎自然地磨損，彷彿幾個世紀以來的學者都曾從它們身上走過。但是正如 1959

圖 7.2　杜克大學鳥瞰圖。杜克現職員工提供。

圖 7.3　杜克教堂的學者階梯。Photograph© William C. Kirby.

年杜克大學的第一份綜合計畫報告中所指出的,「建造一座宏偉的建築本身並不能回答『這所新大學將會變成什麼樣子,以及會有什麼樣的成就』的這個問題。」[18] 簡而言之,杜克大學將如何創造出一所跟它的建築一樣優秀的大學呢?

制定計畫的文化

每一所大學都會假裝在為自己的未來制訂計畫。有些大學之所以會這樣做,比如我們的柏林大學,是因為政府在「條約」中,或是在卓越計畫的背景下要求它這樣做。哈佛等私人的美國機構大多是在發起募款活動的時候會這樣做:為什麼我們**應該**向校友請求更多的經費呢?研究型大學中的各個學院必須為下一輪的教職員任命和投資方案制定計畫,但很少有機構會制定長期策略方向的整體計畫。杜克則不同。杜克大學甚至在它 2006 年「創造改變」(Making a Difference)策略計畫的序言中也指出:「在許多大學裡,策略計畫是一種平淡無奇的展望,一種官僚的做法。……在杜克,進行策略計畫則令人興致勃勃,因為它的確會創造改變。」到了 1950 年,杜克看起來好像已經是一所偉大的大學了;但還要花上數十年的認真計畫,它才得以真正的名副其實。

整體評估,1958-1964

認真、全校規模的學術計畫始於 1950 年代。1958 年,杜克大學董事會執行委員會批准了由副校長(當時相當於教務長)葛羅斯(Paul M. Gross)所起草的「長期計畫程序聲明」。校長伊登斯(Hollis Edens)向委員會提出了三個簡單的問題:杜克落後的地方在哪裡?杜克應該強調什麼方向？杜克未來應該是什麼樣子？[19] 葛羅斯的報告迫使杜克必須做出決定：杜克是否有志於成為一所全國性的研究型大學？答案是肯定的，即使有爭執，當伊登斯校長與教職員分享這份報告時，他指出杜克大學在 1930 年代的（重新）創辦人並沒有打算建立一所地方性的大學，儘管他們基於同情，覺得有必要為南方提供特別的服務。[20]

杜克在 1959 年的《第一份進展報告》對這所大學、它的幾所學院，以及眼前面臨的挑戰提出了坦率，有時甚至殘酷的評估。它指出，大學學院「在南方位於強勢地位」，但它「遠遠未達到全國最好的標準」。[21] 其研究所缺乏「朝向國家和國際級真正教育領導者的持續精進。」[22] 杜克擁有 4,000 名主要來自南方的清一色白人大學生，1,200 名素質參差不齊的研究生和專業學院學生，以及 800 名教職員工，與其說它是一所全國出色大學的競爭者，倒不如說它是在種族隔離的南方一所著名的地區大學。[23] 杜克直到 1961 年才取消種族隔離政策，並在 1963 年招收首批 5 名非裔美國人進入它的大學就讀。[24]

杜克在財務資源上也遠遠落後當時的領先學校。1958 年，杜克 5,612 名全時學生的直接教學支出總計 490 萬美元（每名學生 868 美元），相較於哈佛 10,536 名學生的 2,400 萬美元（每名學生 2,318 美元）。[25]1960 年，杜克的捐贈基金還不到哈佛的十分之一——6,000 萬美元相對於 6.25 億美元。[26]

在 1960 年和 1961 年針對長遠計畫所提出的《第二份進展報告》和《第三份進展報告》中，持續強調出這所大學的不足之處。《第二份進展報告》特別呼籲改善杜克大學的大學生。杜克在 SAT 分數和其他指標上落後它志向遠大的同行。[27] 該報告決定提高數學和外語準備的入學成績來提高學術門檻。

這三份進展報告為 1964 年的《第五個十年報告》奠定了基礎，該報告為長達六年的策略計畫過程做出了結論。它宣布，杜克的第五個十年將見證全國規模的教職員招聘和國家級的教職員薪資，至少花費 1 億美元（大於捐贈基金的規模）在新設施上，並上漲學費以幫助支付所有的這些費用。[28] 如果杜克要成為一所國家級的大學，它必須要開始像一所國家級的大學來收費。

唯有以這項計畫為後盾，杜克才開始投入它第五個十年的募款活動，到了 1971 年 5 月，該活動募到了 1.05 億美元，是當時美國南方所有學校中募到的經費最多的。[29] 這些募集的經費資助了 24 項建築計畫，顯著拓展了杜克的科學研究設施、圖書館、學生宿舍和娛樂設施。[30] 它還用來設立化學、商業管理、國際事務和醫學領域的新聘教授職位，以招聘新一代的學術領袖。[31]

杜克的新聘成員並非沒有帶來任何爭議。杜克狐猴中心（The Duke Lemur Center，簡稱 DLC）於 1966 年由耶魯人類學家布特納－亞努施（John Buettner-Janusch）和杜克生物學家克洛普佛（Peter Klopfer）所創立，布特納－亞努施帶著他的狐猴一起落腳到杜克大學。[32] 狐猴中心位於占地 80 英畝的杜克森林，靠近主校區，這是一個露天的靈長類動物場地設施，用於研究和保護狐猴，狐猴是地球上最瀕危的哺乳動物。今天，杜克狐猴中心擁有來自 14 個物種的狐猴約 230 隻，是馬達加斯加以外擁有最多樣化狐猴種群的地方。[33] 杜克狐猴中心是世界上最有名的狐猴之一，Jovian 的家園，Jovian 是美國公共電視兒童節目 *Zoboomafoo* 中的明星。

即使是最迷人的招聘故事也有其陰暗面。建立杜克狐猴中心之後，布特納－亞努施在 1973 年離開杜克，當時紐約大學給了他更高的薪水。在紐約大學期間，聯邦探員在他的實驗室發現 LSD（迷幻藥）和其他毒品的證據之後，他因將實驗室當作「毒品工廠」於 1980 年被定罪。[34]

1987 年，在他出獄幾年後，他將有毒的巧克力寄給將他判刑的法官和一位杜克大學的前同事。[35] 法官的妻子吃下了巧克力。她倖存了下來，而狐猴也安然無恙。今天，杜克狐猴中心每年吸引超過 35,000 名贊助者來到這個保護區欣賞那些有著一雙迷濛眼睛的迷人哺乳動物。[36]

《第五個十年》募款活動的一個教訓就是——扎實的策略計畫可以帶來成功的資本募集，這一點，杜克的後續領導人並沒有忘記。然而，為了勾勒出杜克的雄心壯志，未來的計畫將遠遠超出概括的資本需求。

「驚人的野心」在 1970 年代

杜克在它的《第五個十年報告》公布八年後，推出下一個策略計畫，當時它在國家政治人物桑福德的領導下，成為一所快速崛起的大學。桑福德校長在 1984 年 10 月 25 日對教職員的演說中宣稱：

> 這不是常春藤聯盟學校，我們不屬於任何盟邦或部落，我引用我的就職演說：「我不建議我們採取同質化的模式，尋求讓自己為全國幾所偉大的私立大學之一，或是企圖『趕上』或追隨任何大學，無論其聲望如何。單純地像其他的大學那樣做事、像它那樣教學、像它那樣運作，接受它做為我們的模式，將會使得我們頂多成為一個複製品。我們要努力成為杜克大學，一個追求最高學術成就，並且充分利用自己獨特資源和創造力的機構。」[37]

就像從柏林到柏克萊的校園一樣，杜克大學在 1960 年代後期成為支持民權和反越戰的抗議場所。1969 年，非裔美國學生占領了艾倫行政大樓（Allen Administration Building），警察向圍觀的學生群眾發射催淚瓦斯，在這之後，校長奈特（Douglas Knight）被迫辭職。[38] 杜克，就像哈佛、柏林自由大學，以及我們即將看到的清華大學，發現自己正處在一場世代革命的標靶上。

奈特離開後，杜克大學董事會聘請桑福德來恢復校園平靜，並推動這所大學朝向全國性機構的目標前進。桑福德是一位支持廢除種族隔離的民主黨改革人士，在 1961 至 1965 年擔任北卡羅來納州州長期間，曾經將州政府對公立學校的支出加倍。[39] 杜克的雄心壯志很適合一位野心勃勃的人。在擔任杜克大學校長期間，桑福德兩度競選美國總統，並在離開杜克大學後，最終成為美國參議員。在他死後，他被安葬於杜克大學教堂。在他擔任校長期間，他讓杜克大學揚名立萬。

杜克自從它的上一個策略計畫以來，情況已大有改善。到了 1972 年，根據 SAT 平均分數衡量，它的大學學生現在在所有美國大學生中排名前 9%，儘管在學生素質測驗方面，杜克仍然落後 35 到 40 所學校。[40] 杜克的專業學院則更見起色。醫學院和法學院現在排名全國前十名。[41] 杜克商學院成立於 1969 年，計畫將其捐贈基金擴大到五倍達 500 萬美元。[42]

桑福德 1972 年的報告旨在加深、加快推動計畫，並將重點聚焦在大學生的教育。大學課程的嚴謹性在 1968-1969 學年有所提高，有助於解決杜克大學「缺乏知性氛圍」的問題，並促進學生更直接地參與研究。[43] 杜克並尋求大量的外部資源以改善助學金和學生多元化，目標是大學生群體中有 10% 是少數族群。[44]

在研究生教育上，因為杜克大學主要的研究所課程都已經名列全國前三十名，因此將標準提高，要讓大部分的課程都擠進前二十名。為了達成此一目標，這份報告呼籲，在詹姆斯・杜克（James B. Duke）和其他已指定的 48 個現有教授職位之外，再設立 50 個新的捐贈教授席位。[45]

專注於卓越的 1980 年代

杜克自 1950 年代的崛起，發生在美國經濟基本上持續成長的時代。但在 1970 年代末的停滯性通貨膨脹之後，杜克 1980 年的計畫〈進步的方向〉（Directions for Progress）宣布，杜克大學和其他私立的研究型大學一樣，必須「計畫縮減，而不是成長」。[46]

所有杜克大學早期的計畫都依現有的課程進行了冷靜的審視，著眼於減少那些前景不看好的課程。〈進步的方向〉進一步主張大幅削減。[47] 一些課程改善了它們的財務狀況，並在削減中倖存下來。其中包括林業與環境研究學院，以及杜克大學海洋實驗室，它們在 1991 年合併成為一個新的環境學院。[48]

〈進步的方向〉還提議對學術任命進行全面改革，強調更嚴格的終身制政策，以提高杜克的競爭力。杜克大學醫學中心以外的教職員有 80% 是終身職，這一比例為這所大學帶來了「嚴重的停滯風險」。[49] 終身職任用將保留給那些「依照每一項全國標準都很卓越」的「頂尖學者」。這所大學將負擔不起將「盡忠職守的服務和潛在的偉大才華混為一談」。[50]

當 1980 年代後期經濟恢復成長時，杜克精挑細選和積極的招聘得到了回報。其 1987 年的學術計畫自信地呼籲杜克「在研究型大學的頂尖隊伍中，開闢出一條獨特的利基市場」並且創造出自己的「卓越巔峰」。[51] 這已經在許多領域中展開了。約翰·霍普·富蘭克林（John Hope Franklin）是研究美國和非裔美國人經歷最傑出的歷史學者，他在 1982 年被授予了詹姆斯·杜克教授職位。1999 年，杜克的人文研究所成立，並以他的名字命名來紀念他。著名的法學者佛萊什曼（Joel Fleishman）於 1979 年從耶魯被聘來帶領政策與公共事務研究所，此所後來發展成桑福德公共政策學院（Sanford School of Public Policy）。格里菲斯（Phillip Griffiths）在 1984 年放棄了哈佛的捐贈講座，成為杜克的教務長。[52] 至於英語系的系主任，杜克於 1986 年聘請了一位大膽的學術創業家與文學理論學者費許（Stanley Fish）來擔任，據說他接手了一個「受人尊重但古板的南方英語系，並且將其轉變成當時的專業大系」。[53]

1970 年代和 1980 年代的策略計畫，得到了桑福德領導下的兩次資本募集的支持，得以擴大研究和學生的資助、增加新設施，並資助招募來自全國的學生。來自北卡羅來納州和東南部各州的大學生，比例從 1958 年的 55% 下降到 1983 年的 35%；現在有 48% 的學生來自東北部，15% 來自中西部和太平洋沿岸。[54] 多元化的趨勢在桑福德的繼任者布羅迪（Keith Brodie）的任內更為強化。非裔美國學生在杜克的比例，從 1985 年的 4%，增加到 1993 年的 9%。[55] 同一時期，此校獲得助學金的大學生比例從 20% 增加到 40%。[56] 14% 的杜克大學生獲得了培爾助學金。[57]

K 教練及其他

同樣在 1980 年代，杜克的一個代表性課程也開始扎根了：男子籃球隊。從 1980 年到 2022 年，沙舍夫斯基（Mike Krzyzewski）擔任這支球隊的主教練，到了 2021 年，他已經帶領杜克獲得 5 次全國冠軍，並 12 度進入四強決賽。在男子大學籃球最艱困的賽區，他保持著職業生涯獲勝最多的紀錄。因這位教練得名的 K 教練籃球村（Krzyzewskiville）或稱 K-ville，是杜克一個歷久不衰的傳統，它開始於 1986 年，當時學生為了要得到杜克「藍魔（Blue Devils）」和他們的死敵北卡羅來納州大學教堂山分校「柏油腳跟（Tar Heels）」之間的年度比賽門票，搭帳篷紮營數日。如今，K-ville 已經演變成一種現象，學生為了獲得籃球比賽的門票，在比賽前三到八個**星期**，輪流搭帳篷紮營。體育運動，尤其是籃球，變成杜克大學生文化的核心。與春季學期相比，更多學生決定在秋季出國留學，這是為了留在校園裡參與冬季和春季的籃球賽季。體育運動也帶來了數百萬美元的收入。在 2018-2019 學年度，杜克的男子籃球帶來了 35,489,891 美元的收入，以及超過 1,300 萬美元的利潤。[58]

外人很難誇大籃球在杜克大學的無所不在，而且我不得不說，它對於杜克的校園有廣泛的正面影響。就像美式足球在聖母大學（Notre Dame）一樣，今天籃球已經成為杜克大學學生、教職員工和行政部門共同文化的一部分。杜克的男子籃球隊獲得 2015 年的全國冠軍時，我正在杜克的校園裡。第二天，卡麥隆室內體育館 9,314 個座位上擠滿了來自這所大學社群各個角落的學生和球迷，歡迎這支球隊和他們令人敬愛的教練回家。

幾年前，我應邀到杜克做一個關於中國的學術演講，由克萊爾·康賽森（Claire Conceison）主持，她是一位傑出的學者與中國戲劇的專業者，也是杜克亞洲／太平洋研究所的成員（現在她是麻省理工學院中國文化和戲劇研究的教授）。克萊爾在杜克教了一門叫做「體育作為表演」的課程。據我所知，它在籃球隊裡很受歡迎。在我演講前一小時，我在她的辦公室等她，一個接著一個學生來遞交她課程的報告，學生的個頭一個比一個高。從某種程度來說，這應該是我見過的最高大的一群大學生。當他們的報告堆疊起來時，我知道我不該去看。但到最後，我還是忍不住開始讀了起來。它們很不錯。我對這些學生、克萊爾（她顯然把他們逼得很緊），還有間接地對 K 教練印象深刻，他的課程沒有受到學術醜聞的影響。

到了 2019 年，學生運動員或大學體育校隊的學生人數約占杜克大學生人數的 10%——低於哈佛的比例（因為體育校隊較少），但他們在某些運動項目上更具培養未來專業運動員的志向。[59] 因為運動是推動杜克大學進步的一個工具。在過去三十年裡，沒有一個認真的運動迷會不知道杜克在籃球領域以及其他領域的非凡崛起。

然而，和其他地方一樣，大家對杜克大學體育運動的傑出地位也懷疑有其陰暗的一面。2006 年 3 月，北卡羅來納州中央大學（North Carolina Central University）的一名黑人學生提出了強暴、綁架和性侵的指控，此人是一名跳豔舞的兼職舞者，在春假期間被杜克的男子曲棍球隊雇來在校外的家庭派對上表演。[60] 此案引起了全國的關注，許多人認為這種體育文化已經失控。隨著調查的深入，這支當年被看好奪冠的男子曲棍球隊被禁賽了。一年後，在原告的說法自相矛盾，以及達勒姆地方檢察官對證據處理不當的情形浮現之後，三名被指控的年輕人被宣判

圖 7.4 K 教練和杜克大學 2015 年全國冠軍男子籃球隊。Duke Sports Information.

無罪。[61] 然而，不是醜聞的醜聞依然在校內外揮之不去，因為很多人相信這很有可能是真的。在當時，杜克曲棍球隊事件引發了人們對於種族、階級和菁英運動在美國頂尖大學中所扮演角色的質疑，這些問題幾乎從來沒有消失過。然而，消失的是這棟傳言中事件發生的房子：它被杜克大學拆除了，因為它已經變成了一個觀光景點。

到了桑福德結束他變革性的校長任期（1969-1985）時，杜克在學術上的多個領域都有了傑出的表現。從 1970 年到 1985 年，教職員規模增加了 44%（從 984 人增加到 1,424 人），而它在品質和連結能力上給人的感受則成長得更快。在 1982 年全國生物科學的排名中，杜克排名第三，高於加州大學柏克萊分校和哈佛。[62] 在大學排名產業開始的初期，這所大學於 1985 年被《美國新聞與世界報導》評為美國大學第六名，這可以當作是杜克崛起的一個令人鼓舞的外界認可。在 1985 至 2020 年，除了其中一年，杜克每年都保持在《美國新聞與世界報導》全美大學排名的前十名。[63]

桑福德在最後一次對教職員的演說中說：「每個人都在追求卓越，或聲稱已臻至卓越。我有時認為我們誤用了這個字，或因過度使用而弱化了它。卓越並不是某種起司牌子。它甚至不是某個地方。它比較像是一條路徑，或一顆指引的星星……它是一種精神；它是一套個人和機構的價值觀。」[64]

塑造杜克未來的 1990 年代

1993 年至 2004 年擔任杜克大學校長的基歐漢（Nannerl Keohane），形容她所承接的杜克如同一支學院「艦隊」。杜克為了試圖擺脫它「羨慕常春藤」的包袱，策略計畫向艦隊中所有的船隻發出了方向和目的地的信號，要與其他主要研究型大學一較高下，甚至超越它們。杜克的海軍上將、准將和艦長，誰跟隨著這支旗艦的信號，誰就會獲得更多的資源。

但隨著杜克的專業學院變得更加傑出且經費更為充沛，要集中這所大學的資源就變得更具有挑戰性。基歐漢在 1993 年上任時，她發現校長可以真正自由支配的經費只有 100 多萬美元。[65] 雖然教務長透過他的「共同基金與學術優先經費」可以有更多的資源，但這些資源每年不超過 350 萬美元。[66]

1992 年《杜克計畫：為 21 世紀的杜克定位》發表了。基歐漢在 1993 年上任後，於 1994 年推出了一項新的策略計畫〈塑造我們的未來〉。為了資助〈塑造我們的未來〉，杜克在 1994 年設立了一個「虛擬股權（Virtual Equity）」方案。虛擬股權是一種機構再投資帳戶（簡稱 IRA）或「內部銀行」，杜克不同的學院將其現金儲備存入其中，並且由管理杜克大學捐贈基金的杜克大學管理公司（簡稱 DUMAC）進行投資（這個概念類似於哈佛的中央銀行，但即時管理做得更好）。這些學院保證可以獲得相當於 30 天期國庫券利率的回報。當產生的回報超過基金負債的 6% 時，這些經費將被重新分配給中央行政部門，以資助策略計畫方案。到了 2001 年已經累積了 6,000 萬美元，並預計未來的收入為每年 900 萬美元。[67]

跟之前一樣，計畫之後就是募款活動：為杜克募款活動在 1996 年推出，從 25 萬名捐贈者那裡募得了 2.36 億美元，成為美國高教歷史上當時第五大的單一募款活動。[68] 杜克的捐贈基金在 1994 年約為 7 億美元，到了 2003 年底增加到超過 30 億美元。[69] 由於杜克募款活動的成功，以及在出版〈塑造我們的未來〉之前起草新的校園總體計畫（自 1920 年以來的第一份），得以讓杜克大學在基歐漢任內興建了 40 多座建築。[70]

受控的混亂與策略計畫在 21 世紀的杜克

　　為什麼計畫在杜克如此成功？計畫是如何獲得歡迎與正當性的？回顧杜克的計畫過程，布羅德海德回憶說：「每個單位都參與了計畫的工作，並且對於觸及每個人的主題進行了高層的協調。……當我讀到策略投資計畫時，它確定為該計畫提供經費的方式——這是我在其他地方從未見過的。」杜克的 21 世紀計畫提供了最好的例子。

　　到了 21 世紀初，制定計畫已經成為杜克的基因。計畫的成功與杜克的治理直接相關。雖然杜克的校長是這所大學的「首席教育和行政官」，但教務長的職位是一位強大的「位於校長之下的執行官，負責大學所有的教育事務和活動，」包括策略計畫。[71] 正如杜克受益於一系列長期任職且成功的校長，它也受到教務長的影響。彼得・蘭格（Peter Lange）於 1999 年成為教務長，並在該職位任職 15 年，總管 2001 年「立基於卓越」（Building on Excellence）與 2006 年「創造改變」的策略計畫。

　　如果說柏林自由大學的彼得・朗吉（Peter Lange）是它的鐵漢總務長，那麼杜克大學的彼得・蘭格就是它的鐵漢教務長。兩位都是他們大學好幾位校長任內延續和進步的堅強力量。然而當彼得・朗吉，基本上是在公眾的目光之外，無聲地扮演著他令人敬畏的角色，杜克的彼得・蘭格則無所不在，以他熱誠的公眾形象和充滿活力的雄心壯志，讓眾星在杜克的蒼穹之下適得其所。他有（在這個職位上很少見的）能力看到整個大學發展的全貌和科系層面的煩瑣細節。杜克大學教務長的工作職責很單純也很強大：「教務長是杜克大學的首席學術官，向校長負責大學的教學和研究任務。」杜克的教務長辦公室比起在哈佛，或柏克萊的教務長辦公室都更有權威，前者扮演著協調者的角色，後者則有著資源減少，以及學生和教職員反抗的悠久傳統。直接向教務長報告的有杜克的8個學院（以及其院長）；它的11項跨學科方案；6項副教務長負責督導的大學教育、學術事務，以及財務等等；以及其他辦公室，例如招生和研究辦公室。與往常一樣，在高階行政角色中，其他的職責也會一個個冒出來。有一次，在美式足球賽期間，蘭格收到一封電子郵件，說在一個有13名學生的擊鼓班中，有7名是美式足球運動員。另一個令人擔心的問題是，該課程沒有教學大綱。蘭格知道在鄰近的北卡羅來納州大學教堂山分校發生學術造假醜聞後，媒體正在尋找這樣的例子，蘭格迅速採取措施與相關的院長會面。三天後，這些學生被轉到其他班級，這個潛在的危機得到緩解。正如蘭格回憶的那樣，「這是一個疏忽的例子。」杜克的彼得‧蘭格是一位比較政治學學者，在擔任這個角色並服務十五年的過程中，這無疑對他有所幫助。他也成為了一名很有說服力的實踐者。再一次，以計畫為例。

蘭格領導下的策略計畫採取民主集中制（或用蘭格的話來說是「受控的混亂」），目標由領導設定，但也有相當程度的民主。當個別的學院向中央提交計畫文件時，蘭格則闡明策略主題，以有助於確認這所大學整體的策略計畫。[72] 該計畫的指導委員會促進了教務長辦公室、院長和教職員工之間的對話，並由教職員工選舉產生的學術委員會與其小組委員會來共同參與。學術委員會是一個強大的、全校性的教職員團體，有權批准學術計畫。

來自學院和研究所的提案，像學生的報告一樣被「評分」為（A、B、C等），根據的是他們自我評估的嚴謹度、他們的願景（或缺乏願景），以及他們與教務長概述主題的一致性程度。[73] 在與幾所學院的院長協商後，跨學院的主題工作小組成立了，教職員可以在其中提供意見。[74]

一旦全校性的策略計畫起草完成，它就要面對正式的審查，首先是學術委員會，然後是杜克大學董事會，後者最終要對策略計畫的審查負責。[75] 為了「**創造改變**」，整個計畫過程從開始到獲得董事會批准花了兩年的時間。[76]

對於來自更廣泛校園社群的回饋與參與所導致的「混亂」，蘭格提供了一股掌控的力量。然而在計畫的過程中，某種程度的混亂是不可或缺的，因為這可以讓新的觀點被聽見並被採納，並獲得更多利益相關者的支持，同時確保計畫所概述的目標真實反映了各學院的能力和興趣。正如蘭格回憶的那樣：「掌控混亂意味著『高層領導』創造了一個架構，一些需要被填充的框框。而且在計畫過程中很難增添或改變這些框框。但接下來，就任由教職員依據我們給的概述來填寫框框中的內容。」[77] 接替蘭格的教務長柯恩布魯斯（Sally Kornbluth）回憶：「之前的計畫看起來之所以如此有先見之明，部分原因在於它們真正抓住了正在發生中的事情。如果沒有本身的有機成長和大量教職員的『買單』，你就無法帶領任何人前進。」[78]

以更雄厚的財力打造卓越

杜克近期計畫的一個關鍵基礎是它的策略投資計畫（Strategic Investment Plan，簡稱 SIP），這使得中央行政部門能夠為這所大學的重要方案提供經費。透過 SIP 等方式，資源逐漸從外圍聚集，轉移到這所大學的中心。杜克大學的領導層很幸運，在其隊伍中擁有第二位長期任職的行政人員：它的財務主管兼執行副校長特拉斯克三世（Tallman Trask III），他曾擔任這所大學的首席行政和財務官。特拉斯克負責的事務包山包海，包括預算、財務、採購、負債、校園計畫、建築、維護和興建、人力資源、學術和行政的電腦事務等等。但是特拉斯克按部就班且穩當地將財力帶進了這所大學的中心。出於策略的目的，特拉斯克在管理杜克複雜的財務上，有一條鐵律：「永遠不要從別人那裡拿走他們**知道**自己擁有的錢。」[79]

2000 年 5 月，杜克董事會批准了杜克大學捐贈基金新的支出率和分配結構。由此產生的變化帶來了 4,500 萬美元，可由杜克各學院院長在教務長的同意下於五年期間用於策略投資。[80] 加上其他未指定或未受限的 1,000 萬美元收入來源，以及 1994 年創建的虛擬股權方案的收入，共有 1.6 億美元可供杜克的校長和教務長在 2000-2001 年會計年度，以及 2004-2005 年會計年度資助策略方案；這比 1994 年起草〈塑造我們的未來〉時，每年只有大約 450 萬美元可用要遠遠高出許多。

蘭格要負責善用這些經費。他透過「立基於卓越」所創建的 SIP 做到了這一點。結合學校的資源，SIP 在五年期間的支出達 7.27 億美元。杜克已經被公認為是全美排名前十大的大學之一；該計畫中概述的策略方案目的在協助它變成「少數幾所可以代表最卓越的美國高教機構之一」。[81] 最重要的是，正如蘭格所回憶的：「我們在 1999 至 2000 年決定，以當時我們所擁有的『精品式』工程學院，杜克不可能成為我們渴望成為的 21 世紀國家級大學領袖。」[82] 這促成了杜克在工程領域的重大策略投資，以及後來杜克將工程學院更名為普瑞特工程學院並加以擴建的發展，這其中要歸功於杜克的校友，曾任輝瑞公司董事長兼執行長的普瑞特（Ed Pratt）的帶頭捐贈。

雖然中央的財政資源僅占整個 SIP 的 22%（1.6 億美元），但這些中央的經費鼓舞了各個學院跟隨著這所大學的核心優先事項。「只有一小部分的學術經費用於策略方案，」布羅德海德回顧，但是「這些策略方案意味著，自治單位透過合作贏得微薄利潤可以為自身帶來極大的利益。」[83]

2006 年「創造改變」

　　「立基於卓越」之後是 2006 年的「創造改變」。杜克「長遠」的主題，在「創造改變」中被明確地指出，這些主題現在已成為了這所大學的核心特色。除了跨學科、國際化和多元化之外，還增加了例如「知識為社會服務」等新的主題，以強調這個計畫可以「創造改變」。[84]「立基於卓越」強調科學和工程；「創造改變」現在加上「人文學科和詮釋性社會科學的核心地位」做為一項長遠的承諾。「可負擔性和可及性」依然是一個核心目標。杜克已經提供無財務要求錄取（need-blind admissions），並仿效哈佛的做法，在 2008-2009 年學年度，對於來自年收入低於 60,000 美元家庭的學生，免除其家長貢獻（parental contributions）＊，並對於年收入低於 40,000 美元的家庭免除貸款。[85] 與「立基於卓越」一樣，「創造改變」的目標也有 SIP 做為後盾，計畫在六到八年間支出 13 億美元。

　　但是杜克所有的計畫都無法預見 2008 年開始的大衰退。SIP 的實施被中斷。2009 年 3 月，布羅德海德在給杜克社群成員的一封信中承認：「短期投資回報的消失『已經』讓策略計畫的重要收入來源化為烏有。」[86] 杜克的捐贈基金在 2008 年 6 月為 61 億美元，縮水了 20%，預計到 2012 年，這所大學的營運預算將減少 1 億美元到 1.25 億美元。[87]

　　為了將損失降到最低，大學領導階層凍結了杜克所有年收入超過 50,000 美元員工的薪資。[88] 自願退休計畫淘汰了數百個工作職位，職位

＊　譯註：在美國大學申請過程中，parental contributions 通常指父母或監護人需要支付的學費和其他費用。

空缺和加班時間的實施受到了嚴格的控制。[89] 興建計畫仍然持續，但新建築的興建則被延遲了。[90]2009 年 4 月，蘭格告訴杜克各個學院的院長檢視他們學院層級的策略計畫，對稀缺的資源設定更進一步的優先順序。[91] 部分歸功於這些措施，這所大學的發展軌跡似乎沒有受到根本的影響。杜克的捐贈基金在 2008-2009 年觸底至 44 億美元後反彈增長，在 2013-2014 年突破 70 億美元大關，並在 2019 年底達到 86 億美元。到了 2021 年 7 月，杜克的捐贈基金達到 127 億美元。[92]

杜克在沒有發生財政崩潰（或像哈佛那樣的流動性危機）的情況下成功度過危機，並且其使命感也完好無損。蘭格草擬了一封給教職員的信：「在這樣的時刻，借鏡歷史有時候是有用的。杜克是在這個國家陷入最深的經濟蕭條之中所誕生並開始蓬勃發展的。透過技能、願景、努力和創業精神，我們的大學迅速超越了甚至最樂觀的期望，在這個國家和世界上占有領先的地位。」[93]

儘管有金融危機，「創造改變」這個計畫仍然讓大學行政部門（正如布羅德海德所說的）「在學院精心策畫的共識上，建立 Duke Forward 募款活動的架構（2012 年啟動）」。該活動在 2016 年 7 月達到了 32.5 億美元的目標，比時程提前了一年。[94]

「知識為社會服務」這一新的長遠主題也「生根發芽」。DukeEngage 於 2007 年啟動，到了 2019 年夏季，已經讓 4,800 名杜克學生在美國 46 個城市和 84 個國家／地區的 600 個社區組織中，志願服務超過 160 萬個小時。[95] 桑福德公共政策研究所在 2009 年升級為學院，展現了其運用跨學科的方法來解決政策問題並為社會提供服務的承諾。

與跨學科和國際化一起，公民參與也已經成為杜克正字招牌的一部分。前副教務長兼杜克凱南倫理研究所（Kenan Institute for Ethics）主任皮克斯（Noah Pickus）觀察到，「當你在學生申請時問他們為什麼選擇杜克，在過去，每個人都會說學校很棒、籃球很棒。現在則大致上會說，學校很棒、DukeEngage 很棒、公民參與很棒。」[96]

跨學科計畫

每所大學都把「跨學科」做為學術創新的關鍵：如何讓來自不同領域的同事一起合作解決共同的問題？如何聚焦像心理學和經濟學如此截然不同學科的見解？或者，簡單來說，大學如何才能擺脫由來已久的科系組織僵化，而任命就源自於這些科系？做為一個更年輕、更有企圖的機構，杜克將跨學科整合視為一種差異化策略。1990 年代，杜克進行了重大的行政變革，以激發跨學科課程。跨學科副教務長辦公室（Office of the Vice Provost for Interdisciplinary Studies，簡稱 OVPIS）成立了，經費也隨之而來。2001 年，跨學科計畫在「立基於卓越」之下得到擴展，7.27 億美元策略投資計畫中有超過 1.5 億美元專門用於諸如約翰・霍普・富蘭克林人文研究所、基因科學與政策研究所，以及社會科學倡議等特色課程。[97]

杜克對跨學科的熱情在「創造改變」之下更為加速。杜克全球健康研究所（Duke Global Health Institute）懷抱著一個偉大的初衷成立了：基於醫學、經濟學、政治學和其他領域之間的合作，減少世界各地社區的健康差距。[98] 布羅德海德將他在耶魯的老同事默森（Michael Merson）引誘到杜克大學，默森當時是耶魯醫學院公衛學院院長。默森為杜克的新嘗試注入了活力，讓它在全國享有盛譽，並且不尋常地，幾乎在杜克的每個學院將它的活動和（通常是聯合的）教職員任命鑲嵌在一起。2006 年至 2016 年之間發起的其他倡議和研究機構涵蓋腦科學、衛生政策、能源、創業和大數據等。這些一起形成了眾所周知的杜克 UIC，或稱特色大學機構和中心（Signature University Institutes and Centers）。

　　UIC 被證明是杜克大學吸引人才的一塊磁石。「創造改變」強調需要聯合並「整群」招聘對杜克具有策略重要性的跨學科工作教職員。[99] UIC 提供中央資助的研究基金，並鼓勵整所大學聯合任命。[100] 聯合任命幾乎在任何地方聽起來都比實際情況好，年輕的教職員尤其擔心在多所學院任命的情形下「兩面不討好」。為了推動這一嘗試，教務長蘭格設立了一個聯合學院－ UIC 終身制／終身制軌道教職員聘用計畫（Joint School-UIC Tenure / Tenure Track Faculty Hiring Program），該計畫提供了一個為期九年的經費，用於聯合聘用被 UIC 任命的半職教職員。[101] 到了 2018 年，杜克總共有 104 位聯合任命的教職員橫跨於不同的學院和 UIC。[102]

　　UIC 為跨學科工作提供了行政支援、實體空間、科技訓練和服務，到了 2018 年，它們管理著 3,300 萬美元內外部的教職員獎助金。[103] 杜克基因組和計算生物學中心為生物科學、生物醫學工程和醫學院的實驗室提供客製化的基因定序。[104] 社會科學研究所贊助橫跨多個社會科學學科的定量研究方法研討會。[105] 在和歷史更悠久、資助條件更好的大學競爭時，橫跨不同學院和學科的集中式服務建立了巨大的經濟規模，使得杜克，正如教務長柯恩布魯斯所解釋的那樣，「能夠事半功倍」。[106]

　　有計畫的跨學科整合成為杜克特色的重要成分。在布羅德海德看來，杜克已經「更深入地了解跨學科整合不僅僅是件很酷的事情」，而且還產生了「一種解決下一代問題將會需要的新形式智慧」。[107] 根據蘭格的說法，杜克的 UIC 成為教職員招聘和留任的核心，並且「為杜克打上了一個跨學科整合的地標」，即使對跟這些機構無關的同事來說也是如此。[108] 著名物理學家高海燕觀察到，跨學科研究在她 2002 年加入教職時已「相當流行」，經過幾十年的投資之後，跨學科研究已經變成

「杜克DNA的一部分」，因為她認識的大多數教職員都「有意識或無意識地」參與了跨學科的研究或教學。[109] 柯恩布魯斯認為，杜克跨越學科界線的意願，已經幫助這所學校結合成一個「組合體」，這成為「其他人後來希望想要早點踏入的一個獨特利基市場，」而這又回過頭來幫助杜克「挑戰超越自己量級的拳擊手。」[110]

但是，延伸拳擊賽的比喻，杜克是什麼樣的重量等級？蘭格回憶說，當他在1981年首次加入杜克任教時，「我們對常春藤大學仍然有很多的羨慕。而我要說的是，杜克過去二十年來最大的改變之一，就是我們不再羨慕常春藤了。真的。」蘭格覺得，從「跨界」計畫開始，特別是在它跨學科整合的驅動下，杜克開始意識到「我們的成功取決於不要跟『那些人』一模一樣。我們擁有讓我們與那些東北佬不一樣的優勢，我們要善用這些優勢來凸顯我們的與眾不同，而不是類似。」就連二十年前帶著「滿心羨慕常春藤」的大學生，也已經意識到杜克是一個吸引人的奇特地方。[111]

2017年〈與杜克同行〉

2014年12月，杜克在教務長柯恩布魯斯的領導下，啟動了新一輪的策略計畫。該計畫草案於2017年命名為〈與杜克同行：透過社群提升卓越〉（Together Duke: Advancing Excellence through Community），回顧了杜克當前在跨學科整合、全球化和知識為社會服務的「堅實基礎」。[112] 該策略計畫有四個目標，並得到中央調動1.32億美元資源的額外支持。

當1959年杜克開始制定全校範圍的策略計畫時，杜克是一所位於美國南方清一色白人的大學，在享受著它區域性卓越感的同時，也意識到它要在全國脫穎而出還有很長的一段距離要走。在 2019 年，杜克將近 16,000 名學生中，有 57% 是少數種族或少數民族，或來自其他國家。它是美國排名前十名的大學，也是世界排名前三十名的大學之一。[113]

在杜克學院的艦隊中，醫學院和法學院在 2019 年共同躋身全美前十五名。[114] 護理學院在 1980 年被〈進步的方向〉計畫逐步淘汰，於 1985 年重組並恢復，專注於研究生教育和研究。到了 2019 年，它在美國研究生護理課程排名第二。[115] 在 2019 年《美國新聞與世界報導》最佳商學院排名中，富卡商學院（Fuqua School of Business）排名第十。[116] 歸功於尼古拉斯環境學院（Nicholas School of the Environment），杜克的環境與生態課程在世界排名第六。[117]

杜克現在在國內無疑是成功的，在國際的聲望也愈來愈高。它現在決定在國外留下自己的印記，特別是在亞洲。

國際化計畫

杜克第一次明顯提到國際化是在 1972 年的策略計畫中。杜克當時是一所全國性的美國大學，但在其影響範圍與企圖上僅有些微的國際化。它在國際研究上有一些學術地位，最成功的是它的大英國協研究和南亞課程。[118] 在 1970 年代初期，它只有 1% 的大學生出國留學。[119] 在杜克求學的外國人分別占大學生和研究生不到 1% 和 11%。[120]

要等到二十年後，杜克才開始積極規劃國際化。1992 年，蘭格主持了一個教職員委員會，敦促杜克在海外和校園內的國際化。1994 年，校長基歐漢任命蘭格擔任第一任學術事務和國際教育副教務長（後更名為全球事務副校長兼副教務長），推動杜克的國際化。[121] 蘭格的雄心壯志反映在杜克 1994 年〈塑造我們的未來〉策略計畫，「呼籲杜克成為一所領先的國際大學，並以此知名。」[122]〈塑造我們的未來〉要求杜克的領導者成為這所大學「可見的傳達者」，藉由積極建立海外夥伴關係，致力於國際化並建立其國際聲望。[123]

國際化在學院中獲得了關注。例如：1996 年，杜克富卡商學院推出了全球高階經理人碩士（Global Executive MBA）課程，該課程讓居住世界各地的高階經理人可以透過網路課程結合多個「實習」地點獲得 MBA 學位，這些實習地點包括：杜拜、倫敦、新德里、上海、聖彼得堡和約翰尼斯堡，再加上達勒姆本身。[124] 洲際經理人碩士（Cross Continent MBA）課程則在 2000 年推出，為職涯初期或中期的專業人士提供課程。[125]

到了 2001 年，杜克已在全球建立了兩百個學術合作夥伴關係。[126]「立基於卓越」策略計畫也呼籲增加杜克國際學生的人數，並且鼓勵杜克的學生到非英語系國家學習。[127]

當布羅德海德在 2004 年就任校長時，國際化的進程加速了，並在 2006 年的「創造改變」計畫中正式成為一個長遠的主題。在布羅德海德的領導下，國際化與跨學科整合、公民參與相輔相成。DukeEngage 和另一個方案 Duke Immerse，讓大學生和教職員可以密切合作進行跨學科研究，然後在世界各地的地點進行實務測試。布羅德海德在 2011 年對教職員的談話中說：「智力的工作愈來愈多以協作的方式完成，在夥伴關係中不會受到實體位置的限制。未能與廣泛的高端夥伴建立連結的大學，將成為明日的一潭死水。」杜克的學生現在也可以透過杜克管理的 43 個課程出國留學，2020 年的應屆畢業生有 47% 選擇了這麼做。[128]

在達勒姆，杜克的 12 個國際和區域研究中心為學生提供了跨學科的教學，並同時提供研究的專業知識和全球各個區域的聯繫。由於國際化是杜克策略計畫的核心成分，杜克跨學科的 UIC 會贊助他們自己的國際活動。在 2017 年，光是全球健康研究所就接待了 115 名學生在全球 25 個國家進行田野工作。[129]

杜克－新加坡國立大學醫學院

在國內實現國際化是一回事，到世界各地建立校區則是另一回事。與紐約大學一起，杜克成為當代美國大學在海外建立實體機構的先行者。2005 年，杜克在決心使新加坡成為亞洲生醫中心的新加坡政府大力支持下，與新加坡國立大學達成協議。這所美式研究生醫學院旨在培訓醫生，並為新加坡和其他地區培養生醫科學領域的領導者。這所學校占地 26,000 平方公尺的邱德拔大樓（Khoo Teck Puat Building）提前三年竣工，並於 2009 年 5 月以杜克－新加坡國立大學研究生醫學院（Duke-NUS Graduate Medical School，簡稱 Duke-NUS）的名稱投入營運。其課程仿效杜克的醫學院，而且杜克保留了學術事務的決策權。當時杜克健康系統的執行長曹文凱說：「對於杜克醫學院達成改變醫療和健康以改善世界各地民眾生活的使命，Duke-NUS 的成功不可或缺。」[130] 杜克為美國人提供更好的醫療保健的目標，如今開始於新加坡。

Duke-NUS 是杜克第一個在海外永久的實體機構，而且絕對是成功的。該計畫證實了將國際化列為策略優先項目的一個主要原因——人才招聘。事實證明，在美國醫學院的環境中接觸到亞洲病患進行臨床研究，以及有機會接觸到東南亞獨特且未被充分研究的疾病，吸引了許多杜克可以招募的潛在教職員。杜克透過它在新加坡的機構，以及經由 Duke-NUS 在亞洲建立的其他夥伴關係，擴大了它的教職員隊伍。[131] 杜克和新加坡國立大學的合作協議分別於 2010 年和 2016 年再次延長。Duke-NUS 的成功，激發了杜克更大的雄心壯志——這一次是在中國。

崑山杜克大學

杜克的開創性根源可以追溯到它在北卡羅來納州偏鄉的創立。大家也會發現它的國際化合資代表作位於曾經是中國農村的一部分。直到20世紀後期，崑山的「大閘蟹」還比它的商業出名，更不用說教育了，秋天上海的每個盤子裡都可以找得到大閘蟹。崑山在明朝（1368-1644）和清朝（1644-1912）一直是個學術中心。但到了現代，崑山已經成了一潭死水，一個位於上海與蘇州之間被遺忘的小鎮。

隨著1979年開始的中國「改革開放」，這一切都發生了變化。在當地政府充滿活力和精明的商業頭腦領導下，崑山成為了來自台灣、新加坡的外國直接投資中心，以及全球電子製造的中心。這個自主創業的城市成為快速且永續發展的全國典範。到了2010年代，它是中國最富有的小型城市。

2006–2007年，崑山與杜克接洽，探討建立合資校區的可能性，崑山市政府在它精力充沛的市長兼崑山黨委書記管愛國的領導下，將崑山的未來想像成是中國的矽谷，專注於教育和研發。崑山渴望吸引一所著名的研究型大學做為吸引人才的潛在磁鐵，因此向杜克提供了免費的土地，並同意出資興建一個占地兩百英畝的住宿校區。[132] 據估計，如果第一期（三分之一）的校區是在達勒姆興建，其成本將高達2.6億美元。[133]

管愛國找到了杜克富卡商學院即將上任的院長謝普德（Blair Sheppard）做為他的創業夥伴。謝普德帶頭創建了富卡的 Global Executive MBA 和 Cross Continent MBA 課程。在他獲邀帶領富卡時，他是 Duke Corporate Education（美國領先的高階經理人教育課程之一）的執行長。做為一位富有遠見和創新精神的院長，謝普德為富卡規劃了一系列的全球校區，以提供真正的國際商業教育，並且讓富卡在美國領先的商學院中脫穎而出。他曾於 2006 年和 2007 年到訪崑山，並以迅雷不及掩耳的速度達成了架構協議。

名列美國商學院前十名的富卡教職員，不習慣以迅雷不及掩耳的速度前進，他們抗拒謝普德的全球願景。但是杜克的領導階層布羅德海德和蘭格代表這所大學接受了這一挑戰。2010 年杜克與崑山市政府簽署合作協議時，富卡仍參與了這項計畫，提供幾個計畫中的碩士學位之一，但是杜克的願景更為大膽：在崑山建立一所符合杜克標準的大學文理學院。

2011 年 1 月，杜克與武漢大學簽署了一份《合作原則聲明》。武漢大學是中國歷史最悠久的綜合性大學，位於中國中部湖北省的武漢市。該計畫現在正式稱為 Duke Kunshan University（DKU），並且中文翻譯為「崑山杜克大學」。杜克在 DKU 計畫第一階段的投資約為 4,250 萬美元，其中包括 550 萬美元的初始投資，以及 3,700 萬美元預計六年內用於支付 DKU 營運成本的 52%。[134] 崑山市同意提供土地、興建，以及其餘 48% 的營運成本。[135]

對於中國最受尊崇的合資大學來說，武漢大學是合適的合作夥伴。武漢和它所處的湖北省，一直以來都是商業、學術和政治領導的中心。武漢大學的前身是偉大的改革總督張之洞於 1893 年成立的「自強學堂」，它比北京大學的成立還早了五年。自強學堂最初著重在讓中國恢復「富強」的學科，主要是數學、科學和商業，然而最初並沒有捨棄中國的傳統教育。張之洞著名的《勸學篇》出版於 1898 年，主張「中學為體，西學為用」。到了 1928 年，武漢大學已經成為中國最早的綜合性大學之一，擁有一個傑出且國際化的文學院，足以和法律、科學和工程學院相提並論。1949 年後，這所大學依照蘇聯模式進行了重組，之後並成為文化大革命期間全國衝突和流血的中心之一。今天，它再次成為一所重要的綜合性大學，擁有 40,000 名教職員、34,000 名大學生和 21,000 名研究生，並且經常在中國大學中排名第四。杜克在中國的未來夥伴早已見多識廣了。

　　杜克擅長於策略計畫的文化幫助它推出了 DKU，這成為杜克全校性的一項努力，動員了院長、副校長與教職員，並組織成多個委員會。由教職員領導的學術委員會和董事會對於課程和重大承諾有最終決定權。2012 年 9 月，杜克任命劉經南和布洛克（Mary Brown Bullock）擔任崑山杜克大學校長和執行副校長。劉經南曾經在 2003 至 2008 年擔任武漢大學校長，布洛克則在 1995 至 2006 年擔任過艾格尼斯‧思科特學院（Agnes Scott College）的校長。這一來自中美的領導組合，前者具有工程科學背景，後者具有中國歷史和博雅教育背景，展現了崑山杜克大學想要達成的多方面目標，它想要在中國最商業化的城市之一，成為一所根植於博雅教育的世界一流綜合大學。[136]

　　由於中國執政的共產黨極強大又極不安全，為了解決對中國思想自由的擔憂，並確保杜克對於一個對這所大學的名聲帶有明顯風險的計畫有所掌控，杜克最終的合資協議將這所學校的「最高權力」賦予了杜克大學擁有完全否決權的獨立董事會。來自杜克的高階行政人員，包括它的教務長，是當然成員。在中國受到惡名昭彰的防火長城（Great Firewall）所審查的網路使用，將透過新加坡設有伺服器的虛擬私人網路（virtual private network，簡稱 VPN）連線，網路使用在崑山杜克大學校區不會受到限制。[137]

　　杜克對崑山杜克大學承擔的財務責任有限，除了它同意為其營運貢獻的金額之外，而且萬一它覺得有必要的話，杜克有權將它的名字從崑山杜克大學撤回。一個由全球傑出商業領袖和退休中國官員所組成的顧問委員會提供了諮商、財政支持和政治上的絕緣體。

2014 年崑山杜克大學開學時，共有來自十一個國家的 137 名學生就讀於崑山杜克大學首屆的碩士和大學課程。這是 2018 年開始的四年制博雅學位課程的開幕戲，博雅學位課程會是一個更大的事業。

博雅教育在中國？

杜克與中國的淵源由來已久。現代中國最有影響力的家族之一——宋氏家族，其族長宋嘉澍在 1881 年就讀於三一學院，成為這所學校的第一位留學生，他返回中國傳教期間，曾在崑山住了幾年。儘管如此，考慮到中國的大學在中華人民共和國建國的頭幾十年，特別是在文化大革命期間所遭受到的破壞，在中國引進（或更正確地說，重新引進）博雅教育的挑戰不容低估。然而到了 21 世紀初，博雅教育可以成為中國創新和企業精神驅動力的信念（正如美國人所相信的那樣），在中國的大學校長之中獲得了廣泛的支持，事實上，也獲得了崑山市長兼黨委書記的支持。

就杜克大學而言，幾十年來一直在中國進行研究和教學的教職員，現在有了一個千載難逢的機會：為一所還未受到全時學生或教職員掣肘的大學創建一個全新的大學課程。2014 年，博雅教育在中國委員會（Liberal Arts in China Committee，簡稱 LACC）於達勒姆成立。根據這個委員會的成員和崑山杜克大學學術事務副校長高海燕教授的說法，委員會成員花了兩年的時間研究博雅教育在全球的實驗，並拜訪了多所中國的大學。[138] 他們最終的課程提倡整合與國際化的學習，（依照杜克的傳統）淡化了學科的界線。它強調一種「根植於全球主義」的教育，其使命為「培養知識豐富、積極參與的公民，他們了解彼此的歷史，傳統思想與傳承，並善於運用國際化的視角探索當地、國家和全球的認同與承諾。」[139] 為了強調杜克對它最新學校畢業生的責任，崑山杜克大學的學生將獲得杜克大學的學位。

經過了兩年關於營運規模、中國對學術自由潛在的限制，以及對杜克聲望風險的激烈討論，杜克的教職員學術委員會在 2016 年 11 月壓倒性通過了崑山杜克大學課程。這個投票的結果是杜克領導階層努力不懈的成果，他們說服了杜克的教職員接受具有策略重要性，但對學校有「高風險、高報酬」的提案。布羅德海德和柯恩布魯斯會見了每個學院的代表，以及這所大學各種治理委員會的更多成員，回答他們有關於杜克在中國計畫的任何問題。曾在崑山杜克大學工作過的杜克教職員證詞指出，他們在崑山杜克大學校園內可以暢所欲言地討論甚至有爭議的話題，這對於緩解教職員的擔憂也很關鍵。在 2016 年 10 月的學術委員會會議上，布羅德海德或許提出了最有力的論點：「舉凡牽涉到全球健康、全球環境、全球經濟、全球安全、全球資安，以及其他的一切，中國都是這每一項議題的一部分。……一所在中國找不到參與管道的大學，將無法給予它的學生那種能幫助他們了解他們必須參與的這個世界所需要的教育。」董事會在接下來的一個月一致通過了這個學位課程。[140]

在我看來（當時我是杜克中國議題的資深顧問），這是大學治理的最佳狀態。布羅德海德和蘭格，以及後來的柯恩布魯斯，建立了多層次的教職員監督委員會，既能夠獲取建議，也能夠使得教職員成為創立崑山杜克大學創新過程的一部分。預算數字（和風險）被公開和充分地分享。辯論很激烈，尤其是在選出來的學術委員會中。用委婉的說法來說，學術委員會內部進行了充分且坦誠的意見交流。杜克的董事會是比 21 世紀初期的哈佛董事會更大、更專業的治理機構，它在委員會和全體會議上研究了關於崑山杜克大學的多項提案。（董事會由通用汽車前董事長兼執行長瓦格納〔G. Richard "Rick" Wagoner, Jr.〕領導，或許有所幫助，他曾親自在中國進行合資企業的談判，從而挽救了通用汽車公司的地位。）最終，教職員以壓倒性的票數通過，董事會也一致贊成崑山杜克大學的全面成立。

崑山杜克大學從杜克社群所獲得的支持與中華人民共和國第一所中美聯合大學——上海紐約大學的成立，形成了鮮明的對比。[141] 在康乃爾前校長黎曼（Jeffrey Lehman）的領導下，上海紐約大學取得了非凡的成功。然而，當杜克就崑山杜克大學的發展展開了一場與教職員堅定而透明的諮商活動，紐約大學的教職員則批評校長賽克斯頓（John Sexton）透過法令強行推動紐約大學的國際校區。在教職員第四次通過對他領導能力的不信任投票之後，賽克斯頓最終離開了（紐約大學的經驗仍然讓杜克受益匪淺：2021 年，崑山杜克大學的執行副校長阿爾佛雷德・布魯姆〔Alfred Bloom〕正是紐約大學阿布達比校區的創始副校長）。

與此同時，崑山杜克大學第一個碩士課程和研究中心在 2014 年成立，已經吸引了人才和經費來到這座城市，並進一步提升了它的國際知名度。在杜克批准其大學課程後，崑山同意在 2017 年 5 月資助第二階段更大規模的興建。崑山杜克大學仍將面臨營運成本的財務挑戰，它必須透過學費和其他收入來支付。[142] 杜克對崑山杜克大學營運成本的貢獻上限為每年 500 萬美元[143]，另外每年還額外提供 100 萬美元資助在崑山的杜克教職員用於研究或教育計畫。[144]

杜克建立崑山杜克大學的決心被證明是一項令人印象深刻的投資，但並非是一項輕鬆的投資。一個兼具當地與全球風格的壯麗校園，已經準備就緒迎來它的第一批採行博雅教育的大學生。崑山所在的江南（長江下游）以「水鄉」聞名，崑山的老城區就是其中之一。崑山杜克大學的校園設計是以水為它的核心，環繞著一個大型的人工湖組織起來，建築和住宅藉由橋梁和人行道相連。它的露臺和亭子以玻璃和江南獨特的白石包覆著，為教室和會議室提供了寧靜的水景。可以確定的是，並非所有的興建都進行得很順利。杜克的錯誤在於最初幾年沒有派自己的設施人員來監督興建，結果造成了延誤和重新設計的問題。畢竟，崑山從未興建過一所「世界一流」大學的校園。因此，當第一批大學生抵達時，他們和教職員都住在崑山市中心的一家飯店（這個必要的實驗進行得很順利，因為我記得一位在崑山杜克大學任教的資深教師熱情地告訴我：「現在我知道，大學不是一組建築物。」）然而，到了 2019 年 8 月，校園第一期，包括大學創新中心在內的六棟建築，興建完成了。[145] 第二期的興建將增加二十二棟建築，預計將於 2022 年完工。

現在我們已經蓋好了，布羅德海德很想知道，他們會來嗎？崑山杜克大學會像它在達勒姆的前身一樣，成為跟它的建築一樣優秀的

圖 7.5 崑山杜克大學校園內的學術大樓。Dove Feng / Wikimedia Commons / CC BY-SA 4.0.

大學嗎？

邁向未來

　　當杜克最新的策略計畫在 2017 年 5 月獲得學術委員會通過時，布羅德海德的校長任期也即將結束。2016 年 12 月，杜克的董事會選出普萊斯（Vincent Price）做為杜克第十任校長。普萊斯自 2009 年起便擔任賓州大學的教務長兼首席學術官，似乎非常適合領導杜克。他在賓州大學擔任過橫跨幾個學院的學術職務（做過安納伯傳播學院〔Annenberg School for Communication〕的 Steven H. Chaffee 教授，以及文理學院的政治學教授），並且擔任過 Wistar Institute 的董事，Wistar Institute 是一家非營利性的生物醫學研究機構，他也是賓州大學健康系統執行計畫小組的成員。這些職務讓他做好了督導杜克大學自身強大健康系統的準備。[146] 身為教務長，普萊斯也領導了賓州大學的全球策略，聘請了該大學第一位負責全球倡議的副教務長，並帶頭在北京創建了賓大沃頓中國中心（Penn Wharton China Center），該中心在 2015 年開張。[147] 普萊斯在 2017 年成為杜克第十任校長後，他展望未來，朝向「杜克的第二個世紀」，勾勒出一個包含五核心領域的策略架構：「作育英才、轉化教育、建立社群、建立夥伴關係，以及促進我們的網絡。」[148] 他督導了崑山杜克大學在 2018 年 8 月啟動的四年制大學課程。那年，崑山杜克大學迎來了首屆的 266 名新生，比計畫中的 225 名學生還多，因為招生季特別成功。他們來自 27 個國家，其中 175 人來自中國大陸，10 人來自台灣，39 人來自美國，42 人來自其他地區。前校長布羅德海德在崑山杜克大學的第一次大學生集會中發表了演講，他告訴他的觀眾：「（杜克和崑山之間）的合作夥伴關係之所以成功，是因為雙方都有一個共同的基本特質，那就是對計畫的長期承諾。」[149]

2020 年初，杜克以及其雄心勃勃的國際化面臨了新的挑戰。COVID-19 首先出現在武漢，這裡是崑山杜克大學的中國大學夥伴武漢大學的所在地，距離崑山杜克大學校區大約 500 英里。截至 2020 年 8 月為止，中國確診病例已將近 90,000 人，官方死亡人數為 4,715 人，但由於中國在（最初的掩蓋之後）對於病毒的遏止相對成功，其感染總數不在全球前三十名。[150] 病毒最先在中國爆發，迫使崑山杜克大學採取緊急行動。與中國其他的大學一樣，崑山杜克大學遵循中國教育部的指示，將課程轉移到線上。然而在崑山杜克大學招收它的第三屆學生期間，將整個博雅課程校區轉移到遠端線上的形式，帶來了重大的挑戰。[151] 然後 2020 年 5 月，在中國控制了病毒之後，崑山杜克大學全面重新開放，並歡迎員工回到校園。關閉了將近一個學期之後，這是一個令人高興的時刻。[152] 與此同時，橫跨全世界，特別是在美國，病毒像野火一樣蔓延開來，最終燒到了杜克校本部的門口。

與許多美國大學一樣，位於達勒姆的杜克試圖在 2020 年秋季以混合的方式重新開放校園。只有大一、大二的學生，以及需要住在校園宿舍的部分學生，才能回到校內的宿舍。校園內的學生可以親自來上課，但校長普萊斯指出，所有的學生都應該「遠端完成他們大部分的課程作業。」[153] 由於在其他的美國大學，國際學生無法在疫情期間進入美國，關於這一點，崑山杜克大學給了杜克一個優勢。與在達勒姆的杜克不同，崑山杜克大學歡迎所有在中國，或能夠進入中國的學生進入校園。崑山杜克大學因此向 160 名來自杜克或美國其他大學的滯留學生敞開了大門。[154] 在崑山杜克大學就讀的杜克學生將在那裡獲得他們杜克大學學位的全部課程學分。[155] 雖然許多人起初將崑山杜克大學視為是一種風險，但在一個國際旅行和連結並非理所當然的世界裡，一個牢靠的海外實體存在，特別是在中國，這個杜克大學國際學生最大的來源國，現在顯然是一個明顯的資產。在 2020 年秋季，杜克最安全的教學和學習校區不是西校區或東校區，而是它位於崑山，一片水汪汪的**遠東**校區，這是世界上唯一一個地方，所有杜克大學的教學都可以親自進行，而且是在同一個時區。

在布羅德海德擔任校長的就職演說中，他對於杜克長久以來的蛻變能力感到吃驚，這種「有時以相當激烈的方式重塑自己，直到變得更好為止。」在私下的討論中，布羅德海德將杜克與名聲更穩固的大學，例如他所熟知的耶魯，做了一番對比。在這樣的地方，「除了繼續擴展學校擅長的事情之外，學校很難想做任何事情。」這是他們「卓越的慣性」，他用一種生動說法表達。相比之下，杜克（用 2007 至 2016 年醫學院院長安德魯〔Nancy Andrews〕的話來說）「受到傳統的啟發，但不受限於傳統的宰制」。[156]

布羅德海德的繼任者所面臨的挑戰是要發展出不間斷的計畫以持續創新，以便杜克能以自己的方式發展成一所研究型和全球性的大學。「我對杜克的擔憂，」布羅德海德說：「一直是它會進入自滿的階段。這會讓它自以為已經快接近星星，當它實際上只是碰到了最靠近的發光體。」[157]

2020 年，杜克面臨了三重的挑戰：一場公衛危機、另一場全球經濟衰退，以及美中緊張局勢加劇。一所既定計畫走向跨學科創新與國際化的大學，卻面臨著去全球化時代的前景。與此同時，來自中國共產黨紀律執行機構的「巡視小組」正在訪視中國主要的大學，試圖剷除意識形態上的「腐敗」。他們還沒有到訪過崑山杜克大學。然而，正如杜克的幾位同仁在學術委員會關於崑山杜克大學課程辯論中所指出的那樣，這些政治上的挑戰，證實了杜克保持參與並確實成為在中國的領導者，以及在那裡像在美國國內一樣制定全球標準的重要性。[158] 然而，在世界第二大的經濟體裡，建立一所有朝一日可能成為 4,000 萬名學生教學與學習典範的機構，終究是一個驚人的野心。

第 8 章

中國人的世紀？

中國大學的復興與崛起

在 21 世紀，對高等教育擁有最大野心的正是中國，而它的崛起也的確令人震驚。1978 年，大多數的大學都關閉了將近十年之後，中國的大學招收了大約 86 萬名學生。[1] 這個數字逐步增加到 2000 年，當時的入學人數約為 700 萬人。政府隨後加快了擴張步伐，到了 2010 年，中國大學的入學人數超過 3,000 萬人。2020 年，中國高教機構的在校生超過 4,000 萬人。[2]

1998 年，中國的大學院校每年有 83 萬名畢業生；到了 2010 年，這個數字是 600 萬人。[3] 2000 年，中國的大學生人數大約是美國的一半；到了 2020 年，它的人數是美國的兩倍多。[4] 2000 年，中國總共有 1,041 所大學院校。[5] 十年之後，數量增加了一倍多：有 2,358 所。[6] 從 1999 年到 2009 年，中國高教機構新聘了將近 90 萬名全職教職員工。[7]

在中華人民共和國大部分的歷史裡，只有極少數人能獲得接受高等教育的機會。現在中國已經走向高等教育大眾化。1999 年，18 到 22 歲的粗入學率（大學入學率）為 3%；2013 年為 30%。[8] 到了 2020 年，這個年齡群中超過 50% 的年輕人進入了大學或學院就讀。[9]

高等教育的這種擴張，在其規模上是全新的，但它也是幾個世紀以

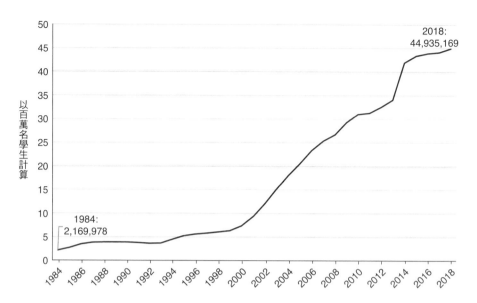

圖 8.1 　中國高等教育入學率，1984-2018（以百萬名學生計算）。資料來源：
UNESCO Institute for Statistics http://data.uis.unesco.org/#，2020 年 8 月 22 日到訪。

來致力於高深學習的一種現代體現。要了解今天的中國高教領域，我們
必須首先回顧其在帝制和民國時期的基礎。

學習的傳統

　　中國是世界上最淵遠流長的文明發源地，有著最悠久的哲學和文學
傳統。在 19 世紀末和 20 世紀初，西方高等教育被引進之前，對於這些
傳統的研究，不僅決定了誰是學者，而且決定了誰擁有權力。中國帝制
時期的科舉考試是通往菁英地位的大門。為考生做好應試準備的教育體
系，並不著重在治國才能或稅收，而是著重在我們今天所謂的人文學
科：中國文明的經典，它們闡明了人類行為舉止的準則，這些是國家的
公僕需要遵循的。

很少有學術理想能高過：賢者孜孜不倦於經典的研習，以期能經世濟民，造福蒼生。正如宋真宗皇帝（968-1022）的《勸學》詩中所寫的：「男兒欲遂平生志，勤向窗前讀六經」[10] 在帝制時期的中國，高等教育可以改變一個人的命運。科舉考試的經典作品是在宋代（960-1279）制定的，包括四書（《大學》和《中庸》，這兩本原本都出自於《禮記》，以及儒家的《論語》和《孟子》），以及五經（《詩經》、《尚書》、《禮記》、《易經》、《春秋》）。[11] 科舉考試還要求考生展現出對於古往今來朝廷施政的學識，並且有能力以優美的文學風格來寫作。

有志於做官的人，要能挺得過地方、縣城、省和國家各級的層層考試。考生進入考場會有許多儀式，他們只能帶著自己的食物、水和用來裝排泄物的私人桶子。在為期多日的考試結束之前，考生要留在自己的考場內；在大砲響起表示考試結束之前，除年是死了被扔出圍牆，才能離開考場。

歷經這些殘酷的考試，準士大夫們透過一套地方、省和國家考試與儲備機構的系統晉升，其中最頂峰的位置是位於京城的翰林院（**太學**，後來稱為**國子監**）。[12] 那些在考試中取得夠高成績的人，可以成為朝廷的翰林院士，並擔任研究人員、皇帝的輔佐和考試制度的監督者。[13] 與這個正式的、由朝廷運作的系統相輔相成的，是一個由學者或學術團體運作的地方菁英學院系統，也稱為**書院**。到了晚清時期，**書院**與科舉考試的準備愈來愈密切，但有時候會對考試中出現的文體做出激進或不同的解釋。[14]

科舉考試，就像由此產生的帝國教育體制一樣，是菁英統治的基石，世界上好幾個最偉大的帝國都是建立在這個基石之上。至少在理論上，它讓原本階級森嚴的社會得以進行社會流動，提拔那些真正有學問的人進到有權力的位置。然而正如艾爾曼（Benjamin Elman）所表明的那樣，社會流動性從來不是其目的，些微的流動性反而是一種「意想不到的結果」。[15] 而且在更現代的時代，這個制度有實際上的限制：考試中沒有數學、科學和實務應用的學習，並不意味著帝國可以因此獲得更好的治理。可以說，它們的付之闕如導致了這個帝國在 19 世紀無力因應一個軍事化、工業化和在各方面都充滿活力的西方，在接連不斷的羞辱中，宣告了這個兩千年帝國傳統的終結。到了 19 世紀末，這個制度在國外比在國內更受推崇。

隨著西方列強在 19 世紀入侵中國，清廷試圖讓科舉考試現代化，並在 1887 年將考試範圍擴大到包括數學等科目。[16] 到了 1890 年代，一些地方書院開始開設數學、西方語言、科學、世界地理和世界歷史課程。[17] 與此同時，朝廷和民間都建立了現代化的培訓機構，使中國能和西方競爭。帝國在 1912 年殞落，但在教育上更重要的時間是 1905 年，古老的科舉制度被廢除了。它被一個新興的高教體系所取代，這個體系將孕育出幾個「新中國」。

現代中國的外國模式

取代科舉考試制度和相關書院的是一批新的學院和大學，它們創立於清末民初，採用了國際的模式。它們所面臨的是複雜且經常互相矛盾的挑戰，這應該也是威廉・馮・洪堡曾經體認到的挑戰，亦即將全球知識和高教的國際標準帶到中國的同時，仍然要為國家和民族服務。西方大學制度在中國的興起始於武漢，它是帝制時期的學術中心，也是中國第一所現代大學武漢大學的所在地。武漢大學的前身是 1893 年成立的自強學堂。在總督張之洞的領導下，自強學堂早期工具主義的重點放在讓中國恢復「富強」的學科，主要是數學、科學和商業，然而並沒有捨棄中國的傳統教育。

開始於武漢的事情很快就遍及了全中國，深受歐洲、日本和美國高教系統影響的各種院校如同雨後春筍般湧現。公立大學與外國實體建立了緊密的聯繫。清華大學於 1911 年由美國退還的庚子賠款創辦。上海的同濟大學從 1907 年成立的德文醫學堂發展成一所私立大學，然後在 1920 年代發展成公立大學，至今仍一直保持著與德國的聯繫。外國的影響在各種傳教團體建立的大學和學院中也很明顯，包括美國聖公會在上海成立的聖約翰大學、法國耶穌會在上海創辦的震旦大學，以及美國美以美會和公理會在北京創辦的燕京大學。面對已經被外國同行主導的大陸，英國人在 1911 年創辦香港大學，以期發揮他們在教育的影響力。

外國模式對重塑中國教育的影響力並不令人感到驚訝，因為中國的現代史不可避免地具有國際性。在第一（1912）、第二（1927）和第三（1949）個中國的共和國時期，每一個階段的共和國都以某種國際認可的「主義」形式尋求認可，從憲政主義到共產主義。如果說科舉考試是中華帝國強大的基石，那麼高等教育的國際合作則為現代中國長達一個多世紀的漫長崛起注入了活力。

隨著國際機構將新的高教模式引進中國，在國外求學歸來的中國學者則幫助它們成長茁壯並維持下去。教職員、院長、校長都是從日益增多的年輕中國海外留學生中招聘而來的。這種趨勢早期最好的例子是蔡元培，他曾多次擔任北京大學校長，並於 1906 至 1910 年以及 1912 至 1916 年分別留學德國和法國。

在去歐洲留學之前，他已經考上了科舉考試的最高級別（**進士**）。蔡元培在 1912 年被任命為中華民國的第一任教育總長，他發表官方意見，認為大學不應該只是為政府效勞，而應該授予機構的自主權並且成為「**世界觀教育**」的場所，也就是具有全球視野的教育。蔡元培的改革深受德國高教模式的影響。例如他主張大學與技職學校分開，他明確強調了 Bildung（陶冶）的重要性，亦即以廣泛的人文學習做為教學和科學研究的基礎（從德文科學〔Wissenschaft〕的意義來說）。[18]

蔡元培在 1917 年擔任北京大學校長時，將國際的做法大量引進中國的高等教育。他在就職演說中公開指出：「外人……以求學於此者，皆有做官發財思想。」他說學生應致力於學習人文和自然科學，而非狹隘的專門技術。蔡元培的校長任內見證了北大（北京大學的俗稱）人文學科的迅速發展，他也逐步淘汰了商業和工程部門。蔡元培曾出了名地強調：

> 近代思想自由之公例，既被公認，能完全實現之者，厥唯大學。大學教員所發表之思想，不但不受任何宗教或政黨之拘束，亦不受任何著名學者之牽制。……此大學之所以為大也。……子民以大學為囊括大典包羅眾家之學府，無論何種學派，苟其持之有故，言之成理者，相容並包，聽其自由發展。[19]

蔡元培聘請了學者陳獨秀和李大釗到北京大學任教，他們對於將馬克思主義引進中國發揮了重大的作用。他還招募了自由主義在中國的頭號擁護者，哲學家胡適。胡適是杜威（John Dewey）在哥倫比亞大學的學生，他曾寫過：「國無海軍不足恥也；國無陸軍不足恥也！國無大學、無公共藏書樓、無博物館、無美術館，乃可恥耳。」[20] 正是在這種知識分子百家爭鳴的北京大學傳統中，它的學生在 1919 年、1935 年，以及最終 1989 年的自由愛國公開示威中，對於挑戰歷任中國政府，扮演了重要的角色。時至今日，在北大校園內依然可以感受到蔡元培的身影，在以他的名字命名的元培學院不遠處，有一尊他的雕像。

中國高教的國際化當時正處於現代中國文化最具變革性時期的中

心，即 1915 至 1925 年，大約這十年的時間，現在被稱為「五四時代」。這是一場比毛澤東所謂的無產階級文化大革命更深刻，也更長遠的文化革命。與毛澤東不同，五四運動更著重於更新中國社會，而不是將它徹底摧毀。它最著名的時刻發生在 1919 年 5 月 4 日（這是五四時代名稱的由來），當時抗議凡爾賽條約將德國租界領土轉讓給日本而不是歸還給中國的愛國學生，從現代的北京大學紅樓湧向紫禁城附近示威。只有幾千名學生參與，但是他們將中國的新大學帶到了中國政治生活的前沿。

1922 年，中國政府試圖在中小學教育中採用中國高教著名學者許美德（Ruth Hayhoe）所謂的「美國精神（American ethos）」。[21] 立法擴大了「大學」的定義，不僅包括了致力於理論研究的機構，也包括了專注於專業與應用領域的機構。這代表了從受德國模式（明確區分大學和技術學校）的影響，轉向更具包容性的美國概念。該立法還引進了學分制度，讓學生擁有更大的自由度來客製化他們的學習。為了表現出國家的企圖心，該立法設立了一個管理委員會，負責大學的行政決策，試圖限制教授在大學治理中的角色。

這種制度全面受美國影響的現象是短暫的。1927 年後，隨著國民政府在南京鞏固政權，它也開始對高教實行更加集中的控制。[22] 在 1930 年代，它根據前普魯士教育部長貝克爾（C. H. Becker）所領導的一個國際聯盟委員會的建議重整了高教體系。[23] 改革在這個委員會的鼓勵下進行，並深受普魯士模式的影響，這導致政府加強了對國家化高教體系的控制。在 1920 年代，政治當局更青睞綜合性大學，但在 1930 年代，科學、數學和工程再次受到強調。[24]

建築的形式也可以看出國際化的走向。在 20 世紀，古老的考場讓位給綠樹成蔭的校園，這些校園是以歐美大學為藍本。清華的校園反映了它的美國和（後來的）蘇聯夥伴。南京的國立中央大學與柏林大學一脈相承。或是，人們也可以欣賞北京大學的靜園，這是一個中國風格的美麗校園，由紐約的一家建築公司為它的前身燕京大學所建造。

1930年代中日戰爭爆發時，中國的大學在這段動盪的時期選擇遷移並重新構想自己。隨著日軍入侵中國邊界並占領城市中心，大學想辦法在沒有被占領的地方避難。這樣的遷移開始於東北大學在1931年從日本占領的滿州遷校到北京，但在1937年日本軍隊控制了北京和上海等主要城市之後，規模變得更為擴大。到了1938年，114所高教機構中有54所被日軍破壞或摧毀，而到了1941年，在一場橫跨中國的英勇愛國遷移行動中，77所機構遷移到臨時的、更安全的地方。[25] 位於戰時高教頂端的是國立西南聯合大學，它是清華大學、北京大學和南開大學所組成的一個聯盟，儘管處於戰時的環境中，仍然是自由思想與學術工作的堡壘。美國歷史學家易社強（John Israel）曾經撰寫過關於聯大（西南聯合大學的簡稱）的書籍，他認為動盪的政治環境讓大學得以自由繁榮，就如同它在1920年代組織鬆散的中央治理下一樣。[26] 然而，隨著抗戰轉變成內戰，接著換了一個新的政權，情況發生了變化，到了那個時候，大多數大學都遷回了它們在中國東部沿海地區的原址。

1949年之前，中國已經依照國際標準發展出一套充滿活力和多元化的高教系統，儘管規模很小。它的傑出學者往往具有國際的胸襟，而且通常在國外受過教育。它的學生是依照與西方領先大學大體一致的教學教法和課程來培育的。簡而言之，中國主要大學在思想上和建築上的基礎都是源自於國際的。

重組與破壞，1949–1978

共產黨的掌權促使大量學術移民從中國領先的大學流向台灣、香港，尤其是美國。1949 年之後，中國大陸的大學停止與西方夥伴的合作，而將其國際的努力轉向東方：隨著中國高教的重組，以支持史達林模式下的計畫經濟，至此開始與蘇聯和它的東歐盟友展開合作。高等教育在國家的教育部之下集中管理（就像在國民黨統治下一樣），教育部最初建議逐步改革。然而隨著蘇聯在 1950 年代初期鞏固了它在中國的影響力，其高教系統急遽轉變，採取了仿效蘇聯的做法。機構被重組以專注於特定的任務或主題，通常將研究的理論領域與相關的實務領域分開。在這些蘇聯式的機構中，教學和研究涇渭分明：大學致力於知識的教學和傳播，而研究活動主要在高教體系之外不同的獨立學院進行。[27]

在整個 1950 年代至 1960 年代，高教系統受到愈來愈嚴密的控制且愈分愈細。在 1950 年代，每所大學都成立了共產黨機關，以確保意識形態的正確。治理決策出自於大學院系裡愈來愈小的單位。學生進入了一個不斷擴大的專門範圍之一（從 1953 年的 249 門，到 1962 年的 627 門，再到 1980 年代的 1,000 多門），並且在他們的專門範圍內學習統一的課程。教育的目標是為國家和中國共產黨服務，但不一定是按照這個順序；學術部門的招生名額是根據國家經濟發展的需要決定，而大學不僅要負責學術和教育，還要肩負政治的責任。[28]

毛澤東在 1966 年發動的「文化大革命」幾乎摧毀了中國的高等教育。[29]

從 1966 年至 1969 年，新生招生完全停止，知識分子遭受迫害，幾所大學成為政黨派系之間的政治和軍事戰場。1970 年恢復時，招生是基於「群眾推薦」和「政治憑證」，而不是全國大學入學考試（高考）。候選人由「群眾」（實際上是由「工作單位」或工作場所）推薦，由領導批准，並經學校審查。[30] 原則上，學生先從「工農兵」階級錄取，從而顛覆了傳統的特權結構。在實踐上，這種系統產生了一群學術預備水準落差很大的大學生，而沒有正式的入學考試則有利於政治關係良好的人。[31]
直到 1976 年毛澤東去世，並且在他忠誠的「四人幫」被趕下台之後，中
國大學復興的階段才得以展開，再次成為全球大學世界的一部分。

當代中國大學制度

在後毛澤東時代成為中國最高領導人的鄧小平從未上過大學。但他
的父親曾就讀於中國早期的一所大學，15 歲時，鄧小平搭船赴法國勤工
儉學，並且在那裡加入了中國共產黨。他後來在莫斯科短暫求學。到了
1970 年代，做為一位（勉強）從文化大革命倖存下來的副總理，鄧小平
是早期振興高教且大力的支持者。他認為「我們要實現現代化，關鍵是
科學技術」，而「科學技術人才的培養，基礎在教育」，在 1970 年代初
期短暫的自由化時期，這些信念被引用來證明高教內部改革的合理性。[32]
大學視這樣的聲明為高教即將正式恢復的跡象，到了 1970 年代中期，它
們開始主動取消文革時代的做法。[33] 國務院在 1977 年 10 月宣布恢復高考
時，確定了這一走向。[34] 在毛澤東統治的災難之後，黨體認到中國需要一
個新的國家發展方針，這支撐了高教初期改革的快速和範圍廣泛。

1978 年大學全面恢復開學，國務院迅速採取行動清除文化大革命殘
留的破壞。它建立了一項向菁英大學輸入額外資源的長期策略。它將 88
所大學列為「重點」大學，其中北京大學、清華大學和復旦大學被列為
前三名。[35] 重點大學擔任該系統的先鋒，提供新的學位課程、加強研究，
並且獲得高額的政府資助。為了補充自身對大學的資助，中國政府為此
尋求外國的援助。事實上，世界銀行在 1980 年對中華人民共和國提供的
第一筆 2 億美元貸款，就是用於資助 26 所大學的科學和工程系的發展。[36]
少數菁英院校透過教育部或其他相關部門在中央政府的直接監督下運作

（並獲得更多來自中央政府的經費）。省市政府則負責監督並至少部分資助其餘的公立學院和大學。

1980 年代，政府嘗試回歸民國初期中國高等教育的指導原則，賦予大學機構更大的知識自主權和行政掌控權。政府領導人意識到，要發展促進成長的科學技術，中國的知識分子需要有制定自己研究議程的空間。[37] 1982 年的憲法改革包括對知識分子工作的法律保護，1985 年《關於教育體制改革的決定》更是宣稱：「當前高等教育體制改革的關鍵，就是改變政府對高等學校統得過多的管理體制。」[38] 同年，政府政策要求大學成為教學和研究的中心，打破了 1950 年代和 1960 年代蘇聯的分工模式。簡而言之，大學被視為中國整體「改革開放」議程的重要組成部分。

然而在改革初期，中國的高等教育未能達到國家的厚望。大學培養出大量的畢業生，他們在中國仍處於新興經濟體的環境中很難找到工作。[39] 經濟不滿與政治抗議相結合，形成聲勢浩大、曠日持久的示威遊行，大學生在其中扮演著催化的角色，1989 年春天，這類的示威遊行在多個城市發生，其中最著名的是在北京的天安門廣場。鄧小平決定以武力鎮壓示威，導致數百名學生死亡，數千人被捕和流放，大學與國家之間的關係持續緊張。隨著 1989 年夏秋兩季全國性鎮壓的展開，政府改變了對學術界進行政治干預的立場。鄧小平此時宣稱：「十年最大的失誤是教育，這裡最主要是講思想政治教育。」[40] 就像 1949 年一樣，學術壓迫導致了另一波知識分子移民潮，主要是流往美國和歐洲（我的一位博士生，歷史學者王丹，曾經是天安門廣場抗議活動的領導人。在被流放到哈佛繼續他的學業之前，他曾在中國服過多次刑期。他帶著來自北京大學教師出色而自豪的推薦來到我們這裡。他仍積極參與海外的中國民主改革運動。）

天安門事件使中國領導人相信，高教首先應服從黨和國家，其次才是為中國的發展抱負服務。1990年代初期，政府針對大學招生人數的增長設定了上限，以防止該系統進一步擴大，同時官員們還討論著如何繼續採取行動。[41] 很快地，人文社會學科的教學和研究被施加了限制，反映出政府認為這些學科需要更多意識形態的監督。然而當1992年，經濟改革重啟時，高教再次被列為優先順序並且自由化。而且這整個系統持續增長。從1999年到2006年，中國高教機構從1,071所增加到1,867所。[42]

1993年國務院宣布，到2000年，各級政府大學經費占國民生產毛額的比重要達到4%。直到1997年[43]，實際教育支出一直徘徊在國民生產毛額的2.5%左右，當時亞洲發生金融危機，造成了外部的衝擊，這促使政府增加了基礎建設的投資，包括建設新的大學校園，提高招生上限，以填補這些機構的不足。這既是對未來的投資，也是讓失業的中國年輕人多了四年免於流落街頭的一種方法。從2000年到2003年，政府對高等教育的撥款每年至少增加20%，並且直到2008年金融危機發生前，持續每年以10%的的速度增長。[44]

在1998年到2003年之間，中國大學的入學人數增加了兩倍。僅1999年一年，入學人數就新增了51萬人。[45] 國家設定的大學年齡人口入學率目標從1998年的不到10%，提高到2002年的15%。隨著中國進入新的千禧年，它的大學已經準備好在中國的經濟和社會發展上扮演更重要的角色。

到了2020年夏季，中國共有2,688所高教機構，其中包括1,265所四年制大學。[46] 四年制大學中，有76所向教育部報告，38所向其他中央政府、中國共產黨或其他軍事機關報告；以及708所向省級當局報告。[47] 另有434所被歸類為私立機構。其中超過一半（275所）是所謂的獨立

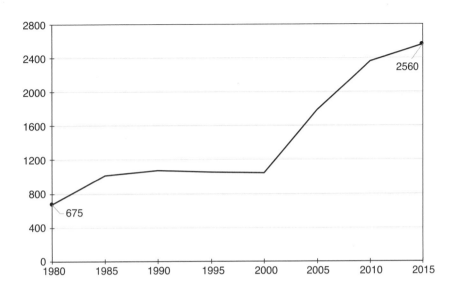

圖 8.2 中國普通高等學校總數，1980-2015 年。資料來源：中國統計年鑑 2018，
http://www.stats.gov.cn/tjsj/ndsj/2018/indexeh.htm，2019 年 8 月 22 日到訪

學院，由公立大學創辦，做為其擴大影響範圍、招生人數，尤其是擴大
收入的一種手段，因為它們可以收取「私立大學」的學費。

　　儘管高教機構的私有制和管理直到 1982 年才合法化，但該區塊迅速
擴張，尤其是在 21 世紀的頭二十年。2002 年，私立高教機構占高教的
6%，然而到了 2013 年，它們占了四年制大學的 30% 以上，占高教學生
入學人數的 19.7%。[48] 四年制，可以授予學位的私立機構數量從 2007 年
的 30 所增加到 2015 年的 423 所，增幅超過 1,300%。在中國古都西安就
可以找到一家這樣的機構，在那裡，創業家與當地官員合作，使得這座
城市成為中國私立高教之都。西安外事學院成立於 1992 年，最初是一家
備考中心，現在是中國最大的私立大學之一，擁有 34,000 名學生。其畢
業生的就業率高於北大或清華大學。與世界各地的大學校長不同，西安
外事學院的校長黃藤並不擔心他的任期：他擁有這所大學 55% 的股份。

黃校長一直尋求在中國其他地方和北美建立分校。[49]

大公司也開始涉足高教領域。阿里巴巴的淘寶部門推出了「淘寶大學」，培訓電商所有者、經理、銷售人員和專業人士，並即時將商業教育擴展到一百多萬名尋求創業和維持中小企業經營技能的線上學生。淘寶還計畫「線下」（亦即面授課程）招收兩萬名學生。[50]

其他形式的私立機構包括新的中外合資大學，這些是共產革命以來首次在中國成立的大學。有九所這樣的機構，其合作夥伴包括來自美國和英國的大學，它們已經讓高教和研究中心超越了教育部的計畫。[51]2004年，現代的英國大學率先發起了這一運動，與一家中國私人的教育公司成立了寧波諾丁漢大學。它在中國領先的商業城市之一，為 8,000 名學生提供文理工商課程。它主要的結構是一座建築，模仿自諾丁漢大學校園內優雅的特倫特大樓（Trent Building）。利物浦大學與西安交通大學合作，於 2008 年在東部工業城市蘇州建立了一個校區，其使命是「培養具有國際視野和競爭能力的技術和管理專業人員。」[52]2013 年，紐約大學與中國最具創造力的大學之一華東師範大學合作，成立了上海紐約大學做為一所垂直大學（亦即，位於高樓中的大學），成為其全球網絡的一部分。還有，正如我們已經看到的，杜克大學的 200 英畝住宿校區位於上海西邊最富有且最具創業精神的城市崑山，在 2014 年開學，成為崑山杜克大學。[53]

對於所有的這些擴張，土地和資本已經透過各種方法提供。土地在中國屬於國家所有，特別是當地政府，它們擁有徵用土地的生殺大權，並對其土地上長久以來的居民支付很微薄的補償，而這些居民通常是農民。其結果是，自 2000 年以來，中國大學的土地面積被翻至五倍。古老的大學則建造了令人驚嘆的新校區。創立於 1897 年的浙江大學，在七個大型校區中容納了它的五萬名學生。1929 年成立的重慶大學，已經開放了風景優美的新大學區域，做為八所大學「大學城」的一部分。直到最近，高教機構仍然一直集中在少數幾個地區，其中主要以北京和長江下游地區為首。今天，從來不以高教聞名的城市或省分競相創辦、建立和擴張學院和大學（通常是在新的科學園區內），做為其成長、發展和聲望競爭策略的一部分。

不同於 1950 年代美國大學的發展，以及 1970 年代開始歐洲機構的極度擴張，中國高教的發展向來是菁英主義的，將大部分資源集中在國家青睞的一小部分機構上，而且令人印象深刻。對於具有全國重要性的大學，政府監督下的高教系統會熱切追蹤並比較其表現。第一份大學排名表，由中國管理科學研究院製作並在官方的《科技日報》上發表，它僅對 86 所「重點」大學在科學、工程、農業和醫學領域的表現進行了排名。[54] 在 1990 年代，那些重要到足以衡量其對關鍵學科貢獻的大學，開始因接受此類審查而獲得獎勵。1995 年，教育部推出「211 工程」，以提升近百所大學的品質。緊接在後的是「985 工程」，支持 39 所菁英大學，其中九所是所謂的中國常春藤聯盟，它們將要發展成「國際一流大學」，被定義為是高水準、有創造力的研究人員「搖籃」、科學研究的前沿、變革性研究與創新的力量，以及國際交流的橋梁。為達此目的，中國中央、省和地方政府，再加上大學基金會和私人慈善事業，為領先的機構提供了巨額的收入，遠遠超過了近來歐洲競賽中，例如德國的卓越計畫，所給予的（非常重大的）獎勵。

2018 年，4,494 萬名學生進入了中國某種形式的高教機構就讀。[55] 中國高教格局的多元化、規模和資源在其最菁英和最不菁英的機構之間有著顯著的差距。中國的大學已經深深融入到知識生產和傳播的國際網絡中，力求效法全球高教領導者制定的標準。與此同時，它們至少受到國家政策，以及有關大學治理、經費、教職員和學生等優先事項的同等影響。

治理

在後毛澤東時代，政府將愈來愈多的決策權轉移歸還給大學。1985年，大學校長被賦予做出大多數決策的權力，除了那些政治性質的決策，這些仍屬於校黨委書記的職權範圍。[56] 1998 年的《高等教育法》進一步指明高教機構享有自主權的七個領域。這些包括行政領域，例如財務和資產管理、國際事務安排與人事管理，以及學術課程決策，包括研究和服務、國際交流與合作，招生、教學事務和新專業領域的設立等。實際上，大多數大學都不得不與政府保持密切的工作關係，這種關係被一些人稱之為「國家監督」模式，與改革前的「國家控制」模式形成鮮明的對比。[57]

隨著習近平的上台，這種情況發生了變化。2014 年，中共再次強調中國公立大學的治理是要發生在「**高校黨委領導下的校長負責制**」。[58] 大學黨委書記領導大學黨委，而校長通常擔任第一副書記。委員會的其他成員將由學校其他的高階行政人員組成，包括黨委副書記、副校長，以及大學的中共紀律檢查委員會書記，紀律檢查委員負責反貪腐調查，以及愈來愈多的「政治紀律」事務。近年來，在政府部門、國有企業、所有公立機構（現在甚至包括私人機構）以及大學中，黨委在決策中的核心角色，以及全體黨員「效法」並「向『中共領導』核心看齊」的需要，都被予以強化。*

中國最重要的 31 所大學（包括清華和北大）的黨委書記和校長，其行政級別相當於政府副部長。與中國所有副部長級以上的官員一樣，他們的職務是由中共中央組織任命的。除了少數例外，這些領導人必須遵

---

*　譯註：中國大陸所指的「高校」，即台灣所謂的大學。

守副部長級別要在 63 歲強制退休的規定。在這些大學裡,向中央政府或黨機關報告的其他高階領導與其他大學的頂層領導,在大多數情形下,由教育部委任。同樣的,省級大學的領導,根據行政級別的不同,由中共省委組織部,或省政府教育廳任命。

截至 2007 年,大約有 100 所大學(其中 20 所是私立大學)成立了董事會。然而與美國大學的董事會不同,後者通常會執行治理或監督的功能,並且是大學的法定代表人,中國公立大學的董事會授權有限,往往專注在募款以及和產業建立關係。中國的大學校長擔任其機構的法定代表人,有時還擔任董事會成員。總體來說,在黨委當家作主的地方,董事會對大學事務的參與降到最低。

中國的一些私立大學已經更加認真地看待治理委員會。2015 年,幾位中國的領先學者計畫成立一家私人資助的機構,它有朝一日可能成為中國的加州理工學院。其成果就是位於東部城市杭州的西湖大學,由校長施一公帶領。施一公是由清華大學經濟管理學院前院長錢穎一所主持的董事會選舉產生,並對董事會負責。董事會的其他 19 名成員包括:諾貝爾獎得主與加州理工學院榮退校長巴爾的摩(David Baltimore)、中國領先大學的現任和前任領導人、產業界和慈善事業大亨、杭州市政府代表,以及該大學的中共黨委書記。像西安外事學院等私人創辦的大學,董事會更像是用來妝點門面的。正如其中一家此類機構的校長曾經告訴過我的:「當然,我們有一個董事會,但我做所有的決定。」

中國的卓越計畫

在 1990 年代和 2000 年代頭十年的期間,高教領域的成長伴隨著經費來源的擴大和多元化。到這一時期結束時,大學經費主要來自三個來源：政府、學費和商業收入。[59] 隨著慈善事業在中國愈來愈獲得關注，捐款也成為大學收入愈來愈重要的來源。到了 2008 年，已經有 108 所高教機構成立了募款基金會。[60]

來自政府各階層的經費占許多大學預算的最大部分，儘管這一比例正在下降。延續 1950 年代和 1960 年代建立的，並在後毛澤東時代更新的資助模式，政府傾向將資源投注在少數選定的機構，以培育卓越中心。[61] 這些菁英大學的經費來自兩個重要的政府計畫，亦即前面提到的 211 工程和 985 工程。自 1995 年開始，211 工程向大約一百所頂尖大學撥款約 22 億美元，以支持各學科的課程和學術發展，以及實體基礎設施。申請 211 工程資助的大學提交關於它們將如何運用這筆錢來提升研究和教育標準的計畫，以供跨部會工作小組審議，該工作小組包括了教育部（當時的國家教育委員會）、國家發展和改革委員會（當時的國家計畫委員會），以及財政部的領導人。該工作小組按照「提高國家高等教育水準，加快國家經濟建設，促進科學技術和文化發展，增強綜合國力和國際競爭能力，實現高層次人才培養」的原則，來評估 211 工程資助的申請。[62]

隨後，政府在 1998 年北京大學百年校慶上啟動了 985 工程。雖然其架構類似 211 工程，但該計畫的重點是將經費分配給數量少得多的機構，最初只有兩個，後來擴大到九個，但為它們提供了更大的經費。清華大學和北大，這兩所最初雀屏中選的大學，在這項工程的頭三年總共收到了 2.25 億美元的經費。2003 年，985 工程贊助的大學研究實驗室獲得了高教年度研究經費的將近一半，儘管它們的大學僅招收了高教學生總數的 1%。[63] 該計畫還催生了相當於中國常春藤聯盟的「C9」集團，該集團由 9 所早期獲得 985 工程資助的大學組成。[64] 此後，政府擴大了該項工程，為總共 39 所大學提供經費。在 2015 年到 2017 年之間，211

工程和 985 工程被雙一流大學計畫取代，「雙一流」代表「世界一流大學」和「一流學科建設」。

　　大學資助策略的形成，也受到國家創新和產業政策的影響。自從高教系統重建以來，國家認為大學對促進中國科技的發展至關重要。隨著 21 世紀初高教機構數量的迅速增加，政府嘗試了新的激勵措施，鼓勵大學將它們的研究聚焦在順序列為優先的科技上。一個早期的例子是國務院在 2001 年宣布在清華大學和北京大學展開營利性企業試點計畫，允許它們經營「進一步促進高校科技成果產業化」的創收公司。[65] 市政府也開始資助符合產業政策優先項目的大學研究機構，1998 年贊助北京清華工業開發研究院即是一例。隨著中國產業政策優先順序的演變，大學也被鼓勵對這些研究項目做出貢獻。2015 年，教育部建議大學解決它們畢業生「就業難」的問題，它們應關注在「創新驅動發展、中國製造 2025、互聯網＋、大眾創業萬眾創新、『一帶一路』等國家重大戰略，……真正增強地方高校為區域經濟社會發展服務的能力」。[66] 只要它們同意逐步發展中國的產業政策，大學就獲得保證可以擁有更大的自由度來開發新的收入來源。

　　對於這些政府菁英工程無暇顧及的大學來說，非政府經費變得愈來愈重要。1989 年開始，國家開始向學生收取一些學雜費，並且從 1994 年起，允許大學自行收取學費，大學首次有了一種可以回本的途徑。到了 2001 年，學雜費占高教總支出 50% 以上，然而菁英大學仍往往有更多元化的收入來源。[67] 在面對更多經費需求的情況下，並為了回應政府增加招生的壓力，許多大學成立了附屬的「獨立」學院，就如同前面所提到的。與它們的母機構相比，這些學校的聲望較低且學費較高。一般來說，公立大學收取的學費最低，而私立、獨立與合資機構收取的費用則要高得多。[68]

對於北京以外教育部掌管的大學來說，省和地方政府的支持變得愈來愈重要。這些大學與地方政府的「合建」或合資，在 1990 年代後期變得普遍。為了吸引人才，進而吸引高科技公司及其投資，地方政府推出了雄心勃勃的方案，與國內外合作夥伴共同建立新的大學。2011 年，上海與中國科學院（簡稱中科院）合作，建立了上海科技大學。該城市斥資 7 億多美元建設上海科技大學的校園，並額外出資 30 億美元，建設周邊的國家重點實驗室，這些實驗室的人員和運作都得力於中科院的協助。這所大學與國家重點實驗室位於同一地點，這是受到了加州大學柏克萊分校附近的勞倫斯柏克萊國家實驗室這一範例的啟發。上海科技大學的教學和研究模式則是受到了加州理工學院的啟發。上海市政府為這所大學提供了土地、創業經費，以及截至 2018 年，該大學 98% 的預算。[69]

教職員

2005 年，教育部制定了一個目標，將具有研究所學歷的教職員比例提高到占全體教職員的 80%，其中具有博士學位的比例至少占 30%。[70]這是一個很有野心的目標，因為即使在中國最菁英的機構中，當時擁有博士學位的教職員比例也明顯低於美國的同行。2006 年，清華大學的博士占教職員總數的 62.7%，而在那一年，耶魯大學則有 91% 的教職員擁有博士學位。不過，清華大學的 62.7% 與 1995 年相比，仍呈現出迅速的增長，當時只有 15% 的教職員擁有博士學位。[71]

為了提升機構內的多元化和品質，教育部還試圖打破「教師近親繁殖」的傳統，所謂近親繁殖，亦即教職員從當大學生到成為資深教職員都待在同一個機構，度過他們的整個學術生涯。教育部規定的目標是70% 或更多的教職員，他們至少有一個學位應該在與他們受聘的機構不同的學校或不同的科系完成。然而，北京師範大學 2009 年收集的樣本資料顯示，儘管這些努力開始取得進展，但在教育部所管轄的大學中，57% 的教職員仍被歸類為「近親繁殖」。[72]

政府政策也支持這些提升品質和多元化目標的達成：2008 年，中央政府推出「千人計畫」，從海外吸引了 1,600 名學者和企業家，其中大部分是華裔。在這一成功之後，接著又再 2011 年推出了「1,000 人高層次外國專家人才計畫」。這兩項計畫目的都在吸引海外研究和創新人才來到中國，尤其聚焦在企業家和學者。[73]

在招聘中國和非中國的學者方面，中國的大學在海外招聘的努力都達到了成功宣傳的效果。學者被合意的條件和獨特的機會吸引到中國的大學。2007 年，康乃爾大學前校長黎曼（Jeffrey Lehman）成為北京大學國際法學院創院院長。[74]2012 年，他成為上海紐約大學副校長。2008 年，清華說服當時在普林斯頓大學的著名科學家施一公放棄捐贈講座，並拒絕霍德華・休斯醫學研究所（Howard Hughes Medical Institute）1,000 萬美元的資助，出任清華生命科學學院院長。[75] 如前所述，施一公後來成為西湖大學的校長，顯示中國高教系統是一個足以吸引和留住國際人才的系統。中國頂尖大學的廳堂裡，充滿了愈來愈多離開國外終身職位的學者，參與了中國高教在品質和數量上的飛速成長。

招生

是誰進了中國的大學？就跟科舉時代一樣，考試的成敗仍決定著學生的命運。一個單一的標準——高中生的高考成績，主宰了他們能否進入大學。雖然高考的正式名稱是「普通高等學校招生全國統一考試」，但各省給出的試卷存在著明顯的地區差異。在 1978 年到 1987 年間，考試是全國統一標準，1987 年的立法允許各省根據當地情況調整考試。雖然每個省分的考試繼續涵蓋類似的科目，但是到了 2005 年，中國 31 省之中，只有 16 個省使用了國家的標準試卷。[76] 這項考試通常包括測驗國文、數學和英文，以及其他三門一系列的主題，也許是科學科目的（物理、化學、生物），或是人文科目的（地理、歷史、政治）。無論就其所需知識的深度而言，以及其問題的刁鑽難懂而言，這項考試因其複雜度而招致惡名。

在大多數地區，只有擁有正式戶口的學生才能參加該地區的考試，儘管有愈來愈多的流動兒童在遠離其正式戶口的居住地長大和上學。除了前往他們（通常很偏遠的）正式戶籍地參加考試的舟車勞頓和財務負擔之外，學生還面臨了一個根本的障礙：大學可以決定地區的錄取名額，並設定最低的高考錄取分數。這表面上是為了每所學校優先考慮當地學生。然而，由於全國各地機構的品質差異很大，這給了在大城市出生長大的學生帶來了明顯的優勢，這些城市是國家旗艦機構的所在地。例如，北京和清華大學被廣泛認為是中國最好的大學。它們都位於北京。2013 年的資料顯示，來自北京的潛在學生被清華大學錄取的可能性是來自廣東高考考生的 30 倍。[77]

該系統的改革在 2014 年底宣布。在新系統中，學生可以參加分散在高中多年更為廣泛科目的考試，而不是為期兩天的全國考試閃電戰。[78] 中央政府也計畫最終能在國家層面上落實更高水準的標準化。最後，政府要求大學納入其他衡量標準來評估學生的潛力，同時也開始廢除經常被學生濫用以獲得額外加分機會的課外天賦。

儘管如此，中國的公立大學仍然主要根據考試成績來錄取學生。私立學院和大學通常學費比公立大學昂貴得多，聲望也不如，主要服務於考試成績未達到公立大學錄取門檻的學生。附屬於公立機構的獨立學院也是如此。

回歸博雅教育？

隨著高教機構擺脫蘇聯的專門化模式，並擴大其學科範圍，各機構重新構想了它們的大學課程。中國的大學長期以來一直有著某種類型的通識教育，例如馬克思主義－列寧主義－毛澤東思想的必修課。而且就像各地的必修課一樣，學生只能忍受這些令他們厭惡的課程。然而，在過去十年中，大陸以及香港和台灣的大學，競相推出通識教育和博雅教育課程，為橫跨人文和社會科學的學習打開了機會。

「博雅教育」這個源起於德國而如今根植於北美的概念，也已經在中國人對高教目的的思考中開始重新確立自己的地位。正如許多美國教育工作者（無誤地）認為，年輕的中國學生在數理方面比美國的同儕受到更好的教育一樣，許多中國教育工作者認為西方人，尤其是美國人，是「創新」和「創造性思考者」，而中國人（儘管他們有許多古代的發明和現代的革命）仍然停留在「傳統的」、「受教條約束的」和「死記硬背的學習者」。為此，有些人歸咎於透過**高考**擠進大學的痛苦路徑。如此全神貫注在考試成績以進入大學的學生，當他們進入到大學時，怎麼可能會成為創新者？

美國領先機構宣稱相信，對於真正的博雅教育來說，人文學科的研究是必不可少的。如今這種觀點在中國首要的大學中得到愈來愈多的認同，儘管（或者是因為）它們一個世紀以來一直癡迷於工程學。中國的標竿大學相信，中國下一代的領導人應該在人文、社會科學和理科方面接受廣泛的教育。2001 年，北京大學啟動了元培計畫（現在的元培學院），做為大學教育廣泛改革的一部分，以培養「新一代更具有創造力和國際能力的人才，以滿足當前時代的需要」。正如我們將會看到的，清華大學經濟管理學院在哈佛博士與加州大學柏克萊分校教授錢穎一的領導下，在博雅教育和通識課程方面已經實施了中國大學中最具想像力的課程之一——而且這是在一個專業學院裡進行的。位於北京的中國人民大學，是依照蘇聯模式建立的「人民大學」，現在則擁有幾個關於古典研究和中國歷史研究的一流中心。

國際化

21 世紀初是中國高等教育擴張、拓展和實驗的時期。中國的這些發展，促進了「大中華」區域：香港、台灣、新加坡的合作與競爭，它們都與北京和上海較勁要成為華語世界的教育中心。

當各機構在內部尋求大學課程發展最佳的國際做法，許多機構也和愈來愈多的外國機構相互交流，建立更明確的外部夥伴關係。除了前面討論過的中外合作大學之外，與歐盟合資的中歐國際工商學院（China Europe International Business School）極為成功，經常名列中國頂尖商學院，並躋身全球前 25 名。

與此同時，當今幾乎所有領先的國際大學都認為自己必須要制定一套「中國策略」，並以某種方式參與中國高教的快速發展。這引發了一系列熱絡的實驗與參與的替代模式。除了正式的校區之外，哥倫比亞大學和芝加哥大學分別在北京開設了一個辦事處和一個中心。史丹佛大學在北京大學內建立了一個庭園式的中心。哈佛大學上海中心推動在中國的研究、學生實習和高階經理人教育。[79] 然而，中國政府目前向它的國際教育夥伴發出了相互矛盾的信號。新的高教合作事業受到讚賞的同時，教育部終止了兩百多項與外國大學簽訂的合作協議，這占了總數

20% 以上。[80] 儘管如此，「提升中外合作辦學質量」仍然是「中國教育現代化 2035」計畫中的重中之重。[81]

國際化不是一條單行道。教育部報告指出，2018 年有超過 150 萬名中國學生出國留學。[82] 中國學生占美國外國大學生 30% 以上，是芬蘭、義大利、南韓等國最大的外國學生群體。[83] 中國的機構也在國際化：2015 年 6 月，清華大學宣布與華盛頓大學和微軟成立一個科技創新研究院，並且最近在義大利、印尼和智利建立了合作夥伴關係。[84、85] 北京在牛津大學設立商學院。廈門大學於 2015 年在馬來西亞開設了一個斥資 3 億美元的校區，計畫招收 5,000 名大學生和研究生。[86] 而復旦大學則在 2021 年宣布它決定於 2024 年在匈牙利開設一個校區。[87] 這些是中國的大學向中國境外擴張的第一波案例，但絕對不是最後一波。

世界一流的挑戰

恢復高考四十多年來，中國高教已經在擴大教育的數量和品質上取得了巨大的進步。長期投資，例如對於教職員素質和最先進實驗室的投資，都獲得了回報：中國大學的學術聲望，尤其是頂尖機構的學術聲望正在快速上升。2008 年，上海交通大學的世界大學學術排名，沒有一所中國的大學排名在前兩百名。到了 2018 年，有三所進入了前一百名。2021 年，清華大學和北京大學分別名列 QS 世界大學排名第十五名和二十三名，清華的排名高於所有的美國常春藤聯盟學校，除了其中的兩所學校之外。[88]

中國政府於 2015 年推出雙一流大學計畫，以進一步提升中國大學在世界上的地位。該計畫圍繞著 42 所領先的中國大學所組成的一個隊伍，它們或被認為「正順利邁向」（A 類），或是「有潛力」（B 類）成為世界一流大學。所有的這 42 所大學也都屬於 211 工程或 985 工程的一部分，或兩者皆是。另外 95 所中國的大學被選為計畫的一部分，在它們現有特定優勢的學科中成為「世界一流」。在 110 個目標學科中，36% 屬於工程和科技領域，從某些方面來看，清華等中國的大學已經是頭等的，甚至是世界領先的。[89] 被選入該計畫但表現不佳的大學，可能會從該計畫除名並失去優惠的補助。

考量到中國高教部門的規模和多樣性，那些監督中國大學的人（各級中央政府和黨委）和那些負責它們日常營運的人之間存在著鴻溝，也就不足為奇了。根據中國 2010 年《國家中長期教育改革和發展規劃綱要》的序言，「教育是民族振興的基石」。[90] 從中央政府的角度來看，教育的目標是增強**國家**實力，為集體利益培養人才，而不是以個人價值為主。這種觀點顯然與中國頂尖大學的通識教育課程存有緊張關係，其通識教育的目標，就如同美國的同行一樣，目的在解放和教育**個人**成為批判性思考者。

當中央政府視教育應服務於國家策略，充分利用當前來自各級政府的巨額經費時，做為大學主要資助者的地方和省級官員，往往持有更短期、更功利的觀點。他們尋求刺激經濟成長，增加十幾歲和二十多歲民眾的就業機會，並利用國有銀行為擴大高教提供低息貸款。

公平與機會

如果大學有一種「中國模式」，它也不會是一種特別共產主義的模式。正如華東師範大學前黨委書記、歷史學家張濟順所說的，僅僅因為入學人數增加，並不意味著入學的公平性和機會也同樣增加了。以學費為例。中國的大學以前是沒有學費的。到了 2020 年，舉例來說，一名主修理科的學生，在清華大學這樣一所領先的公立大學，每年大約支付850 美元學費；在浙江大學城市學院這樣一所隸屬於公立浙江大學的獨立機構，則是 926 美元；在私立的西安外事學院，則是 3,861 美元（是其先修課程的許多倍）；而就讀上海紐約大學則是 30,890 美元。[91] 雖然按照美國的標準這些數字並不高，但就讀公立大學的費用很容易就超過中國農村居民可支配收入的三分之一。[92] 中國私立大學的學費可能是他們年收入的好幾倍。這導致了一種情況，亦即最貧困的學生，通常來自偏遠地區，他們最後往往進到私立大學，而這些私立大學是最昂貴的，而來自城市背景，更富有、更有關係的學生，則有更好的機會進到菁英公立機構，而這些機構是最便宜的。

我們可以從就讀中國大學的農村學生統計數據看出這一點。以全國來說，大約 50% 的大學生來自農村家庭（農村家庭的定義很寬廣），但在北京和清華等菁英大學，只有大約 20% 的學生是來自農村地區。2020年，中國 12 個農村大省的高教入學率比中國東部沿海 11 個省分平均低13 個百分點。[93] 中國政府現在已經承諾「普及高等教育」。[94] 但是，對於中國的農村和窮人來說，軍隊和公安局比中國的大眾大學（mass universities）提供了更好的社會流動方式。

最後，以考試和招生來看。高考和舊有的科舉考試一樣，之所以能歷久不衰，是因為它有獎勵功績的表象，而且它是少數幾個大家認為公平誠實的國家制度之一。原則上，只有通過競爭性考試確定的最好人才會被錄取。但是高考的侷限性早已為人所知，所以菁英大學帶頭透過額外的考試、面試、「奧林匹克式」的獎項，以及其他授予優秀學校的特權機制，設置另一套替代的入學管道。長期以來招生名額有利於本地生而非外地生的制度，助長了不公平，但事實也證明這很難改革。2016 年5 月，當教育部試圖增加某些大學省外學生的名額時，四個省分的家長用他們的大聲抗議引起了國際媒體的關注。[95]

　　中國官方承認的 55 個少數民族社群，合計約占中國人口的 8.5%，也面臨著充分參與高教的障礙。但在過去十年中，少數民族在大學入學的比例顯著增長，從 2010 年的 6.76%[96]，成長到 2020 年的 9.86%，增幅超過 45%。[97] 政府制定了類似平權行動的政策，以提高中國少數民族的大學錄取率，通常是透過降低少數民族學生被錄取所需的高考分數。在中國最菁英的大學，清華和北大，這一策略似乎奏效了，少數民族學生占清華 2020 年新生的 9.7%，占北大約 12%。[98] 雖然少數民族就讀中國大學課程的比例有所提高，但少數民族僅占研究生總數的 5.47%。[99]

政治

　　2013 年，復旦大學、南京大學，和中國其他菁英 C9 機構的校長，與美國大學協會和澳洲八校聯盟共同簽署了《合肥宣言：關於當代研究型大學十大特質》。[100] 簽署者一致同意「負責任的行使學術自由」是當代大學生活的一個原則。

　　事實證明，這些理想很難堅持。也許中國大學崛起的最大挑戰在於治理和政治領域。中國大學的階級治理結構使得許多決策只容極少數人定奪。中國的大學由黨委監督，而大學黨委書記的位階往往高於校長，而且經常凌駕校長之上。某些厲害的黨委書記是他們大學成功的關鍵，但是這種平行的治理系統通常限制了思想的交流，而非加強。鮮少有黨委書記（就像鮮少有美國大學的校長），看好不受控制的教職員治理。但是教職員探究思想的自由，不論其結果如何，是持續創新的根本。畢竟，大學裡最好的想法來自哪裡呢？各地的院長和校長都必須做出決定並設定優先順序。然而，在實際上，許多最好的想法，那些院長和校長將不得不基於它們的學術優勢而支持的想法，是來自於被錯誤命名為「底層（bottom）」的人所提出的：亦即來自於他們領域的頂尖教職員。擁有支持這一點的制度性結構在各地都很罕見，而在今天的中國大學中更是如此。以任何領先國際大學的比較標準來看，中國機構裡的教職員在治理上幾乎沒什麼作用。

2012 年 6 月，中國的副主席（亦是未來的主席）習近平訪問中國的領先大學，呼籲加強黨對高教的監督，這不是一個好兆頭。事實上，這次訪問預示著習主席任內政府對課堂上的控制愈來愈嚴密。2013 年，中共內部流傳了一份名為 9 號文件的公報，隨後被洩漏給媒體，其中列舉了 7 項禁止討論的話題，亦即宣揚西方憲政民主、「普世價值」、公民社會、新自由主義、西方的（閱讀：獨立的）新聞觀念、歷史虛無主義，以及最後，任何「質疑改革開放和中國特色社會主義的社會主義性質。」[101] 緊隨這份重大清單之後的是一份從未公開的 30 號文件，它要求加強對高教的意識形態控制。

教育部長袁貴仁聽從高層的暗示，反對將「西方的」價值觀和思想納入中國大學的教學之中。他的聲明威脅到大學校園裡不斷擴大的學術自由。在一些領先機構中，中國共產黨試圖在（仍然）是必修的馬克思主義－列寧主義－毛澤東思想課程中，以及人文和社會科學的其他領域中重申意識形態的訓誡。在北京大學，黨突然解雇了備受尊重的學者王恩哥校長。北京大學強勢的（現為前任）黨委書記朱善璐如是寫道：

> 我們必須把意識形態工作的領導權、管理權、話語權牢牢掌握在手中，任何時候都不能旁落，否則就要犯無可挽回的歷史性錯誤。高校是意識形態生產和交匯的重要陣地，在全社會有很強的引領、示範和輻射作用，只有牢牢把握高校意識形態

工作的主動權，才能進一步增強黨在高知識群體中的凝聚力、
號召力，才能贏得青年、贏得未來。[102]

做為習近平廣泛反貪腐運動的一部分，中共中央紀律檢查委員會的
「巡視組」於 2017 年被派往全國各地，包括領先的大學。在那裡，他們
仔細審查了大學的財務狀況，及其領導人和教職員工的政治忠誠度。領
先大學的負責人被指責對意識形態的規範不夠力，在加強校園內黨組織
方面的工作不到位。巡視組還警告，在巡視過程中收集到的有關個別違
紀行為的「線索」，將提報給上級調查機關。

2018 年 10 月 23 日，中共中央組織部的代表在各自校園舉行的會議
上，宣布了北京大學和南京大學一系列的人事變動。年屆 63 歲的北京大
學校長林建華突然被宣布退休，成為三年內被更換掉的第二位北京大學
校長。接替他的是北京大學黨委書記郝平，現兼任黨委副書記。法官邱
水平成為這所大學的新任黨委書記和一把手。邱水平畢業於北京大學法
學院，早年在北京地方政府任職，之後成為該城市最高層級的司法和安
全官員，包括短暫擔任過北京市國家安全局黨委書記。邱水平從山西省
高院院長的職位被召回北京大學。這不完全等同於學術上的戒嚴令，但
也很接近了。

2018 年 11 月，教育部發布了《新時代高校教師職業行為十項準
則》，強調了黨的觀點，即大學和它們的教職員不得跨越政治紅線。在
習近平自稱的「新時代」，教授們要符合「新時代對廣大教師落實立德
樹人根本任務提出新的更高要求」。這些要求是什麼？名列在首位的是
「不得在教育教學活動中及其他場合有損害黨中央權威、違背黨的路線
方針政策的言行。」[103]

與此同時，黨加強了對大學治理的威權。2013 年至 2017 年之間，
109 所大學首次公布了其機構章程。[104] 這些文件在不同程度上承諾，大

學將堅持黨的領導地位並遵循黨的政治特權。2019 年底，三所大學發布修訂後的章程，進一步提升了黨在其機構中的地位。中國最知名的大學之一復旦大學，刪除了其提及學術獨立和自由思想的說法，轉而使用贊成黨的治理和愛國主義的用語。[105]

中國大學成為世界一流的抱負所面臨的挑戰，不僅來自內部，而且愈來愈多來自外部。隨著中美兩國在科技和創新方面的經濟衝突加劇，中國的大學及其國際交流也陷入交火。工程和應用科學的先進研究有賴於最新軟硬體的取得。美國政府，尤其是川普主政下的政府，將中國大學在這些領域的研究視為協助黨國軍民融合（MCF）策略。從 2015 年開始，軍民融合策略提供獎勵措施給整個中國經濟和社會領域的機構，包括大學，以幫助人民解放軍開發最終用於軍事目的的技術。

可以確定的是，這項政策和美國國防部與高教機構及私人企業之間的許多協議並沒有什麼不同。儘管如此，2020 年 5 月，川普政府發布了一項行政命令，禁止「支持中國軍民融合策略的實體，其」學生、研究生和成員持用某些通常用於支持學術和文化交流的簽證進入美國。[106] 然後在 9 月，美國政府取消了一千多名涉嫌與中國軍方有牽連的中國學生和研究人員的簽證。[107] 美國政府還首次將兩所中國大學（哈爾濱工業大學和哈爾濱工程大學）列入美國商務部門的「實體清單」，要求美國公司必須獲得美國政府的批准才能將它們的技術賣給這些被盯上的組織。

個案

現在讓我們來看看大中華地區三所領先大學的個案研究。在不同的時間點，這三者都在大中華區的高等教育中取得領先地位，並致力於再度領先。首先，我會檢視清華，它經常被稱為中國的麻省理工學院，但近年來已經成為中國最具全球競爭力的綜合性大學。其次，我將介紹南京大學，它是民國時期著名的國立中央大學的現代化身，它本身是以柏林大學為藍本。南京大學在地理上，有時在思想上，遠離國家政府，如今，它成了共產黨控制高等教育的戰場。最後，我們轉向香港大學，它是華語世界最好的大學，並且沒有直接處於中國共產黨的領導之下（至少還沒有）。

這三個機構都有著橫跨中國現代高教歷史的傳奇。這三者都曾與中國以外的大學和專家建立夥伴和合作關係。這三所大學是否有潛力在 21 世紀引領高等教育的世界？

第 9 章

從預備學堂到國家旗艦

清華大學

2013 年 4 月 21 日星期天，一群人聚集在北京市中心天安門廣場的人民大會堂，為清華大學的一所新書院舉行落成典禮。活動中大聲朗讀了中國國家主席習近平和美國總統歐巴馬的來信，接著是前任和當時的美國國務卿：季辛吉（Henry Kissinger）、鮑爾（Colin Powell）和凱瑞（John Kerry）的推薦影片。他們與主持這場會議的中國國務院副總理劉延東一致認為，清華蘇世民書院（Schwarzman College）的成立是美中關係史和中國大學崛起的里程碑。清華大學和新書院的捐助者，美國商人和慈善家蘇世民（Stephen A. Schwarzman）的願景是，在中國建立一所為 21 世紀的全球領袖提供住宿與教育的住宿學院。蘇世民書院和它的住校蘇世民學者項目（Schwarzman Scholars），在野心和捐贈方面足以媲美牛津大學的羅德獎學金（Rhodes Scholarships），羅德獎學金一個多世紀以來一直致力於培育那些「具有領導潛力」的人。[1]

充滿活力的清華大學校長陳吉寧（一位躍升的明星，後來成為中國的環保部長，然後成為北京市長）指出，新書院和獎學金項目是清華悠久的國際化歷史的一部分。雖然這所大學當年曾經是為了中國人赴美留學預做準備的學校，但如今清華已經成為來自美國、歐洲、亞洲和其他地區頂尖研究生的求學目的地。隨著這個新項目的慶祝，已經站上中國迅速擴張高教體系巔峰的清華，正宣告它登上了全球高教的舞台。

戰爭、革命和清華的演變

今天的清華大學是中國的兩所領先大學之一，從錄取來看，也是世界的菁英學校之一。自 1911 年宣統辛亥年（即 1912 年被推翻的最後一個王朝，其最後一個皇帝的最後一年）清華建校以來，中國乃至中國的高等教育，都有了長足的進步。清華的歷史就是現代中國高等教育的縮影。

與柏林大學一樣，清華也是在災難性的軍事慘敗之後成立的。1900 年夏天，執政的清朝慈禧太后屈從於被稱為義和團的強大排外運動，向世界宣戰，或至少是向美、俄、日、法、德、義、西班牙、奧匈帝國、荷蘭，甚至比利時宣戰。在接下來的「北京五十五日」，一小群外國人（在好萊塢電影的版本中由卻爾登・希斯頓〔Charlton Heston〕和愛娃・嘉納〔Ava Gardner〕領銜主演），在他們的使館中堅守抵抗，直到八國的遠征軍前來營救他們。僅僅兩萬名外國軍，就征服了一個擁有四億人口的帝國。隨後的和平伴隨著巨額的賠款（按 2018 年的價格計算為 100 億美元），要在未來四十年內支付。

大清帝國所遭受到的恥辱已經無以復加，但在它的最後十年，亦即 20 世紀的頭十年，它重新開始了一系列「自強」改革，尤其是在教育方面。清華由清廷創立，名為清華學堂，最初是為被選中赴美留學的學生而設的預備學校。在時任伊利諾大學校長詹姆士（Edmund J. James）的敦促下，美國總統羅斯福將美國庚子賠款的一大部分用於美國的華人教育和清華的創辦。詹姆士寫給羅斯福的信中說，中國正處於革命的邊緣。他寫道：「成功教育當代中國年輕人的國家，將在道德、思想和商業影響力方面獲得最大的回報。」[2]

在這第一個十年裡，清華為學生赴美留學做準備，它建立了一個美式校園，它的傑佛遜大禮堂（Jeffersonian Grand Auditorium）靈感來自於伊利諾大學香檳校區的禮堂。受過美國教育的中國學者帶領年輕學者完成為期八年的預備課程，使他們有資格以大三學生的身分轉入美國的大學。因為清華的主要贊助人是美國政府，該學堂不是由教育部管理，而是透過外交部管理，美國駐華大使隱含擁有批准該學堂校長任命和預算決策的權力。[3]

1911 年 4 月 29 日，清華（正式的英文名稱為 Tsing Hua College，我們在此簡稱為清華）開學時，它的 16 名學生可以從現有的 10 個學科選擇，包括：哲學、中國文學、世界文學、藝術與音樂、歷史與政治、數學與天文學、物理與化學、生物學、地質學與地理學，以及體育與工藝。[4]該課程還包括為學生未來在美國求學做準備的語言和文化的學習。其學生人數急速擴大，對該機構的渴求也一樣，這反映了中國對國內高教需求不斷增加。到了 1925 年，清華已經轉型成一所文理大學，並且擁有中國首屈一指的國學研究院。其著名的「四大導師」——梁啟超、王國維、陳寅恪和趙元任，為中國語言、文學、語言學和訓詁學的研究上，增添了國際和科學的層面。

清華的影響力遠遠超出了中國。它的歷史系成立於 1926 年，第一個十年由蔣廷黻擔任系主任，他在歐柏林（Oberlin）接受美國博雅教育，並在哥倫比亞大學獲得博士學位。蔣廷黻徹底革新了對中國近代關係的研究。1946 年至 1966 年，他擔任中華民國駐聯合國大使，持續他傑出的外交官生涯。我自己的中國歷史導師費正清，是美國現代中國研究的先驅，他於 1930 年代初期在清華師從蔣廷黻，學習中國歷史。清華對哈佛的影響還在持續：費正清於 1939 年開始在哈佛教授的中國歷史大學課程，成為哈佛通識教育的核心課程，持續了八十多年；直到今天，我和我的同事包弼德（Peter Bol）都仍以一個相當不同的版本在教授著這個課程。

國立清華大學

隨著 1927 年，蔣介石領導的國民政府成立，清華更名為國立清華大學，隸屬教育部管轄。該大學由四個學院組成，包括藝術、法律、科學和工程，它們又更進一步分成 17 個系。這所大學提供扎實的科學培訓，以及更廣泛的博雅教育。1929 年，清華成立了研究所。不到四分之一個

圖 9.1　費正清、費慰梅夫妻和梁思成、林徽音夫妻。由 Holly 和 Laura Fairbank 提供。

世紀之後，清華不僅因課程的規模而聞名（到了1935年，清華的10個研究系所占全國研究系所的三分之一），也因其畢業生的卓越表現而聞名。[5]

1930年代見證了清華的第一個黃金年代。在那個時代的「國立」大學中，清華顯得很不尋常，因為它是全住宿的美式校園（而且在1929年後，是男女同校），然而又處於歷史悠久的中國與田園環境中，位於老北京的城牆外，距離市中心約11英里。學生和教職員交錯在身著藍色棉袍的文人之中。校園的場地和湖泊被照顧得像座私人花園，學生可以在那裡享受釣魚、滑水和浪漫約會等娛樂活動。清華在庚子賠款基金的大力支持下，以別具風格的方式擴建其校園，有了一個令人驚嘆的圖書館、一座充滿進口設備的體育館、一個擁有最好西方樂器的禮堂，以及擁有最新科學儀器配備的實驗室——所有的這一切，正如葉文心所說的，「都是從美國直接運來的」。[6]

到了1937年，清華已經成為一所文理科方面的研究型大學。[7]由於庚子賠款的資助，清華不像北京大學或國立中央大學那樣依賴政府的支持，因此更能抵抗執政的國民黨對其施加意識形態控制的企圖。

這段發展時期在1937年清華校園被日軍占領時戛然而止。1938年，它的許多師生隨著國民政府一起行軍到內陸，在那裡，清華和北京大學、南開大學在戰爭期間一起成為位於昆明的國立西南聯合大學（或稱「聯大」）的一部分。儘管處於戰爭氣氛之下，但這一時期被認為是中國高等教育的一個特殊時刻，其特點是學術環境相對自由，以及之前分散在三個校園的國內頂尖學者之間密切合作。一些清華最知名和最具創新精神的校友，例如諾貝爾物理獎得主楊振寧和李政道，都是在這段期間完成了他們的學業。[8]清華的校長與聯大的領導人梅貽琦，即使在戰爭最黑暗的時刻，仍倡導博雅教育、機構自治與學術自由，至今仍被人們因此銘記在心。為此，了解這段歷史的校友讓他贏得了清華大學「永遠的校長」這份榮耀。

1946 年，這所大學返回北京校園，在內戰爆發和共產黨征服中國之前，只有短暫的喘息時間。1948 年，梅貽琦校長離開北京。1956 年，他成為台灣一所全新且傑出的國立清華大學的校長，他在分裂的中國領導著分裂的清華的一部分。

共產黨的清華大學

隨者共產黨在中國大陸的勝利，清華與美國的長期關係被切斷，三十年沒有恢復。新成立的中華人民共和國與蘇聯結成了緊密的聯盟，蘇聯這位「社會主義老大哥」在 1921 年建立了中國共產黨。中國的政治制度沿著史達林主義的路線重新調整，直到今天仍保留著不可磨滅的蘇聯基因。中國的大學，包括清華，迅速被蘇聯化。一個新的清華校園出現在原來的校園旁。它的 13 層主樓，是一座冷峻的史達林式綜合大樓，由三個結構所組成，現在占據了校園。1950 年代的清華看起來不像伊利諾大學香檳校區，而是更像莫斯科州立大學。

1952 年，清華成為一所培養工程師的理工大學。理學院、人文學院、農學院和法學院全被廢除，它們的教職員被分散到其他機構，主要是北京大學。北京大學和燕京大學工程學院的教職員則被調到清華，以做為回報。不願或不能在新政權下工作的教職員，或者逃往國外，或者在國內遭到清算。清華現在在學術上更像是東德洪堡大學的模式，而非任何美國大學。在新合併的工程學院中，課程進行了重組，取消了學分制，取而代之的是根據大學入學時選擇的特定專業，為每位學生提供一套結構化的課程，通常會讓他們在政府或國有企業獲得一份特定的工作，這是蘇聯式的做法。儘管在重組過程中失去了許多著名的學者，為了急於確保其競爭力，這所大學在工程學的大傘下，開發了新的課程。可供學生選擇的主修從 1952 年的 22 門，增加到 1966 年的 40 門。

此次重組讓清華在中華人民共和國第一個五年計畫（1953-1958）期間成為領頭羊，該計畫是以蘇聯的五年計畫為藍本。清華培養了許多中國後來的政治和技術官僚菁英，但在毛澤東之下，大學不斷地政治化，清華先是被削弱，後來幾近被摧毀。清華的轉折點出現在 1966 年夏天，當時校園成為黨總書記毛澤東和中國國家主席劉少奇之間政治和意識形態鬥爭的核心政治戰場。一個早期的政治標靶是蔣南翔，他自 1952 年以來，不僅擔任清華的校長和黨委書記，還擔任高教部部長。[9]1966 年 6 月，文化大革命爆發時，他很快就被批鬥，毛澤東領導下的中央當局還派出校園工作小組讓該大學的治理機制完全停擺。校園裡的小規模衝突持續了兩年，隨後爆發為全面的武鬥。

中國的 1960 年代比柏林、波士頓和柏克萊的同時期更加暴力血腥。

圖 9.2　紅衛兵正在拆下清華大學的大門。轉載自 https://xsg.tsinghua.edu.cn/info/1003/2288.htm

在清華的「百日大武鬥」中，至少有 18 個人被殺，30 個人永久殘廢，1,100 人受傷。在軍隊最終奪取控制權後，剩下的學生和學術人員被「下放」到農村地區進行勞改和意識形態的改造，在那裡，有 1,000 多人罹患上血吸蟲病，這是一種寄生蟲病。回到校園，原則上只有具有工、農、兵身分的學生才可以進入無產階級化的清華（不過，仍然留了空間給某些菁英的孩子，他們既不是農民，也不是工人或士兵。其中之一是習近平，他在 1977 年畢業，獲得化工學位。但是，即便是他，在當學生的時候也得幹農活。）[10]

文化大革命甚至摧毀了清華的代表性大門，曾一度換上了一尊巨大的毛澤東雕像，這座雕像又在 1991 年被原大門的複製品所取代。直到 1978 年，清華才全面恢復運作，即使在那時也只能在基本的骨架上運作。[11]

清華大學重生

和中國一樣，清華在中華人民共和國的頭三十年期間，經歷了革命、創傷、幾近癱瘓和徹底的貧困。從毛澤東時代起，它已經被摧毀到體無完膚。然而在隨後的幾十年裡，清華的復興與「改革開放」的時代緊密相連。清華再次成為了實質上的**國立**清華大學，即使在名字上不這麼稱呼。該大學獲得了政府大手筆的投資，並且迅速崛起，在工程領域引領中國，並在 1987 年全國首屆「重點」工科大學排行榜上名列榜首。[12] 在政府的資助下，清華重新建立了它的教職員團隊，並且成立了一系列的研究所和專業學院。1984 年，後來擔任總理的朱鎔基成為新成立的經濟管理學院創院院長，該學院已經成為全球在大學生錄取上最嚴格挑選的學院。清華的畢業生開始占據政治領導菁英的位置，名列其中的就包括了國家主席胡錦濤與習近平。[13]

在過去數十年間，清華已經重建回民國時期的綜合大學，甚至有過之而無不及。1993 年成立人文社會科學院，並在 2012 年分成不同的學院。清華法學院重建於 1995 年。1999 年，原本的中央美術學院併入清華，北京協和醫學院在 2006 年也成為清華的一部分。2009 年 11 月，清華重振其著名的國學研究院。清華經濟管理學院開始帶領這所大學改革通識教育。2011 年，清華成立一百周年之際，一座宏偉的新清華學堂，獻給了清華做為表演藝術之用，而不是獻給清華幾十年來最廣為知名的工程、科學或科技領域。

1907 年，伊利諾大學校長詹姆士確信，「世界上每個偉大的國家，將不可避免地會與快速變化的中國捲入或多或少的密切關係。」[14] 他所想像的是一個中國向他國學習的世界，而不是反其道而行。但是他也設想了一個因其國際教育聯盟而崛起的中國。今天，在學術上日益多元化且與國際聯繫日益密切的清華，無疑是中國高教的領導者，而且也愈來愈成為全球高教市場的領導者。清華在 2021 年 QS 世界大學排名中名列第十五（優於耶魯兩個名次），反映了清華不斷上升的研究成果，以及在學術圈愈來愈高的聲望。[15]

到了 2020 年，50,000 名清華學生在 3,600 位教職員和 2,836 位博士後研究員的指導之下，組成了 21 個學院。清華有 16,000 多名大學生，82 種主修，其求學環境與 19,700 多名碩士生，以及 17,200 多名博士生緊密相連。[16]

清華現在的目標是成為「世界一流」。清華雖然仍主要著重在工程和應用科學，但在擴大其課程範圍的同時，它也秉承了許多學者的信念，亦即一所世界一流的大學，必須涵蓋廣泛的學科。[17] 僅僅（像清華過去那樣）被認為是「中國的麻省理工學院」是不夠的，雖然美國諸如麻省理工學院和加州理工學院這樣的機構通常被認為是世界一流的機構，即使他們的課程範圍較窄。如果一定要說它像誰的話，清華開始看起來更像是史丹佛大學，一所在工程和應用科學方面具有獨特優勢的綜合性研究型大學。

清華幾十年來追求成為一所綜合性的世界一流大學，這個目標根植於長期的規劃，並且受到中國政府的國家發展目標所塑造。2003 年，清華校長王大中提出「三個九年，分三步走」，預計到 2020 年將清華建設成一所綜合性的世界一流大學，他指出這個世界一流大學的規劃始於 1993 年，是為了響應中國共產黨在第十六次全國代表大會所提出的「全面建設小康社會，加快推進社會主義現代化」的目標。[18] 從 1994 年到 2002 年，在這三個九年階段第一步的首要目標，是要把清華建設成一所真正的綜合性大學。在公布第二步（2003 至 2011 年）時，王大中將「爭取成為世界頂尖大學」列為這所大學的首要任務。清華達成了這個目標。到了 2011 年，它在多個國際排名中進入了前一百名，在泰晤士高等教育工程課程排名進入前二十名。[19] 根據王大中的說法，清華的第三步將從 2012 年持續到 2020 年，專注於在多個學科的領域達到世界一流的地位。

到了 2020 年，實現綜合性世界一流大學的地位依然是清華戰略規劃的首要任務，因為這所大學進入了王大中所認為的朝向這一目標邁進的「最後一步」。2011-2015 年大學事業發展規劃宣告這是「（清華）加快建設世界一流大學的關鍵階段。」為此，政府概述了機構改革的許多優先事項，包括全面加強學術學科，到增加國際合作。2016-2020 年大學事業發展規劃以更具使命感和迫切感的語氣開宗明義：「要……確保（清華）到 2020 年達到世界一流大學水平。」[20]

表面上看，清華自首次宣布要成為世界一流大學以來，它的行政部門就一直把心思放在這個重要的目標上。然而，儘管清華在全球大學排名中上升，但忙於應對於清華各界和黨國內部互相競爭的利益集團之間，事實證明，這對大學領導階層來說是一個持續的挑戰。2016-2020年大學事業發展規劃提到了清華對軍民融合和中國製造2025等產業政策的貢獻，凸顯出黨國將大學視為促進自身利益的工具，這與培育清華成為世界一流大學的做法未必符合。2016-2020年大學事業發展規劃承認，清華機構改革的障礙在2020年後仍會持續很長一段時間，因此制定了到2050年成為「世界頂尖大學之一」的目標。[21] 當清華自己設定的到2020年達到世界一流水準的最後期限現在已經過了，這所大學採用國際最佳做法的紀錄有哪些？中國的政治體系如何塑造了清華的成功與缺點？

祈願千人綻放

正如我們所見，一所領先的大學，其秘訣至少需要三個要素：傑出的教職員團隊；有才華的學生群體；以及能促進傑出研究和教學的治理方式，而且最好不會受到政治壓迫的妨礙。清華在這些方面表現如何？

教職員

清華的3,565名教職員是一個顯赫的群體。截至2019年，他們其中有54名中國科學院院士、40名中國工程院院士，以及其他許多榮譽得主。他們在清華的447個研究機構展開各式各樣的研究，其中包括許多在2020年被國家和地方政府指定為「重點」的研究機構。[22] 自清華建校以來，大學行政部門透過招聘尋求受過海外培訓的中國學者來提升教職員的素質，這一傳統在整個改革時期一直延續下來。例如，經濟管理學院院長錢穎一在被聘來帶領經濟管理學院之前，曾經在史丹佛大學、馬里蘭大學和加州大學柏克萊分校任教。做為清華最具競爭力學院之一的院長，錢穎一在經濟管理學院內部進行了巨大的改革，包括了課程與行政管理方面。在課程改革上，為大學生制定兩年必修的通識教育核心課程，並重組研究生課程。在行政管理上，建立了終身制軌道，並簡化了薪資制度。

在清華的 2011-2015 年大學事業發展規劃，它的行政部門承認，「我國教師整體水平與世界頂尖大學仍有較大距離。」[23] 然而，從許多方面來看，這個距離正在快速縮小。儘管清華在 1995 年只有 15% 的教職員擁有博士學位，到了 2006 年，這一比例上升到 62.7%。到了 2020 年，清華 91.02% 的教職員擁有博士學位。[24] 然而 2016-2020 年大學事業發展規劃指出，在吸引「優秀」師資方面，清華仍然面臨許多挑戰，包括與國外「名校」競爭頂尖教職員。清華的目標是到 2020 年達到世界一流大學水平，並力圖到 2050 年建設一支「整體達到一流水平」的師資隊伍，這與清華希望成為「世界頂尖大學之一」的目標不謀而合。年齡較大、效率較低的教職員將隨著退休被逐步（而非被迫）淘汰。

清華還希望政府在 2008 年宣布的「千人計畫」有助於該大學招聘世界一流的教職員。該計畫提供海外學者（主要是華人，但不完全都是）非常慷慨的資助方案以加入中國的大學。清華抓住了這個機會。2011-2015 年大學事業發展規劃指出，清華將「充分借助『千人計畫』」，以便「引進國際知名的學術大師」。[25] 至 2016 年，該大學已經透過這項計畫招聘了 111 名資深的學者。[26] 到了 2019 年，中國政府停止公開推廣這個計畫，以回應美國對其「鼓勵竊盜知識產權」的擔憂。[27] 事實上，正是哈佛化學系教授利伯（Charles Lieber）參與了千人計畫，導致他在 2019 年被捕。清華繼續透過千人計畫吸引學者，儘管速度較慢。2018 年，有 9 位新的「人才」進入清華，2019 年則只招募了 4 人。[28] 當清華在與全球享有聲望和經費充裕的大學競爭人才時，政府對於招聘「明星」人才的資助，仍然是清華很重要的資源。

但清華仍背負著其社會主義的過往包袱。阻礙清華在國際就業市場招聘優質教職員的是人力資源政策，這些政策是計畫經濟的遺物，其中長期雇用的「鐵飯碗」是標準模式。1995年後，清華原則上依賴「沒晉升就淘汰（up or out）」的雇用政策。助理教授（以前是講師）最多有九年時間，亦即三個三年契約，可以晉升為副教授級別。儘管副教授成為正教授沒有具體的時間範圍，但獲得副教授職位意味著進入終身制軌道。在最終獲得一份不限時間的契約之前，也就是基本上獲得終身職之前，正教授預計還要簽兩次三年的契約。晉升傾向幾乎完全從內部提拔，教職員要與他們系內的其他人競爭晉升機會。大學行政部門的中央規劃決定了每個學院各級別教職員的額度，這使得學院幾乎無法影響它們招聘過程的範圍。

教職員薪資按月計算。但這個系統的結構很難招募到習慣年薪制而非月薪制的優秀國際研究人員。當從國外招聘的學者最終獲得年薪（或更高的薪水）時，這自然造成了部門內部的緊張關係。[29]

然而，做為某種實驗性的「經濟特區」，經濟管理學院逐步提高了教職員的年薪，並實施了國際標準的終身制。它的做法成為清華2011-2015年整體發展規劃的一部分。[30]但是清華並非所有的學院都具有如此豐富的經費和實驗的態度。該大學2016-2020年的規劃指出，將「建立適合各系列教師和職工的薪酬分配模式」。[31]

至於在資歷方面，清華重視聘請自己的校友，尤其是那些在清華完成大學學業的校友。但是正如著名經濟學家、蘇世民學者項目創始院長李稻葵所說，「如果一個人沒有外國博士學位，那這個人在清華將面臨巨大的麻煩。」[32]要獲得終身職，需要在中國以外的知名期刊上發表大量的文章。擁有國際博士學位的教職員在發表文章和取得終身職的競賽中具有明顯的優勢，而他們的著作也有助於清華進入國際排名，這是它和它的同行都沉醉其中的。同時，這些終身職政策對國際化的重視，有可能吸引年輕教授專注在那些國際上廣受歡迎的研究課題，而不是與中國最相關的問題。這對於一個以「自強不息，厚德載物」為校訓的機構來說，是一個挑戰。

學生

用英文來翻譯這所大學的校訓很難捕捉到清華特殊的地位和使命感。「自強不息，厚德載物」這個校訓出自於《易經》，呼籲在上位者「不斷自我精進」並且「以高尚的品德治理天下」。事實上，清華在中華人民共和國時期最著名的校友都是那些治理天下，或治理很大一部分天下的人，包括中國國家主席習近平、前國家主席胡錦濤和前總理朱鎔基，都畢業於清華的工程科系。清華持續透過世界上競爭最激烈的招生程序之一，吸引中國眾多最有天賦的學生。2018 年，中國大陸 32 個省級行政單位的文科高考最高分者，有 28 位選擇進入清華就讀。來自 14 個省級行政單位的理科高考最高分者，也是選擇進入清華就讀。[33] 從我自己在清華的講座和研討會，以及多次的訪問，我可以證明：清華的學生是首屈一指的。

清華顯然吸引了一些世界上最優秀的學生。但是一旦他們走進清華的代表性大門，他們是如何接受教育的？自清華重生為一所綜合性大學以來，它已經嘗試了多種新課程和新教學法。清華所有的學院都有一些必修的通識教育，包括國家要求的政治課程，以及大學自創的課程。所有的學生都可以善用新生研討課，其目的在促進更多討論式和參與式的學習。學生還可以參加大學生研究訓練（Student Research Training，簡稱 SRT）計畫，與教授一起進行特定專案的研究，以獲得研究經驗。清華報告指稱，超過 60% 的大學生參與了每年所提供的 1,000 多個 SRT 專案。[34] 有興趣從事學術事業的優異學生，可以申請「清華學堂人才培養計畫」，該計畫提供各種科學和量化領域的高水準學術訓練。不過，儘管清華愈來愈重視提供專業化的教育機會，它的大學班級平均規模為 50 人，而且只有 35.3% 的大學課程是由正教授授課。[35] 有著超過 16,000 名大學生，清華要發展出一套鼓勵個性化和創造力的可行教育計畫，是一項重大的挑戰。

清華沒有迴避這項挑戰，2014 年 9 月，清華在現有的基礎上，結合了更嚴格的通識教育，推出了一項大學生住宿學院體驗。在新雅書院這個新機構的學生，預計要從一系列全新設計的研討式核心課程修得 12 個學分，這些課程強調「中國與西方文明，以及不同文明與文化之間的相互交融」。[36] 學生進入新雅書院時並不分科系，在他們第二年選擇主修之前，他們第一年的時間全部都花在學習各種課程，包括通識教育。[37]

這項計畫的一個關鍵特色是學生生活：新雅的學生以住宿學院的形式住在一起，成為一個多學科的群體。這與清華傳統的校園生活不同，傳統上，學生被分組，並且依照學科分配宿舍，幾乎沒有機會在課堂內外進行跨學科互動。在新雅宿舍內，重點放在學生生活和課外活動。學生舉辦節慶和活動，並且和他們的同學成立各種嗜好團體。

這項跨學院實驗在 2014 年首次試行時，新雅書院的負責人已經有經濟管理學院的經驗可供參考，經濟管理學院在 2009 年透過制定自己的大學通識教育必修課程，率先展開課程改革的經驗。這裡又再次看到了經濟管理學院院長錢穎一的身影。

錢穎一是一位了不起的人。他在文化大革命後恢復高考的第一年就通過了入學考試，當時有一整個十年的考生爭取極少的入學名額。他畢業於清華數學系，並繼續在哈佛獲得經濟學博士學位。他在柏克萊擔任經濟學教授時，被經濟管理學院創始院長、前總理朱鎔基招聘回清華。錢穎一後來接替朱鎔基擔任經濟管理學院院長，任期從 2006 年至 2018 年。做為一名學者，錢穎一在他領域的所有頂尖期刊都發表過文章，錢院長還撰寫了多本關於中國經濟改革的著作，以及最貼近他內心的，關於清華早期，在前共產主義時代的社會科學的顯耀歷史。[38]

他擔任院長的那些年，恰逢中國經濟和清華聲望突飛猛進的時期。經濟管理學院不僅成為大學生首選的目的地，而且成為高階經理人教育 MBA 的首選。每個周末，經濟管理學院的停車場都會停滿中國新興企業菁英的私家車，從 Mercedes 到 Maseratis 都有。相比之下，錢穎一在那裡只停了他唯一的一輛車：一輛沒人會想要偷走的生鏽破腳踏車。

錢穎一的熱情在於大學生教育，這在一個沉迷於研究排名的時代來說是非比尋常的。他曾在哈佛和美國其他大學研究過核心和通識教育課程，關於這兩者各自的優點，我還記得我跟他有過一番很長的討論。他知道在清華進行全面性的大學教育改革將會是一場艱辛、吃力，甚至是政治性的鬥爭，但是他可以較為低調的在經濟管理學院開始推動，並且豎立一個榜樣。他總結：「有鑑於……中國學生在某些方面很強，但在世界觀、全球視野和批判性思維方面非常薄弱，我從一開始就意識到大學課程是最需要改變的東西。」在「訓練大腦思考」，而不僅僅是幫助學生獲取知識的這一目標指導下，錢穎一與他的教職員同仁密切合作，建立了一套核心課程，這套課程主導了大多數經濟管理學院學生頭兩年的學習。正如錢穎一回憶的那樣，通識教育計畫「整合了價值形成、技能發展、人類文明核心知識的獲取……強調培養好奇心、想像力、批判性思考……新課程是呼應未來全球需求……並且將學生的發展置於設計的核心。」[39]

經濟管理學院在許多方面都感受到這個新課程的影響。這套通識教育課程的核心組成部分之一是一堂名為「批判性思維與道德推理」（Critical Thinking and Moral Reasoning）的課程。有一天，錢穎一告訴我，他聽到學生說：「『你有 CTMR-ed 嗎？』他們把它當作動詞使用。我頗為悸動！因為當一家公司的名字變成一個動詞時，這是極大的成就。」雖然有些學生對新課程興致勃勃，但有些學生則抱持懷疑態度。許多學生擔心在一、二年級缺乏對金融、會計等專業科目的學習，會讓他們在爭取實習機會時較沒有競爭力。儘管如此，憑藉著沉穩的決心和認真建立起來的個人公信力，錢穎一成功落實了他設想出來的課程改革。每一年，他都會針對必修課進行不同程度的改革，直到經濟管理學院的每一個課程都符合他的願景。

圖 9.3　錢穎一院長和他的腳踏車於清華校園。Photograph© William C. Kirby.

治理：以經濟管理學院為個案

就像中國所有的公立大學一樣，清華由校長（邱勇）治理，並與共產黨委員會（由黨委書記陳旭領導）協調配合。香港大學教育學院研究助理教授潘甦燕將清華與政府的關係描述為「半獨立」，其中清華大學「在某些領域有權保護自己免於外部的干預，並（可以）在政府政策的框架內，主動回應社會的需求。」[40] 很像威廉時代的柏林大學一樣，清華對統治體系的忠誠，或至少是遵從，是想當然爾的。做為中國許多著名政治領導人的母校，清華比起它在北京更具自由精神的鄰居北京大學來說，擁有更大的自主權，在北京大學，黨很早就進行干預，並經常控制其領導階層。雖然清華大學校長和黨委書記的利益未必總是一致，但清華的領導階層和中央政府都決心要把清華打造成一所世界一流的大學。

未保留給黨委的行政決策權，由大學校長和每個學院的院長分擔。每個學院，甚至每個系，都有一個黨委，但是清華的院長在他們的領域裡有相當大的自由，無論是在課程（例如在經濟管理學院）或是預算分配上。另一方面，大學的中央行政部門，透過訂定聘任和晉升教授的名額，對每個學院保有一定的控制。

因為薪資是從經濟管理學院的預算支付的，所以該學院能夠在不需要大學中央提供更多經費的情況下進行它的改革。然而這並不代表院長可以任意採取單方面的行動。相反地，錢穎一經歷了一場漫長的協商過程，在這期間，他和許多教職員委員會密切合作，以建立新的薪資制度。他指出，雖然在其他大多數國家，薪資談判通常是在院長和教職員之間一對一進行，但這在中國的情境下是不被接受的。所以，他針對制度進行了改革，讓每位教職員的薪資能夠由七人組成的薪酬委員會透過匿名投票進行審查、協商和決定。

終身制的改革說明了這所大學和個別學院相對的治理角色。改變招聘流程需要大學批准，因為它們會影響之前在中央行政部門管轄之下所做的決定。這與中國當今眾多私營企業所定義的「先斬後奏」策略情況有所不同。儘管經濟管理學院講求創新，但它必須讓中央行政部門充分了解它的所作所為。

沒有行政角色的教職員在大學治理中發揮的作用有限。教職員參與的主要管道是教職員工代表大會，該組織依照學院或系從整個大學中選出，由不少於 60% 的教職員工組成。它的大會與哈佛文理學院的會議毫無相似之處，更別提柏克萊的學術評議會了。該大會隸屬於大學的黨領導工會（這不是美國或歐洲意義上所指的由員工組成的工會），享有的權力極其有限。正如它的章程所規定的那樣，它的權力大多是諮詢性的：聽取大學及其行政人員的工作報告並發表意見。大會的條例並沒有任何機制規定必須參考這些意見。[41]

最終，清華整體以及經濟管理學院的治理問題，還是會受到政治風向的影響，這些風往南吹 11 英里，吹進中國共產黨領導階層的深宮大院中南海，吹進清朝紫禁城的陰影下。習近平在 2012 年擔任主席後，加強審查和學術控制，導致黨在大學事務中的角色更為吃重，並且對個別的學院進行了更嚴格的審查。例如，經濟管理學院與所有領先的中國商學院一樣，有很強的高階經理人教育課程，並且從中獲取豐富的收入。但是在一夕之間，政府突然宣布國有企業不應該，也不可以支付高階 MBA 課程的高額學費。更糟的是，即使某位國有企業的高階經理人只差一個學分就可以獲得 MBA 學位，他／她也必須退出該課程。對於經濟管理學院來說，更糟的是，它還被要求退還多年來對國有企業高階經理人參與其課程所收取的**全部學費**。

2017 年，中共中央紀律檢查委員會針對清華進行了調查（就像它對所有主要的大學所做的一樣）。中央紀律檢查委員會批評了包括清華在內的大學，宣稱它們「落實意識形態工作不夠到位」。[42] 中央紀律檢查委員會在清華搜索意識形態或金錢方面腐敗的證據。他們在經濟管理學院沒查到什麼，但他們的確發現錢院長的辦公室比中央規定的要大了幾平方公尺。這在中國大學的行政辦公室是很常發現的狀況，錢院長跟他的同儕不一樣，他們有些人會雇用木匠建造假牆，把他們的辦公室變小一點，錢院長乾脆把他的辦公室變成一間研討室（他已經這樣用過了），然後穿過大廳，搬到一個標準辦公室隔間大小的空間。

清華，公司

2020 年，清華報告預計支出 46 億美元。[43] 在其 2020 年預計的總收入中，39% 來自大學賺取的收入，包括學生學雜費。[44] 大學、碩士和博士課程的學費標準由教育部規定。大學學費因課程而異，但在 2020 年，除了美術課程的年學費接近 1,500 美元之外，其他課程的學費都低於 1,000 美元。研究生課程的年學費在 1,200 美元至 1,500 美元之間。專業學位課程的學費由相關的學院行政部門提出，並與教育部協商確定。[45] 經濟管理學院的 MBA 課程超過 29,600 美元，明顯高於其他學院。[46] 但對於國際學生來說，這些國家訂定的（或與國家協商過的）學費標準會有所變動。2019 年，清華 1,198 位全時的國際大學生，他們支付的學費介於 2,000 美元到 5,000 美元之間。[47]

做為 211 工程和 985 工程的主要受益者之一，清華獲得了政府對其研究和基本建設方面非比尋常的資助。然而，大學對政府經費的會計相當不透明。雖然清華獲得政府資助的確切數字尚不清楚，但肯定是相當可觀的。不過，高階行政人員預測，相較於之前將資助匯集到少數特定機構的政府政策，隨著政府開始更加關注區域公平，全力的資助在未來幾年可能會有所下降。此外，隨著中國國家發展優先順序的演進，清華獲得的政府資助內容也在改變。科技方面的支出是政府在 2020 年對清華的資助少數成長的領域之一。

在清華，擴大軍民融合的研究和教學課程是一個獲得政府愈來愈多資助的新興領域。軍民融合是習近平在 2015 年推出的一項國家戰略，目的在激勵非軍事人員對中國國防工業基礎做出貢獻，這為清華 2016-2020 年大學事業發展規劃中的「戰略合作和資源對接」提出了正當的理由。[48] 自從這項規劃公布以來，清華推出了針對中國人民解放軍軍官的新教育課程，開設了研究軍民融合技術的實驗室，並投資以開發軍民融合為重點項目的公司。[49]

政府為支持「中國製造 2025」產業政策而制定的激勵措施，也讓清華的 STEM 計畫受益良多。國務院於 2015 年公布的「中國製造 2025」規劃出一張藍圖，要在諸如半導體、汽車、人工智慧和通訊設備等技術領域，培養出具有全球競爭力並逐步具自給自足能力的中國產業。[50] 清華一馬當先出來表態支持這項政策。[51] 清華及早熱切支持「中國製造 2025」的背後，是巴望得到政府對高教研究巨額財政資助新的背書。據報導，在 2016 至 2020 年之間，政府給所有大學的相關撥款超過 16 億美元。[52] 此外，對於「中國製造 2025」補助專案的申請內容，工信部將大學合作列為「基本原則」。[53] 自這項原則公布以來，清華開啟了一系列支持「中國製造 2025」的研究中心和教學課程。[54]

清華與國家的財政關係，既有地方性的成分，也有全國性的成分。北京市政府開放補助申請，為清華所在的海淀區軍民融合專案提供資助。[55] 清華在「中國製造 2025」計畫中的產業政策扮演重要的角色，從天津到青海[56]，涉及範圍遍及全國——在中央政府不再正式提及該計畫後，這些行動仍在持續。[57] 2018 年，官方媒體報導指稱，2015 年「中國製造 2025」公布以來，清華已獲得 80 個專案與 2.88 億美元的政府資助。[58] 雖然政府對清華的經常性資助占大學收入的比例有所下降，但特殊產業政策專案在清華的上升，如同德國官方的第三資金，顯示國家仍是清華資源組成和分配的核心角色。

機構創業

然而在政府研究贊助和政府掌控的學費之外，清華已經著手開發它自己的資源。清華鼓勵一種更類似於史丹佛或麻省理工學院的機構創業文化，而不是像哈佛或柏克萊。該大學入股了創辦於清華科技園（Tus-Park）的營利企業，包括紫光集團和清華同方股份有限公司。做為以大學為基地的企業，這兩家公司都享有部分稅收減免。[59] 這些公司和 Tus-Park 都是清華控股有限公司的一部分，清華控股是清華的投資部門，截至 2019 年會計年度末，其資產總額超過 730 億美元，擁有 1,908 家子公司。[60] 2019 年《財富中國》根據營收將清華控股名列 187 名。[61]

但是在習近平統治下的中國，創業家精神未必能得到回報。中央紀律檢查委員會於 2017 年對中國 29 所大學針對「黨的領導」進行了調查，這讓清華企圖透過營利企業實現收入多元化的嘗試變得複雜。在中央紀律檢查委員會關於清華行為的報告中，明確要求該大學要加強「（清華）黨委對控股企業的領導」，並重組營利企業，以壓縮投資層級和經營風險。[62] 2018 年 5 月，政府加倍強調這一立場，宣布大學必須走「國有資本經營改革的道路」，以便讓「高校聚焦教育」。[63] 國家對清華投資計畫的干預，使其營利企業在實現它收入多元化中所扮演的角色變得不確定。如果清華按照國家的要求處理掉自己的商業資產，其預算將更加依賴政府經費，這會使得清華在未來要更順從於國家利益。

　　該大學還尋求並接受私人捐款。清華是中華人民共和國第一個大學捐贈基金會清華大學教育基金會（TUEF）的所在地，該基金會由一個25人組成的董事會管理。該基金會成立於1994年，初始餘額不到300萬美元，到了2019年，總值成長到超過14億美元，曾經被讚譽為是中國表現最好的大學捐贈基金之一。[64] 2019年，TUEF的投資獲得了超過1.5億美元的投資收益（報酬率約12.2%）。[65] TUEF每年獲得的捐款穩步增長；2018年，該基金會收到了約3億美元的捐款，其中約十分之一來自於中國境外的捐贈。事實證明，外國捐款難以逐年維持，2019年下降了75%，僅占當年總捐款的2%，而捐贈基金的總體捐款僅下降了9%左右。[66] 雖然依照美國的標準來說，TUEF只是一個小小的基金會，但它正試圖在短時間內為未來的成長打下基礎。依循著清華的模式，中國現在有623個大學捐贈基金會。而清華的基金會仍然是規模最大、最成功的基金會，2020年的投資收入幾乎是它最接近的競爭對手北京大學的兩倍。[67]

　　就像哈佛和許多美國大學一樣，中央的募款只是故事的一部分，而且絕不是最大的募款。個別的學院也有自己的募款團隊。經濟管理學院是第一個展開自己募款活動的學院，其他幾所學院也紛紛仿效。TUEF在試圖讓更多學院增加募款能力並形成自己的發展辦公室上，扮演著積極的角色。

　　經濟管理學院又是一個恰當的例子。從商業的角度來看，當然還有從最有權勢和最富有的角度來看，它的顧問委員會可能是世界上任何一所大學的任何一種委員會中最為顯赫的。它的成員是中國政界和西方商界的菁英名人錄。它由中國前總理兼經濟管理學院創始院長朱鎔基擔任主席，其2018年的中國領導階層包括副主席王岐山（習近平最親近的支持者）*；前清華大學校長、現任北京市長陳吉寧；中國人民銀行行長易綱；阿里巴巴的馬雲、百度的李彥宏等。外國的成員也毫不遜色：通用汽車的總裁巴拉（Mary Barra）、高盛的貝蘭克梵（Lloyd Blankfein）、蘋果的庫克（Tim Cook）、特斯拉的馬斯克（Elon Musk）、黑石集團的蘇世民，以及不惜一切代價想讓他的公司在中國合法化的 Facebook 的祖克柏（Mark Zuckerberg）。經濟管理學院以及它的顧問委員會，對外國商界領袖來說，是進入中國政治和商業同溫層的一個特權入口。

　　基於這個原因，捐款也湧入經濟管理學院。顧問委員會成員桑頓（John Thornton），曾任職於高盛，他在清華和在華盛頓的布魯金斯研究院（Brookings Institution）成立了約翰・桑頓中國中心（John L. Thornton China Center）。但是與大多數大學一樣，清華一些最大筆的捐贈還是保留給中央行政部門。雖然經濟管理學院的錢穎一院長可能曾想過蘇世民可以為他的學院做些什麼，但陳吉寧校長有更大的野心，在蘇世民帶頭捐贈的 5 億美元募款資助下，清華新的蘇世民書院將成為陳吉寧的代表性計畫。

　　由於其他募款方式的諸多限制，這些捐贈以及其他來自大學附屬公司的利潤，是整所學校和個別學院邁向財務彈性的重要一步。教育部控制了學費標準，現在政府禁止學校透過銀行貸款來完成資本投資項目。來自外國人的巨額捐贈是一個開始。但正如錢穎一所指出的那樣，隨著中國富人的迅速增加，來自中國內部的私人捐贈未來可能成為大學經費快速增長的來源。[68]

---

* 譯註：2023 年 3 月，韓正接替王岐山擔任中國國家副主席。

清華面臨的國內外競爭

　　清華已經成功地在中國重建自己在綜合性大學的領先地位，但是在它被持久地認定是世界最領先的大學之一之前，它必須面對許多挑戰。正如李稻葵所說的，清華在中國的比較優勢在於它一直處於「國家政治、科學、技術、發展和教育的中心」。[69] 然而，隨著中國人口的國際移動性和國際意識增強，清華在爭取中國優秀學生和頂尖排名上，國際大學成為愈來愈強勁的對手。除了一個例外。

　　在爭取政府資助和國際聲望上，清華最激烈的競爭者，可能就在它自己大門馬路對面。北京大學於 1898 年成立於首都的市中心，長期以來一直是中國的旗艦機構之一。它在 1952 年接管了燕京的住宿校區，與清華和其他大學在現在的北京西北部形成了一個高教機構聚落。然而這兩個機構從它們早期的歷史開始，效力的目標便有所不同。正如李稻葵曾經向我解釋的那樣，北大的「傳統是批評政府……遠離政治……而另一方面，清華……它接近政治。這就是差別之處。」[70]

　　就像清華，北大在改革期間擴大規模，再次成為一所綜合性大學，立志向世界一流的地位邁進。如今，這兩所大學都是 985 工程經費的主要受惠者，並且都在爭取其他的國家補助。2015 年 11 月，中國國務院宣布了「雙一流」計畫，這是一項國家型計畫，目的在建設世界領先的「一流大學」和「一流學科」。[71] 2017 年 1 月，在 110 個被列為考量的學科中，清華被選中了 34 個，略為落後於北大的 41 個。[72] 此外，北大的世界級抱負讓它與清華可說是英雄所見略同。例如，北大的燕京學堂與蘇世民學者項目有許多相似之處。與清華一樣，北大尋求與世界最好的大學競爭。這樣的追求讓這兩所大學都邁向了新的挑戰。

　　隨著移動性和國際意識的增強，愈來愈多中國優秀的學生選擇就讀頂尖的國際大學，放棄中國的領先機構。許多中國頂尖的高中提供專門的課程，協助學生為國際大學的入學程序做好準備，而不是準備高考。在 21 世紀的頭十年，中國赴海外接受高等教育的學生人數每年成長 20%以上，而參加高考的學生人數從 2008 年到 2013 年，每年都在下降。[73]2013 年，僅哈佛就有 686 名來自中國大陸的學生就讀——是該校最大的國際學生群體。[74] 自從 2002 年向大陸付費學生敞開大門以來，香港知名大學也紛紛與清華競相招收頂尖學生。在中國融入國際體系讓清華的抱負有所轉變之際，這所大學的國際競爭對手也已經（即使只是輕微地）削弱了清華的一項關鍵優勢：亦即它在中國頂尖學生中招收菁英中的菁英的能力。

隨著清華獲得世界一流綜合性大學所需的大量資源，它的個別課程必須與專注於某一領域取得世界領先地位的專業機構競爭。雖然清華經濟管理學院與歐洲工商管理學院（Institut Européen d'Administration des Affaires）這所歐洲領先的商學院所合辦的 EMBA 課程，在 2015 年被英國《金融時報》評比為全球 EMBA 課程第一名，經濟管理學院全時的MBA 課程卻面臨了中國政府與歐盟合資的中歐國際工商學院的激烈競爭。中歐國際工商學院在 2015 年《金融時報》全球全時 MBA 課程排名十一。[75] 中歐國際工商學院為中外商科學生提供針對性並具有國際特色的教育。中歐國際工商學院相對小而美的特色，與清華擴張學科的策略背道而馳，但其明顯的成果挑戰了清華願景的可行性與是否值得嚮往。

國家的支持推動清華躍上國家高教體系的頂端，但是為了致力於北京對中國大學所設定的研究優先順序，清華必須加倍發揮它的傳統優勢，其代價就是犧牲了它在新興領域或復興領域的表現。清華當然是中國雙一流認定的「有潛力發展成世界一流大學」的 42 所大學之一。[76] 這些學校之所以會被選中，是因為它們在中國特定的學科領域處於領先地位，並且都有望在其被選中的領域中建立世界領先地位。清華將近三分之二被選中的學科屬於工程、資訊科技，以及自然科學和物理科學。[77]仍占清華預算很大一部分的政府資助，不成比例地分配給清華在國際上已經表現很出色的領域。

對清華大學校長邱勇來說，國家對於一些個別重點學科的支持，限制了他使清華成為世界領先大學的能力，除了工程領域以外。在和大學領導和教職員開會時，邱勇提醒他們，清華曾經在中國的人文社會科學領域，透過諸如四大導師等人物，產生過巨大的影響。[78]清華的教育理念融合了「價值的塑造」和「能力的培養」，以及「知識的轉移」，以便為國家培養創新人才。要做到這點，他認為學生必須深入參與文理各個學科，以了解不同領域的先進思想如何著手解決問題。但最終，國家對清華自然和應用科學的重視和投資，使得清華對「全人」教育的投入顯得相當不平衡。

也就是如此，清華近年來再次致力於提升它已經非常優秀的工程學科地位，而不是它綜合性大學的地位，它預計在 2030 年之前將其工程學科提升到世界領先地位，並在 2050 年成為該領域的最頂尖。2015 至2018 年間，清華在工程、物理科學、數學和電腦科學領域的論文發表數量均名列世界前茅。清華教職員所做的研究不僅內容豐富且影響深遠。在物理科學和工程領域，前 1% 最常被引用的論文中，清華教職員的論文發表量排名第三，僅次於同期的麻省理工學院和史丹佛大學。[79]清華工程學科在 2021 年《美國新聞與世界報導》和 QS 學科排名中，分別名列世界第一和第九。

獨立之精神？

當然，一個由工程師領導的國家（在過去二十年中，具有工程教育或背景的人，主導了中國的領導階層），不那麼熱衷推廣人文和社會科學也就不足為奇了。自 1949 年以來，中國黨國更關心的是它對人文社會科學的控制、審查和政治動員，而不是它們的研究卓越性。經歷過多次震盪之後，政治壓力在 2012 年再次攀升。2017 年，中共紀律檢查委員會調查清華，要求這所大學「加強教材編選的政治把關」並「擴大教學督導隊伍」，以幫助解決「陣地建設把關不嚴的問題」。此外，這次調查迫使十三個文科院系「增加有關政治標準的要求，……在學術標準中……體現中國特色的具體要求」。[80] 這種對人文和社會科學領域規定什麼是可以做的政治指示，使得清華難以像它在 2016-2020 年大學事業發展規劃中所呼籲的那樣，「大力倡導『人文日新』」，以復興它在文科領域的制度性根源。然而，與其他的中國大學相比，正如我們將在南京大學所看到的情況，清華相對未受損傷地挺過了中共紀律檢查委員會的調查。

可以確定的是，中國的大學在試圖延遲、轉移或忽視國家不當的干預方面有豐富的經驗。它們以前都已經領教過這一切了，最糟的時期是在毛澤東主政的那些年。以教科書為例。清華的一門主修課程使用了一本關於經濟議題的重要國際教科書。問題在於，這本教科書包含了關於毛澤東大躍進下中國經濟幾近毀滅的確切資訊。怎麼辦？海關和郵件審查員（是的，在那裡到處都是審查員）提出，如果把其中的幾頁撕掉，就允許使用這本書。好吧，某位清華教授說。但是後來有些審查員進一步閱讀，現在很明顯的，這本在清華已經使用了十年，甚或更長時間的書，根本就進不去中國國內。奇蹟般地，這本教科書的國際作者把這本書的 PDF 檔用電子郵件寄給清華的學生，當作禮物。每個人在當時都很開心，也許除了出版商。審查員完成了他們的工作，因為這本書的實體書還沒有進到這個國家。教師也完成了他們工作，因為他們選擇的教材現在可以閱讀了。而這位作者也觸及到他的目標讀者。慈善事業也可以發揮其學術上的功效。

清華對於國家所推動的計畫的參與，例如：千人計畫、軍民融合、中國製造2025，為清華的國際聲望帶來了風險。將自己定位為接受它們政府財政和政治支持的大學，這在任何國家通常都沒什麼大不了。然而，美國和澳洲等某些西方國家對中國政府的不信任與日俱增，清華對國家政策優先事項的投入，已經被放在顯微鏡下審視。[81] 千人計畫幫助清華招募了世界一流的學者，這些學者可能會提升其研究成果，但如前所述，與中國競爭的擔憂，導致一些外國政府將該計畫視為一種「竊取」知識產權的工具，正如美國國會對於該計畫的報告所闡述的那樣。[82] 軍民融合計畫在清華的興起，引起外資愈來愈多的擔心，他們疑慮清華和外國學者之間的一些研究合作，會用於支持中國的軍隊。[83]

依我的看法，這種擔憂在很大程度上是錯置了。正如我們在前面的章節所看到的，招聘和留住最優秀的學者和教師是一所偉大大學的標誌。「千人計畫」不適合哈佛、柏克萊或杜克，但這只是因為這個數目太大了。與中國一樣，美國領先大學的核心使命也是盡可能招聘最優秀的教職員。當我在本世紀頭幾年將哈佛文理學院的教職員增加一百人時，大家或許也曾經把它稱為「百人計畫」。而且正如我們從哈佛的歷史中看到的，大學擔任協助國家軍隊的角色，並非中國獨有。然而，也許應該有所限制。我記得在1990年代，哈佛甘迺迪學院主辦了一個課程，讓中國人民解放軍的上校和美國的同儕會面和學習。我回想起時任甘迺迪學院課程主任布萊克威爾（Robert Blackwill）大使在敬酒時說：「為哈佛與中國人民解放軍之間的持久合作乾杯！」我仍會感到尷尬，這對我來說太超過了。

對清華崛起最立即的挑戰不是地緣政治；而是中國內部政治壓迫的再起，這對大學界產生了直接的影響。人文和社會科學的領域尤其如此。2018 年 7 月，清華法學院教授、2005 年中國十大青年傑出法學家許章潤，在網路上發表了一封公開信，標題為〈我們當下的恐懼與期待〉。[84] 這是對習近平廢除國家主席連任期限以永久掌權所提出的嚴厲批評。對於回到黨領導要求在政治和意識形態上絕對忠貞的狀態，許章潤會有所恐懼是不無道理的。這封信在中國社群媒體和國際媒體上都受到了極大的關注。然後不良反應開始了。據報導，2019 年 3 月，許章潤教授在清華所有的教學和研究職位全部被停職。接著在 2020 年 7 月，許章潤教授在新冠病毒大流行期間發表了一系列嚴厲批評習近平政府的文章之後，被正式拘留。[85] 在他最後一篇於全國人民代表大會召開前夕發表的評論中，許章潤寫道：「停止迫害直言教授」。他所指的不是他自己，而是在中國新冠病毒疫情的受難者和揭露者李文亮醫師去世後，簽署了言論自由保護信的十位武漢大學教授。[86]

許章潤教授被捕六天後獲釋，立即收到他已被清華開除的通知。為了將他的革職合理化，清華宣稱許章潤的文章違反了教育部於 2018 年公布的〈新時代高校教師職業行為十項準則〉，其中規定「損害黨中央權威，違背黨的路線方針政策的言行」是一項可開除的罪行。[87] 然而，儘管清華校方決定解雇許章潤，清華內部有許多人對他的困境表示同情。將近 600 名清華各界人士捐贈了 14,000 多美元給失去薪水和生計的許章潤，但許教授婉拒了他們的慷慨解囊，鼓勵他們捐給「真正需要幫助的人。」[88] 然而，儘管許章潤承諾願意承擔一切責任以持續他的工作，清華的行政部門（我想他們也已經盡了最大的努力盡可能地保護他）終究無法阻止那股要將許章潤徹底逐出中國學術界的政治力量。

雖然清華的學者因其機構的聲望以及與中國統治者的個人關係而享有許多特權，但許章潤的案例顯示了中國高等教育在人文和思想上的真正侷限性，即使在這個國家最致力於追求世界一流地位的大學也是如此。清華憑藉著獲得國家巨大的資源與官方的青睞而崛起，但同樣的，也許在某些方面會特別容易受到政治交鋒戰火的波及。這讓我想起了民國時代，清華是中國四位最著名學者的家園。梁啟超、王國維、陳寅恪和趙元任都是深受古典文化和國際思潮薰陶的成果。這些學者都精通中國文化，同時也是現代人文社會科學領域的新銳學者。而且在海內外都同樣知名。王國維在 1927 年自殺後，他的同事陳寅恪在校園裡的一塊紀念碑上題詞：「獨立之精神，自由之思想」，向王國維致敬。

這十個字，清華的學者人人皆知。清華的教職員，儘管經歷了近幾十年來的政治動盪和鎮壓，仍然崇敬銘刻在王國維紀念碑上的美德。然而，2019 年 4 月，在清華建校 108 周年之際，當包括許章潤教授之內的清華教職員和校友前來王國維的紀念碑前致敬時，他們發現紀念碑已經被圍起來並「正在施工」。在紀念碑周圍的施工牆上，一張諷刺性的海報改寫了陳寅恪著名的題詞：「清華自信：自牆不吸獨立精神，厚得再無自由思想。」當清華試圖躋身全球菁英之列，它招募、支持和保護「獨立之精神，自由之思想」學者的能力，似乎也在施工中。

在家出國：清華的國際化

清華是為那些想出國的人而成立的預備學校。做為民國時期的一所大學，其師生的目光都望向了美國。在中華人民共和國初期，他們則把目光投向了莫斯科。在毛澤東文化大革命期間，清華只能故步自封，無處可去。自 1979 年改革開放的時代開始，清華決心再度成為更廣闊的大學世界的一部分。

　　集當代清華在教職員招聘、研究、學生表現和行政方面的卓越做法之大成的，是對國際化的重新推動。這開始於教職員的招聘。為提高清華在國際舞台上的知名度，它著重於招募海外的中國學者，尤其是清華的校友，以傑出教職員的身分回國。錢穎一和李稻葵都是早期海歸浪潮中的一員。在中國的大學中，這種招聘方式並非清華獨有，然而清華擁有聲望、經費和龐大的菁英校友群可以從中招聘等優勢。對於錢穎一和李稻葵那一個世代的許多學者來說，回歸報效祖國的召喚難以漠視，尤其是在 21 世紀初，當時政府對高教的激勵措施和一般資助，使得教職員職位極具吸引力。一旦上任，教職員被期許在國際期刊上發表文章，並與國際作者共同撰寫，這回過頭來將有助於提高這所大學的研究排名。

　　清華的學生也發現自己處在一個日益國際化的群體中。2019 年，清華總共接待了 3,257 名國際學生。[89] 2017 年，將近 2,000 名清華大學生參與了某種形式的國際體驗，與全球 140 多所與清華簽署正式交流協議的大學展開交換課程。[90] 2016 年，蘇世民學者項目在清華校園新建的蘇世民書院開學，為清華帶來了更多國際研究生、教授和媒體關注。

　　在機構層面，清華也積極尋求與中國以外的大學建立夥伴關係。2014 年，它宣布與加州柏克萊分校合作，在深圳成立清華－伯克利深圳學院（Tsinghua-Berkeley Shenzhen Institute）。[91] 2015 年，清華與微軟和華盛頓大學建立夥伴關係，於西雅圖成立致力於科技與創新的全球創新學院（Global Innovation Exchange），成為第一所在中國境外建立研究機構的中國大學。[92]

　　與中國政府的國際基礎建設計畫「一帶一路」倡議同步，清華的國際夥伴關係也日益擴展到開發中國家。儘管基礎建設的投資是「一帶一路」倡議的核心，但教育合作也被納入計畫，以促進人民之間的聯繫，並為接受投資的國家培養技術菁英。2016 年，教育部公布的一份白皮書宣稱：「中國願與沿線國家一道，擴大人文交流，加強人才培養，共同開創教育美好明天。」[93] 清華在其 2016-2020 年大學事業發展規劃中宣布，它有意與「一帶一路」倡議的優先順序同步，並指出該大學將「推進一帶一路」並且「充分利用」參與這項倡議的國家。[94] 從那時起，清華成立了一系列「一帶一路」的課程，從以「一帶一路」為焦點的智庫和年度論壇，到增加「一帶一路」國家的學生入學人數，甚至增設了「一帶一路」沿線公共行政領域的學位。[95]

清華也從事國際商務。2015 年，清華旗下清華控股公司的子公司紫光集團，試圖以 230 億美元收購美國晶片製造商美光（Micron），這一交易金額是之前中國收購美國公司的創紀錄交易金額的四倍多。然而，由於涉及國家安全問題，這筆交易被美國政府阻擋下來。[96]

教育特區：蘇世民書院

中國國內日益增長的政治壓力和無法預測的國際情勢，威脅限制了清華在國內的國際化和在全球的崛起。但在國內有新的機會。正如 1980 年代中國的經濟「改革開放」始於深圳等經濟特區，20 世紀的頭幾十年，透過中外合資辦學，出現了一系列可被視為「教育特區」的地方，其中以上海紐約大學和崑山杜克大學最為知名。清華則在自己的大學校門內創立了自己的特區。

黑石集團是一家領先的私募股權公司，自從中國的主權基金在 2007年首次公開發行投資黑石集團以來，黑石集團的董事長兼執行長蘇世民就一直對中國有濃厚的商業興趣。他曾經擔任清華經濟管理學院顧問委員會的委員。經濟管理學院院長錢穎一曾經希望接觸蘇世民，以爭取一筆重大的捐贈，因為做為一名慈善事業家，蘇世民曾慷慨捐贈給紐約圖書館和其他機構。但校長往往會從院長手中搶走最好的機會，況且陳吉寧校長還有更大的野心。他的目標是和蘇世民合作展開一項希望可以改變清華，以及它在世界上地位的計畫。

經過多年的協商、規劃、建設和招募學生與教職員，蘇世民書院誕生了，這是一所位於清華校園的國際化住宿式全球事務研究院，目標在培養「未來世界領袖」。

我在 2011 年底參與了這項計畫，當時蘇世民來到我的哈佛商學院辦公室徵詢我的意見。那時清華對他潛在的捐贈還沒有確定的計畫，只知道規模會很大。非常大。蘇世民也不清楚他要做什麼，他只希望它具有變革性，最重要的是，他希望它能促進中美關係的長期發展——讓下一代的中美領袖一起求學，並且互相學習。用他自己的話說，蘇世民的目標是讓學生「在中國和西方教授的指導下學習，幫助他們找到文化之間的連結。每一屆的學者都會因此經驗而豐富了自我。然後當他們在不同的國家攀升到有影響力的位置時，他們會互相了解，理解彼此的抱負。他們會出於友誼和理性採取行動，而不是出於那種導致各國陷入『修昔底德陷阱』的猜疑和不信任。」[97] 幾個月內，我和我的哈佛商學院同事麥克法蘭（Warren McFarlan）就計畫的各個方面向蘇世民提供建議，依照美國的學術標準來說，它開始以閃電般的速度發展。

在任何地方開辦一所新的書院都不是件容易的事。而大學內的新書院可能更具挑戰性，因為投入其中的心力和資源不可避免地會讓現有的學院和其他院長付出一些代價，而他們從中得不到什麼好處。但陳吉寧校長以及他的繼任者邱勇，動員了清華各個學院和教職員投入這項計畫，因為他們也相信這對整所大學來說會產生變革性的影響，將國際學生、教職員和標準帶入清華校園的核心。除了該計畫對清華、中國、美國和更廣泛的世界預期產生的影響之外，這項計畫一切都有待定義和商量。甚至連 Schwarzman 的中文名字也被賦予了新的意義。以前 Schwarzman 這個名字只是簡單地音譯成中文「施瓦茨曼」。陳吉寧現在給他取了一個真正有意義的三個字中文名字：**蘇世民**，亦即蘇先生，世界公民。

陳吉寧和蘇世民都是動作快的人。陳吉寧和清華以「中國速度」做事，「中國速度」一詞表達了當今中國建設事物的非凡速度（哈佛有一座橫跨查爾斯河的橋，最近花了六年才修好。中國有一座類似這樣大小的橋梁，在四十八小時之內就被更換好。）但「中國速度」往往比不上「蘇世民速度」，後者以石破天驚的速度推動這個計畫的發展。到了 2012 年底，該計畫的性質和經費來源達成了基本協議；正在全球尋找建築師；我組成了一個全球學術顧問委員會並擔任主席；清華聘請了富有魅力且成果豐碩的經濟學家李稻葵擔任創始院長；蘇世民已承諾自己出資 1 億美元，並同時承諾募集幾乎其餘的經費。由於蘇世民的熟人中很少有人能拒絕他，因此到了 2020 年，該計畫的捐贈認捐金額達到將近 6 億美元。[98]

建立和維持這項後來成為「蘇世民學者項目」的計畫，需要這樣的經費水平。該課程計畫最多招收兩百名研究生，他們的一切（學雜費、住宿、膳食、交通）都將免費提供。他們將住在一所令人驚嘆的新住宿學院，依照牛津劍橋的模式，裡面住著學生和（某些）教職員，還包括個案研討室、一個豪華的禮堂、開放式會議空間、體育館，以及額外添增的一個酒吧（這是我的主意）。美國建築師斯特恩（Robert A. Stern）以 20 世紀初的傳統校園風格，獲得了該委託。他設計了一個具有中國特色的徹底現代化校園，包括北京風格的磚瓦和四合院。

被稱為蘇世民書院的實體建築，與清華所有的學生宿舍都形成了鮮明的對比，擁有獨立的房間、衛浴和套房（它興建在清華學生過去用來公共淋浴之處，那時的宿舍沒有洗澡的地方）。它擁有最先進的水和空氣過濾系統，保護其居民免受北京經常有毒的環境影響。它有自己專用的網路服務，可以越過中國審查制度的防火牆。它的圖書館有國際報紙、雜誌和學術書籍——以及十幾種語言的習近平演講集。

這是一種新的、學術性的，具有治外法權的通商口岸嗎？當然，在一定程度上是如此，雖然書院由中外各界領袖參與的公開課程對整個大學社群開放。這是否也是清華希望朝此方向發展的一個徵兆呢？毫無疑問。面對新書院相對奢華和開放的必然批評，陳吉寧直言新書院可以成為清華未來的一個模型（正如鄧小平所說的，在第一個經濟特區成立的幾十年裡，如果有些人先富起來，這並不是對中國社會主義的背叛。）

到了 2020 年，清華蘇世民學者項目取得了無庸置疑的成功，即使因全球大流行病而暫時遷離北京。它以羅德獎學金為藍本，舉辦獎學金競

圖 9.4　蘇世民書院。Photograph© William C. Kirby.

賽，招收來自美國、中國大陸、香港、澳門和台灣的學生，以及來自全球 74 個國家的學者。它迅速成為挑選最嚴格的國際研究課程之一，錄取了大約 4% 的申請者，入學率約 96%。它的全球事務碩士學位著重於政治、商業和科學，同時讓學生深入了解中國和世界面臨的問題。迄今為止，它還未受到習近平時代日益增強的政治監督的影響。現在由一位傑出的學者與行政主管薛瀾院長帶領，它的教職員團隊包括一批傑出的清華和國際學者，教導著一群懷抱雄心壯志的年輕人，他們被告知他們將成為「有助於加深中國與世界其他地區之間理解的領袖」。

清華能引領嗎？

在中國，清華已在許多領域處於領先地位。在最負盛名的國際排名中，清華是中國最頂尖的綜合性大學。在特定學科排名中，清華處於世界領先地位，或緊追世界最佳學府之後。清華在 STEM 領域的卓越表現，使得它在總體預算上比其他中國大學更加穩定。雖然在 COVID-19 大流行之後，政府對清華同行的支出有所下降，但是清華公共資助的科技支出在 2020 年卻增長了將近 30%。[99] 這個政治體系推動了清華的躍升，然而，清華對這個政治體系的仰賴並非沒有代價。就如同威廉時代的柏林大學一樣，清華是一個崛起中的民族國家的重要組成部分，而這個國家在科技方面是全球領導者之一。清華提倡教育自由人的博雅教育，但是在它國家的政治中仍然普遍不自由。此外，國家對清華 STEM 領域的大力支持凸顯了一種觀點，亦即這所大學是為中國的發展重點效力，而非以致力於知識的創造與傳播為主要任務。像蘇世民學者這樣的項目，是否足以讓清華展現出一所在價值和研究方面都真正像個國際化大學的樣貌呢？

讓我們拭目以待吧。與此同時，清華，這所當年為了送中國學生出國留學而創辦的機構，現在自豪地舉辦了它所謂的 21 世紀的羅德獎學金。畢竟，為什麼最優秀、最聰穎的年輕領袖應該要去牛津——去到一個霧濛濛、冷颼颼，位於正在衰落中的歐洲沿岸一座自我孤立的島嶼，而不是來到北京的清華，位於崛起中的中國的首都呢？塞西爾‧羅德（Cecil Rhodes）的目標是在教育那些「具有領導潛力的人」。當然，清華也一樣，具有領導的潛力。

第 10 章

歷史的包袱

南京大學

南京如同它早已為人所知的名字，是中國的「南方首都」。至少這是這幾個字的意思。如今，南京這座城市在中國政治和經濟等級中的地位並不明確。政治權力的大本營在北京、金融勢力坐鎮在上海、貿易和製造業以廣東為中心，在這種情形下，南京只不過是眾多富裕、工業化的省會之一嗎？當然，這個地位並非不重要：這個擁有 850 萬居民的大都市是江蘇省的省會，江蘇長期以來是中國的商業和思想文化中心之一，它的 8,000 萬公民享有中國最高的生活水準之一。當然，南京在中國城市中的等級地位高於北卡羅來納州達勒姆在美國城市等級中的地位。但是，南京大學今天所面臨的挑戰跟杜克大學曾經面臨過的沒有什麼不同：如何自我超越，向上越級挑戰。

位於中國東南部、長江沿岸的南京市，曾經處於無庸置疑的中心地位，比起位於華北平原北部邊境塵土飛揚的北京，擁有更悠久輝煌的歷史。南京是中國多個朝代的首都。它是明朝（1368-1644）的首都，當時稱為應天，1400 年擁有 50 萬居民，可能曾經是世界上最大的城市。當明朝在北京建立它的「北方首都」之後，應天變成了南京，（突然變成次要的）南方首都。在清朝（1644-1912），這座城市在 19 世紀中葉的十年間被叛亂的太平天國稱為天京，即「天堂的首都」。1912年，中華民國成立時，始定都南京。事實上，在1927年至1949年的國民黨政權統治下，它成為中國的首都。

近代的南京，遭逢過悲劇，也歷經了希望。19世紀中葉太平天國造反期間，曾經兩度屠殺其居民。當太平軍在1853年占領這座城市時，有三萬名清兵被刺死、燒死或淹死。十一年後，清朝軍隊重新奪回這座城市，他們的將領曾國藩報告說，十萬叛軍已經消滅。1911年，推翻清朝的革命勢力在一場浴血奮戰中奪下了南京，最後一個王朝滅亡的日子指日可待。1937年，日本人「南京大屠殺」創下了軍事犯罪的新標準。他們對中國士兵大規模處決長達七周，對數萬平民的姦殺擄掠，違反了現代戰爭的所有規則，而且發生在國際觀察員的眾目睽睽之下。

然而，當南京在1927年後成為中國的首都時，它夢想著重返榮耀。這座城市的邊界被大肆擴展，以容納新的國民政府和預計的200萬人口（回顧起來，這是一個保守的估計）。鐵路的連結正在發展，一個巨大的機場正在建設中。在昔日明朝皇宮遺址的西側，將建造一個將近十平方公里的新政府區域，明陵的南邊將會有一個氣勢恢宏的陵墓以紀念國民黨創始人孫中山。位於該區域中心的，將會是一系列坐落於南北軸線上的現代宮殿建築群，占據北端的是一個巨大的國民黨總部，這是一個結合了北京天壇和華盛頓特區美國國會大廈特色的國際建築奇觀。除此之外，這座城市也將被美化。依照巴黎的風格，樹木沿著林蔭大道聳立，沿街會有中國燈籠造型的電燈。由寬闊的六線道中山路做為主體，公園道路和林蔭大道系統正在構思。一條「環狀林蔭大道」將環繞新首都，但不會像後來的北京那樣，以犧牲古城牆為代價。南京的大城牆會被保留下來，考量到那時的情形，也許會有這個需要。所以，南京的環城公路將會在舊城牆之上運行，為駕駛者提供了一條擁有城市、河流和郊區全景的公園道路。[1]

並非所有的這一切都被建造出來了。然而有一些建成了，而且它們今天被當作是一個提醒，讓人回想起南京當年原本應有的模樣。中山路是主幹道，穿過整座城市通往壯麗的中山陵。它的城牆依然存在──是中國保存最完好的城牆之一，並且種植了大量被當地人稱為「法國樹」（實際上是美國梧桐和東方梧桐的雜交品種）的樹木。

繼承的遺產

國立中央大學和金陵大學等南京大學的前身，正是在中華人民共和國成立前，那段雄心勃勃和振衰起敝的歲月裡創建和繁榮的。在它們合併成南京大學，或被廣識為南大（以此跟北大區別）之前，它們都曾各自發展出與它們那個時代的高教國際趨勢和模式密切相關的獨特機構文化。[2]

國立中央大學：長江邊的柏林

南京大學主要的前身國立中央大學，本身就誕生於晚清維新運動期間建立的一系列機構之中。國立中央大學的系譜可以追溯到 1902 年，改革派兩江（即今天的江西、江蘇、安徽）總督張之洞敦促創辦的三江師範學堂。張之洞認為該地區需要一套現代化的教育體系，三江以日本模式為基礎，而日本模式本身則是受到西方模式的啟發。該機構在它的頭二十年發生了迅速的變化。1905 年，就在三江招收第一批學生的一年之後，它就更名為兩江師範學堂，並且引進了更廣泛的課程，提供學生主修更大的彈性。1914 年，這所學校再次改組，改名為國立南京高等師範學校，受日本啟發的課程被美國和歐洲模式的課程所取代。[3] 在此一轉變的背後，是中國當時重要的教育家郭秉文校長。做為庚子賠款獎學金的得主，他在俄亥俄州伍斯特大學（現為學院）就讀專攻科學和人文學科的教育。郭秉文是首批從美國機構獲得博士學位的中國人之一，他在哥倫比亞大學所撰寫的博士論文題目為〈中國的公共教育體系〉。郭秉文擔任校長時，引進了歐美高等教育的做法，包括開設選修課程、招收女子入學，在中國被認為很創新的做法。到了 1920 年，他已經將這所學校轉變成一所完整的大學。三年後，它被賦予了一個符合它使命的名字：國立東南大學，位於國家中心的領先機構。

國立東南大學在當時是一所重要的學府。它雇用了 200 多名教職員工，招收了 1,600 名學生，5 個學院裡涵蓋了 27 個系。這所大學的課程從通識教育開始，然後學生再決定學業主修和選擇選修課程。這所大學深入參與了民國時期重要的知識分子運動。為了回應尖銳批判中國文化傳統的五四運動和北京大學領導的新文化運動，國立東南大學的幾位學者尋求保留中國的「民族精魂」，同時將西方文化元素融入其中。他們的「學衡派」，取名自《學衡》雜誌，是由一群「激進敢言」的年輕學者所領導，這群學者受教於哈佛的白壁德（Irving Babbitt），此人的文學和政治著作有助於 1920 年代和 1930 年代美國保守思想的形成。[4]

雖然它在南大的歷史開創上留下了重要的印記，但國立東南大學只維持了四年，然後在 1926-1927 年國民革命之後，國民黨領導的政府上台執政，它又被再次重組。

1927 年成立的國民黨政府，渴望為它的新首都南京建立一所綜合性的旗艦**國立**大學，為它的柏林尋找一所柏林大學，也企圖建立一所旗艦黨校：國民黨是中華民國第一任臨時大總統孫中山這位永恆革命家的繼承者。孫中山於 1925 年去世，但是他以黨領導國家發展的使命，成為了他的繼任者，由蔣介石領導的國民黨的政治信條。

蔣介石的統治強調對政治紀律和科學／技術進步的投入要同等重視。國立中央大學誕生於 1928 年 5 月 16 日，由國立東南大學和其他八所大學合併而成，在執政黨的直接贊助下開始運作。這所新大學是中國當時最大的大學，擁有 8 個學院，1,762 名學生和 346 名教職員——遠遠超過當時的清華大學。儘管課程結構在轉變成中央大學的過渡期間最初保持不變，但它的內容卻開始變得政治化。學生被要求從執政黨的角度來學習英語和孫中山著名的「三民主義」（民族主義、民權主義和民生主義的簡稱），並且要通過軍訓和體育課程。[5]

在 1937 年中日戰爭爆發前的十年間，德國對中國的軍事、工業和教育發展有著深刻的影響。[6] 受過德國教育的地質學家朱家驊在 1930-1932 年間擔任國立中央大學的校長，目標在讓該校成為中國的國家典範。高等教育要「黨化」，強調要與國家的政治優先事項保持一致，並致力於科學。蔣介石本人讚賞普魯士／德國的教育觀——「愛國、紀律、榮譽和秩序」的價值。[7] 他甚至派他的兒子蔣緯國去慕尼黑的軍校成為一名學員，蔣緯國在那裡參與了 1938 年德國合併奧地利的行動。但是學生們，即使是在國立中央大學，與其說他們是國民黨人，不如說他們民族主義者，他們強烈抗議日本的一再入侵。1931 年日本占領滿州，導致南京的學生群起抗議，促使蔣介石暫時停止了這所大學的運作。應蔣介石的要求，羅家倫辭去清華大學校長職務，轉而負責國立中央大學的運作和改革。

曾經在柏林、巴黎和倫敦的大學就讀，羅家倫決心要讓國立中央大學成為復興中華文化的重要角色。他專注於招募優秀的教職員，並且提高正教授職位的門檻（這並沒有讓他得到教職員的喜愛）。他的第二項要務是將大學的學術發展與中國的社會和經濟需求連結起來。例如，麻省理工學院的羅榮安被聘請來建立國立中央大學的機械工程系，該系培養了中國第一批航空工程師。最後，羅家倫精簡了大學的行政架構、減少冗員、提高效率、降低成本。省下來的錢用來購買書籍和改造大學校園，其中包括打造其代表性的建築勃蘭登堡門（Brandenburg Gate），以及 1934 年以柏林大學為藍本的大禮堂。羅家倫最雄心勃勃的計畫是建立一個可以容納一萬名學生的新校區，但因日本人的入侵而永久擱置了。

　　1937 年，南京落入日軍手中，一個由日本領導的中國「魁儡」政府，正式與納粹德國結盟，在該機構的原址上，開辦了自己的國立中央大學。江澤民這位中華人民共和國未來的主席，從 1943 年到 1945 年戰爭結束後不久的這段期間，就是在這所國立中央大學就讀。在那裡，他成為學生抗日示威活動的積極參與者。然而，當戰爭結束，中國政府於 1945 年返回南京時，國民黨拒絕承認江澤民等人在日本開辦的國立中央大學所受的教育。江澤民被迫在上海交通大學完成學業，並在那裡很快地加入了共產黨。[8]

圖 10.1　國立中央大學的「勃蘭登堡門」。Wikimedia Commons.

國民黨領導的國立中央大學在 1946 年於南京重新開辦，成為中國領先的綜合性大學。蔣介石在二次大戰期間曾經被任命為國立中央大學的校長，當時這所大學遷移到中國的西南部。戰後他仍然是名譽校長，但這所大學的復甦是短暫的。隨著共產黨在中國的內戰（1946-1949）取得軍事勝利之後，這所大學再次更名，這次是國立南京大學。接著，在一項法令將「國立」從所有的大學名稱刪除後，這個機構的名字終於從此塵埃落定為：南京大學。

金陵大學

國立中央大學可能是南京大學最重要的前身，但是南大的血統中也包括重要的基督教學院，這些學院在 19 世紀後期和 20 世紀初的中國高教中扮演著重要的角色。它們對於教學堅忍奉獻的精神在現代的南大依然流傳，可以說，南大在這一點上仍然比中國其他的領先大學強。

金陵大學是南大的前身之一，成立於 1910 年，由美國傳教士在南京開辦的幾所機構合併而成，並由紐約州立大學董事會組成法人。[9] 為什麼是紐約？紐約立法機關致力於在海外建立「愛心的、慈善的、科學的和傳教的協會」，指導它們的發展，並對其完成的課程成果給予學術認可。[10]

這些基督徒對金陵大學的期望反映在其學術課程中，專攻於諸如教育、醫學、農學和人文科學等通常與傳教工作有關的學科。[11] 它的課程受美國模式的影響，著重在英語、互動式課堂教學法和應用專題。[12] 金陵大學與美國的聯繫也是其大部分經費的來源，其創始的傳教士委員會提供了 65% 的預算。這所大學獲得了一定的名聲，1928 年由加州大學柏克萊分校的學者針對大中華區大學課程所進行的研究中，排名 11。[13] 雖然金陵大學的國外關係在國民黨政府的審查下有所減弱，該機構持續發展，到了 1934 年，它擁有 675 名學生和 214 名教職員工，分為三個學院和一個中國文化研究中心。[14] 然而，和國立中央大學一樣，對日抗戰打亂了金陵大學的運作，1937 至 1946 年它奉教育部之命遷往成都。

戰爭結束後，金陵大學立刻再度於南京蓬勃發展起來，但中國的內戰使得它無法打下穩固的基礎。1948 年，金陵大學已經超過了戰前的規模，擁有 1,100 名學生，150 名教職員工。但它的好運是短暫的。僅僅一年之後，隨著內戰對共產黨有利，許多國民黨統治機構和附屬機構紛紛逃往台灣。金陵大學的行政部門選擇留在南京，這一決定使該大學失去了獨立性。1951 年 1 月，新成立的中華人民共和國教育部強迫金陵大學切斷它和美國傳教士經費來源的所有聯繫，並將它改制為公立的國立金陵大學。此後不久，它與金陵女子大學合併，但合併不到一年後，就被併入新成立的南京大學。

金陵女子大學

南大的族譜中充滿著令人混淆的名稱。University of Nanking 的中文名稱是金陵大學（金陵曾經是南京的歷史名稱）。金陵女子大學（Ginling College）英文也稱為 Ginling College for Women，有著不一樣的起源，並代表了南大族譜的另一個重要分支。金陵女子大學於 1912 年由五個美國傳教士組織在南京創辦，是一所仿效美國「七姊妹」的女子文理學院，並與金陵大學有關連。美國傳教士受到美國進步時代（Progressive Era）的啟發，其中促進女性的教育機會已經成為一項核心的公益事業。[15] 金陵女子大學是中國第一所授予女性學士學位的大學。該校的第一任校長德本康（Matilda C. Thurston）是曼荷蓮學院（Mount

圖 **10.2** 金陵女子大學的學生。Gamewell, Mary Louise Ninde, *New Life Currents in China*. Missionary Education Movement in the United States and Canada, 1919, page 194 / Wikimedia Commons.

Holyoke College）的校友，但金陵女子大學與史密斯學院（Smith College）建立了最穩固的關係，它與之交換教職員，甚至透過史密斯校友的募款獲得財務支持。[16] 密西根大學博士吳貽芳從 1928-1951 年擔任金陵女子大學校長，是中國第一位大學女校長。1937 年，美國傳教士魏特琳（Wilhelmina Vautrin）擔任金陵女子大學的代理校長，在南京大屠殺期間，保護了校園裡上萬名的婦女和孩童，被視為是「觀音菩薩」。[17] 和許多高教機構一樣，金陵女子大學在二戰期間被疏散到其他地方，但在 1946 年重返，渴望延續這所學校的使命。[18] 然而，這所大學僅再獨立了五年，便併入新的南京大學之下。

共產南大

隨著 1949 年共產黨接管中國，南京頓時不再是國家的首都。國立中央大學，這所南京和全國最負盛名的高教機構不復存在。就像 1945 年和 1990 年代的洪堡大學一樣，這所學校裡被認為最忠於**舊政權**的教職員和行政人員遭到清算。它曾經在各方面都位居中央地位，並由中央資助，但現在明顯地方化。背負著身為國民黨**那所**大學的「原罪」，取代國立中央大學的新南京大學，幾十年來都無法享用到投入在北方首都機構的特殊資源。事實上，北大和清華成為中國新的「國立」大學，即使名字上不這麼稱呼。[19] 此外，它的幾個前身都有強烈的傳教士背景，這使得共產南大注定從一開始就面臨了重重困難。

南大不僅被去掉了國立的地位，而且規模縮小。它很快地被蘇聯化，並且被改成一所純教學的大學，不授予追求新研究的任務。南大被去除了工程、教育和農業的課程，被安置在原國立中央大學和金陵女子大學的校園內，課程著重在基礎科學和人文學科。[20] 到了 1956 年，南大只有 10 個系，主要是文學、語言、基礎數學和科學。儘管它保留了在數學和科學領域的知名學者，讓它能在這些領域保持領先地位，但這所大學在重組中失去了 36% 的教員。[21]

國立中央大學、金陵女子大學、金陵大學都與歐洲或美國有密切關係。像所有的中國大學一樣，南大的國際夥伴此時只能限於蘇聯陣營。它把「社會主義兄弟之邦」的學者帶到南京，並且將南大的分支機構派往蘇聯和東歐，但它從來都不是中蘇交流的主角。南大的昏睡狀態一直持續到 1963 年，當時中國傳統文化學者與孔子傳記作者匡亞明被任命為校長。雄心勃勃、坦率直言的匡亞明在中國政治短暫的鬆綁期開始了他的任期，他試圖充分利用這一時機。他批評蘇聯過度專門化的模式。他開辦新的研究所、舉辦研討會、出版學術期刊，力求使南大再次走在中國研究型大學的前線。他訂定了十年計畫，要把南大從學術荒野中帶回來。結果，他只有三年的時間。

就像每一位當代的中國校長一樣，匡亞明必須對不斷變化的政治風向保持警覺。在毛澤東於 1964 年和 1965 年公開批評大學教育走向菁英化且跟現實脫節之後，匡亞明在 1966 年初主動出擊，表達南大的效忠。他送出五百名人文學科的學生和教職員下鄉進行長期的「半農半讀」。他們原則上奉行毛澤東思想。事實上，當時的工作條件非常惡劣，他們對於留在南京校本部的南大工程師們感到怨恨。那年夏天，當文化大革命在北京的校園爆發時，這群被下鄉且心生怨恨的師生們，帶頭對匡亞明發動政治攻擊，匡亞明對此的回應則是將他們貼上反動派和「右派」的標籤。隨後，匡亞明被北京的激進分子詭異地指控他壓抑「學生運動」，很快地，這位試圖做他**原本以為**毛澤東想要做的事情的人，被《人民日報》指控「鎮壓革命群眾運動、破壞無產階級文化大革命的反黨反社會主義的罪行」。[22]

匡亞明校長在 1966 年 6 月 1 日被毫不留情地免職；幾周之後，他和他的下屬被拖到一個群眾集會前，遭到毆打和在校園裡遊行示眾。這個校園，就像這座城市，乃至整個國家一樣，全都陷入了派系鬥爭和混亂之中。群眾運動和鬥爭在南京各地興起，派系衝突和致命的武裝衝突一直持續到 1967 年，這當中有三個不同的南大學生團體扮演著帶頭的角色。同年，在這一切混亂之中，這所大學停止招生，基本上關閉了。下一屆一直要等到 1972 年才開始招收，當時原則上只招收工農兵，和清華一樣，是根據推薦和階級身分來錄取。[23] 南大只剩下它以前的一個外殼，是一所徬徨無助的大學。

重生

1978 年，在經歷了 12 年的混亂和荒廢之後，南大恢復了生機。匡亞明從學術墳墓被挖出來，恢復了大學校長的職位。而他也準備好大展身手。他放棄了蘇聯時代的專門化，轉而採用更開放的大學課程和學分制。中國中央政府建立了由 88 所重點大學所組成的全國體系，南大就是其中之一。在新獲得中央和地方政府的支持下，以及對教育新的寬容態度，匡亞明抓住了中國改革開放給高等教育所帶來的機會。[24]

匡亞明很快重新聘用了在文革期間反知識分子騷動中被清算的優異學者。由於南大在 1949 年之前有科學方面的優勢，他在第一任校長任期內曾強化了這一點，所以他有一個穩固的基礎可以開始，儘管這個基礎現在已經開始老化。1978 年，南大的科學專題在中國的全國科學大會獲得 54 個獎項，超越中國所有其他的大學。他進一步尋求透過提拔初級教師和派遣他們出國參加國際研討會來留住和獎勵年輕人才。他的改革擴展到南大的課程，這是在共產黨時代首次引入了「通識教育」的元素，因為每一個系都必須提供至少一門「基礎課程」開放給非主修的學生。匡亞明親自教了一門寫作課，所有的學生都必修。到了 1981 年，南大已經重新回到綜合性大學的路上，當時它重新開設研究所，並隨後提供 24 種博士課程和 53 種碩士學位。

南大在這個時代的學術和研究文化似乎吸收了匡亞明日漸獨立的理智思考本能。這所大學的人文研究所因時任政治系副教授胡福明的作品而受到全國關注。他在 1978 年的文章〈實踐是檢驗真理的唯一標準〉，擲地有聲地拋棄了毛澤東思想是絕對正確無誤的這一信念。他出名地反駁了毛澤東的直接繼任者、黨主席華國鋒所提倡的教條，亦即「我們必須支持（已故的毛澤東）所做出的任何決定、任何指示。」胡福明的批評在全國掀起波瀾，為鄧小平的重新掌權提供了理論上的重要支持，那年稍晚，鄧小平成為了中國的最高領導人。南大這一次站在了中國政治的勝利一邊。

南大還帶領了歷史研究的復興，這在毛澤東時代基本上是一個被禁的領域，除了最具意識形態的著作之外。在中國的歷史傳統中，每一個新的統治家族都會撰寫前朝的正史。兩千年來，有二十四部這樣的「標準史」，最後一部是明史，完成於 1775 年。民國時期，**起草**了清史，但從未完成；1949 年之後，當中華民國政府遷往台灣，台灣海峽兩岸仍持續競爭於清史專題的完成。編寫正史的行為本身就是在賦予新的統治者合法性，因此中華人民共和國決心編寫**它的**民國史，從而讓民國歸入歷史。大部分的工作都集中在國民黨的舊都南京。南京大學成立了中華民國史研究所，由一位勇敢而敏銳的歷史學家張憲文所帶領，他同時擔任歷史系主任和歷史研究所所長。從 1980 年代開始，張憲文領導了一項開創性的工作，以收藏於民國時期舊國史館的材料為基礎，撰寫了一部定義民國的民國史。舊的國史館後來成為中華人民共和國第二歷史檔案館的所在地，存放著民國時期的材料。張憲文的《中華民國史》因其客觀的分析和對該主題採用第一手資料而廣受讚譽，這個主題在台灣海峽兩岸向來都比較像是個宣傳話題而非冷靜分析的主題[25]（這個話題非常敏感，以至於本書序言的作者承認他沒有讀過這本書。）

由於張憲文和他同事的作品，南大成為有關 20 世紀中國歷史的研究中心。我記得我參加過許多由張教授和他的同事在 1980 年代所舉辦的工作坊和研討會。透過他的引介，我也成為第一批獲准廣泛查閱第二歷史檔案館國民黨時代文獻的外國人之一。回想起來，那是我所從事領域的黃金時期，即使這個檔案館還未習慣於國際的學術規範（在檔案管理員辦公桌的後面，牆上印了一大串規定，包括禁止精確的註釋：學者可以引用文件的全部細節，但不能提及檔案的名稱；或是他們可以提及檔案的名稱，但不能引用全部的細節。當我問某位檔案管理員為什麼會有這些規定時，她回答說：「嗯，總之**每個人**都知道的嘛！」）

張憲文和南大利用他在民國方面的著作所受到的關注，與台灣建立了認真的學術交流，這在毛澤東時代是非法的，他們甚至向台灣的企業募款。[26] 當時的南京和它的大學正處於中心的位置，所以，南大在中國的民國史研究方面展現出它在多個層面上的領導力。

國際化

當南大在後毛澤東時代與世界重新接觸時，它在共產主義之前建立國際交流史的歷史背景就變得很重要。它在 1979 年接待了第一批文化大革命之後來訪的國際學生和學者。同一年，匡亞明率領共產主義革命以來第一個中國大學校長代表團訪問美國。[27] 在馬里蘭州期間，他邀請了約翰霍普金斯教授錢致榕在中國南大和其他大學講學三個月，錢致榕也是約翰霍普金斯大學校長穆勒（Steven Muller）的朋友。[28] 就穆勒而言，他有興趣在中國開設一個霍普金斯校區，就像它的高等國際研究學院（School of Advanced International Studies，簡稱 SAIS）在義大利波隆納所做的那樣。對穆勒來說，即便在 1979 年，「中國就是未來」。錢致榕從中國講學歸來之後也確信，南京不像北京那樣政治化，也不像上海那樣商業化，是一個進行這項投資的好地點。

1981 年，穆勒前往南京與匡亞明洽談，並獲得了教育部的批准。1984 年開始興建，接著在 1986 年，南大與霍普金斯的 SAIS 合作開設了南京大學－約翰斯·霍普金斯大學中美文化研究中心（Hopkins-Nanjing Center for Chinese and American Studies，簡稱 HNC ／中美中心）。[29] 中美中心是中華人民共和國成立以來第一所中美大學之間的學術合資機構。直到今天，它仍然是要求最嚴格的機構。它被設計成一個在中美雙方的研究上要求很高的、聯合的、跨學科的碩士學位課程，並且對雙方的語言要求都很高。例如，美國的申請者在入學前通常要完成三到四年大學程度的中文。美國人主要用中文上課，而中國學生主要用英語上課。它設計的初衷是為有抱負的美國政府官員、商人和學者提供一個進入中國的主要門戶，並提供機會讓這些美國人和他們的中國同儕建立關係。為了培養不同背景學生之間的友誼，每間宿舍都有一名美國人和一名中國人入住。

教學，南大歷史上的顯著優勢，是中美中心擁有學術卓越名聲的核心。從一開始，它的學生人數就很少（最初是 100 人，現在是 170 人），美中歷史、政治和文化的密集班也是如此。該中心的教學和思想開放性從一開始就藉由開放式的書架和未經審查的圖書館獲得了提升，圖書館裡大量存放了兩所合作大學所訂購的書籍和期刊，包括在中國被禁止的學術和媒體資料，（在我曾經拜訪過的上百家中國圖書館之中，這裡曾經是，也仍然是唯一的開架式圖書館）。中美中心為合辦課程設立了很高的學術標準。追隨者諸如上海紐約大學（與華東師範學院合作）、崑山杜克大學（與武漢大學合作），以及蘇世民學者（在清華）全都效法中美中心最初設定的學術自主標準。南京，這個在較為國際化的民國時代首都，重新成為中國重返全球體系的中心和先鋒。

中美中心實驗的成功得來不易。位於華盛頓特區的 SAIS 與南京大學的政治和官僚文化截然不同，而美國的共同主任任期往往相對較短。在中美關係周期性大規模緊張的情況下，使得經營一個雙文化機構的小規模困難變得更加複雜。然而中美中心持續存在並蓬勃發展。它在中國開設了第一門關於文化大革命的課程，而且它一直保持著它早期對學術自主的承諾。當正式程序失敗時，還有其他解決問題的辦法。我記得1987 年我以美國聯合主任斯拉維茨基（Leon Slawecki）客人的身分拜訪該中心並發表演講，斯拉維茨基是一位退休的外交官，曾從遠距離研究中國的外交關係，現在則可以近距離接觸。他很了解中國。所以他知道，想要擺平任何問題時，大量的**白酒**下肚，是最有用的外交工具，南京地區有品牌眾多的白酒烈酒。他的公寓裡收藏了兩百多種不同類型的**白酒**。

可以確定的是，南京重新走向國際化，產生了一些意想不到和不愉快的結果。南大和南京其他的大學在 1980 年代迎來了大量來自非洲的學生，試圖恢復 1950 年代因文化大革命而中斷的聯繫。在中國任何一所大學的錄取名額仍然非常有限的時候，大家對以相對較高的津貼被招募進來的非洲學者心生反感。除此之外，還有中國男學生對與中國女性約會的非洲男學生所產生的忌妒和怨恨。存在於中國學生之間的政治和性挫折感相結合，再加上反非洲的種族主義和排外主義，於 1988 年平安夜在某個校園附近引發了一起事件，隨後產生了一場爭吵，這又導致了南京火車站的大規模學生示威，威脅著試圖離開這座城市的非洲學生（一位傑出的哈佛大學生向我介紹了這個故事，她 1989 年的畢業論文〈中國的反非洲主義〉〔Anti-Africanism in China〕，至今仍是我讀過最好的大學生作品之一。我鼓勵她攻讀歷史學博士學位，她拒絕了：她想當演員。六年之後，索維諾〔Mira Sorvino〕贏得了奧斯卡獎。）[30]

事實上，即使 1989 年在北京天安門廣場造成如此悲慘後果的全國性示威和鎮壓，也只是稍微暫停了南大以國際標準重振自我的努力。那年春天，南京學生的抗議活動雖然情緒高漲，參與人數眾多，但規模和組織都不如北京，也沒有面臨到同樣程度的軍事鎮壓。但這並不意味著 1989 年沒有帶來挑戰。約翰霍普金斯大學的一些人要求穆勒校長關閉中美中心。然而在霍普金斯大學 SAIS 中國研究主席鮑大可（A. Doak Barnett）的協助下，穆勒說服了董事會成員，留在中國是正確的方向，特別是與南大的合作，即使是在動盪危機中也是如此。[31]

野心、挫折和復興

南大重返中國高教核心並再次成為領先的綜合性大學這一野心，在匡亞明的第二任南大校長任期於 1982 年結束之後仍然持續。他的繼任者、天文物理學家曲欽岳，是另一位傑出且非常獨立的領導人。他不是共產黨員，這對於一位中國大學的校長來說很不尋常。更難得的是，他立定目標要將南京大學打造成教研整合的典範。南大的課程藉由出版數百本教科書而散布到全國。曲欽岳督導了大學生和研究生教育的改革，於 1984 年成立了研究生院，並在三年後成立了共產黨掌權以來中國大學裡的第一所醫學院。[32]

在卸任校長之後仍保有影響力的匡亞明，遊說中央政府給予支持。

然而，當鄧小平宣布五所大學獲得特定經費補助時，南大卻不在其中。[33] 鄧小平優先投資北京和上海的頂尖大學，讓它們最有可能成為中國的「重點」戰略大學。[34] 南京再次處於外圍。曲欽岳校長也進行遊說爭取資源，但他最初失敗了，中央政府增加了對十五所大學的投資，但是同樣沒有南大。[35] 直到 1993 年，南大被列入 211 工程的百所大學之列，獲得了資助。它隨後被選入第二輪 985 工程的九所菁英學校，讓它的地位更大為提升，這九所學校最後被稱為「C9」，使得這所大學再次有志於追求國家級的地位。然而國家在財政上的投入仍然很少。1999 年之後，江蘇省政府承擔必要的經費讓南大維持住全國性的關注。[36]

就像北美的杜克，南大必須用更少的資源做更多的事。它將資源集中在教職員招募和人才培養，翻新它位於南京舊鼓樓區的中心校區，並在長江北岸的浦口建立了一個新的「獨立」校區，讓它可以擴大招生規模與學費收入。

南大雖然相對規模較小、資源較少，但在研究方面一直表現出色。根據 Thomson Scientific 的科學引文索引（Science Citation Index，簡稱 SCI），這個被中國和全世界廣泛用來評估大學在科學方面實力的指標，南大在國際科學期刊發表的論文總數從 1992 年到 1998 年，連續六年位居中國大學之首。[37] 然而，隨著中國高教的快速發展，對人才和資源的競爭加劇，南大發現其學術需求不斷超過政府經費的投入。曲欽岳校長對政府的財政緊縮感到挫折，於 1997 年辭去職務，這在中國的大學是史無前例的，他解釋：「如果政府不能把口頭支持變成真正的責任，教育的發展將很難滿足社會變革的需求，大學領導和教職員的士氣和教育將不可避免地受到影響。」[38]

回歸中心？ 21 世紀的大眾化和對全球聲望的追求

在 21 世紀，財務爭奪進入肉搏戰。南京大學乘著中國高教急遽擴張的浪潮，規模愈來愈大，並同時終於獲得了中國頂尖大學之一的地位。2019 年，南大共服務了 31 個院系的 63,876 名學生，包括大學生 13,129 人、研究生 14,937 人、博士生 6,996 人和外國學生 3,205 人。雖然自 2005 年以來，南大將大學的招生人數控制在 13,000 人左右，但其研究生人數在二十五年間增長為八倍，從 1995 年的 2,409 人，增長到 2019 年超過 20,000 人。[39] 國際大學排名中，南大始終位居中國第六或第七名，全球大學排名則在前 100 名到前 150 名之間。與本世紀初相比，這是一個巨大的進步，當時南大在 2004 年的排名還未能擠進國際大學前三百強。在十五年內上升兩百名，這對大多數大學行政部門來說都是一個成功的喜訊，而且這是在南大。然而，在習近平主席於 2014 年將南大列為有望成為「第一批著名的中國高等教育機構」的五所大學之一之後，將南大發展成世界一流大學成為其機構戰略無法迴避的核心信念。

南大在 2016 年公布的十三五發展規劃中提出，其意圖追求一種「中國特色、世界一流」的發展模式，以「保持國內的領先地位，加快建設世界一流大學步伐」為目標。[40] 該規劃坦率地承認，這是「邁入世界一流大學行列的攻堅時期」，但南大的領導階層宣布南大已經準備好迎接挑戰。次年，南大公布了它的「一流大學建設規劃」，預示南大將躍居「世界一流大學前列，實現中華民族的偉大復興」。[41]「偉大復興」是習近平主席的一句口號，南大現在與他的這個政治意圖愈來愈緊密相連。儘管南大絕非唯一一所擁有遠大目標的中國大學，但它擁有一些獨特的機構優勢。

教向巔峰之路？

　　立基於南大繼承的獨立思維傳統，以及匡亞明校長和曲欽岳校長的改革，這所大學不僅透過研究的進步力求在國內和國際的同行中脫穎而出，而且，實際上主要是靠著專注於培養有才華的學生讓自己和同行區別出來。「人才培養」，根據南大的「一流大學建設規劃」，是「創建世界一流大學的基礎性工程」。[42] 但是，大學如何改善人才的「培養」方式？答案就在課堂上。

　　這是一個不尋常的策略，藉此，南大試圖有別於其他的中國大學，這些大學的成功幾乎完全取決於研究成果，優秀的教學在那裡很少得到獎勵。畢竟，為什麼不彰顯出自己的教學優勢，這早已存在於南大的 DNA 之中，尤其是在沒有其他的人這樣做的情況下？這是一場你可以獲勝的比賽。2006 年，南大小型、教學密集型的匡亞明學院成立了，為理科學生提供跨學科的教育。[43] 隨後於 2009 年，南大進行了全校性的通識教育改革。學生現在可以像在美國大學一樣，不需有一個選定的主修就可以進入南大。只有完成通識教育系列之後，學生才能正式選定主修。南大通識教育的改革還要求包括著重研討課和對教學的正式評估。這種對教學和課程品質的重視，與錢穎一院長在清華的改革相呼應。但錢穎一只需要說服他所在的清華單位採用該課程即可。南大試圖建立一套所有的學生都能共用的通識教育課程。2016 年，南大帶著一點對數字的迷戀，立定了一個目標，要創建十門世界一流的課程、百門中國最好的課程，以及一千門採用現代「個別化」教學法的課程。南大的行政部門對於其新課程感到非常自豪，以至於在 2018 年邀請了國際教育學者來參與課堂，讓他們親自看看南大所提供的教育。

　　建立於和約翰霍普金斯合作的代表性課程基礎上，「推進國際交流合作」仍然是南大建立「國際資源、國際聲望、國際支持」戰略的核心原則。[44] 這所大學致力於建立一系列新的外國交流項目，其戰略目的在於幫助大學改進人才培養計畫，加強學術部門，提高研究水準。在最佳的狀態下，南大的國際化戰略對於認同與採用學術卓越的最高國際標準表現出開放的態度。到了 2020 年，南大與四十多個歐洲機構進行了學生、教職員和學術交流；八個在英國、九個在澳洲、四十個遍布亞洲、二十個在美國，以及兩個在拉丁美洲。

然而到了 21 世紀的第二個十年末，南大的國際主義、世界性的學術文化，渴望成為「世界一流」的雄心壯志，開始在國內受到審查。北京會提醒南京，歸根究柢，誰才是位居核心，誰才是真正的當家作主。

報效國家，追求排名

南京大學在後毛澤東時代重獲重視有其歷史根源：它在文理科方面從民國時代所繼承下來的優良傳統。但從政府的角度來看，大學首先是實現國家優先事項的工具，而且這些優先事項可以改變。國立中央大學時期的國民黨是如此，改革時期的共產黨也是如此。對於南大來說，這導致了它把重心轉向重建 1950 年代中國大學重組期間所失落的工程和應用科學系。南大曾經幾乎和東南大學合併，東南大學是由南大在 1950 年代所失去的許多應用學系（重新）創建的，但是由於東南大學教職員的反對，這個計畫總之被擱置了[45]（即使在中國，教職員也會給行政人員帶來嚴重的麻煩）。隨著政府對工程領域的資助激增，南大獲得了實現這些雄心壯志並在排行榜上攀升的機會。

南大 2016 年的十三五發展規劃直接了當，有點像杜克大學的計畫。它指出該大學「適應國家重大戰略需求的標誌性成果」還不多。為了提升它的地位，南大要致力於「以國家和區域經濟社會發展重大需求為導向，整合和集成工程技術學科的優勢和研發資源」。[46]

在優先考慮應用學科的情形下，南大現在有超過 40% 的招聘機會是針對 STEM 學科的學者。[47] 透過南大「高層次人才」計畫招募的 STEM 學者，有資格獲得薪資獎金、新創補助、住房津貼和研究團隊助理。[48] 隨著 STEM 領域的政府資助激增，南大在 2014 年成立了研究基金管理中心，以管理整所大學來自文化、科學、軍事經費資源的贊助機會、申請和分配。但是，當南大因對其區域發展的貢獻而獲得江蘇和南京政府的讚譽時，該大學在工程、物理、化學、大氣科學和環境科學的全國排名在 2017 年皆有所下降。要取得這些領域的成功難以掌握。更糟的是，南大視為強項的外語和文學等學科的排名也在下降。為了在競爭激烈的中國大學界裡取得成功，南大得出結論，它必須迅速變得更大、更富有。

不像中國的幾所領先大學，它們已經藉由和區域機構不斷的合併來擴大規模和財富（例如擁有七個校區的浙江大學），南京大學則是緩慢地達到目前的規模。它尋求與東南大學的一次大合併失敗了。副書記楊忠試圖展現出南大的優勢，他解釋：「我們相信世界一流大學不靠規模。……最重要的是看你培養人才品質的水平。一所大學的偉大之處不在於它的規模，而在於它的思維方式、在於它的創新。」[49] 儘管如此，南大的目標還是擴大規模和增加收入。1998 年，它開辦了金陵女子大學的新化身，正式名稱為南京大學金陵學院。這是一所獨立的附屬學校，與國有的江蘇省國際信託有限公司合作。該信託提供 1 億人民幣經費，而且這個學院擁有獨立的組織架構、法人地位、校區和預算系統。[50] 南大的標準大學課程在基礎研究方面很強，金陵學院的成立則是為了加強南大「產學研深度融合」，著重在吸引和培養工程、商業和媒體等應用型人才。[51] 該學院於 2009 年搬遷至南大浦口校區，但為了控制教育品質而限制招生人數。這種對於擴大南大和其附屬機構規模的猶豫，要付出一個機會成本：就在這所大學需要更多可以較為自由運用的經費時，學費收入停滯不前。到了 2020 年，南大似乎急於解決這個不可能解決的問題。金陵學院再次搬遷，這次將搬到一個完全不同的城市：蘇州。南大希望，這將使金陵學院的應用學科有更多機會在一個具有創業精神市政府的產業中心蓬勃發展。[52] 至於浦口，它將成為一個新的高階主管教育中心的所在地，這是另一個潛在的收入來源，還有一個研發創新園區為南京區域經濟服務。[53]

　　拋開這項附屬的收入，南大的收入最重要的部分來自政府。與其他中國大學一樣，並且正如我們在清華所看到的，南大沒有公開透明的財務報表說明該大學從政府撥款中所獲得的收入。然而，以南大披露的大學直接從財政部收到的經費為基準，可以很清楚地看到政府的經費在南大的預算中扮演著最重要的角色。2019 年，在該大學預計的 12 億美元收入中，4.026 億美元直接來自財政部，約占總收入的三分之一。[54] 然而，這些撥款有很大一部分與大學的招生規模有關，只要大學限制招生，南大增加國家資助的選擇就大大受限，大多只能透過爭取與戰略計畫相關的津貼來獲得經費。南大有一項政策，將每年的大學新生限制在三千人左右。[55] 雖然南大的捐贈基金從 2009 年的略高於 3,400 萬美元，成長到 2017 年的逾 1.63 億美元，但管理這些基金的南大教育基金會在 2017 年的投資收益僅有 700 萬美元左右。[56]

　　南大在 2009 年於南京市中心東邊新興的仙林「大學城」開辦了新校區，大學的領導階層希望能藉此有助於維持該校未來一百年的發展。到了 2012 年，仙林成為南大的主要校區，也是大學工程和應用科學系的所在地，而基礎科學系，例如數學、物理和專業學院（商學院、法學院和醫學院）仍然留在南大歷史悠久的鼓樓校區。南大實體的擴張和重新分配，將這所大學分成新舊兩個部分。仙林是一個耗資 50 億人民幣的科學園區所在地，該園區目標在深化企業和大學的夥伴關係，這可能成為創新的泉源，在理想的情況下，也可能是收入的泉源。

江蘇省政府和南京市政府對此表示歡迎，並給予經費支持。南大的校友資助了該計畫的一部分。仙林是南大透過投資在政策和政治優先事項來表達崛起決心的具體表現。

國外的競爭，國內的攻擊

在 21 世紀，南大在建立國際夥伴關係上不斷創新。南大被選為首批接待美國國防部資助的中文領航計畫學生的兩所大學之一。[57] 由國家安

圖 10.3 位於南京大學仙林校區的新「勃蘭登堡門」。zhongwenpan /Pixabay.

全教育計畫管理的語言領航計畫是為了培養一批精通「關鍵語言」的美國人，這些語言被使用於對美國國家安全特別重要的國家／地區。[58] 當語言領航計畫在 2006 年推出大學課程時，南大與自 1980 年代以來一直與之進行交流的楊百翰大學（Brigham Young University）合作，開設了中文領航中心，這是兩個位於中華人民共和國的中文領航中心之一。[59] 此後每年，來自美國大學十二個中文領航計畫的四十名頂尖美國學生，會在南大就讀一學期。[60] 不同於中美中心，中文領航計畫的學生直接在南大註冊，與南大一般的大學生和研究生在同樣的課程中（全部中文授課）選課，這證明了南大對其課程的自信不斷增加。隨著美中關係在 21 世紀的重要性上升，南大與美國大學早期且熱切的接觸，使它能在美國對與中國進行教育交流興趣日增的情況下，取得有利的位置。

2016 年川普總統「美國優先」的政府上台，由於美國政府批評與中國的國際教育合作，使得這一切都受到了質疑。從 2018 年的國防授權法（美國的一項年度立法）開始，同時設有中文領航計畫和孔子學院（由中華人民共和國教育部部分資助的中文和文化推廣事業）的大學，必須

圖10.4　南京大學的新仙林校區。Ozonefrance / Wikimedia Commons / CC BY-SA 3.0.

關閉孔子學院才能獲得領航計畫的經費。為了保護領航計畫,六所美國大學關閉了孔子學院。[61] 也有跡象顯示,隨著川普領導下的美中緊張局勢升高,領航計畫正尋求將愈來愈多的業務從中國大陸轉移到台灣。自該計畫啟動以來,一直有兩個領航中心位於中華人民共和國,但在 2019年,第二個校區遷移到國立台灣大學。所有的這一切,都讓有著民國血統的南大,突然與在台灣的中華民國處於不安和公開的競爭之中。[62]

與此同時,南大首屈一指的國際教育課程中美中心,也面臨著來自中國最菁英機構的競爭壓力。清華和北大開闢了一條不同的路徑來吸引全世界的頂尖學生。與中美中心不同的是,2013 年宣布成立的清華蘇世民書院,以及 2014 年宣布成立的北京燕京學堂均為獨資企業,而不是合資企業。它們的核心差異包括這些機構無與倫比的聲望和雄厚的經費來源。正如我們所見,蘇世民和燕京被描述為足以和牛津大學的羅德獎學金相提並論的優秀獎學金。它們試圖建立可以和羅德獎學金媲美的捐贈基金。事實上,蘇世民學者的 6 億美元捐贈基金超過羅德信託的 3.9 億美元[63],更遠遠超過了**整個**南京大學的捐贈基金。中美中心在一定程度上受到了約翰霍普金斯大學高等國際研究學院的支持,但該學院也面臨著自身的財務挑戰,沒有如此強大的金援火力。

蘇世民書院和燕京學堂不要求先修中文,而這是中美中心的一項核心特質。這極大地擴大了它們潛在的申請人數。在蘇世民學者項目的第一年,就有 3,000 多名學生申請。[64] 而且人數持續攀升,在 2019 年招生週期中,達到了 4,700 多人。[65] 燕京學堂沒有公布申請者人數,但每年招收約 125 名學生,據報導錄取率約為 2.7%,這表明了它也收到了數千份申請。[66] 平均而言,被這些新項目錄取的學生,比被中美中心錄取的學生有更高的學術素質。燕京學堂有競爭力的申請者,其大學學業成績平均積點(grade point averages,簡稱 GPA)為 3.7 或更高,而蘇世民學者的平均 GPA 為 3.8。[67] 在 2019 年，中美中心大學 GPA 排名在中間 50% 的學生，其 GPA 為 3.3 到 3.77。[68] 隨著蘇世民書院和燕京學堂每年招收的學生人數都比中美中心多，在提供國際學生（特別是美國人）進行研究生層級的中國研究上，南大似乎已經流失了作為中國首要的提供者這個領導地位。

黨的反擊

在建設「世界一流」大學並符合習近平主席所定義的建設「第一批著名的中國高等教育機構」之間所存在的內部緊張，近年來已變得令人異常痛苦。在南大 2016 年的五年規劃中，實踐世界一流地位正式與習近平「實踐中國夢」的言論連結在一起。[69] 然而，南大卻在 2017 年被中共中央紀律檢查委員會（中紀委）列入受審查的 29 所大學名單，這導致了黨和它的政治活動以激烈誇張的方式干擾南大的領導和治理。

中紀委對大學展開調查，以確保黨能保有對高等教育的意識形態和運作的掌控權，或更準確地說，就南大的情形而言，重新獲得這個掌控權。中紀委書記、習近平的得力助手王岐山主持了這次調查的公布，該調查強調要考核大學「政治紀律」的嚴明程度，以及它們是否恪守「黨的核心領導作用」和全面貫徹黨的教育方針。[70] 中紀委檢查員於 2017 年 3 月被布署到各大學展開工作，工作持續至 2017 年 5 月。[71] 習近平親自參與了這次檢查，強調這一行動對其政治議程的重要性。五四紀念日前夕，習近平在巡視中國政法大學時指出：「高校黨委要履行好管黨、治黨，辦學治校的主體責任。」[72]

檢查結束後，南大黨委書記張異賓和常務副校長呂建召開教職員工臨時會議，表達了中紀委的發現對該大學未來的重大意義。為了滿足檢查員的期望，黨委書記張異賓告訴擠滿禮堂的人，學校必須重點抓好以下三個方面的工作：政治覺悟、政治紀律、政治責任。無關於教學。無關於研究。無關於對外發展。常務副校長呂建則強調，解決這些問題是南大現在「最大的政治任務」。[73]

當中紀委的發現公開發布，顯示出南大在這次活動期間表現不佳時，這些行政人員的急迫感顯而易見。中紀委檢查小組總結認為，關於南大在堅持黨的領導「……等方面存在的突出的問題，客觀深刻、切中要害」而這些結果應該給南大「敲響了警鐘」。[74]

簡而言之，具有國民黨和國際主義根源的南大，需要「整改」。針對中紀委的關切，南大制定了一份「整改工作任務分解表」，列出了學校承諾實施的一百多項行動項目。在南大的回應中，對全體教職員和課堂上意識形態傳播的政策改革受到了特別的重視。[75] 由南大黨委會組成的工作小組撰寫的南大《巡視整改通報》指出，南大已經發布了新的意識形態訓練和監督指導方針，希望這些指導方針能夠「明確學校、院系單位、黨員個人不同層次理論學習的內容和形式」，以確保黨的意識形態在南大能夠「實現學習全覆蓋」。《巡視整改通報》承諾南大將公布「南京大學世界一流大學建設整體方案」，將「全面貫徹黨的教育方針，堅持社會主義辦學方向，加強黨對學校的領導」。[76] 在重新定位黨在南大的角色時，為了和黨允許的目標看齊，該大學追求世界一流的雄心壯志也開始受限。中紀委的嚴厲批評幾乎都是在指控南大動搖黨對大學的領導，而現在需要進行全面的「整改任務」，顯示這次檢查是南大的另一場生存危機。

中紀委檢查對南大的警告，使得它對中國不斷轉變的政治風向更加敏感，更勝於文革以來的任何時刻。隨著習近平「思想」在 2017 年 10 月被奉為黨章，南大黨委會召開學習會，以促進大家對這些修正黨章更深入的了解，讓這所大學「向中央看齊」。南京大學校長陳駿也參加了這個學習會，並表達了學校必須將「學校發展實際」與這些修改的黨章「聯繫」在一起的觀點。[77]南大黨委會隨後要求對大學內部改革的方向擁有更大的權威。2018 年 4 月，南大黨委書記張異賓向南大的黨員闡述了那年的工作重點。全部都涉及到加強黨對南大的治理、提高對政治規則的遵守，不僅要「鞏固」，而且要「擴展」對中紀委檢查的回應。[78]

南大能抵擋得住這樣的猛烈攻擊嗎？不能。做為一所國民黨所遺留的地方性大學，南大沒有北京清華大學的政治網絡，因此在面對國家的政治壓力時，更為脆弱。此外，由於南大沒有像清華這般的全球聲望，共產黨可以干涉南大的事務，而不用擔心會損傷到一個國家珍寶。

2017 年 12 月，中紀委檢查後六個月，南大發布了《一流大學建設規劃》，廣泛改寫了南大機構發展的優先事項，使其更加符合黨的政治和經濟議程。如果南大十三五規劃中口頭說說的「中國夢」可以被辯解為純粹是華麗的修辭，那麼這項新的「世界一流」規劃，可不能這麼說。與幾十年前匡亞明和曲欽岳的規劃不同，這不是一個學術計畫。這是一個意識形態上的號召。如今南大的辦學宗旨是「南京大學以馬克思主義為指導，全面貫徹黨的教育方針，堅持社會主義辦學方向」。[79]在 2017 年 11 月的黨委會憲章學習之後，習近平思想被列為南大世界一流規劃中的「指導思想」。

南大戰略的政治化，對其追求卓越的教學和國際化的努力產生了重大的影響。南大承諾在 2030 年達成「社會主義核心價值觀融入人才培養全過程」。人文和社會科學的教學和研究，是促使這所大學為所有的學生提供廣泛、跨學科通識教育的核心，現在則需要符合「中國特色」。南大的規劃現在指出，必須「用馬克思主義中國化最新成果武裝黨員師生，在政治上、思想上、行動上」。[80]雖然南大通識教育網站繼續宣稱該課程首重「學生的獨立思考和自由發展」，但南大思想獨立的邊界變得愈來愈受限。

　　所有的這一切都必然會影響到這所大學的國際化。南大曾經與外國菁英大學建立夥伴關係，以吸引頂尖的學生和學者。但隨著習近平主席「一帶一路」倡議的到來，將南大的一些國際化努力轉向與「新絲路」沿線的發展中國家合作。南大修改後的世界一流戰略指出「以『一帶一路』建設為契機，重點布局相關特色研究和相關學科發展。」[81] 南大成立了「一帶一路」研究院，舉辦國際研討會為該計畫集思廣益，並且獲得政府提供給來自「一帶一路」沿線國家學生的獎學金。但很少人會相信南京大學未來的國際發展會在巴基斯坦的拉合爾（Lahore），而不是在倫敦或洛杉磯。

馬克思與「馬克思主義」

　　高教的政治化蔓延到南大大學生活的許多其他領域。黨要求擴大對馬克思主義的研究，對於（其他可能的）「西方」價值則剛好相反。2004年，中共推出了一項重大措施，加強對馬克思主義的研究，並製作了一系列中共批准的枯燥教材，其整合了「馬克思主義中國化的最新成果」，使其與中共統治下的中國「相關」。[82] 全國排名前五名的南大哲學系，積極參與了這個專案。南大的「2017-2018 學年本科教育質量報告」（2018 年 12 月發布）* 提出未來的工作重點將放在「對哲學和社會科學教材的政治審查」以及「嚴格管理境外出版的原版教材的使用」，以便「防止傳播錯誤的西方觀點的教材進入課堂」。[83]

　　南大的學生把政府的話當真，開始閱讀馬克思原創、激情、革命性

---

* 　譯註：「本科教育」為中國大陸用語，亦即指大學學士學位的教育。

的著作。2014 年秋天，幾位興致勃勃的學生找上了南大哲學系的教職員，成立了「馬克思主義閱讀研究社」（簡稱「南大馬會」）。由於學生和政府幹部曾經被習近平正式鼓勵（也就是被告知）要學習馬克思主義，教職員同意支持這些學生，其中一位還贊助他們的小組在校園內正式註冊。同年稍早，南大黨委會曾經印發「南京大學關於切實加強和改進師德學風建設的若干意見」，關於南大如何教育它的學生，此份文件贊同擴大馬克思主義意識形態所發揮的作用。「若干意見」包括了「帶動社會主義核心價值觀進……學生頭腦」做為該大學教職員的「主要任務」之一。[84] 但是南大的學生並不想侷限於書本的學習。為了把從馬克思主義原著裡所學到的知識化為行動，這些學生接近學校廚房裡的清潔工和工作人員，幫助他們完成工作，並捐贈物品來改善他們的生活。學生們還在校園周遭組織活動，鼓勵大家研究馬克思。因這些活動，他們受到南大共青團書記的讚揚，共青團是中國共產黨的官方青年組織。[85]

2018 年 7 月，南大馬會的學生得知深圳佳士科技的工人正試圖組織獨立工會，以爭取更好的工資和工作條件。當工人的努力在當地警察的助陣下遭到公司的鎮壓時，幾名南大的學生加入了中國其他頂尖大學的學生（其中許多人屬於類似的馬克思學習團體），一起組成了一個支持深圳工人的小組。[86] 他們在參與逮捕勞工組織者的當地警察局前抗議。[87]8 月底，鎮暴警察闖入學運人士的公寓並逮捕了他們。[88] 許多人，包括南大的學生，後來被釋放，並允許他們在 9 月返回學校。[89]

當南大馬會的學生回到學校時，他們發現必須向學校行政部門重新註冊他們的社團。他們在哲學系的長期贊助者不願再次贊助他們。[90] 經過長時間的對話，南大馬會的領導人同意對他們的領導階層做一些調整，並且從他們的註冊內容中刪除諸如「關注社會現實，討論時事熱點和注重社會實踐」這類的句子，以換取長期贊助者的支持。在同意再次支持這些學生時，贊助的教授告誡南大馬會的成員「只讀讀書，少開活動」。[91]

9 月 9 日，幾名南大馬會的學生在毛澤東湖南的出生地與其他學校的學運人士和一些佳士的工人聚會，紀念毛澤東逝世周年。[92] 9 月中，贊助者退回南大馬會的註冊內容，告知這些學生，該團體必須接受額外的評估。隨後，南大馬會的領導人開始瘋狂地尋找新的贊助者，在 9 月和 10 月，敲遍了南大各個人文和社會科學系的大門。9 月下旬，南大馬會的領導人向南大黨委書記、著名的馬克思主義學者張異賓提交了一份請願書，請求他一如組織剛成立時那樣支持該組織。馬克思主義學院的一名教職員和社會與行為科學學院的另一名教職員，最後終於同意協助，但在與更高階的行政人員會面後退出了。在此期間，南大馬會的學生繼續在校園組織活動，包括他們幫助餐廳工人的代表性志工計畫，以及抗議針對他們註冊為學生社團的行政障礙。在這些活動發生期間和之後，有些學生被便衣安全人員拍照和跟蹤。南大馬會的學生領袖被學校的保安辦公室人員和警察傳喚並被逼問「口供」。[93]

2018 年 10 月 23 日，斧頭落下。全校教職員和行政人員會議召開，宣布黨委書記張異賓請求提前辭去領導職務（張異賓至此仍不知情），並且任命胡金波為南大新任黨委書記。張異賓受到中共中央組織部、教育部、中共江蘇省委會、江蘇省教育廳，以及校長呂建的高度讚賞，並感謝他的服務。[94]

兩天之後，南大馬會的學生向新任黨委書記提交了一封公開信，再次請求學校領導的支持。信中引用了習近平 2018 年 5 月在北京大學的演講，要求大學教師「深化學生對馬克思主義理論意義和現實意義的認識，教育他們學會運用馬克思主義立場觀點方法觀察世界、分析世界，讓學生深刻感悟馬克思主義真理力量。」[95] 學生覺得自己是在響應總書記的號召，為什麼他們還要受到虐待呢？

　　共產黨已經成功迫使南大的行政部門在優先事項上完全順從黨的意識形態，但是這些學生，在中國改革時代的物質文化中，卻出乎意料的理想主義，這結果成了更大的挑戰。2018 年，北大和人民大學的同志們加入了南大的學生，一起在夏天組織了廣東的勞工運動，在秋天組織了校園的抗議活動。[96] 這三所大學都以人文社會科學的優勢為傲，並擁有在中國名列前茅的哲學系。之後這三所大學裡的學生都受到了嚴厲的懲罰，有的被逮捕、有的被開除，並且都受到某種形式的紀律處分。[97] 而且這三所大學都出現了校長或黨委高級成員突然「退休」或領導階層洗牌的現象 [98]（不可思議的是，當人民大學的學生受到制裁時，康乃爾大學的勞資關係學院出於美國政治正確的考慮，暫停了與人民大學的研究和交流計畫，完全無視於這所大學為支持學生做了多少努力。[99]）

「新時代」新規則

　　習近平宣稱中國已經進入「新時代」，這句話在中國社會各個層面的政治宣言中隨處可見。對南大來說，這意味著新的大學章程。2013 年，習近平升任最高領導人之後不久，中國的大學就開始公布章程。南大於 2015 年發布了第一份章程，在第二段提到，它「努力為實現中華民族偉大復興的中國夢……做出貢獻」。但直到第六條才聲明致力於黨的思想建設和「全面貫徹黨的教育方針」。[100] 這顯然還不夠。2019 年修訂後的章程不再拐彎抹角。序言第二段改為「面向未來，南京大學堅持黨的全面領導。」[101] 黨的權力和顯著的地位被納入整份文件中。經常被視為中國三大高教機構之一的上海復旦大學，也公布了一份修訂後的章程，其中刪除了對思想自由的承諾，取而代之的是「堅持中國共產黨領導，全面貫徹黨的教育方針，堅持馬克思主義指導地位和社會主義辦學方向」。[102] 全國各地都頒布了新的大學章程，做為對黨效忠的誓言。

南大的新章程，賦予了黨在大學治理中的新角色。第 22 條規定，學校高階主管中的黨委書記有權召開大學領導層特別會議，討論南大的緊迫行政事務和挑戰，這一權力以前是保留給校長的。南大的黨政聯合委員會現在不單純負責「審議」和「實施」大學的發展規劃，而是具體負責「擬定工作計畫」以貫徹「黨和國家的路線、方針、政策」。此外，這份章程還強化了黨政領導職位在該大學的「最高學術機構」南大學術委員會中的角色。[103]

針對前一年南大學生的騷動，2019 年的章程強調，在校園的組織中深化黨的意識形態。最新修訂的第 14 條包括承諾「領導學校思想政治教育和德育工作，（以及）維護校園穩定和政治安全。」[104] 然而 2019 年增加了一項新條款，承諾南大「加強黨員理論學習，堅持用黨的科學理論武裝頭腦，……組織黨員學習黨的路線、方針、政策和決議。」[105]

所有的這些變化，並沒有得到大學界普遍的接受。文學院副院長在網上發文，稱此次修改是個「邪惡之舉」，挑戰了該學院的道德承諾。[106] 其他大學在新章程公布後，也出現了校園的騷動。復旦大學在章程中刪除了對思想自由的承諾，學生為抗議這些改變，在大學餐廳裡高唱復旦校歌，其歌詞中反映了洪堡式的價值觀。華東師範學院和武漢大學，兩所長期宣揚學術自主理念的大學，是紐約大學和杜克大學的合資夥伴，各自 [107] 都在章程中保留了支持學術自由的用語。當被問及南大的章程修改時，中美中心的合資夥伴，約翰霍普金斯大學的發言人表示，該中心「建立在學術自由的原則之上……任何外部針對課堂上，或學生、教職員工作上學術自由的限制或壓抑，都完全與（這些）原則不符。」[108]

現在該怎麼辦？

南大的擴張和政治化的壓力，引發了人們的質疑，這所擁有前共產主義時期豐富歷史，並在改革初期顯著復興的大學，是否能在高度政治化的祖國，成功奪得世界一流的地位。南京畢竟曾經是這個國家的首都。它現在是省會：毫無疑問的，是一個富裕省分的首府，但仍然是個省級的城市。現在的南大，曾經是中國的國立中央大學，以柏林大學為藍本。它的歷史和傳統提高了它的聲望，但在 21 世紀，它再次被迫屈服於當前的政治。

今天的南大，蘊藏著邁向國際卓越的種子。然而，它的命運與兩個黨國的野心密切相連：1949 年前的國民黨，和此後的共產黨。一如清華大學的情形，有些大學既可以為黨國服務，又可以在中國和國際的高等教育中闖出它們特有的成就。但是南大的處境或許並不那麼有利。當它忠於日益僵化的意識形態體系，它在與約翰霍普金斯建立夥伴關係時所展現的自信開放，其可持續性受到了質疑，而正是這種自信開放建立了它的國際形象。

至少可以說，近來高教的政治化並沒有為這所大學帶來任何好處。擴大黨的意識形態在課堂上的角色，可能會排擠掉目的在培養批判性思維能力的課程，而這正是南大獨特的大學生教育的核心。此外，要求意識形態純潔度的壓力，助長了學生的不安，而非穩定性。隨著中美關係在川普和習近平時代急轉直下，領航交流計畫受到政治交火的威脅。擴大投入在應用學科課程的壓力增加了南大對資源的需求，而這些資源是現有的課程都已經很難獲得的。南大如此明顯地努力遵從黨的優先事項，它的努力尚未在國內和國際排名中產生任何作用。南大曾經一度被視為是中國排名前三的大學，但現在已經跌落至第六或第七名，取決於所參考的排行榜。

COVID-19 大流行凸顯了南大岌岌可危的處境。病毒引發的封鎖帶來了經濟的困難，減少了政府的收入和儲備金，導致它削減了許多預算項目的支出。與清華不同，南大並沒有倖免於政府為了因應疫情而「大力壓減」公用經費的呼籲。[109] 關於 2020-2021 會計年度，南大的公共經費下降了 17.5%。由政府資助的南大科技支出下降超過 50%，顯示出南大和它的未來將面臨更大的壓力。南大的實驗室預算被減少了 60% 以上，而南大一直以來的優勢——基礎研究的支出，也下降了 55%。[110] 簡而言之，南大在建立其科技成果的努力上，想要與中國頂尖的工科大學競爭，還有很長的一段路要走。如果順從國家經濟優先事項在艱困時期所獲得的回報如此之低，那麼南大當前的機構戰略能有多大的抗壓性呢？

未來幾年，南京大學面臨著艱難的選擇。其順應中國高教政治化浪潮的戰略是否會開始帶來紅利？隨著美國對中國及其大學的鷹派看法激增，南大依賴雙邊夥伴關係在美國和其他地方所建立的國際聲望是否會變得更加脆弱和令人擔憂？

與杜克大學能夠克服其地方性地理因素在美國贏得全國聲望與地位不同，南大目前在中國缺乏創新、實驗和自主規劃的空間。在中國改革開放初期，它曾經做到這一點，而且令人刮目相看。目前，這種精神似乎受到壓抑。然而，正如我們所看到的，南大在多次革命中倖存了下來，即使不再是領導者，也是中國高等教育中領先的追隨者之一。

德國和美國公立大學的優勢之一是，它們當然是由國家資助的，但是由不同的州資助：在德國是由各邦（Länder），在美國有時是由五十個州資助。中國的大學，就它們的起源和能力而言有很大的差異，這使得它們也擁有，或曾經擁有，像中國許多地區和文化在經濟和美食上同樣厲害的差異化能力。南京大學在改革開放初期在真正有勇氣的校長領導之下所締造的偉大成就，充分證明了這一點。但在習近平領導之下，學術和意識形態的標準化和同步化，似乎使地方性的實驗，即使沒有停止，也驟然暫停了下來。

「**天高皇帝遠**」，這句從元朝以來就流傳的諺語，暗示著離首都愈遠，行動力就愈大。但是，今天這個皇帝，或至少他的「思想」，無所不在，存在於每一所地方性大學——也許尤其存在於根源可以追溯到前朝的這所大學。這所位於中國南方首都偉大而歷史悠久的大學，其前景看來或許頗為黯淡。

第 11 章

亞洲的全球大學？

香港大學

張　翔，香港大學（港大）的校長，在 2017 年面試這個職位時，已得知占中運動和隨之而來的抗議活動。出生於中國大陸，在國內和美國接受教育，並在美國成為加州大學柏克萊分校講座教授，張翔展現了打造「亞洲的全球大學」的抱負。在那個時候，張翔回憶：「大家都說緊張局勢已經消失。」[1] 的確，當張翔接替即將卸任的馬斐森（Peter Mathieson）校長時，香港的主要抗議活動似乎已經平息。在當時香港難得的平靜時刻，張翔來到了香港，渴望在馬斐森的工作基礎上再接再厲，推動港大的國際化並提升它的全球地位。馬斐森所擬定的「願景 2016-2025」策略計畫是一個「好計畫」，張翔說，但是他補充，這所大學需要「更具體可執行的步驟」。[2] 雖然張翔仍在思考如何實踐這一願景，但是他對港大的雄心壯志是明確而遠大的：「我們希望成為下一個哈佛。我們希望成為下一個劍橋。二十年或五十年後，我們想說，是的，我們可以在教師招聘，或學生，或校友等方面與哈佛一較高下。這就是我們所要衡量的。」[3] 然而，當張翔試圖將港大的許多利益相關者團結起來，為這所大學制定一個實質、長期的議程時，政治緊張局勢（不同於南京大學），一直在港大校園和這座城市的表面下暗潮洶湧。

在港大歷史的大部分時間裡，它都是香港唯一的大學。雖然港大現在要與其他七家香港的高教機構競爭政府的資助和支持，但就聲望而言，它是香港領先的大學，並且出於歷史的偶然，它是一所**不在**中國共產黨指導之下的中國領先大學。張翔認為，港大必須向外看，才能爬得更高。只有國際化，港大才能蓬勃發展。他表示：「如果你想成為一所全球性的大學，一所世界領先的大學，你必須關注全球議題，重要的議題，而不只是城市的議題。」[4]

從歷史上來看，港大獨特的價值不僅在於在香港高教的獨大地位，也在於它在難以接近的中國大陸與世界其他地區之間所扮演的橋梁角色。隨著中國的大學獲得國際聲望和合作夥伴關係，港大做為東西方中介的角色受到了威脅。馬斐森制定的「願景 2016-2025」計畫試圖善用中國新興的全球地位，並同時與中國頂尖大學日益增長的影響力競爭。作為一所位於中國與更廣大世界交會處的英語機構，港大將成為「亞洲的全球大學」。張翔認為，憑藉著強而有力的領導，位於中國特別行政區香港地區的港大，可以乘著中國崛起的浪潮提升自己的地位：「港大一直是亞洲排名前三、四名的大學。我們不應該滿足於此，特別是世界秩序正在經歷改變的情況下。」[5]

為了實現這一目標，港大需要一段和平與有生產力的時期。然而張翔校長僅上任一年，香港就見證了它歷史上規模最大的政治抗議活動。港大面臨的挑戰似乎愈來愈侷限於當地。在數百萬人抗議這座城市與中國大陸當局卑躬屈膝的關係時，港大如何加深與中國大陸大學的關係？在東西方日益緊張的時代，在這樣一個動盪不安的大都市裡，港大如何才能保有其做為連結東西方頂尖機構的地位？

帝國計畫

　　自成立以來，港大就是一個具有多重目標的機構。它意在將其殖民宗主國英國與中國大陸聯繫起來，並同時為英國在東南亞殖民地的年輕人提供高品質的當地教育機會，以及加強香港公民的能力。它早期最大的支持者，1907-1912年間任香港總督的盧嘉（Frederick Lugard），將港大視為大英帝國一個重要的機構和成就。[6] 盧嘉寫道：「英國為印度和埃及緩解飢荒所做的一切……她可以幫助中國自己做到這些。」[7] 長期身為一名外交官，盧嘉在教育方面並沒有豐富的經驗，但是他仍然相信建立一所地方性大學在經濟和道德上的價值。

　　帝國列強之間的競爭意識也是港大創辦的原動力。到了1905年，報紙警告說，日本在中國的影響力正在超越英國，而且日本是中國留學生早期的目的地。[8] 英國人對美國人，特別是美國傳教士，在中國大陸發展高等教育所取得的進展感到羨慕。德國於1907年在上海創立了同濟大學，並計畫1908年在青島發展一所研究型大學，這進一步激勵了英國人發展自己的大學。事實上，正是德國學校創辦的消息，促使著名的巴斯（Parsi）商人麼地（Hormusjee Nowrojee Mody）詢問盧嘉總督和他的妻子：「為什麼我們不能超越他們呢？」麼地後來成為港大最慷慨的捐助者之一。[9]

　　盧嘉大肆宣揚這所大學在帝國建設中可以扮演的重要角色，但仍然無法從英國政府獲得大量的財政支持。雖然政府在行政決策中保持高度的參與，但該大學早期大部分的經費來自私營部門。麼地是早期的支持者，贊助興建港大代表性的主建築，捐款最終價值達365,000港幣（約36,500英鎊，依今天的價值計算為590萬美元）。[10] 1909年5月，太古集團（John Swire & Sons）宣布捐贈給這所大學40,000英鎊，這相當於

2021年的670萬美元。[11] 這些捐贈引來了足夠的募款金額,有來自香港、中國大陸和海外澳洲、馬來西亞、法屬西貢[12] 華人社區的個人捐款,以及北京政府、廣東政府(在他們對新大學做為革命溫床的恐懼舒緩之後)的捐款。1912年,就在盧嘉的香港總督任期即將結束之前,這所大學的骨架大致建成。

港大是香港第一所成立的大學,其前身是一些技術學院和教會學院。其中之一是香港華人西醫書院,成立於1887年,後來成為港大的醫

圖 11.1 香港大學主樓,香港大學主校區最古老的建築,1912 年。
Growing with Hong Kong: The University and Its Graduates, Hong Kong University Press, 2002 / Wikimedia Commons.

學院。1912 年 [13] 秋天，當這所大學向第一批 75 名學生敞開大門時，它提供了醫學院和工程學院的課程，並於 1913 年加入了文學院。1911 年的《大學條例》建立了港大三方治理的架構：校董會（負責治理和社會監督）、校委會（負責行政事務）和教務委員會（負責學術事務）。雖然隨著時間的演進，這三個組織的權責發生了變化，校董會也變得愈來愈形式化，但基本架構延續到 21 世紀幾乎保持不變。

該條例還制定了非歧視政策，規定「不允許因種族和國籍而有所區別，也不得將宗教的信仰或宣告強加於人，以便任何人都有權可以成為該大學的成員、教授、讀者、講師、老師或學生，或擔任該大學的職務、或從中畢業、或擁有其中的任何優勢或權利。」[14] 起初，這種精神更常應用於學生而不是教職員。港大的創辦人認為，擁有高素質的英國講師對於提升這所剛起步機構的聲望是必要的。[15]1919 年，這項優先政策受到了這所大學行政部門的挑戰，當時港大尋求填補上新成立的病理學系主任的職位，並且在教務委員會支持的英國候選人和校董會支持的、畢業於港大醫學院與愛丁堡大學的王寵益博士之間左右為難。教務委員會支持的候選人退出，促成了港大首位華裔學者的任命。[16]

在第一個十年裡，這所大學努力保持償還能力。到了 1919 年，殖民政府終於同意幫港大擺脫債務，但前提是擴大政府對該大學的監督。在接下來的幾十年裡，直到二次大戰前後，港大繼續與政府保持微妙的關係，逐漸獲得了更多的公共財政支持，但也要服從於愈來愈多的政府調查和報告。

港大初始的預算較少，限制了它的研究議程；最終是因為足夠資源的提供和捐助者的偏好，才將港大轉變成一所較為研究導向的機構。1922 年，支持世界各地醫學教育，並在中國支持多家機構的洛克斐勒基金會（Rockefeller Foundation），捐贈了兩個講座教授給港大的醫學院，不到兩年之後又捐贈了第三個講座教授。這筆經費使醫學院能擴大教授隊伍，並賦予學校更強的研究方向。到了1929年，捐贈收入占港大營運經費的62%。

港大的成立是斷定它有能力讓年輕人遠離激進的政治——即現代中國民族主義的政治。隨著國民黨領導的民族主義運動在中國南方的勢力不斷壯大，英國的殖民統治受到了挑戰。1925年，港大面臨了校園政治化的一次重大考驗，當時，大陸廣州外國租界發生了一起槍擊中國抗議者的事件，隨後，總罷工和抵制英國商品的運動蔓延到香港。大學行政人員發現，港大的學生普遍站在英國這一邊，甚至在一家精神病院的工人罷工時，出手協助擔任助理看護，這讓他們鬆了一口氣。[17] 中國的員工也支持英國的利益。從那時起，殖民地當局愈來愈將港大的學生視為大英帝國的忠實臣民。

到了1930年代，港大的財務狀況穩定，首先得到洛克斐勒基金會的幫助，然後是得到英國退還給這所大學的庚子賠款經費。[18] 然而，它在大中華區的教育格局中，仍無足輕重。港大成立的時代，正值中國大陸掀起一波西式高教機構成立的浪潮。到了1930年代，中國大陸提供了各種優秀的高等教育機會，其中許多與美國、歐洲或日本的機構有關聯。港大的地位很脆弱，因為它提供的教育更昂貴、更不方便，而且仍然缺乏西方學位的專業和社會地位。[19]

為了回應這一令人質疑的定位，一個由殖民地政府和商界代表所組成的委員會，於1937年受命檢視該大學在社會中以及未來發展的角色。他們隨後的報告引起了許多教職員的憤怒，因它的建議（例如，港大的教職員不需要持有高水準的研究學位）可能使港大淪為二流大學。港大的教務委員會和殖民政府也對該報告的建議展開了激烈的爭論。港大的教務委員會發表回應宣稱，「大家一致認為，研究是每所大學必要且不可或缺的功能。」[20]

最後，新任港大校長史樂詩（Duncan Sloss）利用 1937 年報告引發的爭議，擴大了港大的宗旨並提升了它的標準。在主張有必要將港大打造成一所「英國意義上的大學」，而不是一所「更為普通的機構，一所高等技術學院」[21] 之後，史樂詩安排成立了一個委員會，起草 1939 年的〈大學發展報告〉，該報告制定了一個志向遠大的計畫，要改善中國大陸的招生情況與課程改革和實體建築的升級。[22]

失敗和延遲

唉，可惜的是，當中國與日本開戰兩年之後，史樂詩才制定了他的成長策略。僅僅兩年後，即 1941 年，日本入侵香港，所有的計畫都戛然而止。[23] 日本入侵後，港大的師生四散逃逸，日軍將校園改造成軍事基地，徵用醫療和科學用品以及設備供做軍事之用。

這是一個前所未有的苦難時期。日本透過戒嚴法統治香港。街道和建築物都用日語重新命名。實施配給制度之後，食物變得愈來愈稀缺。香港遭遇了第一次真正的饑荒。戰爭後期，它還遭受到美國的持續轟炸。在日本占領期間，由於死亡和被驅逐，香港的人口從 1941 年大約 160 萬，減少到 1945 年略多於 60 萬，人口減少了一半以上。該殖民地是日本犯下眾多戰爭罪行的地方，其中包括處決了一萬名平民。

許多歐洲的教職員在拘留營度過了戰爭的時光，經歷了絕望和可怕的生活條件。有些人悄悄地嘗試繼續做研究，並計畫重返大學。還有許多人喪生了。港大的職員、學生和校友，有機會逃往自由中國，亦即戰爭期間國民黨控制的地區。其他人在大陸頂尖的大學，例如在日本占領之下南京的國立中央大學。那是一個認同和忠誠都不確定的時代，就像戰後的時代。

戰爭期間史樂詩被關押在香港島南側的赤柱拘留營。香港重獲自由後，史樂詩在 1945 年 9 月準備返回倫敦休養，他在向學生的告別演說中指出，中國的倖存以及在長達八年的戰爭中真正獲勝，將為新時代帶來希望：「我們將共同努力，建設一所讓我們所有的人都感到自豪的大學，並面向新中國，成為中英之間，同時也是英中之間，永遠開放的溝通管道。我們的努力基於體認到，中國能為西方文明做的事情，不亞於西方的理念和標準可以為中國做的事情。」[24]

戰後創傷和機會

到二次大戰結束時，港大的建築已成為廢墟，物資匱乏、學生四散、教職員大多消失。香港政府和該大學剩下的行政人員經過一番深思之後，決定於 1948 年重新開學。[25] 事實證明，這一決定是明智的，因為共產黨在內戰中的勝利與中華人民共和國在 1949 年的成立，很快撼動了大中華區高等教育的局勢。許多中國大陸的學者逃往香港，而許多過去本來要去中國就讀大學的香港當地學生，發現這條路受阻了。

共產黨在中國的勝利，對香港來說既是禍也是福。香港突然湧入來自大陸的難民，有時每月超過十萬人，它的人口在 1950 年代初激增至超過兩百萬人。它既接收了傑出的創業人才（逃離上海和其他城市中心的商業家族），也接收了優秀的學者。而且，它接收了更大量純粹只想要逃離共產主義的人們，他們需要幫助和教育，才能在人口突然驟增、在經濟上與中國腹地切斷的香港找到出路。

在 1950 和 1960 年代，香港大學以其有限的財務和實體設施迅速擴張，以滿足香港對合格的專業人士快速增長的需求。1963 年，三所專上學院合併成香港第二所公立大學——香港中文大學。[26] 香港中文大學誕生於來自大陸的流亡者、反共人士和知識分子，以及在英國殖民地上建立一所綜合性華語大學的渴望。1965 年，為了因應日益複雜的高教領域，香港立法會成立了大學教育資助委員會（簡稱：教資會），依照英國模式，協調殖民地的高等教育經費支援，並做為政府教育局與個別校園之間的管理機構。

1960 年代末期，當文化大革命對中國大陸的社會秩序造成嚴重破壞時，抗議活動越過邊境蔓延到香港，香港遭受到了 2019 年之前最嚴重的騷亂。然而，與大陸的大學校園變成實體的戰場和教育停滯的情況不同，港大仍然相對不關心政治。港大學生會拒絕參加示威活動。[27] 港大的學生在 1970 年代變得更加積極投入政治，例如參與了 1974 年的抗議活動，這促成了中文和英文並列為該殖民地的官方語言。[28]

從英國到中國

根據《南京條約》（1842 年），港大所在的香港島永久割讓給英國。但是香港面積最大的部分——新界，它於 1898 年成為殖民地的一部分，租期為 99 年，它是香港大部分人口居住的地方（更不用說是香港中文大學的所在地），預定於 1997 年回歸中國。考慮到殖民地的不可分割性，1984 年《中英聯合聲明》確認香港於 1997 年**全部**回歸中國主權。這項協議是在中國後毛澤東時代中國承諾政治改革的鼎盛時期達成的，但隨後竟突如其來地在 1989 年發生了對天安門廣場學生和其他抗議者殘酷的軍事鎮壓，引發了對香港整體以及港大校園未來的重大信心危機。

中國為香港提出了「一國兩制」的框架，承諾即使是在中華人民共和國主權下，「保持香港現有基本法律制度」直到 2047 年，即回歸後五十年。[29] 香港的焦慮情緒高漲，促使香港殖民當局在 1990 年代引入重大公共部門投資，尤其是在教育方面。各級公辦教育招生規模擴大。從 1989 年到 1994 年，高等教育入學人數從不到中學畢業生的 3%，增長至 18%。1991 年，香港科技大學（被譽為香港的「麻省理工學院」）在其創始校長吳家瑋（出生於上海，在美國接受教育的學術領袖）積極的領導下成立，成為香港的第三所大學。此後不久，多所學院被升格為大學，以吸收增加的入學人數。[30] 做為監督公立大學的主要機構，教資會監督了此一擴張：它透過整筆撥款資助大學，讓每所大學都能保持高度的學術和行政自主權。港大將繼續做為香港旗艦大學的角色，但其所處的領域突然變得更加擁擠和競爭激烈。

在回歸前的幾年，香港面臨了無以復加的不確定性。50 萬居民離開了這個殖民地，還有許多人在國外找到了第二住所。自 1842 年起將香港視為直轄殖民地統治之後，英國推行了一系列民主改革，包括擴大立法會選舉權。即使是香港最享有特權的居民也心存疑慮。我記得在 1997 年初與一位香港「大亨」（當地媒體對最富有家族領導人的稱呼）的談話。他告訴我，他要離開香港，「因為共產黨人正在進來。」他所說的「共產黨人」，並不是與他關係良好的中國共產黨，而是誓言要對像他這樣的大亨加稅的香港民主黨（他沒有離開）。

港大的焦慮程度更高。中國全國人民代表大會在 1990 年通過的《基本法》成為香港實質上的憲法。它提供「各類教育機構可以保留其自主權，並享有學術自由」。但在天安門危機與隨後對大陸大學的鎮壓之後，港大的領導階層對於如何在實際執行中保有它的學術自主權感到憂慮。[31] 幾位知名的學者離開香港前往英國和澳洲等地任職，儘管有許多人在政局穩定和經濟環境似乎有保障之後最終回到香港。1997 年 6 月，香港回歸中國前不久，港大的學生試圖在校園展示國殤之柱（Pillar of

Shame），這是丹麥藝術家高志活（Jens Galschiot）為紀念天安門事件八周年而創作的民主雕像。行政人員最初基於「安全理由」拒絕這項展示。在中國國家主席江澤民取得個人最偉大勝利：監督香港回歸，並終結中國領土上殖民統治最後殘餘的前夕，港大顯然擔心會惹惱北京。無論如何，在學生將這座雕像搬到校園之後，學校同意它的展示。[32] 這一事件預示著，隨著這所大學在複雜的治理體系下，既要扮演公共機構的角色，又要致力於學術自由和自主，在這兩者之間苦於取得平衡，這所大學也面臨了愈來愈多的緊張局勢。

與此同時，香港回歸中國也為港大提供了新的機會、新的領導和新的願景。做為英國亞洲殖民地區中首屈一指的大學，港大的影響力隨著大英帝國的衰落而縮小，香港則成為大英帝國最後的殘餘之一。在英國統治的最後幾年，面對日益擁擠的當地高教領域，港大已經成為一所以當地為重心的機構，它最為在乎的是擊敗當地的競爭對手，以及教育著幾乎全部來自香港的學生。

這種相對狹隘的願景受到了挑戰，隨後又被具有全球視野的當地新領導階層大為擴大。香港著名商人、前哈佛商學院教授馮國經在 2003 年至 2009 年間擔任港大校委會主席，帶來了重大的變革。馮國經在商界和公共服務領域皆表現出色。他和他的弟弟馮國綸將他們的家族企業利豐公司（Li & Fung）發展成全球供應鏈領域的領導者。馮國經還擔任過香港機場管理局主席，並在英國統治的最後幾年（在中國的強烈反對下）監督了今天香港國際機場的建設，這是一座了不起的機場，事實證明，它是香港回歸後繁榮的關鍵因素。他希望把香港打造成為亞洲現代發展的中心，這一願景也延伸到了教育領域。做為校委會主席（大致相當於大學董事會主席），馮國經帶領港大重新想像未來，使它不僅是香港高等教育的旗艦機構，也是亞洲，乃至世界領先的大學。這一新願景得到

圖 **11.2**　國殤之柱（Pillar of Shame）在香港大學學生會外「永遠」展示，直到 2021 年。Photograph© William C. Kirby.

了大學治理一系列重大改革的支持，帶動了現代化、精簡的行政做法。與徐立之校長和一個重組過且重新振作的校委會密切合作，馮國經以這所大學的新願景為核心建立了師生的共識，並且為港大在 21 世紀持續追求全球卓越奠定了基礎。

21 世紀的香港大學

到了 2019 年，港大在許多方面仍處於香港八所高教機構中的頂尖地位。做為該體系的旗艦英語研究機構，港大在所有領域提供具有國際競爭力的教學，並在特定領域提供具有國際競爭力的研究。[33] 港大擁有 17,000 名大學生和 13,000 名研究生。自成立以來，港大一直致力於吸引不同地區的人口，但它吸引中國大陸學生的能力，在 21 世紀初比一個世紀前發揮得更好。在 2019-2020 學年，港大 23.5% 的大學生和 35.5% 的整體學生持有大陸或國際的護照。[34]

港大擁有一個多元化的學生群體，在近 2,000 名學術人員的指導下學習，分成 10 個學院（其原有的醫學院、工程學院和人文學院，加上建築學院、商業和經濟學院、牙醫學院、教育學院、法律學院、理學院和社會科學學院）和一個研究學院。[35] 它的醫學、人文、社會科學和商業管理方面的課程是最強的。橫跨所有的課程，學生畢業後六個月的就業率是 99.3%。

馮國經在擔任校委會主席期間，決心讓港大躍升世界前二十五所大學之列。他認為港大不應該與香港中文大學或與香港科技大學競爭。它應該與柏克萊、史丹佛、哈佛等大學爭奪全球領導地位。2007 年，當泰晤士高等教育世界大學排名將港大列為全球第十八名，比名列十九名的史丹佛還領先一名時，港大似乎正朝著它的目標前進。[36]

這樣的躍升並沒有持續下去。2019 年，整體來看，港大在 QS 排名中名列全球第二十五，在泰晤士高等教育世界大學排名中名列第三十六，而在 ARWU 排名中名列 101-150 之間。在擔任校長期間，馬斐森並沒有過度擔心近來的排名下降：「我公開表達過對排名的態度：我絕不會為了滿足某種特定的排行榜而來制定機構的策略。」[37] 在 21 世紀的第二個十年，因為地方、國家和國際政治的漩渦消耗著這所大學，港大想要進一步提升，或甚至停留在它現有的位置，都會面臨挑戰。然而，港大將首先嘗試重塑它的博雅教育。

課程的擴展和機構的擴展

港大長期以來以培養出那些在專業領域能夠很快找到他們出路的畢業生而聞名，特別是在醫學、法律和政府部門的領域。與英國一樣，被錄取的學生直接進入各系接受三年制的課程。港大從來不以博雅教育聞名，無論是洪堡意義上的，或是美國實際做法上的。2005 年，教資員會強制要求將香港八所公立大學的大學教育，從三年延長至四年。這項改革的目的是在為新的通識教育課程創造空間，並且使香港的大學與全球最受推崇的做法接軌。改革後，香港的學生接受六年（而不是七年）的中學教育（相當於美國體系中的初中和高中），然後可以進入四年制的大學課程，這為這項改革贏得了「3+3+4」的綽號。

為了因應這一大規模的變化，大家立即展開計畫，而且港大最早在2009 年就開始實施新通識教育課程的部分內容。[38]2012 年，港大迎來它新設計四年制課程的第一批學生，以及它三年制課程的最後一批學生。負責監督香港四年制大學課程改革的前香港中文大學校長、香港政府前教育統籌局局長李國章評論道：「如果你在十八歲的時候就知道自己想要做什麼，那麼英國的制度就非常好……但是如果你想要在 21 世紀成為更全面的個人，在那個必須是個多能工、必須和你的工作團隊彈性合作的環境裡，那麼在你人生中這麼早的時間點就做出決定是件好事麼？」[39]

這項「3+3+4」計畫讓港大的教職員大為振奮。畢竟，你能夠多常去討論在大學整整一年的時間裡要教些什麼？經過長時間的討論和諮詢，六個共同核心課程引介了四個探究領域——科技素養、人文學科、全球議題，以及中國：文化、國家和社會。

對大學教育如此大規模的重新構思，帶來了學術和財務上的挑戰。港大需要增加兩成的教職員招聘和經費。它抓住了這個機會，招募了具有較強研究取向的年輕教職員。經費更是一項負擔，因為這額外一年的花費，政府只提供了 60%。這使得港大不得不走向高額募款的世界。

大學教育這種根本性的變化影響到每一個科系。每個課程都必須重新思考它的主要必修並創造新的課程供給。事實證明，這對教職員來說並不是個挑戰，到了 2015 年，共同核心課程已經擁有 175 門課可供選擇，至於對學生來說，他們就像世界各地的學生一樣，著重在他們畢業後的生涯。教學副校長何立仁（Ian Holliday）指出，雖然課程實施大致成功，但仍存在著「與期望不符」的狀況，因為學生不了解要求他們將主修課程延遲到求學後期這一轉型背後的原因。[40]

最後，為更多的學生提供教室和住宿空間也面臨著實體上的挑戰。港大的實體校園位於香港島西邊一座俯瞰大海的岩石山上，長期以來空間一直受限，但 2014 年 12 月香港大學地鐵站的開設，方便了前往香港其他地區的交通，並為在島上其他地方提供學生住宿創造了一個可能性。隨著工程技術的進步，使得港大能夠將校園擴展到西側的水庫，建立百周年校園。這次擴建是學校一百周年慶的一部分，其中包括四年制學士學位課程為主的教室空間。

新成立的機構明德學院（Centennial College）（不位於百周年校園內），是另一種不同型態的外拓嘗試：它提供四年制學士學位，並成為現在大家所知的營利性港大集團（HKU Group）的一部分，其營運主要由學生學費來支付財務，而非政府補貼。

多元文化的環境

港大做為一所多元化的校園有著悠久的歷史，在 21 世紀仍然如此。自 1972 年黃麗松被任命為第一位華裔校長以來，這一位置一直由華人和英國行政人員交替擔任。[41] 雖然自 1997 年後當地學者的聘用有所增加，大部分的教職員仍然很國際化。即使整體上較為平衡，但來自香港、中國大陸和其他國家的教職員，對港大有不同的看法和體驗。一位中國教職員指出，需要不斷地在兩種體系的行為模式之中權衡轉換，亦即穿梭於正式使用的西方體系，以及非正式使用的中國體系：「大多數人都會清楚感受到我所說的正式體系和非正式體系之間的緊張關係。……在我的生活中，我需要不斷地調整自己。在某種情境下，我需要是個中國人，在另外一種情境下，我需要很快地，有時很戲劇化地，變成一個西方人。」[42]

學術自由是一個可能導致中國籍和非中國籍教職員產生隔閡的議題。港大的學術環境非常開放，前首席副校長錢大康指出，中國共產黨公報限制可討論的話題「現在不適用。你可以說有一些自我克制，但不明顯。」但他警告說，到了 2047 年：「這可能會改變。」一位美國教授在思考港大未來潛在的爆發點時指出：「我猜這裡會有學術自由的議題，但我不認為這會是一個太大的問題。不過，即使是在這裡，外國人和中國人之間也存在著分界線。」[43] 隨著港大校園愈來牽扯上政治，「受保護」的外國教職員和較為弱勢的當地或華人教職員之間的分歧，有可能變得更加尖銳。

儘管帶有文化和種族嚴重分歧的教授之間有著不可避免的緊張，但港大的大都會和國際化氛圍依舊是其獨特的優勢之一。錢大康指出，近年來，香港其他的大學傾向變得更加中國化，而不是那麼國際化。在另一方面，港大則一直努力保持它的國際性。在錢大康看來，香港的機構自治與大陸的高教系統有很大的不同。「另外，如果一所大學是地方性的、孤立的，它對世界的價值和影響力很小。來自社會和政府的支持，很大程度上取決於當時的政經情勢。如果它是國際化的、相互關聯的，社會就會重視它的存在和多樣性。」[44]2019 年，持續很久的反政府（以及，隱含反北京）示威活動，將檢視這些假設。

港大在 2019 年面臨的挑戰之一，是如何解決限制其招募頂尖學者的陳舊人事政策。隨著政府在 1952 年正式對港大提供津貼，教授的薪資等級和退休政策與公務員掛鉤。2000 年代初期，港大的薪資與公務員薪資等級脫鉤，使得它在招聘教職員時能提供更具競爭力的待遇。雖然這提高了港大的招聘能力，但該機構仍然受到公務員六十歲退休年齡的限制，這使得它幾乎不可能招聘到處於學術生涯顛峰的學者。2016 年，港大終止了對法定退休年齡給予罕見的特別豁免政策，轉而提供年滿六十歲的教職員非終身職的選擇。[45]

無論是行政部門或是教學導向比例較高、年齡較高教職員的科系，都傾向保持退休年齡不變，以便更新教職員團隊。其他科系，特別是人文學科等領域，學者往往在職業生涯後期創作出最好的作品，都渴望改變政策以幫助招聘。這對於招聘來自於香港以外的學者非常重要，這些學者占教授團隊將近六成。港大可以提供可觀的薪資、研究資助和慷慨的住房補貼（還有哪裡可以讓新來的教職員同事以低廉的價格住在擁有海景的大公寓裡呢？）但退休後，這些福利就停止了，而之前沒有投資香港房地產很久的港大教職員，將發現自己在全球最昂貴的住房市場裡要想辦法購買或租個房子（2020 年，香港住宅房地產平均價格為 125 萬美元）。

2018 年，該大學治理委員會之一的校董會成員呼籲學校「重新思考港大目前的退休政策，是否符合這所大學的最佳利益」。[46] 隨著愈來愈多人在年滿六十歲時申請新合約，教職員之間的不滿情緒也隨之上升。教職員擔心非終身制合約會提供較低的薪資，並且續約會受到模糊的績效標準影響。有些人則擔心政治考量會影響到哪些合約可以續約，以及續約的長短。[47] 港大的行政部門開了一次全員大會以做為回應，會中解釋了該政策的理由，但沒有承諾 [48] 進行改革。這個退休年齡的問題仍然爭論不休。

「與時並進」：治理與它的改革

治理對每一所大學都很重要，但在大中華區的大學中，也許沒有比在港大更重要的了。做為一所不受共產黨監管的領先大學，港大若要實現它「亞洲的全球大學」這一願景，它必須保留繼承自英國統治後期學術自治和研究與教學不受限的傳統。

港大的治理架構複雜而陳舊，不適合進行大學整體的學術計畫。但制定策略的必要性顯而易見。在 1990 年代末的過渡時期，校長鄭耀宗必須成立一個由資深學術人員組成的特設策略諮詢工作小組，來討論這所大學所面臨的重大議題，包括它的國際化和本土定位，以及如何保持它的領導地位。這個小組為 2003 年由頂尖學者和商人所組成的藍帶委員會奠定了基礎，藍帶委員會為港大制定出第一個現代的策略計畫。

這所大學的架構為何？大學行政部門的正式領導是校監

（chancellor），亦即大學的行政長官，這個位置最初是由殖民地總督擔任，現在由香港特首擔任。特首擔任香港八所公立大學的校監，主要扮演形式上的角色。事實上，每所大學大部分的行政控制權都握在它的校長（亦即副校監）手上。校長是「大學主要的學術和行政官員，由一名首席副校長、一名行政副校長和副校長團隊協助，他們與教務長和財務處長組成高階管理團隊並向大學校委會報告」。

大學校委會是主要治理機構。它管理財務、人力資源和策略計畫。校委會由非大學附屬機構、港大行政人員、教職員工和學生組成，到了21世紀之交，其人數總計超過五十人。這種情形在馮國經擔任委員會主席期間發生了變化，他邀請了三位專家組成一個「藍帶小組」，來檢討這所大學的治理和管理架構。這三位專家是剛退休的哈佛校長魯登斯坦、前教資會主席兼香港終審法院首席法官李國能，以及新南威爾斯大學前校長尼蘭（John Nyland）。該小組在2003年「與時並進」（Fit for Purpose）報告中提出了他們的建議，他們提出了17項關於良好治理的建議，其中大部分集中在校委會的角色。該報告建議將校委會從笨重、人數眾多的組成，轉變為由18至24名成員組成的機構，並重申校委會是「這所大學實際上的最高治理機構。」[49] 該小組還建議對改革後的校委會進行成員的調整，這一點在馮國經的領導下，校委會納入了更多的學生代表，並首次納入了初階和高階教職員的工會代表，以及專業人員的代表。

校委會主要處理行政、政治事務和預算，而教務委員會則負責學術和所有教育相關事務。因此，教務委員會大力參與了管理三年制到四年制課程的轉換。其成員包括教授、院長和幾名學生代表。[50] 該組織確實提供了一個政策辯論的論壇，但本身並未制訂任何政策。

第三個中央行政組織是大學校董會，它每年開會一次，主要不過是為了行禮如儀。它由校監領導，與來自各政治和教育機構選出的代表組成。[51]

鄭耀宗校長所面對的挑戰之一，是港大高度區分的學術和財務結構。傳統上，管理的主要單位是系，港大有 80 多個系，各系都向中央行政部門報告。各系和學院之間以一種既沒有組織使命也沒有任何合作誘因的方式被組合在一起。經費是根據各系所教授的大學生人數來分配的，這導致了教學上的重疊，因為各系都在努力爭取維持最高的學生人數。例如，土木工程系可能會聘請一名數學教授向學生教授該科目，而不是利用數學系現有的能力來滿足學生的需求。[52]

港大面臨著許多大學共同面臨的挑戰（回想一下我們對杜克大學的討論）：如何將資源從外圍帶到中心。鄭耀宗制定了「頂切法」（top-slicing）的新政策，這肯定是個不受歡迎但有效的方法。大部分經費將像過去一樣分配，但 10% 至 15% 將由中央持有，用於支持策略性措施。原則上，這將鼓勵各系不再那麼關注於它們各自的數字，而是像個學院一樣共同規劃方案。[53]

若干改革進一步加強了港大各學院的行政能力，這些改革是在馮國經擔任校委會主席期間效法自美國制定的。此後，院長主要是根據在國際上尋找到的人選由中央任命。在這之前，院長（以德國的方式）由他們的同事選舉產生，這使得他們比較沒有責任向中央負責，並且不太可能實施重大但必要的改變，如果這些變革可能會讓他們的老同事感到不安。這只是「與時並進」報告中建議並隨後批准的 17 項行政改革之一。也是在馮國經的領導下，教職員工的薪水與公務員的薪資等級脫鉤。[54]

港大並不是一所年輕的大學，但它從來未有過正式的策略計畫。馮國經和徐立之校長帶頭制定了 2003-2008 年策略計畫，將四個領域列為優先事項：提高學術卓越性、提高全球影響力和知名度、參與社會合作和社區服務，以及發展和支持「此一大學家庭」。[55] 在一個歷經了現代化治理體系改革與精簡過的校委會支持下，馮國經親自拜訪了港大的每個學院，與每個學院的資深教職員會面，討論他們的外部標竿計畫。就是在那時，馮國經為港大設定了進入泰晤士高等教育世界大學排名前二十五名的目標。當然，就連馮國經也沒預料到 2007 年看似立竿見影的結果，當時港大的排名從 2006 年的三十三名躍升到第十八名。[56]

2016 年馬斐森推出的「願景 2016-2025」，是一個建立在「與時並進」基礎上的策略計畫，要加倍推動該大學各層面運作的國際化力度。「願景 2016-2025」誓言港大將增加「中國大陸和海外學習體驗」的機會。[57] 港大的身分一直以來都是一所**非**中國大陸的大學，現在正在嘗試各種方法來增加與大陸的互動，它在浙江建立了一個工程研究所，並在香港北部充滿活力的城市深圳成立一所教學醫院。[58]

教職員和行政人員普遍認同「與時並進」中提出的治理和管理改革所產生的持續影響。對港大策略計畫的感覺則較為曖昧不明。顯然，港大的計畫並沒有獲得像杜克大學在該大學校園裡所獲得的威信。一位前高階行政人員認為，在促進績效導向的評估上，長期的變革已經達成，他指出：「該機構的文化已經接受了這樣一個事實，衡量表現是恰當的，獎勵良好的表現也是恰當的。」而在同時，他指出自己也很樂於觀察，「〔策略計畫〕是如何像我所用的那個詞『被擱在那兒』的。計畫被束諸高閣，一切一如往常。」

經費

無論其目標為何，港大在實現這些目標上都處於令人羨慕的財務狀況。港大集團包括香港大學、明德學院、香港大學專業進修學院，在

2019-2020 學年結束時，預算盈餘超過 1.8 億美元。其財務部門主要將盈餘歸因於來自教資會的大筆經費和港大所收到的捐贈不斷增加。[59] 港大的經費有四個主要來源：政府經費、學雜費、捐贈和投資收益。

做為香港八所公立高教機構之一，港大一大部分的營運預算來自於教資會以每三年一次的整筆撥款形式提供，這有助於財務計畫的穩定和可預期，教資會也為特定的資本項目、研究計畫或其他特定目的提供經費。例如，港大在 2014 年從教資會獲得了一筆新型的經費，專門用於國際化和與中國大陸的互動。

學雜費是港大第二大的收入來源。該大學為本地和外國學生提供不同的學費標準。2019 年，本地大學生一年的學費為 5,400 美元，而所有的非本地生，包括來自中國大陸的學生，每年支付將近 21,000 美元。[60] 本地生就讀明德學院的費用要高得多（每年約 11,300 美元），而外國學生則花費少一些（每年約 15,200 美元）。[61]2015 年，該大學宣布，像明德學院這樣自籌經費的項目為港大集團帶來將近 40% 的總學雜費收入，然而它的支出只占整個集團支出的不到 15%。[62]

捐贈和投資回報構成了港大其餘收入的大部分。捐贈包括專門用於研究、獎學金和資本擴張的經費。除了捐贈基金的回報外，港大集團還擁有不斷成長的香港醫療服務產業領先企業中 20% 的股份。[63] 憑藉著 2019 年令人羨慕的預算盈餘，港大的發展遠遠超過了早年財務拮据的情況。然而，展望未來，港大的財務狀況似乎不太確定。一位教授回憶起和某位與政治有關的大學行政人員的對話，此人說：「我們在（政府裡）沒有朋友。左翼（即親中）政客一般而言都討厭大學，因為我們不夠愛國。民主派則認為我們招收了太多大陸學生。」[64] 高階行政人員預計，未來政府提供的經費將遠低於大學營運預算的 50%——從如柏克萊這樣的美國公立大學角度來看，這無疑是一個令人羨慕的數字。為了彌補這一差距，港大計畫增加募款和拓展的努力。這是大學拓展副校長林文怡（Sabrina Lin）的任務。即使是在香港，她也會有一座高山要攀登。她的一個專案之一是提高校友捐贈者的比例。在 2018 年，這一比例僅占校友的 2.5%。

香港的政治秩序與混亂

1997 年後的香港政治秩序經中國全國人民代表大會通過，被載入於香港《基本法》，開啟了港大在 21 世紀的發展。「一國兩制」的模式為香港的大學體系提供了大陸機構所沒有的學術自由。由於港大的領導層立志打造「亞洲的全球大學」，他們假設在香港回歸後的政治體制下，慷慨的經費和學術自主權這兩樣港大的標誌，將可以繼續維持下去。但他們尚不清楚香港在大中華地區的特殊地位是否能得以倖存。到了 2017 年，《基本法》所承諾的香港「高度自治」，基本上已經忍受了二十年停滯不動的狀態，而多年的政治爭論和抗議，使得它在香港人和大陸官員眼中都變得脆弱了。

香港的政治制度陳舊且日益失能。它的「prince」即特首，基本上是由北京任命。特首享有很大的權力，但合法性卻很低，而且每任特首的任期都比上一任更加不穩定。香港立法會具有民主的特徵，而且由於其成員部分是直接選舉產生，它享有合法性，但幾乎沒有真正的實權。香港擁有強大的專業公務員團隊，再加上一個歷史上獨立的法院系統和廉潔的警力。這些都是在不穩定組合中的穩定元素，然而它們也將在香港反覆發生的危機中受到極度的考驗。

香港政治改革的嘗試，並沒有扭轉居民對城市管理不滿情緒的不斷上升。到了 2013 年，超過 50% 受訪的香港居民表示，他們對香港政治發展的速度不滿意，這一比例從 2007 年的 29% 大為增加。[65] 對「一國兩制」模式的支持也開始崩潰。在 2007 年，有將近四分之三的香港居民支持這一概念，但是到了 2012 年，只有一半的受訪者表示對該體制有信心。[66] 北京似乎必須與時間賽跑才能為香港漸進的政治改革奠定基礎。經濟不平等正在惡化，香港不僅要求政治改革，新的政治認同也正在興起。

北京在力求維持香港的穩定和大眾的支持上，面臨了諸多障礙。雖然有一項衡量香港生活品質的重要指標在 2008 年創下歷史新高，但此後的趨勢一路往下降。[67]2012 年公布的結果顯示，該項指標的分數低於它 2003 年的分數。[68] 居民的投票權受到限制，也讓沮喪的香港人發洩管道受限。在限制民主權利方面，大陸對香港政治改革採取的謹慎態度，導致北京既加劇了香港內部的社會分裂，也讓自己陷入了這場交火之中。對大陸管理香港政治發展的不滿，促使有愈來愈多的居民認同自己是「香港人」，而不是「中國人」。[69] 強烈認同「本土」而非國家的渴望，加劇了在香港和港大討論民主和法治改革的政治風險。

自 1997 年以來，港大因與中國互動而發生的衝突逐漸增多。2000 年，校長鄭耀宗和他的副手因被指控向一名大學研究人員施壓，要求其停止進行民調而下台，該民調顯示北京選任的特首支持率正在下降。[70] 由於這一議題被一些人視為是學術自由的議題，所以給港大帶來了許多學術和情緒上的壓力。2011 年，當徐立之校長宣布不再尋求連任第三任，許多人猜測，這與他被指責在中國國務院副總理李克強訪問期間過度嚴厲對付抗議的大學生有關。[71] 然而，這些事件都無法與占領中環的規模和影響相比。

占領中環

北京曾向香港承諾，特首最終將會透過普選產生。但在 2014 年，北京提出擴大選民範圍，但限制候選人選，這引發了強烈的抵制。

這些事態發展受到了一個名為「用愛與和平占領中環」（Occupy Central with Love and Peace）組織的關注。該組織某種程度上是由港大法學院副教授戴耀廷領導。該組織與許多大學生，甚至高中生，在 2014 年 9 月下旬發起了一場公民不服從運動，占領了香港商業中心一些最繁忙的街道，並要求全面普選。2014 年 9 月 28 日，警方對示威者使用催淚瓦斯，激化了這場運動。這引起了大眾對示威者的關注與同情，反對警察使用任何武力的公民最後壯大了示威的隊伍。因示威者手持雨傘以保護自己免受催淚瓦斯的傷害，這場運動後來被稱為「雨傘革命」，該運動繼續占領香港街道長達 79 天。[72] 最終，全國人民代表大會通過的選舉形式被香港立法會否決——占中運動的勝利令人懷疑，因為它讓香港公民在 2017 年的選舉中無法有任何形式的公眾參與。[73]

占領中環在香港仍然是一個有爭議的話題，有許多激烈的支持者和反對者。由於像戴耀廷（後來被香港法院以「串謀犯公眾妨擾罪」判處 16 個月監禁）這樣的港大教師高調介入，以及港大學生的大量參與，這所大學似乎與這場長時間持續但明顯克制的抗議行動密不可分[74]（在整整 79 天的抗議和驅散中，沒有學生受傷）。政府與港大的關係日趨緊張，而此時中國中央政府也已經加強對大陸大學的意識形態控制，正如我們在清華大學和南大所看到的那樣。

中國中央政府一方面與香港之間的關係惡化，另一方面，與港大的關係也在惡化，一個早期的跡象是關於陳文敏教授的爭議。陳文敏是港大法學院教授及前院長，由於他擔任學術人事和資源副校長確認任命的延遲所引發的公眾衝突，讓人們對政府干預大學事務的擔憂，從抽象的想像化為具體的形式，並對香港特首在大學行政管理上所扮演的角色提出質疑。2014 年 12 月，大學遴選委員會提名陳文敏擔任副校長職位，這個位置已經空缺了五年。[75] 隨後，港大校委會對該提名遲遲不回應，理由是要等到港大先填補上首席副校長的職位，然後再讓新的行政人員來權衡此一決定。大家普遍懷疑這項任命的延遲是因為陳文敏與占領中環有關——戴耀廷在 2000 年至 2008 年曾擔任法學院副院長，與陳文敏擔任院長的時間有六年重疊。

七個月過去了，遴選委員會的建議仍然沒有獲得回應。2015 年 7 月，一群學生衝向校委會，抗議這項延遲。隨後，1,000 多名港大校友和 3,000 多名其他人士簽署了一份在網路上發起的請願書，譴責學生的行為。[76] 2015 年 9 月 1 日，該問題仍然未得到解決，超過 7,000 名港大教職員和校友呼籲校委會在三十天內確認陳文敏的任命。[77] 2015 年 9 月 29 日，校委會以 12 票對 8 票反對陳文敏的提名。[78] 投票之後，校委會的一名學生代表打破保密，公布了他的會議摘要。他的報告指出，投票大致分裂成以大學為主的成員和政府指派的成員，前者投票贊成陳文敏的任命，後者則投出了反對票。[79] 大學教職員和許多公眾都認為，他的被否決是由於大學外部的政治壓力所致。

這導致了港大的憲政危機。事實上，這所大學是如何被治理的？如果大學遴選委員會和校長批准的院長職位可以被擱置，這預示著什麼？這又反過來引發了大家對校委會和特首任命其成員權力的審視，特首任命的人之中，似乎有些是他的政治盟友。由於歷史的因素，在香港的大學中，只有在港大，特首有權任命其校委會主席和其他成員，**無須**與校長協商。隨著 2015 年以強勢領導作風聞名的李國章被任命為校委會主席，特首權力所引發的緊張局勢到了頂點。儘管 2016 年遭到抗議，李國章的主席職位在 2018 年又延長了三年。[80]

治理，有檢討但沒更新

　　大家普遍認為，從非常公開的陳文敏事件，到（非公開的）港大榮譽學位候選人的遴選，梁振英已經深入參與了港大的大學政治。在其前任任內，特首的校監職位在很大程度上只是一個榮譽職（不同於副校監／校長）。但梁振英把這頭銜的字面意義當真：他很早就介入大學事務，而且經常介入。

　　在來自師生、員工要求確保這所大學學術誠信的巨大壓力下，港大校委會於 2016 年 4 月成立了獨立的大學治理檢討小組，對其 21 世紀的治理進行了第二次重大的檢討。做為 2003 年「與時並進」和其 2009 年後續報告的延續，這個檢討小組提出了一些建議，目標在使港大的治理和學術自主隔絕於香港不斷有爭議的政治狂飆騷動之外。

　　這個小組的故事及其工作告訴我們很多關於港大和香港現狀的訊息。該小組由馬爾科姆・格蘭特爵士（Sir Malcolm Grant）擔任主席，他是英國約克大學校監與倫敦大學學院最新的校長兼教務長。格蘭特是香港教資會長期且有影響力的成員，他還曾擔任過英國國家健康服務（National Health Service）的主席。我也被邀請參加這次審查，因為我也曾是教資會的長期成員，並對香港的大學有很深的投入。與馬爾科姆爵士和我一同參與小組的還有香港傑出的資深大律師阮雲道，他也是香港特別行政區高等法院的前法官。

　　我們的檢討工作是受到港大校委會所委託，涉及的範圍很廣泛：對該大學的治理架構進行全面的檢討、考量其他最近的評估報告（例如「與時並進」）、與所有相關利益群體會面、檢討所有法令法規，以確定其當前的適用性，以及提出加強大學治理的建議。

　　我們做到了這一切，甚至更多。我們向大學所有的相關利益者，包括教職員、學生和校友，徵求保密的書面意見，並收到四十份正式的書面意見，其中許多內容相當廣泛，所有的這些意見都受到保密，只有檢查小組成員和小組秘書得知內容。我們與大學內的不同團體舉行了 33 次會議，其中幾次是在公開場合，另一些則採秘密進行。我們在每次會議開始時都會表示，我們將根據查達姆守則（Chatham House rules）運作，這意味著向我們表達的觀點可能會被直接引用，但不會歸屬於任何個人。我們的秘書準備了每次會議的摘要，其中僅能根據發言的順序來辨識發言者，不會標示出他們的名字。我們回顧了大學治理委員會近來所有的議程和會議記錄，包括校委會。

　　我們的委員會在一個「安全」且安靜的會議室召開，檢討我們所看到的狀況並提出建議。我們有理由假設我們的審議實際上是保密的，直到我們準備好將其公開為止。但這裡是香港。香港成為勒卡雷（John le Carré）諜報小說和 007 電影常出現的地點是有原因的。在香港，沒有什麼秘密可言。

　　我們的檢討小組提出了一份長篇報告，包含 35 項正式建議。其中許多都是單純的日常事務：如何讓事情更有效率地進行。但其他的建議則試圖解決港大當時正引發大眾關心的信任危機。其中最具有影響力的建議是關於校監的職位，這個由特首以承襲方式擔任的職位，應該明確定為榮譽職，並將其特殊與潛在的政治權力（例如單獨任命校委會主席和成員）授權給校委會本身，對於其他事務也應採取相同做法，例如授予榮譽學位。進一步地，我們看到了將校監職務與政府分開，遵循英國、澳洲和其他仿效英國的國家它們的現行規範，具有明顯的好處。[81] 重點不在於指責現任特首干涉大學事務，而是在他即將卸任之際，減輕他的繼任者被認為對這所大學帶有政治動機的疑慮。

　　我們三人在港大校園我們私人「封閉」的房間裡，度過了緊鑼密鼓的一周，仔細考慮著這些建議。在我們商議之初，我們曾要求與特首會談，但他的辦公室只簡單地回覆我們說他沒有時間。然而，在我們得出（仍屬於保密）的結論之前，我們突然被召集到禮賓府與他會面。

　　我們的房間似乎既不「封閉」，也不保密；它隔牆有「耳」。當我們會見特首梁振英時，他只簡單地客套了一下。我們還沒開口說話，他就告訴我們：「我永遠不會同意你們的建議，北京不會同意的。」（我們的最終建議都還未確定）我們提醒他，對於香港的大學來說，特別是港大，做為特首，他已經擁有非常大的權力，不僅是在財政上。他似乎也同意，因為他說：「你們知道的，我不必當校監也能干涉港大。」但他卻毫不留情地拒絕接受我們尚未寫在紙上的建議。當我們離開時，他告訴我們，這是一次非公開的談話，事實上，沒有工作人員在場。我們同意保密，直到那天晚上我們與校委會主席李國章共進晚餐時，他詳細引述了我們剛剛與特首進行的那場「秘密會議」的內容。

　　這究竟是怎麼一回事？與梁振英的粗暴會面，強化了小組成員的檢討意見，我們一致同意 2016 年 9 月的報告初稿，並將它發送給李國章和馬斐森審閱。然而（這裡只能推測），我們小組中唯一的當地成員阮雲道，一定受到了巨大的壓力，他停止了與馬爾科姆爵士和我的一切聯繫。除了與特首相關的建議之外，他幾乎完全贊同這份報告，但他的背書姍姍來遲。至於校委會主席李國章，他將這份報告淹沒於校委會之中，直到隔年的春天，新特首上任，便將其中的重點掏空。

　　最終，港大校委會通過檢討小組提出的多項建議，但針對改善校委會透明度和自主權的最重要建議均被否決了。[82] 被拒絕的建議包括讓校監的角色「大致上是榮譽性的」，並將提名成員和選擇主席等權力授權給校委會。[83] 在新任特首再度任命李國章為校委會主席之後，超過 30 名港大學生、教職員及校友團體發表聯合聲明，要求校委會取消校監在未諮詢公眾意見的情況下任命校委會成員與挑選主席的權力。[84] 隨著 2019 年夏天的抗議活動再次席捲香港，其校委會有效治理港大並同時保護其機構自主權免於政治風暴影響的能力將再度面臨試煉。

反送中抗議

2019 年春天，香港政府提出一項法案，允許特首決定將在香港境內涉嫌犯罪的人士特定引渡到與之缺乏相互引渡條約的司法管轄區。[85] 這項法案引起了香港人的擔憂，擔心親北京的特首可能會利用該法案逮捕政治異議人士，並將之引渡到中國大陸接受審判。[86] 為了回應此一批評，梁振英的繼任者、香港特首林鄭月娥提出了一項修訂法案，她辯稱這將會限制它被用於政治目的所帶來的威脅，並且推動其迅速通過。[87]

修訂後的法案未能令公眾滿意，但林鄭月娥試圖強行通過，引發了 6 月大規模的抗議活動，許多港大學生參與其中。[88] 當林鄭月娥暫緩該法案時，港大學生等人士宣布，他們將持續抗議，直到該法案正式撤回。[89] 抗議活動還導致了本地學生和大陸學生之間的緊張關係，本地學生大多支持反送中運動，大陸學生則支持北京。在討論抗議活動的港大論壇上，表達擔憂的大陸學生遭到嘲笑。[90] 港大試圖說服學生不要讓正在進行的抗議活動影響到校園的學習，但未被理睬，因為學生團體在學年開始時發起了集體罷課。[91] 港大學運的傳統再次將這所大學捲入香港的抗議政治當中。

隨著反送中示威持續，抗議者的訴求擴大、暴力事件增多，使香港的政治秩序處於險境。林鄭月娥在 9 月正式撤回《逃犯條例》，但到那時，抗議者的訴求已經發展到包括更大的民主權利和對警察暴力進行調查。[92]港大學生會鼓勵他們的同學支持這些訴求，並且有一項調查顯示，大學生和受過大學教育的參與者是這項抗議活動最大的支持群眾。[93]抗議活動轉向激進政治的同時，針對他們的暴力事件也在增加。到夏天結束時，據報導已有 2,000 多名抗議者受傷，並在中華人民共和國成立七十周年之際，第一位香港抗議者被警方開槍射殺。[94]雖然中國在香港的武裝警察已經增加了一倍，但據報導，國家主席習近平並不想動用武力來平息抗議活動。[95]然而，當香港自治政府努力於結束這些示威活動時，北京的耐心似乎已經快要用盡。

10 月，習近平威脅說：「任何人在中國任何地方企圖搞分裂，結果只能是粉身碎骨。」[96]這為香港火上加油，引發更多暴力示威。

隨著學生抗議者愈來愈擔心北京縱容的鎮壓即將來臨，各大學成為了抗議活動的前線。11 月中旬，抗議者與警察在香港大學、香港中文大學和香港理工大學（理大）的校園爆發衝突，當時警察試圖進入校園逮捕抗議者。[97]學生和其他示威者則試圖在校園內設立路障以做為因應。警方使用催淚瓦斯試圖驅散抗議者並清理現場，而據報導，抗議者使用弓箭，甚至標槍等來抵禦逼近的警察。[98]警察對理大的圍攻持續了十二天，引起了全球媒體的關注。當警察駕駛裝甲車到達時，理大的抗議者向他們的車子投擲爆炸性汽油彈。[99]這輪最新的小規模戰鬥引發了香港的大學自抗議以來面臨的最嚴重危機。香港各地的大學設施，包括港大，皆遭到嚴重破壞。[100]據報導，許多大陸學生逃離香港，十幾所外國大學暫停了香港的留學課程。[101]11 月 14 日，港大校長宣布，該大學主校區本學期剩餘的時間停課。[102]

隨著 2019 年秋末抗議活動達到白熱化，香港政府需要採取措施來緩解緊張局勢。11 月 24 日香港區議會的選舉帶來了一個與該市民緩和關

頂尖大學的條件

圖 **11.3** 香港的抗議活動，2019 年 6 月 16 日。
Studio Incendo / Wikimedia Commons / CC BY 2.0.

係的機會。區議會成員代表城市社區，並未握有重大的政治權力。然而，在政治緊張時期，區議會在選舉特首的 1,200 人選舉委員會中的 117 個席位，具有重要的象徵意義。民主派政黨在 11 月 24 日的選舉中獲得了驚人的勝利，贏得了 452 個區議會席位中的 389 席，全市選民投票率達到創紀錄的 71%。

　　香港特首林鄭月娥告訴親北京的官員，選舉的結果表明了「對政府的不滿」。儘管（或正因為）北京政府在香港的政策極不受歡迎，北京仍然採取了嚴厲的鎮壓手段。2020 年 1 月，曾任山西省委書記、青海省委書記的駱惠寧被任命為香港中聯辦主任。在山西和青海，駱惠寧以強硬手段迫使腐敗官員和異議人士就範聞名。[103] 駱惠寧是首位之前未曾擔任過香港相關職位的中聯辦主任，他因為勤於執行習近平反貪腐運動而受到北京青睞。[104] 在駱惠寧的領導下，中聯辦更加積極努力地確保大陸對香港的控制。2020 年 4 月，中聯辦首次表示《基本法》第 22 條，保障大陸相關部門不干預香港事務這一條「不適用於中聯辦」，因其削弱了法律規定與「一國兩制」政策的精神。[105] 駱惠寧本人還強烈要求立法會通過有爭議的國家安全法立法，以保衛香港免受「暴力抗議者」和「外國勢力」的侵害。[106] 類似的舉動在 2003 年曾引發香港回歸後當時最大規模的抗議活動。

　　隨後，大陸政府在 2020 年 5 月的全國人民代表大會上，單方面推出自己的香港國安法。[107] 在前一年的抗議活動席捲這座城市之後，北京曾希望這項延宕已久的法律最終能獲得通過，大家預期立法會中的親中勢力會率先行動。[108] 然而，全國人民代表大會卻通過了一項決議，要求中央政府針對香港起草立法，禁止分裂、顛覆國家政權，禁止外國勢力干預和恐怖主義等。[109] 這一出人意料的決定迅速引發了強烈的反彈，發生了香港自 2020 年冬季開始的新冠肺炎封城以來首次的大規模抗議活動。

[110] 然而,港大校委會主席李國章公開表示支持即將推出的立法,並且將前一年的抗議者比做新納粹組織。[111] 就連港大校長張翔在該草案公開發布之前也暫時支持該法,與其他四位香港的大學校長聯名簽署了一封信,表示:「我們全力支持『一國兩制』,理解國安法立法的必要性,並重視言論、新聞、出版、集會自由,以及《基本法》賦予香港人民的其他權利。」[112]

北京對這項草案的內容嚴加保密,以至於在全國人大常委會於 6 月 30 日深夜投票通過該法案之前,連特首林鄭月娥都未曾看過。[113] 該法於北京時間晚上 11 點公布,即刻生效。北京為何要採取如此隱密的立法手段?當全世界看到這項法案的最終全文時,原因就變得清晰可見。根據該法,為了安定香港,將成立一個龐大的國家安全機構,它將受到北京完全的授權,並向北京報告。一系列廣泛而模糊的罪刑(從「擾亂……政府履行職責」到「以非法手段煽動香港居民對政府的仇恨」),將被視為危害國家安全的罪行,最高可判處終身監禁。香港的教育界也未能逃過該法的制裁。根據該國安法,「香港特別行政區應該在中小學和大學推行國家安全教育……提高香港居民的國家安全意識和遵守該法的義務。」[114] 儘管張翔校長在該法公布之前就宣布了他初步的支持,但他和港大在該法頒布後,都沒有發表任何公開評論。

港大和香港其他大學的學者對香港未來的學術自由感到擔憂。國安法廣泛且模糊的措辭,令港大的教職員不得不就學術討論會與該法產生衝突的程度進行辯論。[115] 然而,港大行政部門中的某些人似乎已經認定限制學術言論現在已是一種合法的要求。香港大學專業進修學院人文和法律課程的主任寫信給員工,「必須避免在敏感問題上引發進一步討論的任何行為」並且警告,對於「將政治和個人政治觀點帶入課堂的行為將採取零容忍的態度」。[116] 港大回應詢問時表示,雖然這不是大學的官方政策，但課堂必須保持「政治中立」。可以確定的是，香港的大學在學術言論上噤若寒蟬正符合林鄭月娥的利益，林鄭月娥曾批評大學允許「教材」和「課堂教學」將高等教育政治化。[117] 但目前尚不清楚，這些動作是否只是在鳴槍警告，目的在讓持不同意見的學者和學生靜音，或這種不確定性會導致對香港學術生活進行更嚴格的審查和干預。香港的大學是否會被迫遵守管理大陸大學的那套規則和限制呢？

2020 年 7 月，持異議的法律學者戴耀廷被港大校委會解雇，這是第一個具體的信號，表明《國家安全法》的通過確實標示著香港的學術生活進入了一個不太自由的新時代。戴耀廷因在 2014 年占領中環抗議中所扮演的角色，被以「串謀犯公眾妨擾罪」判處 16 個月監禁。[118] 在張翔校長的指示下，港大對戴耀廷的行為啟動了調查，結果發現其行為雖然符合「不當行為」的標準，但未達到解聘的門檻。主要由教職員組成的港大教務委員會通過了這一項建議，但擁有最終決定權的是李國章主導的校委會，它的許多成員都是親建制派。校委會以 18 票對 2 票，推翻了教務委員會的建議，支持終止戴耀廷在港大的任用。三名成員，包括張翔校長，拒絕投票。在得知這一決定後，戴耀廷發表了一份聲明表示這「標誌著香港學術自由的終結」。北京駐香港的官員喜不自勝。大陸中聯辦對於港大追究戴耀廷的「邪惡」行為表示欣慰。[119]

雖然港大校委會主席李國章對戴耀廷一案的擔憂不以為然，並表示解聘戴耀廷「並不是一個政治決定」，但香港政府表示，清除機構中持有異議的教職員已是當務之急。[120] 香港保安局長李家超表示，自回歸以來，香港「未能做好教育工作」，而他的首要任務是透過教育部門去政治化來「處理學校」和它們的「害群之馬」。[121] 這種干預似乎與《基本法》第 137 條不符，該條保障學術自由和機構自主權，但對國家安全的要求，似乎使得這些保障和許多已經承諾賦予香港的權利全都被放到次要地位。至於戴耀廷的部分，他就校委會的決定向香港特首，同時也是港大校監的林鄭月娥提出上訴，*指出他的案子可能被迫受到了直接和可見的政治干預，雖然他承認，林鄭月娥推翻這一決定的可能性幾乎為零。[122]

自滿與競爭

儘管自身陷入政治動盪之中，港大仍必須關注它在日益競爭的本地、區域和全球高教領域中的地位。馬斐森提醒：「在世界的這一地區，一所相對歷史悠久的大學的確存在著自滿的危險。我們不能說我們已經有 104 年的歷史和過去良好的聲望，就覺得這樣很好，所以我們就只要繼續做著正在做的事情就好。」[123] 這個觀點得到了李國章的共鳴：「我認為香港大學最大的敵人就是自滿。我們一直是領頭羊。我們很棒、很優秀，你知道的。有一種沾沾自喜之類的狀況。我認為這種情況必須改變。」[124] 1990 年代初，香港高教迅速發展，為學生提供了更多深造的選擇。雖然近年來沒有一所大學成立或擴展成像港大一樣的綜合性大學，但其中有一些學校，例如香港科技大學，在某些學科上是強而有力的競爭對手。

港大發現自己不僅要爭奪人力資源，還要爭奪財務資源。政府對公共機構的資助，有愈來愈多是透過香港研究資助局（Research Grants Council）的競爭性專案補助來分配，這加劇了本地大學之間對教職員和他們可吸引到之經費的競爭。只要港大保持對政治無感，就有望在這場競爭中表現出色。

多年來，港大一直是香港商界人士慷慨捐贈的主要受益者，其中許

---

* 譯註：李家超於 2022 年 7 月 1 日接替林鄭月娥，成為新的香港特首。

多人並非校友，但讚賞這所大學對社會的貢獻，特別是在醫療保健和治理方面。「大約六十年來，香港的領導者都是港大的畢業生，這種情況將會改變，」前首席副校長錢大康指出，「十年……二十年後，這些人大多數會退休，然後年輕的一代『將會掌權』，而他們來自『其他大學』。」[125] 對於功成名就的專業人士而言，港大不再是本地唯一值得尊崇的母校，因此它預期可能會失去在私人資助上的一些主導地位。

與此同時，正如我們所看到的，大陸的中國政府已經開始齊心打造世界一流大學。諸如北大和清華等領先機構，擁有持續增加的經費、更彈性的教職員招聘政策和低廉的學費來吸引最優秀的學生。例如，對於一名中國大陸的學生來說，清華大學大多數大學課程一年的學費不會超過 1,000 美元。即使對於非本地生的清華或港大學生來說，學費差異也甚為驚人。清華大學的國際大學生預計每年支付的學費大約為 4,000 美元，不到港大一年求學費用的 20%。[126]

港大的英語教學傳統仍然是它和大陸的頂尖大學主要的區別。然而，像清大經濟管理學院的課程已經融入更多英語授課的課程和學位。馮國經也觀察到港大的優勢正在減弱，「我們是中國唯一一所全英語授課的大學。我們是獨一無二的。我認為這意義非凡。但我認為清大正在獲得更多的資源。我認為它們會一直進步、一直進步、一直進步。它們可能會超過香港。」[127] 可以確定的是，在占領中環和其他示威活動之前，港大毫無疑問可以吸引到來自大陸的頂尖學生，這些學生或許本來可能選擇去清華或北大。但隨著時間的演變，大陸的大學穩步崛起，再加上香港政局的不穩定，這意味著港大在未來必須更加費力地去吸引大陸的學生和教職員。

港大的競爭並不只限於中國大陸。2012 年，新加坡國立大學在泰晤士高等教育世界大學排名中首次超越港大，成為亞洲排名第二的大學，僅次於東京大學。[128] 在隨後的幾年，港大仍持續屈就於亞洲第三的位置。[129] 新加坡國立大學尤其因它的國際化嘗試而日益受到關注，它的國際化包括與耶魯大學合作成立一所新的文理學院——耶魯－新加坡國立大學（Yale NUS），以及和杜克大學合作成立杜克－新加坡國立大學醫學院（Duke-NUS Medical School）。[130] 此外，當香港政府致力於公平資助香港的八所高教機構，新加坡政府則優先考慮某些菁英機構，包括新加坡國立大學；在 2014 年，新加坡國立大學從新加坡政府所獲得的經費比港大從香港政府獲得的經費多了 60%。[131]

最後，港大在國際排行榜上的地位一直是其領導人的心頭大事。儘管「願景 2016-2025」和「大學管治小組檢討報告」（Report of the Review Panel on University Governance）可能有助於港大的排名回升一點，但仍比不上它在「與時並進」發布後，巔峰期的表現。在一個極度動盪和焦慮的時期，策略計畫似乎較為無關緊要。媒體和公眾對港大表現的任何下滑都會大為關注，而港大本身也指出，排名「現在已經成為高教現況中一個不可或缺的部分，在制定機構策略時，不能忽視這一點」。[132] 馬斐森指出，公眾對國際排名的認識已更加普遍，但他補充說，公眾對此類排名的興趣仍停留在香港的大學之間彼此的相對位置。馮國經回憶起他在校委會任內初期也有類似的狀況：「港大和香港中文大學之間的競爭使港大備受困擾。然而這樣的競爭並非基於卓越的絕對標準。這些學校難道不應該以世界頂尖大學為標竿嗎？」[133] 在高等教育的世界裡，到處都有競爭對手，但是港大似乎還得認真認識一下香港以外的競爭者。2019 年至 2020 年發生的事件，並沒有使這個任務變得更容易。

面對未來

　　香港大學是基於學生會避開政治的這個假設而成立的。在港大成立時，其展現高教旗艦機構角色的障礙主要來自於內部——關於教學和研究平衡的分歧、持續的經費短缺，以及一個來自遠方的統治力量對該機構的政治支持搖擺不定。1997 年後，隨著香港回歸「一國兩制」之下的中國，港大尋求抓住這個機遇，成為大中華區稱得上的領先大學之一，其治理架構不受中共黨書記的阻礙。港大受到香港政府的慷慨資助與非政治性的教資會支持，它面臨著大好的機會。在校委會主席馮國經活力充沛的領導下，港大以世界最好的大學為標竿，力求在現實中成為「亞洲的全球大學」，這在後來也成為了它的口號。在大學教育大規模的反思與擴展中，它展現出本身具有重大變革的能力。在馬斐森的「願景 2016-2025」計畫中，它立定了雄心壯志。張翔校長上任後，力求進一步推動港大的全球化目標：「一所偉大的大學包括多個面向。首先，是教育和知識傳播，就像我們在英國體系所做的那樣。第二，是像德國體系一樣的研究學位。第三，是研究的創新，就像美國所做的那樣。……我也在關注美國大學所談論的第四個面向，即社會影響。」[134] 自 21 世紀以來，港大一直投入於遠大的目標並制訂方案，以實現其雄心壯志。此一決心幫助這所大學保持屹立不搖，即使在這座城市被政治抗議所耗損的 2010 年代。然而，香港的政治危機看來似乎已經是一種永久性的危機，即便是最周密的計畫也受到了威脅。

　　到了 2022 年，港大面臨了一系列截然不同的挑戰。它不僅要與香港內部的眾多卓越高教機構競爭（它並未真正與之拉開距離），它還面臨著來自中國大陸、新加坡和世界各地愈來愈加國際化大學的激烈競爭。首席副校長譚廣亨曾在 2015 年評論道：「港大是一所全球性的大學，但它也有中國作為腹地，所以我們要充分利用我們的位置，確保我們的研究在世界舞台上有影響力且享有世界聲望，利用中國因素，但也希望可以透過引進國際觀點來幫助中國。」[135] 僅僅五年之後，需要幫助的，不再是中國，而是那個陷入困境、幾近孤立無援的港大。

在港大內部，治理的問題變得更加棘手。2021 年底，港大撤回了對學生會的許可，並下令移走國殤之柱，這座雕塑近四分之一世紀以來，一直象徵著對言論自由的承諾。[136] 在一位意志強悍的主席領導下，港大的校委會已經成了國中之國，這位主席有時表現得好像是港大的前校長或政府部長，嚴重損害了港大的自治能力，更別說自我更新了。

張翔校長的態度則堅定不移。他在 2019 年底告訴港大的師生們，香港大學「是一座自由和知識的堡壘，我們珍視文明和理性的辯論，並尋求用知識、智慧和想像力尋找解決方案。我來這裡是為了支持和促進一個多元化和充滿活力的校園文化，並以開放、文明和尊重為前提。……我知道許多人都感到痛苦，香港也在痛苦之中。現在是換一種思考方式的時候了，要努力尋找解決方案，並共同尋找前進的道路。」[137]

結論

教訓與前景

這是一本關於現代研究型大學的書籍，介紹了它在最強大的三個環境中（德國、美國、中國）的狀況，以及其中的八個領先機構。我提出了一個簡單的問題：19世紀，德國的大學為世界各地的現代大學奠定了基礎；20世紀末，美國的大學已經具有巨大的國際影響力；那麼，中國在21世紀的領導前景為何？

在我們討論最後一個問題之前，我們必須記住，這些都不是靜態的系統，並非靜止在幾個世紀前的時空之中。那麼我們要如何評估德國和美國目前的高教發展軌跡呢？

德國的重新甦醒

在21世紀的頭二十年，德國大學見證了漸進、持續和重大的變革，這些變革有望重塑德國的高等教育。首先，卓越計畫（Excellence Initiative）在領先機構之間引進了一種持續的競爭倫理——這些機構知道它們處於領先地位，因為它們已經被標示為「卓越大學」。第二，「第三資金」的競爭，已經大為加強並改變德國大學經費提供的格局。第三，一批充滿活力和創新精神的私立大學已經崛起，不僅在數量上，也且在創造力上挑戰獨大的公立大學。

　　卓越計畫自 2005 年宣布以來，已經衝擊、激勵、動員並組織了現代的德國大學。隨著動盪的 1960 年代興起的平等主義，以及 1970 年代和 1980 年代的高教大眾化，德國整個高教體系曾經變得自滿和安逸。現在，突然之間，卓越變得再次重要。在 2006 年宣布的第一批卓越獎名單中，德高望重的海德堡大學被略過，反而是它崛起的鄰居卡爾斯魯厄理工學院（Karlsruhe），一所曾經搖搖欲墜的技術學校，獲得了青睞，當時令人大為吃驚。憑藉著強大的領導力和卓越計畫的經費，卡爾斯魯厄大學變成卡爾斯魯厄理工學院（Karlsruhe Institute of Technology，即 KIT），成為巴登－符騰堡的麻省理工學院。做為德國領先的奈米技術中心之一，卡爾斯魯厄理工學院在 2020 年物理科學領域於德國大學中排名第一。[1]「人們過去常常說菁英是一個髒字，」當時的海德堡校長霍梅爾霍夫（Peter Hommelhoff）說，但是由於卓越計畫，「菁英的概念在德國不再是一個問題。」[2]

　　十五年後，很明顯的，這場全國性的競爭和所伴隨而來的資源，已經讓德國大學能夠吸引並留住人才，擴大和精進其研究的面向，並且成為創新和國際化的研究中心。事實上，這項經費並非永久性的，這更進一步激勵著德國大學名正言順的保持「卓越」，或是尋找其他支持的來源。簡而言之，卓越計畫已經讓德國大學具備學術上的創業精神，並且在許多領域具有新的國際競爭力。2017 年，隨著第二輪卓越計畫的經費即將結束，政界和媒體對於這個計畫和德國大學本身的未來展開了熱烈的討論。提出的解決方案之一，是由聯邦成立幾所菁英大學，而其他的大學則由各邦管理。[3]這是借鏡中國的經驗，中國提供清華和北大無與倫比的資源，而其他的大學則必須爭取認可的機會。然而，儘管（也或許是因為）柏林大學在 19 世紀實際上被視為是一所國立大學，這個有意讓它重振的願景並沒有實現。與此同時，2019 年啟動的卓越基金，現在名為「卓越策略」（Exzellenzstrategie），似乎仍將會是德國高教的核心部分。2026 年，大學將有另一個機會獲得卓越策略的經費，屆時將會有新的申請者加入這個行列。不過，由於該策略目的在鼓勵競爭，對於所有入選的群體、研究所和大學來說，要維持或獲得永久的經費，仍取決於它們的表現。在我看來，這是一件非常好的事情。

卓越計畫經費的準永久性反映了德國聯邦教育及研究部對德國大學的計畫是有指導性的，這些大學歷來皆由各邦資助。聯邦政府對大學外機構的投資也大幅增加，在某些案例中，取代大學成為卓越研究中心。歷史悠久的非大學機構，例如普朗克學會和萊布尼茲學會，進行著具有國際影響力的研究，並能免於教學責任的束縛。在自然科學領先期刊上發表的研究中，普朗克研究院在 2020 年排名世界第三——落後於中國科學院和哈佛大學。[4]

對資源永無止境的競爭肯定仍然會是德國高教機構未來的顯著特徵。如今，第三資金增加了學者在學術上成功的前景，並支持了許多最創新的專案。德國研究基金會出版了一份「資助地圖」（Förderatlas），呈現出德國各大學中有哪些機構獲得了哪些專案的資助，揭露出第三資金的狀況可以做為大學品質的整體衡量標準。[5] 這一發展並未得到普遍的讚賞：批評者指責，將大學與吸引經費的能力連結在一起，這會使得市場價值成為學術界一枝獨秀的衡量標準。[6] 儘管如此，吸引外部經費的能力仍然是影響學者和大學的一個重要因素（即使不是最重要的）。它沒有顯示出任何退潮的跡象。

外部市場真正進入德國大學世界的是在私立學校。最大和最著名的研究型大學仍然是公立機構。但在 21 世紀的頭幾十年，一些私立大學如雨後春筍般湧現，提供專業與獨特的課程。這些私立機構的目標在於為德國帶入國際教育的模式，無論是在校園生活上，或是真正的國際學位課程。它們由非營利基金會（Stiftungen）提供財源。其中第一所是位於布萊梅（Bremen）的雅各大學（Jacobs University），它在布萊梅大學、美國萊斯大學（Rice University）和布萊梅市的支持下於1999年成立，當時名為布萊梅國際大學，並在2001年開始招生。布萊梅是歷史著名的全球港口城市，這所大學位於戰後收容流離失所者的前納粹軍營內，其目標是要將美國校園的體驗帶入布萊梅的國際學生社區。2006年，在經歷了多年的財務困境和市政府搖搖欲墜的承諾之後，雅各基金會（Jacobs Foundation）拯救了這所大學，並取得了控股權。「我們小而創新，而且敏捷，」雅各大學雄心勃勃的年輕校長溫特（Katja Windt）在2016年告訴我。2021年，該大學提供了十五種英語學位課程，從學士到博士學位都有，共有1,500名學生就讀。

雅各大學成立後不久，另外兩家私立機構也出現了。2003年，赫爾提學院（Hertie School）在柏林洪堡大學附近開設。該校提供英語學位課程，目標族群是尋求公共行政和治理專業訓練的德國和國際學生。截至2019年，該校已招收687名學生，學校計畫搬遷到更大的校區，新校區位於德國國會大廈附近經過翻修的羅伯特·科赫論壇（Robert Koch Forum），這裡是由一系列威廉時代建築群所組成的綜合體，原本是柏林大學自然科學和醫學研究所的所在地。[7]

在德國，歷史如影隨形。資助赫爾提學院的赫爾提基金會源於德國創辦現代百貨公司的零售連鎖店。1933年，其業務被納粹「歸雅利安所有（aryanized）」，資產被沒收，所有者被迫流亡。戰後的協定使赫爾提商店得以重回西德（和西柏林）開業，而該慈善基金會成立於1970年代。

再更往南可以發現另一個不同的故事。大約在赫爾提學院開辦的同時，巴登－符騰堡南部的康斯坦茨湖（Lake Constance）畔，另一所私立機構迎來了它的第一批大學生。在位於腓特列港（Friedrichshafen）的齊柏林大學（Zeppelin University），一群經過精挑細選的學生來到這裡，在現代化的設備中學習商業、科技和文化的交集領域。其研究的重點是全球化、文化生產和計算社會科學。這所大學得到齊柏林基金會的支持，該基金會的資金來自於齊柏林伯爵（Ferdinand Graf von Zeppelin）在 20 世紀初創立的飛船公司所賺進的財富。以已故伯爵命名的**齊柏林伯爵 II 號**（The Graf Zeppelin II）是**興登堡號**的姊妹船，也是同類型中的最後一艘。1937 年**興登堡號**失火墜毀後，該公司轉而生產 V-2 火箭，在二戰期間用來攻擊英國。齊柏林大學跟赫爾提學院的故事頗為不同。

齊柏林大學的目標不在根植於德國的過去，而是成為「架起商業、文化和政治橋梁」的「21 世紀大學」。其課程強調跨學科和創新，鼓勵學生和教職員與企業和創業家密切合作。它精挑細選的招生過程與德國公立大學不同，因為它需要書面申請和面試。在它的 14 個學士和碩士課程，以及它的博士課程中，它都強調教研合一和小班制的古老原則。其經濟科學專業的課程在 2020-2021 年德國大學排名中名列第一（與法蘭克福並列）。[8] 學生們會在其 85 所國際合作大學之一進行某個研究專案，度過他們最後的「洪堡年（Humboldt Year）」。或許是為了抨擊中國領先大學裡的審查制度（還記得中國校園裡的七大禁忌話題嗎？），齊柏林大學的使命宣言第一守則就是：大學「必須是一個容許問任何問題的地方」。齊柏林大學的現任校長余凱思（Klaus Mühlhahn），曾任自由大學副校長，是研究現代中國的著名歷史學家。[9]

剛才所討論的這三家機構，仍然屬德國高教的例外。它們的規模較小，捐贈基金相對較多，這給了它們一定程度的靈活彈性，這是公立大學無法做到的。特別是雅各大學和齊柏林大學學士課程所提供的小規模、英語學位課程和校園環境，已經使它們成為對德國和國際學生具有吸引力的目的地，或許也成了更老牌大學的模範。2012 年，佛萊堡大學（University of Freiburg）成立了德國第一個「大學學院」。佛萊堡採用了在荷蘭已經取得巨大成功的模式，在那裡，最引人注目的是阿姆斯特丹大學學院（Amsterdam University College）的成立，它是一所菁英文理學院，與兩所主要的研究型大學合作。[10] 佛萊堡學院為來自世界各地的大學生提供四年制文理科課程，在許多方面與美國的小型學院體驗相似，但容納在一個大型研究機構內。該學位課程以英語進行，刻意保持小班制：每年平均招收 80 名學生。

總結來說，透過卓越計畫之間的強制競爭和強迫計畫；研究基金會的勢力不斷增強，以及「第三資金」的範圍不斷擴大；還有赫爾提、雅各、齊柏林和佛萊堡的教育新創文化，德國的教育景象比二十年前任何人所預測的都更加充滿活力和想像力。德國大學曾經是高等教育最佳實踐的提供者。它們現在是最積極汲取全球大學體系經驗教訓的使用者之一。它們正在充分善用國家投入和財政激勵的中國模式，並且在較為邊緣的部分，借鏡美國私立大學創新可能性的經驗。[11]

德國大學也許不會再次主導全球舞台，但它們再次成為了卓越和創新的中心。

美國：公立高等教育的考驗

從大多數外部觀點來看，特別是從歐洲或亞洲的觀點來看，美國的大學仍然令全世界羨慕。從 2021 年世界大學學術排名來看，全球排名前十名的大學中有八所是美國大學，而前二十五名的大學中有十七所是美國大學。在泰晤士高等教育世界大學排名中，美國同樣表現出色（前十名中有八所，如果看前二十五名，則有十五所）。即使是歷來對美國大學較為嚴格的 QS 世界大學排名，在 2021 年，美國大學在前十名和前二十五名中，也都各占了一半的名額。

然而在美國國內，人們對於美國高教的未來存在著廣泛而深刻的擔憂，一個規模相當大的書籍手工業已然形成，這些書籍哀嘆著美國大學的侷限性、失敗或消亡。哈佛大學前校長伯克（Derek Bok）曾寫過《大學教了沒》（*Our Underachieving Colleges*）一書。我在哈佛英語系博學多聞的同事英格爾（Jim Engell）擔心《在金錢時代拯救高等教育》（*Saving Higher Education in the Age of Money*）。關於類似的主題，杜克大學的克洛特費爾特（Charles Clotfelter）撰寫了《不平等時代的不平等大學》（*Unequal Colleges in the Age of Disparity*）。北卡羅來納大學前校長索普（Holden Thorp）曾寫道，需要「重建美國與其大學之間的合作夥伴關係。」時任梅隆基金會（Mellon Foundation）的舒爾曼（James Shulman）與普林斯頓大學前校長包恩（William G. Bowen）合作研究《生命的遊戲》（*The Game of Life*），探討美國的大學體育運動如何扭曲了教育價值。美國人文與科學院除了擔心人文學科不再是《事物的核心》（*The Heart of the Matter*）之外，還警告美國科學和工程領域《自滿的危險》（*The Perils of Complacency*）。牛津大學的馬金森（Simon Marginson）受柏克萊邀請，在克拉克・克爾講座（Clark Kerr Lectures）上探討高等教育在社會中的角色，得出的結論是《夢想結束》（*The Dream is Over*）。另一些人則認為，美國教育現在最重要的議程是《超越上海》（*Surpassing Shanghai*）。根據另一本書的說法，美國的高教已經變成了《宮殿廢墟》（*Palace of Ashes*），這本書的副標題是〈美國高等教育的衰落與中國〉（*China and the Decline of American Higher*

Education）。[12]

對美國高等教育可及性和不平等的批判愈來愈多且愈趨尖銳。傑克（Anthony Abraham Jack）描述了即使是獲得菁英大學獎學金的低收入學生，仍然只是個《有特權的窮人》（*The Privileged Poor*）。阿姆斯壯（Elizabeth Armstrong）與漢密爾頓（Laura Hamilton）揭露了「希臘式」*和「派對」生活對於社經背景較低的學生在社交和文化上的影響。戈德里克‧拉布（Sara Goldrick-Rab）宣稱負擔能力的危機和美國異常大量的輟學生，是一種《美國夢的背叛》（*Betrayal of the American Dream*）。柯頓（Tressie McMillan Cottom）稱美國的營利性大學為《低等教育》（*Lower Ed*），並凸顯出它們如何加劇了不平等。赫許（Jennifer Hirsch）和可汗（Shamus Khan）在《性公民》（*Sexual Citizens*）一書中探討了性侵在大學校園裡的普遍性。[13]

對於領先機構的批判是美國政治生活健康的一部分。而且關於美國大學優點的書籍也許沒有市場。但是這些書整體來說，構成了一個有力的早期預警系統，美國占有優勢與不可一世的時代可能即將結束，不論是在大學的世界或是其他的領域。

美國私立院校處於非常不均衡的狀況有很多令人擔心之處。我們所探討的哈佛和杜克這兩個例子，儘管面臨著種種挑戰，但應該是最用不著擔心的。不過，歷來都做為第二波創新者也相對是風險規避者的哈佛，面臨著羅德海德所謂「卓越的慣性」的危險（哈佛沒有汲取杜克的彼得‧蘭格所學會的教訓，亦即「你的名聲愈大，你承擔風險的能力就要愈大。」）[14]但是美國真正應該非常擔心的，則是公立高等教育的領域，我們在柏克萊的案例中詳細探討了這一點。

---

* 譯註：希臘式生活（Greek Life）指的是美國大學中以各種希臘字母命名的兄弟會、姐妹會。

世界大學學術排名中的全球二十五所領先大學中，有六所是美國的公立大學。在過去的幾十年裡，這六所大學中除了一所，其他都面臨了嚴峻的財務壓力，這起因於一個普遍的全國現象：美國對於公立高等教育的投資減少了。

我們已經在柏克萊看到減少投資的一些後果，那裡曾經是一個令人自豪並且充滿使命感的校園，如今陷入了動盪和互相誹謗，這在很大程度上是由於持續的經濟稀缺所導致的。在某種程度上，柏克萊的情況也大致反映了整個加州大學系統的真實狀況。[15] 加州政府於 1911 年做出承諾，依照加州大學增長的比例提供經費支持：隨著州的擴張和入學人數的增加，州政府對高等教育的支持也會增加。如今再也不是這樣了。加州大學維持了克爾總體計畫的承諾，錄取加州排名前 12.5% 的高中畢業生。但隨著入學人數從 1990 年的 166,500 人增長到 2020 年的 291,200 人 [16]，州政府的承諾卻縮水了。1990 年代初期、2001 年，以及特別是 2008 年的經濟衰退，每一次都伴隨著加州大學系統公共經費的削減。1970 年代中期，加州將 18% 的預算用於高等教育，但在 2017 年僅為 12%。1996-1997 年，加州大學本身收到州政府一般經費的 8.1%；十年後，這個數字是 2.5%。[17]2000 年，州政府支持加州大學 24% 的營運預算。到了 2014 年，這個數字下降到 10%，而且此後一路更為下降。1988 年，加州大約支出 25,000 美元（經通貨膨脹調整後的金額）在每位加州大學和加州州立大學學生的身上；到了 2015 年，這個數字接近 10,000 美元。州政府不再資助的部分則透過更高的學費來支付。加州大學柏克萊分校州內學生 2000 年的學費為 4,050 美元，到了 2019-2020 年，這一數字已上升到 14,250 美元。這樣的統計數據不勝枚舉，但它們都講述著同樣的故事。[18]

加州始終是個先行者。它引領了美國公立高等教育的興起與衰落。

2009 年，柏克萊分校校長博吉紐（Robert Birgeneau）稱加州「對其公立大學的未來完全不負責任地減少投資」[19]，而如今這已經成為了一個全國性的現象。從全美國來看，2000 年至 2014 年間，州政府對公立學院和大學的支持（以每位全時學生資助的金額衡量）下降了 30%。再從全美國來看，2000 年，公立大學的收入如以每一學生計算的話，州政府撥款占 32%，到了 2016 年，這一比例僅為 18%。到了 2020 年，全國各州對公立高等教育的資助仍然低於 2008 年前（即大衰退之前）水平的 9%，比 2001 年的水平低了 18%。2009 年，博吉紐提議美國政府通過「21 世紀版本的《摩利爾法案》」，利用聯邦經費重振旗艦公立大學。[20] 結果什麼也沒發生。正如一位高教經費分析師在 2020 年所指出的：「隨著每一次經濟衰退，高教經費都會出現更大幅度的下降和更緩慢的復甦。」[21] 我們將看看由 COVID-19 所引發的經濟衰退是否也會如此。隨著藉由學費上漲以彌補大部分的缺口，更多的學生背負債務：2012-2013 年，54% 公立大學的學生畢業時背負著學貸，其中有 20% 的學生債務超過 20,000 美元。2019 年，將近 70% 的美國大學畢業生（這裡包括公立和私立機構）申請了學貸；他們的平均債務為 29,900 美元。[22] 對於較不富裕的有色人種學生來說，不斷增長的債務及其後果尤其明顯。[23]

對於高教經費的資助，加州絕對不是表現最差的。到了 2020 年，如以全時學生為標準來計算，有七個州的教育撥款總額恢復到 2008 年前的水準（雖然是以當前的美元計算），加州便是這七個州之一。另外有七個州比它們在 2008 年之前的經費水準低了 30% 以上。其他的州則介於兩者之間。[24] 簡而言之，這意味著美國五十州之中，有四十三個州自 2008 年以來已經減少了對公立高等教育的投資。

為什麼大眾對於公立大學的支持如此之少？美國領先的私立大學如何成為大眾批評的箭靶這並不難理解。哈佛可能被認為菁英、冷漠、難以想像的富有。為什麼不對其捐贈基金徵稅呢？但是為什麼阿拉巴馬州的公民對它們公立的阿拉巴馬大學，不會像他們對這所大學的美式足球紅潮隊（Crimson Tide）的成功感到一樣自豪呢？這對我來說是個謎。也許這是美國人再度厭惡為任何事情納稅的結果。美國的公立機構培養了四分之三的美國大學生。它們之中有許多名列世界領先大學。當歷來最支持公立高教的州，例如加州和密西根州，也未能對它們卓越的旗艦大學再進行投資，這是一場正在發生的悲劇。正如《紐約時報》專欄作家赫伯特（Bob Herbert）在 2009 年所寫的那樣，「如果我們讓這些最有價值的資產陷入衰退期，這將透澈說明了我們已經變成了什麼樣的國家。」[25]

毫無疑問：美國公立高教經費的緩慢削減，也將會對史丹佛和哈佛之類的私立學校產生後果。如果公立大學沒落，那麼私立大學遲早也會跟著沒落，因為它們與公立大學競爭相同的教職員、研究生和高階行政人員。對於美國高教領先地位最大的威脅，莫過於美國對高教的資助愈來愈吝嗇。1991 年，當我在考慮擔任華盛頓大學的某個高階領導職位時，我有一種不祥的預感。我受邀參加一個私人晚宴，與這所大學的校長、已故的葛伯丁（Bill Gerberding）共進晚餐。這位校長遲到了，他被立法機關就大學預算所舉行的會議所耽擱。我永遠不會忘記他抵達的情形。他進來，一言不發，點了一杯大杯的蘇格蘭威士忌。然後，他告訴我：「柯偉林先生，你知道的，這是一所比本州納稅人應得的學校好得多的大學。」

教訓

在我們轉向未來，以及中國大學的角色之前，讓我們思考一下，透過我們的個案研究，我們學到了什麼，有哪些因素可能提升或阻礙一所大學追求成為最好的努力。為此，我們應該回到洪堡的幾個創辦原則。

首先，我們可以放心，洪堡及其繼任者賦予大學的首要和**新的**使命（追求科學，純粹的和應用的知識）所取得的成功，已經遠遠超出他或他那個世代的任何人可以想像得到的地步。大學裡發展出來的思想和發明賦予了德國、美國、中國等民族國家實力，無論是在戰時或承平時期，而且大學研究的範圍已經驚人地擴展（到月球？到火星？到外行星？）大學一直處於醫學、流行病學和公衛研究的最前線，這些研究為21世紀第三個十年期的COVID-19帶來了治療方法、疫苗和公衛策略，這並非出於偶然。

第二，洪堡根植於博雅教育的承諾，在他那個時代是很理想主義的，當時大多數學生都追求某種形式的專業教育，然而洪堡的這種理念，令人驚訝地跨越了兩個世紀研究型大學的演變，一直持續著。它成為美國大多數公私立大學教育的基礎，並且依然如此。它已經被重新引進德國，部分歸功於卓越計畫及其對人文和社會科學的高度支持；部分也因為鄰國的示範，荷蘭的大學文理學院招收了為數不少的德國學生，並為我們在佛萊堡看到的實驗奠定了基礎。

在21世紀中國菁英教育中，一個較引人注目的發展是其自覺到中國學生的通識教育（包括藝術、人文、科學和社會科學領域），跟他們的專業教育同樣重要。「通識教育」（或其他的表述方式）現在已經成為中華人民共和國、香港和台灣課程改革的基石。南京大學的努力是最有企圖心的，要求所有的學生在選擇主修之前，完成所有共同的通識教育課程。

為什麼中國的教育領導者，至少是菁英機構的領導者，要嘗試推動文理科的通識教育？他們認為他們需要這樣做，部分原因跟在美國、德國一樣，所有的壓力都朝相反的方向發展，在學生的部分，他們太一心一意追求生涯發展，在教師的部分，他們的職涯和興趣愈來愈專業化，這導致了師生互動的領域愈來愈狹窄。如果正如羅索夫斯基（Henry Rosovsky）曾經宣稱的那樣，教師想教的，正是學生所需要學習的，那就太好了。但正如羅索夫斯基院長所知的，真實情況從未如此，而領先大學的職責就在於確保我們的學生從最優秀的教師那裡廣泛學習到如何思考、反省、分析，並成為下一代的批判性思考者和問題解決者。為此，依我的判斷來看，人文學科的研究仍至關重要。而且這是中國頂尖大學校長們普遍認同的觀點，儘管對他們校園的政治監控壓力愈來愈大。也許這是因為他們比任何人都更清楚，如果沒有了人文學科，生活會是什麼樣子。因為這就是中國 20 世紀中葉毛澤東思想悲劇的一部分，即使不常被談論，但早已牢記在心裡。

第三，無論是在今天或任何時期，治理都很重要。洪堡理想中的大學是在不受當前政治影響的情況下，具有自治權、能夠自行任命、制定自己的課程，並且規劃自己的未來，但這一理想從未實現，尤其是那些由國家創辦或是在某種程度上為國家服務的大學來說（這將包括本書中所敘述的每一所大學，除了杜克大學）。然而，柏林大學在其第一個世紀的特色是具有廣泛的學術獨立性，其教授的任命主要是基於已被證實的卓越表現或非常看好的前景，這決定了「終身制軌道」制度在美國，以及近幾十年來的中國，會如何演變。

在大學中，除了教職員的任命之外，沒有單一或簡單的標準可以來衡量治理的良善與否。哈佛是我們研究過的最古老機構，擁有最古老的治理委員會。你可能還記得，哈佛的校長是由哈佛董事會所選出來的，並且向其負責，而不是由麻薩諸塞州所選出的。哈佛董事會是一個自我延續的組織，從 1650 年到 2010 年都僅由 7 名成員組成。這種小巧而隱密的結構在擁有出色的領導時可以運作良好，例如在 1975 年到 2002 年的成員史東（Robert Stone）的領導下。但在 2005 年至 2006 年，關於校長和董事會的治理和信任危機，及時促成了一個更為擴大（13 名成員）、更為專業、更少排他性的董事會。對於一個年度預算超過 50 億美元，並擁有 4 萬名學生和教職員工的社群來說，它仍然是一個非常小型的私人董事會。對照之下，杜克大學擁有規模更大的董事會（2021 年為 35 人），成員來自不同的專業和產業，並設有多個委員會。它一直深入、公開地參與定義杜克未來的策略計畫。

「並不是藉由更加民主就可以讓每件事情都獲得改善。」這是羅索夫斯基的大學治理首要原則。[26] 無疑地，一個極端民主卻愈來愈難以治理的柏克萊經驗也證實了這一觀察。同樣的，柏林圍牆倒塌後，新民主化的洪堡大學，也有同樣的經歷，其校長頻繁更換。

在治理上簡單明瞭的這些大學，似乎勝過複雜的那些。當代中國大學的雙重治理結構，黨委書記的地位高於校長，而且各主要學院的院長旁都搭配著黨委書記一起工作，其目的在使大學的發展符合黨的優先順序；但是中國大學地位的提高，並不是因為黨的介入。

第四，領導力很重要，不僅是在校長這個層級，而且在下一個層級跟下下個層級都很重要。哈佛有艾略特，而柏克萊有克爾，這兩個人深刻改變了他們機構的未來。有人也許會加上阿爾特霍夫（Friedrich Althoff），他從未擔任過柏林大學的校長，但是做為普魯士實際上的文化部長，對於將它打造成一個機構，他和其他人所付出的努力一樣多。市面上不乏有關大學校長領導力的書籍，通常由前校長所撰寫——理當應該是成功的校長。[27] 關於那些長期管理大學日常大小事的人，則很少有人著墨。

如果不是彼得·朗吉了不起（而且異常低調）的工作，柏林自由大學很可能無法躋身德國領先大學之列，他為這所大學效力三十年，最後十五年擔任總務長（Kanzler，或稱財務副校長）。在橫跨大西洋的那一側，彼得‧朗吉的英文同名者，杜克大學的彼得‧蘭格，他在擔任杜克教務長的十五年裡，推動了杜克的國際化，並且督導了它在學術和財務上的整合。在這項工作中，他與另一位長期任職的員工特拉斯克三世（Tallman Trask III）密切合作，特拉斯克三世是負責行政和財務的執行副校長，此人就像自由大學的彼得‧朗吉一樣，知道錢在哪裡，以及可以如何靜靜地取得。

　　每所偉大的大學都有這樣的人，他們在校長的聚光燈外默默地從事著變革的工作。在柏克萊，教務長布雷斯勞爾（George Breslauer）在2009年金融危機最艱困的時刻，確保了大學的正常運轉。在哈佛，教務長費恩伯格（Harvey Fineberg）創立了這一職位，而他的兩位長期繼任者海曼（Stephen Hyman）和賈伯（Alan Garber）歷經了薛西弗斯般永無止盡的辛勞，將一所各自為政，少有聯繫，分布廣泛的大學編織在一起。在清華，錢穎一院長是帶動經濟管理學院變革的長期院長，他嘗試推動通識教育，這對整所學校也產生了影響。原副院長楊斌已經升任清華大學教務長兼副校長，並擔任該大學捐贈基金會——清華大學教育基金會主席。楊斌真正的一大串職責族繁不及備載，還包括了負責清華在國際上和國內的合作夥伴關係。他是清華的教務長、副校長、外交事務部長，這些都只是他最為人知的職責。他長期、謹慎，有力且有效的服務，使他成為中國高教界最值得信賴和最有影響力的人物之一。在這個名單上，我必須加上郝平的名字。他是現任北京大學校長，也曾任北大黨委書記。在此之前，也許他最重要的職位是中國教育部副部長，他負責監督中國與國際大學之間的重要合資或合作項目，並且給予關鍵性的支持，這些項目包括：寧波諾丁漢大學、蘇州西交利物浦大學、上海紐約大學、崑山杜克大學，以及清華大學蘇世民書院。若說郝平是中國高教國際化的阿爾特霍夫也不為過。

領導力在董事會的層面也很重要。我曾經提到過史東在哈佛董事會的任期歷經三任大學校長，被名副其實地稱為「哈佛先生」。杜克在中國建立校區時，瓦格納（Rick Wagoner）是杜克董事會一位非常積極主動的主席，因為他在擔任通用汽車執行長時就對中國很熟悉。馮國經在擔任港大校委會主席期間所成就的事情，比許多校長在任內所完成的還多。馮國經帶領大家重新構想港大做為亞洲，乃至於全世界領先大學的可能。他改革了陳舊的治理委員會，使港大校委會變得更加精簡有力。他改革了港大的任命、晉升和任期的程序。憑藉著他個人獨特的智慧、堅持不懈和個人謙遜等特質的結合，他在教職員和學生之間，對於港大未來要成為什麼樣的大學，建立了一個新的共識。令人遺憾的是，他的大部分工作都被繼任者毀掉了。

第五，錢很重要（非常重要），但成功與否取決於你計畫如何使用它。哈佛巨大的財富使它能夠比世界上任何大學做得更多、水準更高。在任命教職員方面，它保持著追求卓越的文化，因為這些教職員既是大學經費的接受者，也是使用者。它的資源使它能夠在 2008 年的經濟衰退及其前後自身的財政管理不善中存活下來。但哈佛資源的管理和使用仍然廣泛分布於各個學院，領導力大致上堪稱卓越，但參差不齊也是不可避免的，這種狀況在我們本書中所提及的大學是獨一無二的。哈佛似乎仍然缺乏能力，或甚至有意願來展開深入和全校性的策略計畫，這類策略計畫已經使杜克能在某些領域事半功倍。計畫對於自由大學在卓越計畫中取得成功也至關重要。因為如果沒有對自身的能力和抱負進行評估，自由大學將永遠無法爭取，更不用說獲得「卓越大學」所帶來的名聲和財務回報。中國的大學也廣泛採用戰略規劃。這有助於它們實現在全球高教排名上升的雄心。然而，中國大學計畫做什麼，以及它們實際上能夠做什麼，可能取決於中國黨國的優先事項——而這有時可能對大學不利，就像南京大學的例子。

　　國家層級的高教計畫可以創造很大的不同。只需要將今天的德國聯邦教育及研究部，以及（更強大的）中國教育部拿來跟美國缺席或隱形的教育部門相比即可。教育部負責高教的經費、提升和指導。

　　柏克萊和我們所提到的柏林兩所大學是很好的例子，顯示出偉大的大學會如何在財政危機中幾近崩潰，而這三者之中，自由大學脫穎而出，成為管理最好的。對照之下，我們所提及的中國大學，目前有充裕的資源，無論資源分配有多不平均。它們的資源和國內排名幾乎是注定的。在可見的未來，中國將有兩所「第一名」大學；另外包含滿意於名列 C9 之內的七所大學；以及其他的大學。對於它們全部來說，正如我之前所暗示的，真正的考驗不是在經費湧進的時候你有多優秀；而是當經費乾涸時，你如何因應。如果歷史有任何指導意義的話，那一天將會到來，但我們還沒有走到那個地步。

中國能引領大學的世界嗎？

　　這是我八年前開始這個研究時所提出的問題。然後，中國高教的軌跡就毫不懈怠地向上發展，不論是在價值或成就上。中國的教育景象滿懷雄心壯志，具有各式各樣的機構。中國表現出願意承擔風險的意願，例如歡迎國際夥伴在中國建立新機構。如果說，中國在 21 世紀上半葉可以建立起最強大的小型高教系統之一，那麼當它面對大規模建設（中國規模）的挑戰時，怎麼可能不成功呢？

　　當德國正在重新裝備與振興其大學，當美國至少正在減少它對公立機構的投資，中國則已經表現出無與倫比的雄心，要建造比其他任何國家更多最好的「世界一流」大學。為此，它動員了國家和民間的資源，而且它比世界上任何大學系統擁有更多的人力資本，也就是那些在海內外的中國學者。

　　中國的大學在各種排名中持續上升，其中清華和北大肯定會在短期間內躋身世界前十大。因為它們崛起的因素，既來自於它們本身的卓越精進，也來自於中國更廣泛的地緣政治崛起。

　　中國及其現代大學的崛起伴隨著開放和國際化時期。德國、美國和蘇聯在不同時空都扮演過夥伴的角色。毛澤東文化大革命期間非常短暫的「自力更生」時期，對中國的大學來說是一次瀕死經驗。毫無疑問的，中國的大學將繼續它們的國際化參與，但是朝哪個方向呢？

沿著新絲路的中國模式？

　　2021年，中國的大學繼續向世界開放，但它們也往官方重新定義的教育政策開放。正如我們所看到的，習近平主席渴望建設獨特且有別於它們國際夥伴的大學：不是中國的哈佛，而是中國的清華、中國的南大。而中國的大學也被動員起來實現新的國家目標：中國要沿著「新絲路」走出國門，設想要把中國模式提供給中亞、非洲，甚至歐洲的高等教育。新絲路的比喻引用自歷史傳統上橫越歐亞大陸的貿易路線，該路線在歷史上的特定時期曾將東亞和中亞市場與中東和地中海市場連結起來。德國探險家李希霍芬（Ferdinand von Richthofen）在1877年將這些路線稱之為著名的絲路（Seidenstraße）。從經濟角度來看，絲路不論是在現代或是在很長的一段歷史時期，它一直都處於垂死狀態。然而，習近平主席在2015年宣布，高教合作將是新絲路的重要成分，這表明該倡議將使得「新絲路」成為傳遞思想的管道。

　　中國高教的崛起對於新絲路，或另一個不那麼具有比喻性的名稱

「一帶一路倡議」，有什麼影響？這個中國與 130 多個歐亞、非洲、拉丁美洲國家之間多層次合作的野心概念，其前提是中國的機構「走出去」進入世界各地，並留下自己的一番作為，無論是在商業或是基礎設施，或教育領域。透過絲路的隱喻和歷史傳統來支持這個倡議，新絲路至少在修辭上重新引導了中國高教歷來以西方為中心的國際化軌跡。

中國的大學正在向海外擴張，其中一些沿著廣義詮釋的絲路發展：在寮國的蘇州大學於 2012 年招收第一批學生；雲南財經大學於 2014 年在曼谷設立商學院；廈門大學於 2015 年設立馬來西亞分校。但更大的努力仍朝向設立高教中心邁進。2015 年，北京語言大學與日本 ISI 集團合作設立北京語言大學東京學院（BLCU Tokyo College）。2016 年，第一家中資獨資的澳洲高教機構，澳洲國際商學院（Global Business College of Australia）迎來了它的第一批學生。2019 年，北京師範大學和位於威爾斯的卡迪夫大學（Cardiff University）達成協議，在卡迪夫成立北京師範大學－卡迪夫大學中文學院（BNU-CU Chinese College）。[28] 2020 年，北京大學匯豐商學院在牛津郡開辦了「已開發世界裡的第一個（完整的）中國校區」，這是一個承襲自英國開放大學（Open University）的英國新哥德式現代化校園。[29] 如前所述，清華大學和華盛頓大學與微軟合作，於 2015 年創立了名為全球創新學院（Global Innovation Exchange）的雙學位課程，並且在美國建立了第一個中國大學的研究中心。它的所在地是占地 10 萬平方英尺的史帝夫‧包默爾大樓（Steve Ballmer Building），這棟大樓是以微軟聯合創始人（也是位哈佛畢業生）的名字命名。而在 2021 年 6 月，上海復旦大學宣布計畫在歐洲布達佩斯建立它的歐洲校區。

中國學生長期以來都是「走出去」出國留學（2019 年超過 70 萬人），大部分都飛過或越過新絲路國家，去到北美、澳洲、英國、歐盟或日本求學。確實有愈來愈多來自新絲路國家的學生到中國求學，而新建立的「一帶一路」實驗室也一直在招募新絲路國家的科學家。但目前這是一條單行道。極少中國人會前往喀拉蚩（Karachi）或阿拉木圖（Almaty）研讀研究所課程。促成中國崛起成為國際學生前往求學的原因是美國和英國近來民族主義的高漲，這兩個國家長期以來都是國際學生首選的目的地，其民族主義的高漲導致學生考慮愈來愈多其他地點的機構。這一發展可能會以新的方式「國際化」中國的大學。截至2021年，新絲路的修辭和宣傳已經言過其實，超過了中方相關戰略的發展。沿著新絲路的高教合作可以讓中國大學的姿態更加「國際化」，但是這種機構交流的性質可能無助於中國追求「世界一流地位」。[30] 正如李希霍芬發明的 *Seidenstraße*（絲路）歐亞交流歷史一樣，並不如他想像的那般強大和連貫，新絲路對於中國教育國際化的影響，可能沒有像許多人想像的那麼重要。

這裡的重點是，中國領先的大學一直是，也將自己視為是，全球菁英機構網絡裡的一部分，而如今，它們衡量自己最重要的指標是透過與歐洲和北美同行的比較。它們可能有愈來愈多來自新絲路國家的學生，但是它們會從領先的「西方」大學招募它們的教職員，並著重在與這些大學建立首要的研究夥伴關係。今天，中國大學走向全球卓越的道路仍然很清晰地仰賴於和美國與歐洲機構的合作與競爭。

那麼，是否有一種「中國模式」可以向新絲路沿線或其他任何地方的大學輸出？有沒有「具有中國特色的大學」這樣一種東西呢？答案基本上是否定的。今天將中國領先大學區別出來的，在於它們是如何發展成國際高教和研究體系的一部分，並且現在得到中國政府令人羨慕的財政資助依靠。就像美國人藉由抄襲德國和英國機構的規範發展出名聲響亮的大學一樣，中國的大學在過去的一個世紀裡也向全球其他的領先者學習，無論是歐洲、美國還是蘇聯。例如，在大學治理方面，「中國模式」的黨委書記這一個角色，不能說是中國發明的。正如我們在東德時代的洪堡大學所看到的，在每個「**社會主義**兄弟之邦」都可以找到同樣的角色。無論如何，這在目前，都不是一個容易輸出的模式，除非你的出口市場是北韓。

不過，這也並不代表中國的大學參與了當代國際大學的所有趨勢。在美國，除了可及性之外，大家愈來愈重視多元化和包容性的議題，特別是涉及有色人種學生。沒有證據顯示出這些問題是中國重視和關注的焦點。[31] 正如我們所看到的，大學做為政治場所的這一理念，遭到中國當局的強力抵制。隨著中國共產黨再次嘗試同化中國的多個民族和宗教少數族群，並使其「成為中國人」，目前這種狀況更是變本加厲。

中國的大學能引領嗎？

當今中國大學面臨最大的挑戰不是國外的競爭，而是在國內遇到的阻礙。在與中國教育領袖的私下談話中，不論是過去或現在，我都曾提過這個問題：你們最大的困難是什麼？答案毫無疑問的是「黨」。諸如北京大學和清華大學等優秀機構的創辦理念，仍然與一個強大（且極度不安）的中國共產黨存在著緊張關係。即便在純科學和應用科學的領域，中國的研究者已經被公認為是全球領導者，共產黨仍然限制人文和社會科學多個領域的討論。黨內一直存在著這樣的焦慮，擔心大學可能成為強大的異議中心，就像它們在中國現代史上一直以來的狀況一樣。

中國近代第一所現代大學的創辦人總督張之洞在 1898 年寫下《勸學篇》，當時他強調「中學為體，西學為用」。今天的中國政治領導人繼續區分著「中國」和「西方」的價值觀。在今天中國政府的政策中，一個新版本的「中學」常常被官方賦予比「西學」更為重要的地位。在張之洞那個時代，至少人們知道所謂的「中學」，意味著什麼，那是一種研習經典的深度教育。今天，按照中國前教育部長袁貴仁的說法，它成了「具有中國特色的社會主義」，並且「扮演著馬克思主義意識形態的指導角色」。袁貴仁還建議學生應當研讀習近平主席的理論，以用來武裝自己對抗「西方價值」。[32] 與四書五經等傳統經典相比，這真的是空洞貧乏。中國高教體系誕生於國際影響之下，並受到中國政府大力的支持，而它現在面臨著文化大革命以來從未有過的意識形態緊縮。

　　歸根究柢，「世界一流」大學（無論他們如何定義），能夠存在於一個政治不自由的體系之中嗎？能夠存在於一個不能提及「七個話題」的國家之中嗎？答案是肯定的，如果我們回想一下 19 世紀的德國大學，那裡的政治正統觀念很少被提及。但是威廉德國在政治和歷史敘事上的控制能力無法與現代的中國相比。例如，在今天中國歷史的研究中，是否容得下一位中國版的蒙森（Theodor Mommsen），或中國版的麥內克（Friedrich Meinecke）？也許吧，但正如蔡元培在一個世紀前所說的，只有在大學內部擁有相當程度的自治權才行。19 世紀的德國大學曾經面臨過很多的政治壓力，但是它們重視機構和思想自由的傳統。中國的大學今天號稱擁有最傑出的學者和世界上最有天賦的學生。中國大學的領導一直是世界上最優秀的。但在最近的意識形態運動中，它的學生被迫參加黨意識形態的必修課程，並且讀著圖畫版的本國歷史。儘管通識教育的新課程非常出色，但在政治和歷史領域，學生為了畢業而必須學習的，與他們所知道的真相之間，距離每年都在拉大。在這種環境之下，中國優秀的大學，那些有責任為中國和世界培養 21 世紀領導者的學校，未來可能會面臨著兩種畢業生：憤世嫉俗者和機會主義者。因為這些學生知道，就如同教導他們的傑出學者也知道，世界一流大學是一個沒有任何**一個**話題不能討論的地方，更遑論七個了。

　　但是我們不要那麼悲觀地結束。在教育、考試、提拔人才和經世濟民方面，沒有哪個文明比中國擁有更長久和成功的紀錄。在過去的 130 年裡，現代大學已經推動中國在科學和工程領域邁向一流，同時，只要在政治環境允許之下，也促進了開放探究的價值，這些價值是世界領先高教機構的標誌。畢竟，在一個世紀之前，馬克思主義是從中國的大學（北京大學）引進中國的。

　　中國的大學始建於清末，繁榮於民國初年，其中幾所在國民黨政府之下成為享譽國際的著名國立大學。二戰期間，它們在自由中國的偏遠地區教育它們年輕的中國領導者。它們經歷了戰爭、內戰、蘇聯化和文化大革命。它們存活超過了一個帝國、幾個共和國，以及中華人民共和國的多個前身。它們目睹了來來去去的政治運動，比如當前的這些政治運動。它們必須把眼光放長遠。我們也應該如此。

　　對當代研究型大學的原則和價值最激勵人心的聲明發表於 2013 年的中國 C9 大學年會，地點是位於南京西邊的合肥市，這裡是中國科學技術大學的所在地。這份聲明現在被世人廣知為〈合肥宣言：關於當代研究型大學十大特質〉。這份聲明是和美國大學協會、歐洲研究型大學聯盟、澳洲八校聯盟共同起草的。[33] 合肥宣言對於研究誠信、學術自由和機構自治的承諾，是對洪堡價值在 21 世紀一個擲地有聲的闡述。對於 2021 年的中國大學領導者來說，其中的一些原則可能空有理想而難以落實，但在我看來，它們準確闡述了世界各偉大大學的共同抱負。

　　中國的大學能否在 21 世紀樹立全球標準。是的，當然。但是，不是憑一己之力。中國的大學是基於國際的模式以及與歐洲和北美的優秀機構進行合作而能持續成長繁榮的。這些夥伴才是它們盼望保有、競爭和領先的。

註釋

台灣版序

1. 參見 Dian-fu Chang 的精采分析，"The Challenges for Establishing World-Class Universities in Taiwan," 於 Jung Cheol Shin 和 Barbara M. Kehm 編輯，*Institutionalization of World-Class University in Global Competition* (Heidelberg: Springer, 2013, 185-201).

2. Jordyn Haime, "Why Chinese Students are an increasingly rare sight in Taiwan," *Aljazeera*, March 14, 2023.

3. Yip Wai Yee, "No mainland Chinese undergraduates in Taiwan for new school year amid cross-strait tensions," *The Straits Times*, July 12, 2023.

4. William C. Kirby, *The World of Universities in the 21ˢᵗ Century*. The 2017 Kuo Ting-yee Memorial Lectures. (Taipei: Institute of Modern History of the Academia Sinica, 2019).

序

5. William C. Kirby, *The World of Universities in the 21st Century: The 2017 Kuo Ting-yee Memorial Lectures* (Taipei: Institute of Modern History, Academia Sinica, 2019).

導言

1. *All India Survey on Higher Education 2019-20* (New Delhi: Ministry of Education,2020), 1.

2. 參閱 Wikipedia, "List of Universities in North Korea," https://en.wikipedia.org/wiki/List_of_universities_in_North_Korea.

3. 其他數字參閱 "Countries Arranged by Number of Universities in Top Ranks," July 2021 edition, http://www.webometrics.info/en/distribution_by_country.

4. Sheldon Rothblatt, *The Modern University and its Discontents* (Cambridge:Cambridge University Press, 1997), 1.

5. Paul Kennedy, *Rise and Fall of the Great Powers: Economic Change and Military Conflict* (New York: Vintage Books, 1987); David Landes, *The Wealth and Poverty of Nations* (New York:

Norton, 1998); Daron Acemoglu and James A. Robinson, *Why Nations Fail* (New York: Crown Business, 2012); Charles S.Maier, *Among Empires* (Cambridge, MA: Harvard University Press, 2006).

6. Landes, *Wealth and Poverty,* 409.

7. Sharan B. Merriam, *Case Study Research in Education: A Qualitative Approach* (San Francisco: Jossey-Bass Publishers, 1988), xiii. 另 見 Robert E. Stake, *The Art of Case Study Research* (Thousand Oaks, CA: SAGE Publications, 1995).

8. 參 閱 "Teaching by the Case Method," https://www.hbs.edu/teaching/case-method/Pages/default. aspx.

9. L. W. B. Brockliss, "The European University 1789–1850," 於 *University of Oxford,* VI, Part I, 131–133, 引用於 *A History of the University in Europe: Volume III, Universities in the Nineteenth and Early Twentieth Centuries (1800–1945),* Walter Ruegg 編輯 (Cambridge: Cambridge University Press, 2004), 11.

10. Phillip Altbach, *Indian Higher Education: Envisioning the Future* 前言 作者 Pawan Agarwal (Thousand Oaks, CA: SAGE Publications, 2009), xi–xii.

11. Arvind Panagariya, "Higher Education: A New Dawn—National Education Policy 2020 Offers Transformative Road Map for Colleges and Universities,"*Times of India,* August 19, 2020, https:// timesofindia.indiatimes.com/blogs/toi-edit-page/higher-education-a-new-dawn-national-education-policy-2020-offers-transformative-road-map-for-colleges-and-universities/March 9, 2020 到 訪 網 站 .

12. Jamil Salmi, *The Challenge of Establishing World-Class Universities* (Washington,DC: World Bank, 2009), 1–2.

13. Tsinghua University, *Qinghua daxue shiye fazhan shi er wu guihua gangyao* [Outline of Tsinghua University's Twelfth Five-Year Plan] (Beijing:Tsinghua University, 2011), http://www.tsinghua. edu.cn/publish/newthu/openness/attachments/fzgh/fzgh.htm, October 2014 到訪網站 . 中國大規模的資助投入開始於 1995 年宣布的 211 計畫，最終為一百所大學提供了更多的資助。1998 年推出了更菁英的 985 計畫，向 37 所大學機構注入數十億元人民幣，其中北京大學和清華大學各 18 億人民幣。

14. Philip G. Altbach, "Costs and Benefits of World-Class Universities," *Academe* 90 (2004): 21.

15. Luke Meyers 和 Jonathan Robe, *College Ranking: History, Criticism and Reform* (Washington, DC: Center for College Affordability and Productivity, 2009).

16. James McKeen Cattell, *American Men of Science: A Biographical Directory* (New York: Science Press, 1906).

17. Meyers 和 Robe, *College Ranking.*

18. Meyers 和 Robe, *College Ranking,* 17.

19. David S. Webster, *Academic Quality Rankings of American Colleges and Universities* (Springfield, IL: C. C. Thomas, 1986)*,* 6.

20. Henry Rosovsky, *The University: An Owner's Manual* (New York: W. W.Norton, 1990), 33.

21. Justin Thorens, "Liberties, Freedom and Autonomy: A Few Reflections on Academia's Estate," *Higher Education Policy,* no. 19 (2006): 87–110, Kai Ren 和 Jun Li 引用於 "Academic Freedom and University Autonomy: A Higher Education Policy Perspective," *Higher Education Policy,* no. 26 (2013): 509.

22. James O. Freedman, *Liberal Education and the Public Interest* (Iowa City:University of Iowa Press, 2003), xi.

23. *The Heart of the Matter:The Humanities and Social Sciences for a Vibrant, Competitive and Secure Nation* (Cambridge, MA: American Academy of Arts and Sciences, 2013), 6.

24. 參閱 Derek Bok, *Our Underachieving Colleges: A Candid Look at How Much Students Learn and Why They Should Be Learning More* (Princeton:Princeton University Press, 2006).

25. 參閱論文於 *General Education in Harvard College* (Cambridge, MA: President and Fellows of Harvard College, 2004); *On the Purpose and Structure of a Harvard Education* (Cambridge, MA: President and Fellows of Harvard College, 2005).

26. Jonathan R. Cole, *The Great American University: Its Rise to Preeminence, Its Indispensable National Role, Why It Must Be Protected* (New York: Public Affairs,2009), 8.

27. Jamil Salmi, *The Challenge of Establishing World-Class Universities*, 7.

28. Rosovsky, *The University: An Owner's Manual*, 34.

29. "Lead the Future," 清華大學蘇世民學者，https://www .schwarzmanscholars.org, November 28, 2021 到訪網站。

30. 參閱，例如：清華大學教育研究所的 "Creating First-Class Universities: Combining National Determination with the University Spirit: Round-Up of an Academic Seminar on the Theory and Practice of Establishing First-Class Universities" 於 *Chinese Education and Society* 37, no. 6 (Nov / Dec 2004).

31. 參閱，例如：Jamil Salmi 的討論於 *The Challenge of Establishing World-Class Universities*, 6–7.

第 1 章　德國的大學

1. On universities in the contemporary Federal Republic 參閱 Christian Bode 等人編輯，*Universitaten in Deutschland* (Munchen: Prestel Verlag,2015).

2. James J. Sheehan, *German History 1770–1866* (Oxford: Clarendon Press,1989), 135.

3. Charles E. McClelland, *State, Society, and University in Germany 1700–1914* (Cambridge: Cambridge University Press, 1980), 78–79.

4. Daniel Fallon, *The German University: A Heroic Ideal in Conflict with the Modern World* (Boulder: Colorado Associated University Press, 1980), 6.

5. Fallon, *The German University*, 5.

6. McClelland, *State, Society, and University*, 34–35.

7. 引用於 McClelland, *State, Society, and University*, 43.

8. Friedrich Gedike, Report to King Friedrich Wilhelm II of Germany, 轉載自 Louis Menand, Paul Reitter, 和 Chat Wellmon 編輯的評論, *The Rise of the Research University: A Sourcebook* (Chicago:University of Chicago Press, 2017), 14–15.

9. 替代數字來自 McClelland, *State, Society, and University,*28; Sheehan, *German History,* 137.

10. 引用於 McClelland, *State, Society, and University,* 79.

11. 參閱 McClelland, *State, Society, and University,* 28, 56, 63–64; Fallon, *The German University,* 8.

12. 參閱 Fallon, *The German University,* 32–34.

13. Fallon, *The German University,* 5.

14. 所有引用於 Fallon, *The German University,* 2–3.

15. 另見 William C. Kirby 和 Joycelyn W. Eby, " 'World-Class'Universities:Rankings and Reputation in Global Higher Education," 案例 316-065 (Boston: Harvard Business School, 2015).

第 2 章　現代原創

1. Christoph Markschies, "Words of Welcome by the President of Humboldt-Universitat-zu-Berlin,"Conference Program, *HU200: Humboldt's Model: The Future of Universities in the World of Research,* October 7–9, 2010, 6–7.

2. Markschies, "Words of Welcome," 7.

3. Thomas Nipperdey, *Deutsche Geschichte 1800–1866:Burgerwelt und starker Staat* (Munchen: C. H. Beck, 1983), 第 11 頁著名的第一行。

4. 另見 Walter Ruegg, "Themes," in *A History of the University in Europe:Volume III, Universities in the Nineteenth and Early Twentieth Centuries(1800–1945),* Walter Ruegg 編輯 . (Cambridge: Cambridge University Press,2004), 3.

5. 另 見 Max Lenz, *Geschichte der Koniglichen Friedrich-Wilhelms-Universitatzu Berlin. Erster Band: Grundung und Ausbau* (Halle: Verlag der Buchhandlung des Waisenhauses, 1910), 78.

6. James J. Sheehan, *German History, 1770–1876* (Oxford: Oxford University Press, 1989), 137.

7. Charles E. McClelland, *State, Society, and University in Germany, 1740–1914* (Cambridge: Cambridge University Press, 1980), 115.

8. Sheehan, *German History,* 137–141.

9. 參 閱 Karl-Heinz Gunther, "Profiles of Educators: Wilhelm von Humboldt (1767–1835)," *Prospects* 18, no. 1 (March 1988).

10. David Sorkin, "Wilhelm von Humboldt: The Theory and Practice of Self-Formation (Bildung), 1791–1810," *Journal of the History of Ideas* 44, no. 1 (1983): 55–73.

11. Wilhelm Humboldt, "Der Konigsberger und der Litauische Schulplan (1809)," 刊載於 *Wilhelm von Humboldts Gesammelte Schriften, Band 13,* A. Leitzmann 編 輯 . (Berlin: B. Behr Verlag, 1920), 277.

12. Sorkin, "Wilhelm von Humboldt," 63.

13. McClelland, *State, Society, and University,* 125.

14. 另 見 Brad S. Gregory, *The Unintended Reformation: How a Religious Revolution Secularized Society* (Cambridge, MA: Harvard University Press,2012), 349.

15. 引用於 Walter Ruegg, "Themes," 5. 另見 Friedrich Schleiermacher, *Gelegentliche Gedanken uber Universitaten im deutschen Sinn. Nebst einem Anhang ubereine neu zu errichtende* (Berlin: In der Realschulbuchhandlung, 1808), 32–33.

16. 參 閱 Daniel Fallon, *The German University: A Heroic Ideal in Conflict with the Modern World* (Boulder: Colorado Associated University Press, 1980), 29.

17. 引用於 Fallon, *The German University,* 19.

18. Johann Gottlieb Fichte, "Uber die einzig mogliche Storung der akademische Freiheit: Eine Rede beim Antritte seines Rektorats an der Universitat zu Berlin den 19ten Oktober 1811," (Berlin: L. W. Wittich, 1812).

19. Lenz, *Geschichte,* 410.

20. Ilka Thom 和 Kirsten Weining, *Mittendrin: Eine Universitat macht Geschichte:Eine Ausstellung anlasslich des 200-jahrigen Jubilaums der Humboldt-Universitat zu Berlin* (Berlin: Akademie Verlag, 2010), 43.

21. Sheehan, *Germany History,* 365; Fallon, *The German University,* 25.

22. Fallon, *The German University,* 25–26.

23. 引用於 Fallon, *The German University,* 25.

24. 引用於 David McLellan, *Karl Marx: A Biography* (London: Palgrave Macmillan,2006), 15.

25. Sheehan, *German History,* 575.

26. McClelland, *State, Society, and University,* 164.

27. Sylvia Paletschek, *Die permanente Erfindung einer Tradition. Die Universitat Tubingen im Kaiserreich und in der Weimarer Republik* (Stuttgart: Steiner,2001), 234.

28. McClelland, *State, Society, and University,* 165–167.

29. Thom 和 Weining, *Mittendrin,* 53; Sheehan, *German History,* 666–668; 特 別 參 閱 Heinz-

Elmar Tenorth, "Universitat im Protest und auf den Barrikaden—Studenten und Dozenten," 在 *Geschichte der Universitat Unter den Linden: Grundung und Blutezeit der Universitat zu Berlin,1810-1918,* vol 1, Heinz-Elmar Tenorth 編輯 . (Berlin: Akademie Verlag, 2012), 381–424.

30. 另見 Fritz K. Ringer, *The Decline of the German Mandarins: The German Academic Community, 1890–1933* (Cambridge, MA: Harvard University Press, 1969), 5–6.

31. McClelland, *State, Society, and University,* 221–223.

32. Ringer, *The Decline of the German Mandarins,* 141–142.

33. Robert Proctor, *Value-Free Science? Purity and Power in Modern Knowledge* (Cambridge, MA: Harvard University Press, 1991), 106–107.

34. 另見 Hartmut Titze, *Datenhandbuch zur deutschen Bildungsgeschichte: Wachstum und Differenzierung der deutschen Universitaten 1830–1945* (Gottingen:Vandenhoeck & Ruprecht, 1995), 81.

35. Einweihung der Ruhmeshalle 於 Gorlitz (29 November 1902). 參閱 Ernst Johann, *Reden des Kaisers: Ansprachen, Predigten und Trinkspruche Wilhelms II.* (Munchen: Deutscher Taschenbuch Verlag, 1966), 107.

36. Sheehan, *German History,* 307–309.

37. 化學、文學、醫學和物理學領域的諾貝爾獎得主 : https://www.hu-berlin.de/en/about/history/nobel-laureates.

38. 參閱 McClelland, *State, Society, and University,* 291–299; 另見 Proctor,*Value-Free Science,* 106.

39. 另 見 Friedrich Lenz, *Beitrage zur Universitatsstatistik* (Halle: Verlag der Buchhandlung des Waisenhauses, 1912), 15; Titze, *Datenhandbuch,* 82.

40. 另 見 Franz Eulenburg, *Der akademische Nachwuchs: Eine Untersuchung uber die Lage und die Aufgaben der Extraordinarien und Privatdozenten* (Berlin: B. G. Teubner, 1908), 80–81. 另見 Ulrich von Lubtow, *Die Rechtsstellung der entpflichteten Professoren* (Berlin: Duncker & Humblot,1967), 24–25.

41. 1905–1906 年間，柏林的平均薪資為 7,653 馬克；所有普魯士大學的平均薪資為 5,825 馬克，另見 Lenz, *Beitrage,*35, table X.

42. Christopher Lasch, *The American Liberals and the Russian Revolution* (NewYork: McGraw Hill, 1962), 26.

43. Max Lenz, *Geschichte der Koniglichen Friedrichs-Wilhelms-Universitat zu Berlin,* 5 vols. (Halle: Verlag der Buchhandlung des Waisenhauses, 1910). 有關為兩百周年出版的特集請參閱 Heinz-Elmar Tenorth 編輯, *Geschichte der Universitat Unter den Linden,* 6 vols.(Berlin: Akademie Verlag, 2012).

44. 引述自 Charles E. McClelland, "Die Universitat am Ende ihres ersten Jahrhunderts—MythosHumboldt?" in Tenorth, *Geschichte,* vol. 1,637, 641.

45. McClelland, "Die Universitat," 640.

46. McClelland, "Die Universitat," 651.

47. 參閱 McClelland, "Die Universitat," 652–653.

48. 原始引用 : "Kriegssemester sind die gewonnenen Semester." Thom 和 Weining, *Mittendrin,* 68.

49. 二者皆引用於 McClelland, *State, Society, and University,* 315.

50. 另見 Titze, *Datenhandbuch,* 82.

51. 參 閱 Hans Kohn, *The Mind of Germany* (New York: Scribner's, 1960); Istvan Deak, *Weimar Germany's Left-Wing Intellectuals* (Berkeley: University of California Press, 1968), 44.

52. 被審查的作者包括 Erich-Maria Remarque, Stefan Zweig, Sigmund Freud, Erich Kastner, Heinrich Mann, Karl Marx, 和 Kurt Tucholsky.

53. Heinz-Elmar Tenorth, "Eduard Sprangers hochschulpolitischer Konflikt 1933. Politisches Handeln

eines preusischen Gelehrten," *Zeitschrift fur Padogogik* 36 (1990): 573–596; United States Holocaust Memorial Museum,"Telegram Regarding the 'Action against the Un-German Spirit,' " https://perspectives.ushmm.org/item/telegram-regarding-the-action-against-the-un-german-spirit

54. Jens Thiel, "Der Lehrkorper der Friedrich-Wilhelms-Universitatim Nationalsozialismus," 刊載於 *Geschichte: Der Berliner Universitat zwischen den Weltkriegen,1918–1945,* vol. 2, Tenorth 編輯, 465–538.

55. 參閱 Lauren Leff, *Well Worth Saving: American Universities' Life-and-Death Decisions on Refugees from Nazi Europe* (New Haven, CT: Yale University Press, 2019)

56. Christian von Ferber, *Die Entwicklung des Lehrkorpers des deutschen Universitaten und Hochschulen, 1864–1954* (Gottingen: Vandenhoeck & Ruptrecht,1956).

57. 引用於 Carlo Jordan, *Kaderschmiede Humboldt-Universitat zu Berlin: Aufbegehren, Sauberungen und Militarisierung, 1945–1989* (Berlin: Ch. Links Verlag, 2001), 20.

58. Jordan, *Kaderschmiede,* 14.

59. 2015 年 10 月 9 日，作者於柏林採訪 Heinrich Fink

60. 另見 Ilko-Sascha Kowalczuk, "Die Humboldt-Universitat zu Berlin und das Ministerium fur Staatssicherheit," in *Geschichte: Sozialistisches Experiment und Erneuerung in der Demokratie—die Humboldt-Universitatzu Berlin 1945–2010,* vol. 3, Tenorth 編輯, 462.

61. "Inoffizieller Mitarbeiter (IM)" *MFS-Lexikon,*Bundesbeauftragte fur die Unterlagen des Staatssicherheitsdienstes der ehemaligen Deutschen Demokratischen Republik, https://www.bstu.de/mfs-lexikon/detail/inoffizieller-mitarbeiter-im/.

62. 另見 Kowalczuk, "Die Humboldt-Universitat zu Berlin," 466.

63. Stefanie Endlich 編輯, *Gedenkstatte fur die Opfer des Nationalsozialismus. Eine Dokumentation* (Berlin: Bundeszentral fur politische Bildung, 2002), 111.

64. Hannelore Scholz, "A Free University—Free of Women? Women and Higher Education in Berlin since 1989," in *Berlin in Focus: Cultural Transformations in Germany,* Barbara Becker-Cantarino 編輯 (Westport, CT: Praeger,1996), 38.

65. 另見 Konrad H. Jarausch, "Umgestaltung von ausen, Dezember 1990–Marz 1994," 刊載於 *Geschichte*, vol. 3, Tenorth 編輯, 653.

66. 參閱 Helmut Klein 編輯, *Humboldt-Universitat zu Berlin: Uberblick 1810–1985* (Berlin: VEB Deutscher Verlag der Wissenschaften, 1985), 145–146.

67. 2015 年 10 月 9 日，作者採訪 Heinrich Fink

68. 2015 年 10 月 9 日，作者採訪 Heinrich Fink

69. 另見 Jarausch, "Umgestaltung," 646–647.

70. Personalabeilung, Dr. Roland Felber 教授的檔案, 1983–2010, Universitatsarchiv der Humboldt-Universitat zu Berlin.

71. 另見 Jarausch, "Umgestaltung," 660, 683.

72. 洪堡大學章程, §13 (1).

73. 洪堡大學章程, §4 (2).

74. 洪堡大學章程, §8.

75. 洪堡大學章程, §2 (1).

76. 洪堡大學章程, §2 (3).

77. 洪堡大學章程, §13 (2), (3).

78. 2015 年 10 月 5 日，作者於柏林採訪 Christoph Markschies

79. Humboldt-Universitat zu Berlin, Personenstatistik-Daten,1995–2020, https://www2.hu-berlin.de/personalstatistik/components/personal/daten.php#.

80. 2015 年 12 月 2 日，作者採訪 Jan-Hendrik Olbertz

81. 2017. 2017 年 1 月 10 日，作者於柏林採訪 Peter Frensch

82. 2015 年 12 月 2 日，作者採訪 Jan-Hendrik Olbertz

83. 2015 年 10 月 5 日，作者採訪 Christoph Markschies

84. 2015 年 12 月 2 日，作者採訪 Jan-Hendrik Olbertz

85. 2015 年 12 月 2 日，作者採訪 Jan-Hendrik Olbertz

86. 2017. 2017 年 1 月 10 日，作者於柏林採訪 Recardo Manzke

87. Offentlicher -Dienst.info,"Besoldungstabelle Beamte Berlin 2016," http://oeffentlicher-dienst.info/ c/t/rechner/beamte/be?id=beamte-berlin-2016&matrix =1.

88. Verordnung uber die Lehrverpflichtung an Hochschulen (Lehrverpflichtungsverordnung-LVVO),March 27, 2001, §2, http://gesetze.berlin.de/jportal/;jsessionid =418B777FD7942163 F6B45CEC000D0E46.jp26?quelle=jlink&query =LehrVPflV+BE&psml =bsbeprod.psml&max =true&aiz=true#jlr -LehrVPflVBEV2P5.

89. Humboldt-Universitat zu Berlin, Personenstatistik-Daten, https://www2.hu-berlin.de/ personalstatistik/components/personal/diagram.php.

90. Federal Ministry of Education and Research, "The Path to a Professorship,"https://www.research-in-germany.org/en/jobs-and-careers/info-for-postdocs-and-junior-researchers/career-paths/path-to-professorship.html.

91. Humboldt-Universitat zu Berlin, Personenstatistik-Daten, https://www2.hu-berlin.de/ personalstatistik/components/personal/daten.php.

92. 這個數字已經從 2015 年 23% 上升 : Statisches Bundesamt,"Frauenanteil in Professorenschaft 2015 auf 23% gestiegen," https://www.destatis.de/DE/Presse/Pressemitteilungen/2016/07/ PD16245213.html.

93. Statista, "Frauenanteil in der Professorenschaft in Deutschland im Jahr 2020 nach Bundeslandern," https://de.statista.com/statistik/daten/studie/197898/umfrage/frauenanteil-in-der-professorenschaft-nach-bundeslaendern /.

94. Humboldt-Universitat zu Berlin, "Daten und Zahlen zur Humboldt-Universitat," https://www.hu-berlin.de/de/ueberblick/humboldt-universitaet-zu-berlin/daten-und-zahlen.

95. Humboldt-Universitat zu Berlin, "Daten und Zahlen zur Humboldt-Universitat," https://www2. hu-berlin.de/personalstatistik/components/personal/diagram.php; https://www.hu-berlin.de/de/ ueberblick/humboldt-universitaet -zu-berlin/daten-und-zahlen.

96. Statista, "Number of students at universities in Berlin in Germany in the winter semesters from 1998 / 1999 to 2019 / 20," https://www-statista-com.ezp-prod1.hul.harvard.edu/statistics/1114450/ students-number-universities-berlin-germany/.

97. 洪堡大學女學生比來源 (2016):https://www.hu-berlin.de/de/ueberblick/humboldt-universitaet-zu-berlin/daten-und-zahlen. 德國女學生百分比來源 (in 2015): https://www.destatis.de/DE/ ZahlenFakten/GesellschaftStaat/BildungForschungKultur/Hochschulen/Tabellen/FrauenanteileAka demischeLaufbahn .html.

98. Humboldt-Universitat zu Berlin, "Studierendenstatistik, Studierende nach Bundesland und Hochschulzugangsberechtigung," http://edoc.hu-berlin.de/browsing/series/index.php?l[2] =Einrichtungen&l[3] =Humboldt-Universit%C3%A4t%2C+Studierendenstatistik&c[3][corp _ id]=27501&l[4]=Studierende+nach+Bundesland+der+Hochschulzugangsberechtigung+ -&c[4] [series_id]=41035&=521a552fece06b8245430c05a864183b.

99. 2015 年 10 月 5 日，作者採訪 Christoph Markschies

100. 另見 Jan-Hendrik Olbertz, *Angelegenheit vier: Abschiedsworte des Prasidenten Christoph Markschies am 18. Oktober 2010,* 7.

101. Humboldt-Universitat zu Berlin, "Studierendenstatistik, Bewerbungen und Einschreibungen im 1.

Fachsemester in NC-Studienfachern im Akademischen Jahr 2016–17," http://edoc.hu-berlin.de/browsing/series/index.php?l%5B2%5D =Einrichtungen&l%5B3%5D =Humboldt-Universit%C3%A4t%2C+Studierendenstatistik&c%5B3%5D%5Bcorp id%5D =27501&=3836b3faa3c66a2336969e24a2857081.

102. 2015 年 10 月 5 日，作者採訪 Christoph Markschies

103. 洪堡大學國際學生比來源（2016年）: Studierendenstatistik, Anteile auslandischer und mannlicher Studierender, http://edoc.hu-berlin.de/browsing/series/index.php?l%5B2%5D =Einrichtungen&l%5B3%5D =Humboldt-Universit%C3%A4t%2C+Studierendenstatistik&c%5B3%5D%5Bcorp id%5D =27501&=3836b3faa3c66a2336969e24a2857081; Source for percentage of international students in Germany (in 2015–6):https://de.statista.com/statistik/daten/studie/222/umfrage/anteil-auslaendischer-studenten-an-hochschulen/.

104. 2016–2017年的數字．Studierendenstatik, Auslandische Studierende in grundstandigen und weiterfuhrenden Studiengangen nach Herkunft und Fachern, https://edoc.hu-berlin.de/bitstream/handle/18452/18752/tab15_17AuslaendischeStudierendeinProgrammstudiennachHerkunft_undFaecher.pdf?sequence=1&isAllowed =y.

105. Humboldt-Universitat zu Berlin, "Daten und Zahlen zur Humboldt-Universitat 2019," https://www.hu-berlin.de/de/ueberblick/humboldt-universitaet-zu-berlin/daten-und-zahlen#personal.

106. 2014年的數字. Deutsches Zentrum fur Hochschul-und Wissenschaftsforschung 根據 Statistisches Bundesamt 計 算，刊 載 於 Deutsches Zentrum fur Hochschul-und Wissenschaftsforschung 和 Deutscher Akademischer Ausstauschdienst 編輯, *Wissenschaft weltoffen kompakt 2016: Facts and Figures on the International Nature of Studies and Research in Germany,*fig. 24, 25.

107. "BMBF Initiatives in the Context of the Bologna Process," Federal Ministry of Education and Research (Germany), https://www.bmbf.de/bmbf/en/academia/the-bologna-process/initiatives/bmbf-initiatives-in-the-context-of -the-bologna-process.html; Stephan L. Thompson and Johannes Trunzer, "Did the Bologna Process Challenge the German Apprenticeship System? Evidence from a Natural Experiment," IZA Institute of Labor Economics, October 2020, https://www.econstor.eu/bitstream/10419/227333/1/dp13806.pdf.

108. 另見 International Agenda of the Presidential Committee of Humboldt-Universitat zu Berlin, 2015.

109. 109. Humboldt-Universitat zu Berlin, Strategische Partnerschaften der HU-Berlin:"Princeton University," https://www.international.hu-berlin.de/de/internationales-profil/strategische-partnerschaften-der-hu-berlin/PU.

110. 聖保羅資料來源:https://www.international.hu-berlin.de/de/internationales -profil/partnerschaften/profilpartnerschaften/universidade-de-sao-paulo. 新加坡資料來源 : https://www.international.hu-berlin.de/de/internationales-profil/partnerschaften/profilpartnerschaften/NUS.

111. Humboldt-Universitat zu Berlin, "Daten und Zahlen zur Humboldt-Universitat 2019," https://www.hu-berlin.de/de/ueberblick/humboldt-universitaet-zu-berlin/daten-und-zahlen#personal.

112. 2017 年 1 月，作者採訪 Recardo Manzke.

113. Frank Bosch, *A History Shared and Divided: East and West Germany Since the 1970s* (New York: Berghahn Books, 2018), 419.

114. Katerina Selin, "Berlin's Humboldt University Plans Massive Job Cuts," December 19,2016, https://www.wsws.org/en/articles/2016/12/19/humb-d19.html, January 20212 到 訪 網 站 ; 另 見 Manzke 的訪談。

115. 參閱 William C. Kirby 和 Joycelyn W. Eby, " 'World-Class'Universities:Rankings and Reputation in Global Higher Education," 案例 316-065 (Boston: Harvard Business School, 2015).

116. Anja Krieger, "Equality or Excellence," *Nature,* 537 (2016): 12, http://www.nature.com/nature/journal/v537/n7618supp/full/537S12a.html?WT.mc_id=TWTOUTLOOKSLE.

117. 2015 年的數字是估計值 https://de.statista.com/statistik/daten/studie/36284/umfrage/oeffentliche-ausgaben-fuer-hochschulen-nach-koerperschaftsgruppen/.

118. 卓越計畫的第一階段提供了 20 億美元（19 億歐元）的資金。第二階段撥款 29 億美元（27 億歐元）。

119. Deutsche Forschungsgemeinschaft, "Excellence Initiative General Information,"http://www.dfg. de/en/researchfunding/programmes/excellence_initiative/generalinformation/index.html.

120. Deutsche Forschungsgemeinschaft, "Excellence Initiative at a Glance: The Programme by the German Federal and State Governments to Promote Top-level Research at Universities," 16, https://www.dfg.de/download/pdf/dfgimprofil/geschaeftsstelle/publikationen/exinbroschuereen. pdf.

121. 2015 年 12 月 2 日，作者採訪 Jan-Hendrik Olbertz

122. Stanford Facts 2016, http://facts.stanford.edu/pdf/StanfordFacts2016.pdf. Number of students at Stanford in 2015 (page 9): 16,122; annual budget in 2015–16 (page 44): US$5.5 (or €5.02) billion. For Humboldt University: https://www.hu-berlin.de/de/ueberblick/humboldt-universitaet-zu-berlin/ daten-und-zahlen.Number of students at HU in 2016: 32,553 (without Charite); annual budget in 2016: US$413 (or €397) million.

123. "Internationale Expertenkommission zur Evaluation der Exzellenzinitiative:Endbericht," (Jan. 2016), https://www.gwk-bonn.de/fileadmin/Redaktion/Dokumente/Papers/Imboden-Bericht-2016. pdf.

124. Stabsstelle Presse-und Offentlichkeitsarbeit der Humboldt-Universitat zu Berlin, 編 輯 . *Spuren der Exzellenzinitiative. Die Humboldt-Universitat zu Berlin zieht Zwischenbilanz—The Excellence Initiative makes its mark—Humboldt-Universitat reviews its successes and looks ahead* (2015) 14.

125. 《*Nature*》雜誌使用 Elsevier 的 SciVal 工具對 Scopus 資料庫中的文章進行分析得出的發現。 http://www.nature.com/news/germany-claims-success-for-elite-universities-drive-1.18312.

126. "Zusammenfassung des Antrags: Berlin University Alliance—Crossing Boundaries toward an Integrated Research Environment," Berlin University Alliance, Exzellenzstrategie, https://www. berlin-university-alliance.de/press/berlin-university-alliance-summary.pdf 2020 年 1 月 7 日到訪 網站 .

127. "The Oxford / Berlin Research Partnership," *Berlin University Alliance—Our Goals,* https://www. berlin-universityalliance.de/en/commitments/international/oxford/index.html.

128. "Wide-ranging new research partnership with Berlin universities," *Oxford Sparks,* https://www. oxfordsparks.ox.ac.uk/content/wide-ranging-new-research-partnership-berlin-universities.

129. Jarausch, "Umgestaltung," 653.

第 3 章　真理、正義與自由，在冷戰的世界

1. 1963 年 6 月 26 日，甘迺迪總統在柏林 Rudolph Wilde Platz 的談話。John F. Kennedy Presidential Library and Museum, Boston, https://www.jfklibrary.org/archives/other-resources/ john-f-kennedy-speeches/berlin-w-germany-rudolph-wilde-platz-19630626.

2. 1963 年 6 月 26 日（發表）甘迺迪總統在德國西柏林自由大學的致詞 , https://www.jfklibrary. org/asset-viewer/archives/JFKPOF/045/JFKPOF-045-028.

3. "Henry Ford Building: Construction," Freie Universitat Berlin, https://www.fu-berlin.de/en/sites/ hfb/geschichte/bau/index.html.

4. Karol Kubicki 　和 Siegward Lonnendonker. *Die Freie Universitat Berlin 1948–2007: Von der Grundung bis zum Exzellenwettbewerb* (Gottingen, Germany:V&R Unipress, 2008), 14.

5. James Tent, *The Free University of Berlin: A Political History* (Indianapolis:Indiana University

Press, 1988), 36.

6. Tent, *The Free University,* 65–66.

7. Tent, *The Free University,* 78.

8. Tent, *The Free University,* 81–82.

9. Tent, *The Free University,* 85.

10. Tent, *The Free University,* 95.

11. Tent, *The Free University,* 104.

12. 引用於 Tent, *The Free University,* 106.

13. 引用於 Tent, *The Free University,* 139.

14. Tent, *The Free University,* 141.

15. 取自 1948 年 7 月 23 日成立自由大學的呼籲。

16. 參閱 Tent, *The Free University,* 160–164. 引自 161.

17. 引用和背景來自 Tent, *The Free University,* 154–155.

18. 官方手冊中的完整演講 : *Grundungsfeier der Freien Universitat Berlin* (Berlin: Erich Blaschker, 1949); 另見 Tent, *The Free University,* 166–168.

19. Fritz von Bergmann, "Die Hilfe der USA fur die Freie Universitat Berlin,"189, in *Freie Universitat Berlin 1948–1973: Hochschule im Umbruch, Teil III:Auf dem Weg in den Dissens (1957–1964),* Universitatsarchiv der Freien Universitat Berlin (以下簡稱 , FU Archives).

20. Kubicki 和 Lonnendonker, *Die Freie Universitat Berlin,* 50.

21. Der Prasident der Freien Universitat Berlin, 編輯 , *40 Jahre Freie Universitat Berlin: Die Geschichte 1948–1988, Einblicke, Ausblicke* (Berlin: Zentrale Universitatsdruckerei der Freien Universitat Berlin, 1988), 53.

22. Kubicki 和 Lonnendonker, *Die Freie Universitat Berlin,* 50.

23. 參閱 Tent, *The Free University,* 219–220, 244–249.

24. 參閱 Tent, *The Free University,* 281–286.

25. Tent, *The Free University,* 303.

26. Tent, *The Free University,* 324–325.

27. Gerhard Gohler, "Politischer Wissenschaftler und Philosoph. Zum Tode von Alexander Schwan," 刊載於 *Politische Vierteljahresschrift* 31 (1990), Heft 1,97–100. 關於毛派,請參閱 Anke Jaspers 等人編著的 *Ein kleines rotes Buch. Uber die 'Mao-Bibel'und die Bucher-Revolution der Sachzicherjahre* (Berlin: Matthes & Seitz, 2018).

28. 參閱 Tent, *The Free University,* 403–407. 引用自 Tent, *The Free University,*406–407.

29. 引用於 Tent, *The Free University,* 417.

30. *40 Jahre Freie Universitat Berlin,* 53.

31. Tent, *The Free University,* 451.

32. Tent, *The Free University,* 446.

33. Freie Universitat Berlin, *Funfzig Jahre Freie Universitat Berlin* (Berlin,1998), 72.

34. Landeshochschulstrukturkommission Berlin 編輯 , *Stellungnahmen und Empfehlungen zu Struktur und Entwicklung der Berliner Hochschulen* (Berlin,1992), 63.

35. "Empfehlungen zur Struktur der Freien Universitat Berlin in den Neunziger Jahren" (April 1988), FU Archives.

36. Kubicki 和 Lonnendonker, *Die Freie Universitat Berlin,* 141. 此處使用的數字來自 "Zwischen Wende und Jahrtausendwende: Freie Universitat Berlin, 1989–1999. Zahlen-Daten-Fakten,"3, FU Archives.

37. 2015 年 6 月 17 日作者於柏林採訪 Herbert Grieshop

38. "Der Unsichtbare Kanzler," *Furios. Studentisches Campusmagazin an der FU Berlin,* Jan. 24,

2011, https://furios-campus.de/2011/01/24/der-unsichtbare-kanzler/.

39. Peter-Andre Alt, "Rede anlasslich der Abschiedsfeier fur den langjahrigen Kanzler der Freien Universitat Berlin, Peter Lange, am 18. Dezember 2015," 全文刊載於 FU Berlin *Campus.Leben,* December 22, 2015, https://www.fu-berlin.de/campusleben/campus/2015/151222-abschied-peter-lange/index.html.

40. 2016 年 2 月 13 日 *Berliner Tagespiegel* 採訪 Peter Lange

41. Jon Marcus, "Germany Proves Tuition-Free College is Not a Silver Bullet for America's Education Woes," *Quartz,* October 18, 2016, https://qz.com/812200/is-free-college-possible-germany-shows-there-are-downsides-to-tuition-free-college/.

42. Free University 提供的資訊

43. 另見 *Struktur- und Entwicklungsplan fur die Freie Universitat Berlin (Stand 2015),* https://www.fu-berlin.de/universitaet/media/strukturplan-2015.pdf.

44. Kubicki 和 Lonnendonker, *Die Freie Universitat Berlin,* 142.

45. "Fortschreibung des Struktur-und Entwicklungsplans fur die Freie Universitat Berlin (Stand 2018)," https://www.fu-berlin.de/universitaet/media/strukturplan-2018.pdf.

46. 資料提供 Free University.

47. Deutscher Hochschul Verband, "Grundgehalter und Besoldungsanpassungen," https://www.hochschulverband.de/fileadmin/redaktion/download/pdf/besoldungstabellen/grundgehaelterw.pdf.

48. FU 提供的資訊。數據不包括醫學 "Der Besoldungsdurchschnitt fur die Freie Universitat Berlin ist fur das Jahr 2017 durch amtliche Bekanntmachung auf monatlich."

49. *Times Higher Education World University Rankings,* "Free University Berlin," https://www.timeshighereducation.com/world-university-rankings/free-university-berlin.

50. "Leistungsbericht uber das Jahr 2018" Professorinnen und Professoren: 559; Sonstige wiss. U. kunstl. Beschaftigte: 2,286; Nebenberufliches Lehrpersonal:953; 35. 參閱 https://www.berlin.de/sen/wissenschaft/service/leistungsberichte/

51. Berlin University Alliance, vi, https://www.berlin-university-alliance.de/excellence-strategy/universities-of-excellence/berlin-university-alliance-proposal.pdf.

52. "Freie Universitat Berlin," *U.S. News and World Report,* https://www.usnews.com/education/best-global-universities/freie-universitat-berlin-502084; Freie Universitat Berlin, "Facts and Figures," https://www.fu-berlin.de/en/universitaet/leitbegriffe/zahlen/index.html.

53. "Freie Universitat Berlin," *U.S. News and World Report,* https://www.usnews.com/education/best-global-universities/freie-universitat-berlin-502084; "Facts and Figures," Freie Universitat Berlin, https://www.fu-berlin.de/en/universitaet/leitbegriffe/zahlen/index.html.

54. "Freie Universitat Berlin," *U.S. News and World Report.*

55. Deutsche Wissenschafts-und Innovationshauser (German Center for Research and Innovation), *Annual Report 2018,* 79, https://www.dwih-netzwerk.de/files/2019/08/DWIH-JB2018zweiseitig.pdf.

56. Deutscher Akademischer Austauschdienst, *Wissenschaft Weltoffen 2019: Daten und Fakten zur Internationalitat vom Studium und Forschung in Deutschland* (Bielefeld: wvb Media, 2019), 136.

57. Kubicki 和 Lonnendonker, *Die Freie Universitat Berlin,* 152.

58. *Wissenschaft Weltoffen 2019,* 82.

59. 資料提供 Free University.

60. Alexander von Humboldt Foundation, *Annual Report 2018,* 127, https://www.humboldt-foundation.de/pls/web/docs/F634970970/jahresbericht_2018.pdf.

61. European Commission, UNA Europe, https://ec.europa.eu/education/sites/education/files/document-library-docs/european-universities-factsheet-una-europa.pdf.

62. "International Council," Freie Universitat Berlin, https://www.fu-berlin.de/en/sites/inu/network-university/international-council/index.html.

63. "Decision in the German Excellence Strategy," Berlin University Alliance, https://www.berlin-university-alliance.de/en/news/items/20190719-decision-excellence-strategy.html.

64. 2015 年 6 月 18 日，作者於柏林採訪 Peter- André Alt

65. "Freie Universitat Declares State of Climate Emergency," Freie Universitat Berlin, https://www.fu-berlin.de/en/presse/informationen/fup/2019/fup19_398-klimanotstand/index.html.

66. 同上

67. 德國西柏林自由大學校長的談話。1963 年 6 月 26 日 (發表), https://www.jfklibrary.org/asset-viewer/archives/JFKPOF/045/JFKPOF-045-028.

第 4 章　美國研究型大學的興起與挑戰

1. Henry W. Diederich, "American and German Universities," *Science,* July 29,1904, 157.

2. "German Universities Left Behind,"*Literary Digest,* December 11, 1909, 1067.

3. John S. Brubacher　和 Willis Rudy, *Higher Education in Transition: A History of American Colleges and Universities* (New Brunswick, NJ: Transaction Publishers, 1997), 3; Samuel Eliot Morison, *The Founding of Harvard College*(Cambridge, MA: Harvard University Press, 1998), 127.

4. Brubacher 和 Rudy, *Higher Education in Transition,* 4.

5. Arthur M. Cohen, *The Shaping of American Higher Education: Emergence and Growth of the Contemporary System* (San Francisco: Jossey-Bass,1998), 57.

6. Samuel Eliot Morison, *Three Centuries of Harvard* (Cambridge, MA: Harvard University Press, 1946), 224.

7. Philip Alexander Bruce, "History of the University of Virginia,1819–1919:The Lengthened Shadow of One Man," vol. 1, 339–342, https://babel.hathitrust.org/cgi/pt?id=coo1.ark:/13960/t48p6m780;view =1up;seq=363;size =150.

8. Edwin Emery Slosson, *Great American Universities* (New York: MacMillan,1910), 374.

9. Jonathan R. Cole, *The Great American University: Its Rise to Preeminence, Its Indispensable National Role, Why It Must Be Protected* (New York: Public Affairs,2012), 22.

10. Slosson, *Great American Universities,* 375.

11. Cole, *The Great American University,* 26–27.

12. Slosson, *Great American Universities,* 383.

13. "A Brief History of the University of Chicago," University of Chicago, http://www-news.uchicago.edu/resources/brief-history.html.

14. "A History of Stanford," Stanford University, https://www.stanford.edu/about/history/.15.

15. Roger Geiger, *American Higher Education since World War II: A History* (Princeton,NJ: PrincetonUniversity Press, 2015), 426–427.

16. John R. Thelin, *A History of American Higher Education* (Baltimore, MD:Johns Hopkins University Press, 2011), 199–201.

17. David F. Labaree, *A Perfect Mess: The Unlikely Ascendancy of American Higher Education* (Chicago: The University of Chicago Press, 2017), 106.

18. Labaree, *A Perfect Mess.*

19. 同上。

20. Geiger, *American Higher Education since World War II.*

21. Thelin, *A History of American Higher Education,* 263.

22. "History and Timeline," U.S. Department of Veterans Affairs, http://www.benefits.va.gov/gibill/history.asp.

23. "The Office of Scientific Research and Development (OSRD) Collection,"Library of Congress, https://www.loc.gov/rr/scitech/trs/trsosrd.html.

24. National Science Foundation, "Science The Endless Frontier," A Report to the President by Vannevar Bush, Director of the Office of Scientific Research and Development, July 1945, https://www.nsf.gov/od/lpa/nsf50/vbush1945.htm.

25. National Science Foundation, "Science The Endless Frontier."

26. "Farewell Address," Dwight D. Eisenhower Library, https://www.eisenhowerlibrary .gov/research/online-documents/farewell-address.

27. Charles T. Clotfelter, introduction to *American Universities in a Global Market,* Charles T. Clotfelter, 編輯 . (Chicago: University of Chicago Press,2010).

28. 參閱，例如： Clotfelter, *American Universities; * James Axtell, *Wisdom's Workshop: The Rise of the Modern University* (Princeton,NJ: Princeton University Press, 2016); 或 Hunter R. Rawlings, "The Lion in the Path,"2014 年 2 月 22 日，普林斯頓大學校友日的評論 https://www.princeton.edu/main/news/archive/S39/33/39I39/index.xml?section=topstories August 16, 2016 到訪網站。

29. Axtell, *Wisdom's Workshop*, 365.

30. Derek Bok, *Higher Education in America* (Princeton,NJ: Princeton University Press, 2013), 44–46.

31. Bok, *Higher Education in America,*49.

32. Bok, *Higher Education in America,*51.

33. Axtell, *Wisdom's Workshop,* 228.

34. Walter Crosby Eells, "The Origin and Early History of Sabbatical Leave,"*AAUP Bulletin* 48, no. 3 (September 1962): 253–256.

35. Celina M. Sima, "The Role and Benefits of the Sabbatical Leave in Faculty Development and Satisfaction," *New Directions for Institutional Research* 2000, no. 105: 67–75.

36. "Federal and State Funding of Higher Education," Pew Trusts, June 11,2015, http://www.pewtrusts.org/en/research-and-analysis/issue-briefs/2015/06/federal-and-state-funding-of-higher-education

37. "Historical Trends in Federal R&D," American Association for the Advancement of Science, https://www.aaas.org/programs/r-d-budget-and-policy/historical-trends-federal-rd.

38. Michael Mitchell, Michael Leachman, 和 Kathleen Masterson, "A Lost Decade in Higher Education Funding," Center on Budget and Policy Priorities, August 23, 2017, https://www.cbpp.org/research/state-budget-and-tax/a-lost-decade-in-higher-education-funding September 2019 到訪網站 .

39. Labaree, *A Perfect Mess,* 7.

40. Melissa Korn, "Giving to Colleges Jumps 7.2% to Record $46.7 Billion,"*Wall Street Journal,* February 11, 2019, https://www.wsj.com/articles/giving-to-colleges-jumps-7-2-to-record-46-7-billion-11549861260.

41. Council for Aid to Education, "Colleges and Universities Raise Record $40.30 Billion in 2015," 新聞稿 http://cae.org/images/uploads/pdf/VSE2015PressRelease.pdf , August 17, 2016 到訪網站

42. National Association of College and University Business Officers (NACUBO), "Endowment Study," (Boston: Cambridge Associates Inc.,1990), 23; "Number of U.S. Institutional Respondents to the 2019 NTSE, and Respondents' Total Endowment Market Value, by Endowment Size and Institution Type," NACUBO, https://www.nacubo.org/Research/2020/Public-NTSE-Tables 到訪日 March 15, 2021.

43. GDP 數據 World Bank, United States, https://data.worldbank.org/country/united-states March 15, 2021 到訪網站 .

44. National Association of College and University Business Officers, "Educational Endowments' Investment Returns Decline Sharply to 2.4% in FY2015; 10-Year Returns Fall to 6.3%," *2015 NACUBO-Commonfund Study of Endowments,* http://www.nacubo.org/Documents/2015%20 NCSE%20Press%20Release%20%20FINAL.pdf

45. "U.S. Educational Endowments Report 5.4 Percent Average Return in FY19," National Association of College and University Business Officers, January 30, 2020, https://www.nacubo.org/Press-Releases/2020/US-Educational-Endowments-Report-5-3-Percent-Average-Return-in-FY19.

46. Michael Bloomberg, "Michael Bloomberg: Why I'm Giving $1.8 Billion in College Financial Aid," *New York Times,* November 18, 2018, https://www.nytimes.com/2018/11/18/opinion/bloomberg-college-donation-financial-aid.html.

47. Michael Bloomberg, "Why I'm Giving $1.8 Billion."

48. Phillip G. Altbach, *Global Perspectives on Higher Education* (Baltimore, MD:Johns Hopkins University Press, 2016), 32.

49. Slosson, *Great American Universities,* 180.

50. "Number of International Students in the United States Hits All-Time High," Institute for International Education, November 18, 2019, https://www.iie.org/Why-IIE/Announcements/2019/11/Number-of-International-Students-in-the-United-States-Hits-All-Time-High June 2020到訪網站 ;"NAFSA International Student Economic Value Tool," National Association of International Educators, https://www.nafsa.org/policy-and-advocacy/policy-resources/nafsa-international-student-economic-value-tool-v2 , June 2020 到訪網站 .

51. David Engerman, *Know Your Enemy:The Rise and Fall of America's Soviet Experts* (New York: Oxford University Press, 2006); Mitchell L. Stevens, Cynthia Miller-Idriss,　和 Seteney Shami, *Seeing the World: How US Universities Make Knowledge in a Global Era* (Princeton, NJ: Princeton University Press, 2018).

52. "Announcement: IFLE Awards Over $71 Million in FY 2018 Grants to Strengthen International Studies, World Language Training, and Global Experiences for Educators and Students," U.S. Department of Education, https://www2.ed.gov/about/offices/list/ope/iegps/2018news.html.

53. Nick Anderson, "In Qatar's Education City, U.S. Colleges Are Building an Academic Oasis," *Washington Post,* December 6, 2015, https://www.washingtonpost.com/local/education/in-qatars-education-city-us-colleges-are-building-an-academic-oasis/2015/12/06/6b538702-8e01-11e5-ae1f-af46b7df8483story.html .

54. Slosson, *Great American Universities,* 180.

55. Labaree, *A Perfect Mess,* 183–185.

56. Labaree, *A Perfect Mess,* 2.

57. Clark Kerr, *The Uses of the University* (Cambridge, MA: Harvard University Press, 2001), 7–11; Labaree, *A Perfect Mess,* 13, 73.

58. Kerr, *The Uses of the University,* 1; Labaree, *A Perfect Mess,* 129.

第 5 章　在變化和風暴中崛起

1. Samuel Eliot Morison, *Three Centuries of Harvard* (Cambridge, MA: Harvard University Press, 1946), 253.

2. Morison, *Three Centuries,* 251.

3. 引用於 Morison, *Three Centuries,* 260.

4.   本節依據 Morton Keller 和 Phyllis Keller 在 *Making Harvard Modern: The Rise of America's University* (Oxford: Oxford University Press, 2001), 3–10，對三百周年校慶的精采描述。

5.   引用於 Keller 和 Keller, *Making Harvard Modern,* 8.

6.   Keller 和 Keller, *Making Harvard Modern,* 4–5.

7.   Morison, *Three Centuries,* 272.

8.   引用於 Keller 和 Keller, *Making Harvard Modern,* 10.

9.   Gene I. Maeroff, "Harvard of the West Climbing in Ratings," *New York Times,* October 10, 1977, https://www.nytimes.com/1977/10/10/archives/harvard-of-the-west-climbing-in-ratings.html.

10. 有關摘要, 參閱 Eugenia V. Levenson, "Harvard Girl," *Harvard Magazine,* July-August 2002, https://harvardmagazine.com/2002/07/harvard-girl.html.

11. 用詞出自 Keller 和 Keller, *Making Harvard Modern* 的副標。

12. Morison, *Three Centuries,* 5.

13. 參閱 Bernard Bailyn, "Foundations," in *Glimpses of the Harvard Past,* Bernard Bailyn, Donald Fleming, Oscar Handlin, and Stephan Thernstrom (Cambridge, MA: Harvard University Press, 1986), 9.

14. Morison, *Three Centuries,* 22–24.

15. Morison, *Three Centuries,* 14–16.

16. Morison, *Three Centuries,* 69–71.

17. Bailyn, "Foundations," 11.

18. Bailyn, "Foundations," 61.

19. Bailyn, "Foundations," 224–226.

20. Bailyn, "Foundations," 232.

21. Bailyn, "Foundations," 254.

22. Bailyn, "Foundations," 35.

23. Bailyn, "Foundations," 324.

24. Morison, *Three Centuries,* 295.

25. Donald Fleming, "Eliot's New Broom," 刊載於 Bailyn 等人, *Glimpses,* 63.

26. 所有的引用來自 Fleming, "Eliot's New Broom," 62–63.

27. Morison, *Three Centuries,* 324.

28. Fleming, "Eliot's New Broom," 65.

29. Morison, *Three Centuries,* 330.

30. Fleming, "Eliot's New Broom," 65.

31. 哈佛大學校長 Charles W. Eliot 從 1869–1925 年的演說、演講和文章, 1870 哈佛大學畢業典禮演說的紀錄, Harvard University Archives.

32. Morison, *Three Centuries,* 421.

33. 引用於 Fleming, "Eliot's New Broom," 70.

34. Fleming, "Eliot's New Broom," 76.

35. Fleming, "Eliot's New Broom," 73.

36. Fleming, "Eliot's New Broom," 384.

37. 參閱 Ernest P. Young, *The Presidency of Yuan Shikai* (Ann Arbor: University of Michigan Press, 1977), 47–48, 172–176. 引用在 175.

38. 引用於 Richard Norton Smith, *The Harvard Century: The Making of a University to a Nation* (Cambridge, MA: Harvard University Press, 1986), 60.

39. John King Fairbank, *Chinabound: A Fifty-Year Memoir* (New York: Harper & Row, 1982), 155.

40. Keller 和 Keller, *Making Harvard Modern,* 14.

41. Stephen Steinberg, *The Ethnic Myth: Race, Ethnicity, and Class in America* (Boston: Beacon Press,

2001), 245.

42. Jerome Karabel, *The Chosen: The Hidden History of Admission and Exclusion at Harvard, Yale, and Princeton* (Boston: Houghton Mifflin, 2005), 126.

43. Karabel, *The Chosen,* 88; Steinberg, *The Ethnic Myth,* 245.

44. Keller 和 Keller, *Making Harvard Modern,* 51. 參閱他們的小節 "No Women Allowed . . . ," 51–59.

45. Morison, *Three Centuries,* 446.

46. Keller 和 Keller, *Making Harvard Modern,* 23.

47. Keller 和 Keller, *Making Harvard Modern,* 24.

48. Keller 和 Keller, *Making Harvard Modern,* 163–164.

49. John T. Bethell, *Harvard Observed: An Illustrated History of the University in the Twentieth Century* (Cambridge, MA: Harvard University Press, 1998), 34.

50. Bethell, *Harvard Observed,* 278.

51. "It's Complicated: 375 Years of Women at Harvard," Radcliffe Institute for Advanced Study, Harvard University, https://www.radcliffe.harvard.edu/event/2012-its-complicated-exhibition.

52. David S. Webster, *Academic Quality Rankings of American Colleges and Universities* (Springfield, IL: Charles C. Thomas, 1986), 137–139.

53. Keller 和 Keller, *Making Harvard Modern,* xii.

54. Oscar Handlin, "Making Men of the Boys," in Bailyn 等人 , *Glimpses,* 48.

55. Bethell, *Harvard Observed,* 198–201; Keller 和 Keller, *Making Harvard Modern,* 178–183.

56. 引用於 Keller 和 Keller, *Making Harvard Modern,* 347–348.

57. Johanna Berkman, "Harvard's Hoard," *New York Times,* June 24, 2001, http://www.nytimes.com/2001/06/24/magazine/24HARVARD.html?pagewanted=all；另見 Keller 和 Keller, *Making Harvard Modern,*372.

58. 2016 年 8 月 26 日，作者於紐約市採訪 Neil Rudenstine.

59. Sara Rimer, "Some Seeing Crimson at Harvard 'Land Grab,' " *New York Times,* June 17, 1997, http://www.nytimes.com/1997/06/17/us/some-seeing-crimson-at-harvard-land-grab.html.

60. Sarah Wu, "Lessons from Barry's Corner," *Harvard Crimson,* May 10, 2017, https://www.thecrimson.com/article/2017/5/10/barrys-corner-allston-feature/.

61. Steve Stecklow, "Management 101: Harvard's President, Too Slow to Delegate, Got Swamped in Detail—It's a Uniquely Tough Job, and Rudenstine's Style Made it Even Tougher, Will He Return After a Rest?," *Wall Street Journal,* December 1994.

62. Laura L. Krug, "Allston Tax Extended to 25 Years," *Harvard Crimson,* January 9, 2004, https://www.thecrimson.com/article/2004/1/9/allston-tax-extended-to-25-years/.

63. Daniel J. Hemel, "Summers' Comments on Women and Science Draw Ire,"*Harvard Crimson,* January 14, 2005, https://www.thecrimson.com/article/2005/1/14/summers-comments-on-women-and-science/.

64. William C. Marra 和 Sara E. Polsky, "Lack of Confidence," *Harvard Crimson,* March 15, 2005, https://www.thecrimson.com/article/2005/3/15/lack-of-confidence-in-a-sharp/.

65. Geraldine Fabrikant, "Harvard and Yale Report Losses in Endowments,"*New York Times,* September 10, 2009, https://www.nytimes.com/2009/09/11/business/11harvard.html.

66. "$11 Billion Less," *Harvard Magazine,* November-December 2009, http://harvardmagazine.com/2009/11/harvard-endowment-update.

67. Beth Healy, "Harvard Ignored Warnings about Investments," *Boston Globe,* November 29, 2009, http://archive.boston.com/news/local/massachusetts/articles/2009/11/29/harvardignoredwarningsaboutinvestments/;Geraldine Fabrikant, "Harvard and Yale Report Losses in Endowments."

68. "Further Financial Fallout," *Harvard Magazine,* January-February 2010,https://harvardmagazine. com/2010/01/harvard-2009-financial-losses-grow.

69. Geraldine Fabrikant, "Harvard and Yale Report Losses in Endowments."

70. 2016 年 7 月 7 日，作者於麻薩諸塞州劍橋市採訪 Lawrence S. Bacow

71. "Looming Layoffs," *Harvard Magazine,* July-August 2009, https://harvardmagazine .com/2009/07/ looming-layoffs.

72. Keller 和 Keller, *Making Harvard Modern,* 64–70; Conant 的引文 , 65.

73. "The New Tenure Track," *Harvard Magazine,* September-October 2010, http://harvardmagazine. com/2010/09/the-new-tenure-track.

74. *The 68th Annual Harvard Crimson Confidential Guide to Courses at Harvard* (1993), 133.

75. Harvard University Office of the Senior Vice Provost, *Faculty Development & Diversity Annual Report 2013–2014,* https://hwpi.harvard.edu/files/faculty-diversity/files/fddannualreport2013- 2014hq.pdf.

76. "The New Tenure Track."

77. Colin Campbell, "The Harvard Factor,"*New York Times Magazine,* July 20,1986, http://www. nytimes.com/1986/07/20/magazine/the-harvard-factor.html?pagewanted=all.

78. *Faculty Development & Diversity Annual Report 2013–2014*; Julie Chung,"Women at Work," *Harvard Magazine,* March-April 2020, https://harvardmagazine.com/2020/03/jhj-undergraduate- women-at-work April 2020 到訪網站。

79. Noah J. Delwiche 和 Daphne C. Thompson, "Yield Remains Steady at 81 Percent for Class of 2019," *Harvard Crimson,* May 15, 2015, http://www.thecrimson.com/article/2015/5/15/class- 2019-yield-81-percent/;Tyler Foggatt, "Yield Drops, Diversity Increases for Class of 2019," *Yale Daily News,* September 3, 2015, http://yaledailynews.com/blog/2015/09/03/yield-drops-diversity- increases-for-class-of-2019/; "At 69.4 Percent,Class of 2019 Yield Highest Ever," *The Daily Princetonian,* May 8, 2015, http://www.dailyprincetonian.com/article/2015/05/at-69-4-percent- class-of-2019-yield-highest-ever.

80. Victor Xu, "Record 81.1 Percent Yield for Class of 2019," *The Stanford Daily,* June 9, 2015, http:// www.stanforddaily.com/2015/06/09/de-vx-record-81-1-percent-yield-rate-reported-for-class- of-2019/.

81. Susan Svrluga, "Harvard Fencing Coach Dismissed for Conflict-of-Interest Violation," *Washington Post,* July 10, 2019, https://www.washingtonpost.com/education/2019/07/10/harvard-fencing- coach-dismissed-conflict-of-interest-violation/.

82. Derek Thompson, "The Cult of Rich-Kid Sports," *The Atlantic,* October 2, 2019, https:// www.theatlantic.com/ideas/archive/2019/10/harvard-university -and-scandal-sports- recruitment/599248/.

83. William L. Wang, "Filings Show Athletes with High Academic Scores Have 83 Percent Acceptance Rate," *Harvard Crimson,* June 30, 2018, https://www.thecrimson.com/article/2018/6/30/athlete- admissions/.

84. "Meet the Class of 2022," *Harvard Crimson,* https://features.thecrimson.com/2018/freshman- survey/makeup/.

85. Max Larkin 和 Mayowa Aina, "Legacy Admissions Offer and Advantage—And Not Just at Schools Like Harvard," NPR, November 4, 2018, https://www.npr.org/2018/11/04/663629750/ legacy-admissions-offer-an-advantage-and-not-just-at-schools-like-harvard.

86. Preston Cooper, "The Real Problem with Legacy Admissions," *Forbes,* Feb. 20, 2020.

87. Zohra D. Yaqhubi, "New Admissions Outreach Initiative Seeks to Encourage Low-Income College Applicants," *Harvard Crimson,* October 24, 2013, http://www.thecrimson.com/article/2013/10/24/

financial-aid-office-connection/.

88. Camille G. Caldera, "83 Percent of Harvard College Admits Accept Spots in Class of 2023," *Harvard Crimson,* May 10, 2019, https://www.thecrimson.com/article/2019/5/10/class-of-2023-yield/ ,October 2019 到訪網站 .

89. "How Aid Works," Harvard College, https://college.harvard.edu/financial-aid/how-aid-works.

90. 同上 .

91. "Economic Diversity," *U.S. News and World Report,* https://www.usnews.com/best-colleges/rankings/national-universities/economic-diversity.

92. David Leonhardt, "How Elite Colleges Still Aren't Diverse," *New York Times,* March 29, 2011, https://economix.blogs.nytimes.com/2011/03/29/how-elite-colleges-still-arent-diverse/.

93. *General Education in a Free Society* (Cambridge, MA: Harvard University Press, 1945), 51. 引用於 http://harvardmagazine.com/sites/default/files/GenEd.pdf.

94. 參閱 Morison, *Three Centuries,* 446. 引用於 http://harvardmagazine.com/sites/default/files/GenEd.pdf.

95. "Financial Administration," Harvard University, https://finance.harvard.edu/financial-overview.

96. "Financial Report FY2021," Harvard University, https://finance.harvard.edu/files/fad/files/fy21harvardfinancialreport.pdf.

97. 同上 .

98. Harvard Management Company, *Annual Report 2021,* "Message from the CEO," October 2021, https://www.hmc.harvard.edu/wp-content/uploads/2021/10/FY21HMCAnnualReport.pdf.

99. Doug Gavel, "University Has a Cosmopolitan Flair," *Harvard Gazette,* November 16, 2000, https://news.harvard.edu/gazette/story/2000/11/harvard-gazette-university-has-a-cosmopolitan-flair/.

100. Michael C. George 和 Alyza J. Sebenius, "Between Harvard and Yale, a World of Difference," *Harvard Crimson,* May 24, 2012, http://www.thecrimson.com/article/2012/5/24/international-harvard-yale-singapore/?page=single.

101. John S. Rosenberg, "Going Global, Gradually," *Harvard Magazine,* November 24, 2015, https://www.harvardmagazine.com/2015/11/harvard-global-institute June 2020 到訪網站 .

102. "About HGI," Harvard Global Institute, https://globalinstitute.harvard.edu/about-hgi, June 2020 到訪網站 .

103. 2016 年 5 月 25 日，作者於麻薩諸塞州劍橋市採訪 Barry Bloom

104. "Statistics," Harvard International Office, http://www.hio.harvard.edu/statistics.

105. 美國麻薩諸塞州地方法院 "Civil Action No. 1:20-cv-11283," https://www.harvard.edu/sites/default/files/content/sevpfiling.pdf.

106. Camille G. Caldera 和 Michelle G. Kurilla, "Harvard Affiliates, Other Colleges and Universities File Amicus Briefs in Support of ICE Lawsuit,"*Harvard Crimson,* July 12, 2020, https://www.thecrimson.com/article/2020/7/13/harvard-mit-ice-lawsuit-amici/.

107. Nate Herpich, "The Conundrum for International Students," *Harvard Gazette,* July 31, 2020, https://news.harvard.edu/gazette/story/2020/07/harvard-addresses-the-challenges-for-international-students/

108. Christine Heenan, "Harvard Center Shanghai Opens Its Doors," *Harvard Gazette,* March 20, 2010, http://news.harvard.edu/gazette/story/2010/03/harvard-center-shanghai-opens-its-doors/.

109. "Harvard in the World," Harvard Worldwide, https://worldwide.harvard.edu/harvard-world , September 2020 到訪網站

110. "Summers Visits People's Republic of China," *Harvard Gazette,* May 16,2002, https://news.harvard.edu/gazette/story/2002/05/summers-visits-peoples-republic-of-china/.

111. Theodore R. Delwiche, "In Beijing, Faust Talks Climate Change with Chinese President," *Harvard Crimson,* March 17, 2015, https://www.thecrimson.com/article/2015/3/17/faust-visits-chinese-president/.

112. Colleen Walsh, "In China, Bacow Emphasizes Common Values," *Harvard Gazette,* March 20, 2019, https://news.harvard.edu/gazette/story/2019/03/harvard-president-speaks-at-peking-university/.

113. Nidhi Subbaraman, "Harvard Chemistry Chief's Arrest over China Links Shocks Researchers," *Nature,* February 3, 2020, https://www.nature.com/articles/d41586-020-00291-2; James S. Bikales 和 Kevin R. Chen,"Former Chemistry Chair Lieber Indicted on Four Additional Felonies for Tax Offenses," *Harvard Crimson,* July 29, 2020, https://www.thecrimson.com/article/2020/7/29/lieber-tax-offenses-charges/.

114. Kate O'Keefe, "Education Department Investigating Harvard, Yale over Foreign Funding," *Wall Street Journal,* February 13, 2020, https://www.wsj.com/articles/education-department-investigating-harvard-yale-over-foreign-funding-11581539042 ;U.S. Department of Education, "U.S. Department of Education Launches Investigation into Foreign Gifts Reporting at Ivy League Universities," February 12, 2020, https://content.govdelivery.com/accounts/USED/bulletins/27b7801.

115. Meg P. Bernhard 和 Ignacio Sabate, "The Founders:The Evolution of edX at Harvard and MIT," *Harvard Crimson,* May 28, 2015, http://www.thecrimson.com/article/2015/5/28/the-founders/.

116. Morison, *Three Centuries,* 371.

117. Morison, *Three Centuries,* 371–372.

118. Virginia Postrel, "Harvard Gets Its Geek On: Can Big-Ticket Gifts Lift Harvard's Engineering Schools to the Top Ranks?," *Bloomberg,* June 18, 2015, http://www.bloombergview.com/articles/2015-06-18/harvard-gets-its-geek-on.

119. Postrel, "Harvard Gets Its Geek On."

120. Jonathan Shaw   和 John S. Rosenberg, "Engineering a School's Future,"*Harvard Magazine,* January-February 2016, http://harvardmagazine.com/2015/12/engineering-a-school-s-future.

121. "Ballmer Boosts Harvard Computer Science," *Harvard Magazine,* November 13, 2014, http://harvardmagazine.com/2014/11/ballmer-boosts-harvard-computer-science-faculty.

122. "Frequently Asked Questions," Harvard John A. Paulson School of Engineering and Applied Sciences, https://www.seas.harvard.edu/prospective-students/prospective-undergraduate-students/frequently-asked-questions-faqs.

123. Meg P. Bernhard, "CS50 Logs Record-Breaking Enrollment Numbers,"*Harvard Crimson,* September 11, 2014, http://www.thecrimson.com/article/2014/9/11/cs50-breaks-enrollment-records/?page=single; Melissa C. Rodman, "CS50's First Semester Winds Down at Yale," *Harvard Crimson,* December 16, 2015, http://www.thecrimson.com/article/2015/12/16/cs50-yale-end-semester/.

124. Melissa C. Rodman, "CS50's First Semester Winds Down at Yale."

125. "Best Undergraduate Engineering Programs Rankings 2020," *U.S. News and World Report,* https://www.usnews.com/best-colleges/rankings/engineering-doctorate.

126. "Allston: The Killer App," *Harvard Magazine,* February 5, 2013, https://harvardmagazine.com/2013/02/harvard-moving-engineering-school-to-allston-campus-0.

127. John S. Rosenberg, "Allston Land Company Leads Harvard Commercial Development," *Harvard Magazine,* November 29, 2018, https://www.harvardmagazine.com/2018/11/harvard-allston-land-development-company.

128. *Times Higher Education World University Rankings,* https://www.timeshighereducation.com/

world-university-rankings/2020/world-ranking#!/page/0/length/25/sortby/rank/sortorder/asc/cols/scores.

129. 2016 年 5 月 24 日，作者於麻薩諸塞州劍橋市採訪 Douglas A. Melton

130. John S. Rosenberg, "Allston Land Company Leads Harvard Commercial Development."

131. Jay London, "The Transformation of Kendall Square: The Past, Present, and Future of MIT's Neighborhood," *Slice of MIT,* October 7, 2015, https://alum.mit.edu/slice/transformation-kendall-square-past-present-and-future-mits-neighborhood;Andy Metzger, "Kendall Square: From Dustbowl of 1970s to Tech Hub of Today,"*Wicked Local,* April 27, 2012, https://www.wickedlocal.com/article/20120427/News/304279870 , September 2020 到訪網站 .

132. "Science and Engineering Complex Gets Final Beam," *Harvard Gazette,*November 29, 2017, https://news.harvard.edu/gazette/story/2017/11/final-beam-placed-in-harvards-science-and-engineering-complex/.

133. Brigid O'Rourke, "SEAS Moves Opening of Science and Engineering Complex to Spring Semester '21," *Harvard Gazette,* April 10, 2020, https://news.harvard.edu/gazette/story/2020/04/opening-of-new-science-and-engineering-complex-moves-to-spring-21/.

134. David F. Labaree, *A Perfect Mess: The Unlikely Ascendancy of American Higher Education* (Chicago: The University of Chicago Press, 2017), 13.

第 6 章　公共使命，私人資助

卷首語 : Nicholas Dirks, "Chancellor's Corner: Traditions of Excellence Worth Maintaining," *The Daily Californian,* February 6, 2015, http://www.dailycal.org/2015/02/06/chancellors-corner-traditions-excellence-worth-maintaining/ December 7, 2015 到訪網站 .

1. Will Kane, "Chancellor Christ Sworn in as 600 Graduate during Winter Ceremony," *UC Berkeley News,* December 17, 2017, https://news.berkeley.edu/2017/12/17/chancellor-christ-sworn-in-as-600-graduate-during-winter-ceremony/.

2. "Update on Campus Budget," University of California, Berkeley Office of the Chancellor, April 11, 2016, http://chancellor.berkeley.edu/update-campus-budget, August 3, 2016 到訪網站 ;"Reducing UC Berkeley's Deficit," University of California, Berkeley Office of the Chancellor, http://chancellor.berkeley.edu/deficitreduction August 3, 2016 到訪網站 .

3. Center on Budget and Policy Priorities, "A Lost Decade in Higher Education Funding: State Cuts Have Driven Up Tuition and Reduced Quality,"August 23, 2017, https://www.cbpp.org/research/state-budget-and-tax/a-lost-decade-in-higher-education-funding.

4. "Budget 101," University of California, Berkeley Office of the Chief Financial Officer, https://cfo.berkeley.edu/budget-101.

5. "History," UC Berkeley Foundation, https://www.ucberkeleyfoundation.org/history-mission/.

6. Ry Rivard, "The New Normal at Berkeley," *Inside Higher Ed,* January 23,2015, https://www.insidehighered.com/news/2015/01/23/gov-brown-says-normal-californians-cant-get-berkeley-problem-some-californians-blame, December 7, 2015 到訪網站 .

7. Michael Burke 和 Larry Gordon, "Newsom's proposed budget cuts to higher education force difficult choices ahead," EdSource, May 15, 2020, https://edsource.org/2020/newsoms-proposed-budget-cuts-to-higher-education-force-difficult-choices-ahead/631681; John Aubrey Douglass, "Why Does UC Berkeley Need $6 Billion?," UC Berkeley Blog, March 12, 2020, https://blogs.berkeley.edu/2020/03/12/why-does-uc-berkeley-need-6-billion/.

8. "An Act to Create and Organize the University of California," California State Assembly Bill No. 583, March 5, 1868, http://bancroft.berkeley.edu/CalHistory /charter.html, August 18, 2016 到

訪網站；"Bylaws," University of California Board of Regents, November 2015, http://regents. universityofcalifornia.edu/governance/bylaws/index.html, August 18, 2016 到訪網站 .

9. Patricia A. Pelfrey, *A Brief History of the University of California,* 2nd edition (Berkeley: University of California Press, 2004), 9.

10. Pelfrey, *A Brief History,* v.

11. Pelfrey, *A Brief History,* 11.

12. Pelfrey, *A Brief History,* 14–15.

13. Clark Kerr, *The Gold and the Blue: A Personal Memoir of the University of California, 1949– 1967: Volume One: Academic Triumphs* (Berkeley: University of California Press, 2001), 39.

14. Edwin Emery Slosson, *Great American Universities* (New York: MacMillan,1910), 149; Pelfrey, *A Brief History,* 22.

15. Pelfrey, *A Brief History,* 24.

16. Pelfrey, *A Brief History,* 28–29.

17. Kerr, *The Gold and the Blue: Academic Triumphs,* 140.

18. Jennifer Fenn Lefferts, "From Community College to Harvard," *Boston Globe,* May 23, 2019, https://www.bostonglobe.com/metro/globelocal/2019/05/22/from-community-college-harvard/ ff9D4BQZYgsWTFpIo45NGO/story.html.

19. 參閱 Belinda Reyes, 編輯 , *A Portrait of Race and Ethnicity in California: An Assessment of Social and Economic Well-Being* (Public Policy Institute of California,2001), http://www.ppic. org/content/pubs/report/R201BRR.pdf ;Deborah Reed, Melissa Glenn Haber, 和 Laura Mameesh, "The Distribution of Income in California," (Public Policy Institute of California,July 1996), http:// www.ppic.org/content/pubs/report/R796DRR.pdf,accessed August 22, 2016 到訪網站 .

20. Clark Kerr, *The Gold and the Blue: A Personal Memoir of the University of California, 1949– 1967: Volume Two: Political Turmoil* (Berkeley: University of California Press, 2001), 28.

21. Kerr, *The Gold and the Blue: Political Turmoil,* 28.

22. Kerr, *The Gold and the Blue: Political Turmoil,* 288.

23. 引用於 "Education: View from the Bridge," *Time Magazine,* November 17,1958.

24. Kerr, *The Gold and the Blue: Political Turmoil,* 309.

25. University of California Annual Endowment Report 2007, http://regents.universityofcalifornia. edu/regmeet/mar08/i3attach.pdf August18, 2016到訪網站 ; University of California Annual Endowment Report 2009, http://regents.universityofcalifornia.edu/regmeet/feb10/i6attach.pdf, August 18, 2016 到訪網站 .

26. Kevin O'Leary, "California's Crisis Hits Its Prized Universities," *Time Magazine,* July 18, 2009, http://content.time.com/time/nation/article/0,8599,1911455,00.html , December 7, 2015到訪網站 .

27. Kevin O'Leary, "California's Crisis Hits its Prized Universities."

28. 2015 年 4 月 28 日，作者於加州柏克萊訪談 George Breslauer

29. 2015 年 4 月 28 日，作者訪談 George Breslauer

30. Mac Taylor, *Faculty Recruitment and Retention at the University of California,*Report of the Legislative Analyst's Office of California, December 13, 2012, http://www.lao.ca.gov/ reports/2012/edu/uc-faculty/uc-faculty-121312.pdf , December 7, 2015 到訪網站 .

31. 2015 年 5 月 3 日，作者於加州柏克萊訪談 Nicholas Dirks.

32. "Announcement of Comprehensive Planning and Analysis Process,"UC Berkeley Office of the Chancellor, February 10, 2016, http://chancellor.berkeley.edu/announcement-comprehensive-planning-and-analysis-process , August 18, 2016 到訪網站 .

33. Rachel Bachman, "Cal's Football-Stadium Gamble,"*Wall Street Journal,*April 18, 2012.

34. Nanette Asimov, "Cal Scrambling to Cover Stadium Bill," *SFGate,* June 16, 2013, http://www.

sfgate.com/collegesports/article/Cal-scrambling-to-cover-stadium-bill-4604221.php , August 23, 2016 到訪網站.

35. Amy Jiang, "Campus Faculty Urge Review of Investigation into Allegations Faced by Former Vice Chancellor," *The Daily Californian,* April 21, 2015, https://www.dailycal.org/2015/04/20/uc-berkeley-faculty-sign-letter-review-allegations-former-vice-chancellor-graham-fleming/,September 2019 到訪網站.

36. Andrea Platten, "Napolitano Addresses Sexual Misconduct Cases, Orders Graham Fleming Fired from New Post," *The Daily Californian,* March 13,2016, https://www.dailycal.org/2016/03/12/graham-fleming-fired-from-role-as-berkeley-global-campus-ambassador/,d September 2019 到訪網站.

37. UC Berkeley Public Affairs, "Berkeley's Budget Challenge: Reduce, Rethink, Restructure," *UC Berkeley News,* March 11, 2016, http://news.berkeley .edu/2016/03/11/berkeleys-budget-challenge/, August 9, 2016 到訪網站.

38. Phillip Matier 和 Andrew Ross, "Fence and Its Costs Rising at UC Berkeley Chancellor's Home," *San Francisco Chronicle,* August 29, 2015, http://www.sfchronicle.com/bayarea/matier-ross/article/Fence-and-its-costs-rising-at-UC-Berkeley-6472768.php, August 8, 2016 到訪網站.

39. Teresa Watanabe, "UC Berkeley Provost Resigns after Criticism of Handling of Sexual Harassment and Budget Issues," *Los Angeles Times,* April 15, 2016, http://www.latimes.com/local/lanow/la-me-ln-berkeley-provost-resigns-20160415-story.html , August 3, 2016 到 訪 網 站 ; Suhauna Hussain, "Andrew Szeri Resigns from Position as Vice Provost of Strategic Academic and Facilities Planning," *The Daily Californian,* June 19, 2016, http://www.dailycal.org/2016/06/19/andrew-szeri-resigns-position-vice-provost-strategic-academic-facilities-planning/ , August 8, 2016 到訪網站.

40. 加州大學柏克萊分校學術評議會春季分部會議，2016 年 5 月 3 日錄音，http://academic-senate.berkeley.edu/meetings/division/property-0-3, August 9, 2016 到訪網站.

41. Nanette Asimov, "UC Berkeley Chancellor Faces Skeptical Academic Senate,"*SFGate,* May 3, 2016, http://www.sfgate.com/news/article/UC-Berkeley-chancellor-faces-skeptical-Academic-7391798.php, August 8, 2016 到訪網站.

42. Pelfrey, *A Brief History,* 11.

43. 2015 年 5 月 3 日，作者於加州柏克萊訪談 Sheldon Rothblatt

44. 2015 年 4 月 28 日，作者訪談 George Breslauer

45. 2015 年 5 月 3 日，作者訪談 Nicholas Dirks

46. George Breslauer, "What Made Berkeley Great? The Sources of Berkeley's Sustained Academic Excellence," University of California, Berkeley Center for Studies in Higher Education Research & Occasional Paper Series:CSHE.3.11, January 2011.

47. 2015 年 4 月 28 日，作者訪談 George Breslauer

48. University of California, *Budget for Current Operations Report: Summary of the Budget Request As Presented to the Regents for Approval 2019–20,* 9, https://www.ucop.edu/operating-budget/files/rbudget/2019-20-budget-summary.pdf, September 2019 到訪網站.

49. Curan Mehra, "Prop. 20 Passes, Midyear UC Tuition Increase Avoided,"*The Daily Californian,* November 6, 2012, http://www.dailycal.org/2012/11/06/fate-of-prop-30-still-unclear/, December 8, 2015 到訪網站.

50. *2013–2014 UC Berkeley Budget Plan,* http://cfo.berkeley.edu/sites/default/files/2013-14%20UC%20Berkeley%20Budget%20Plan%20-%20Final%20%289 -5-13%29.pdf, December 7, 2015 到訪網站.

51. John Wilton, "Time Is Not on Our Side," Berkeley Administration and Finance, November 29,

2013, part 1, 5–6, http://vcaf.berkeley.edu/sites/default/files/Time%20is%20not%20on%20our%20side%202%20%2011 .29.13%20FINAL .pdf , December 7, 2015 到訪網站 .

52. *Times Higher Education,* "THE World Academic Summit: Nicholas Dirks,"YouTube 影片 , 46:59, October 2, 2015, https://www.youtube.com/watch?v=3NkoyHAJiPY , December 7, 2015 到訪 ; Nicholas Dirks, "The Future of World-Class Universities," *University World News,* no. 385 (October 2,2015), http://www.universityworldnews.com/article.php?story=20151001004022774 , December 7, 2015 到訪網站 .

53. "Energy Biosciences Institute: About EBI," 2015, Energy & Biosciences, http://www.energybiosciencesinstitute.org/content/energy-biosciences-institute,accessed December 7, 2015; Rick DelVecchio, "UC Faculty Critical of BP Deal," *SFGate,* March 9, 2007, http://www.sfgate.com/education/article/BERKELEY-UC-faculty-critical-of-BP-deal-2611643.php August 23, 2016 到訪網站 .

54. Charles Burress, "Probe of Research Pact at Cal Released," *SFGate,* July 31,2004, http://www.sfgate.com/bayarea/article/BERKELEY-Probe-of-research-pact-at-Cal-released-2737385.php, August 23, 2016到訪網站 ; Lawrence Busch等人 , *External Review of the Collaborative Research Agreement between Novartis Agricultural Discovery Institute, Inc. and the Regents of the University of California* (East Lansing, MI: Institute for Food and Agricultural Standards, Michigan State University, 2004); Robert M. Price 和 Laurie Goldman, *The Novartis Agreement: An Appraisal,* UC Berkeley Administrative Review, October 4, 2004.

55. 數據來自於 National Center for Education Statistics Integrated Postsecondary Education Data System, http://nces.ed.gov/ipeds/ , August 26, 2020 到訪網站 .

56. 2015 年 5 月 3 日，作者訪談 Nicholas Dirks

57. "University Ultra High Net Worth Alumni Rankings 2019,Wealth-X, https://www.wealthx.com/wp-content/uploads/2019/08/University-Ultra-High-Net-Worth-Alumni-Rankings-2019.pdf ; Chris Parr,"Top 20 Universities for Producing Billionaires," *Times Higher Education,* November 20,2014, https://www.timeshighereducation.com/news/top-20-universities-for-producing-billionaires/2017097.article

58. UC Berkeley Public Affairs, "Campus Sets New Records for Fundraising,"*UC Berkeley News,* July 14, 2016, http://news.berkeley.edu/2016/07/14/campus-sets-new-records-for-fundraising/ , August 18, 2016 到訪網站 .

59. UC Berkeley, "Light the Way: The Campaign for Berkeley: FAQ," https://light.berkeley.edu/o/about/ , September 2020 到訪網站 .

60. UC Berkeley Public Affairs, "At Saturday Event, Berkeley Kicks off $6 Billion'Light the Way' Campaign," *UC Berkeley News,* March 2, 2020, https://news.berkeley.edu/2020/03/02/at-saturday-event-berkeley-kicks-off-6-billion-light-the-way-campaign/

61. UC Berkeley, "Light the Way: The Campaign for Berkeley."

62. "Berkeley Operational Excellence: About," http://oe.berkeley.edu/about , December 7, 2015 到訪網站 .

63. Logan Goldberg, "Campus Leaders Address 'Painful' Budget Cuts, Other Changes at Staff Forum,"*The Daily Californian,* February 24, 2015, http://www.dailycal.org/2015/02/24/campus-leaders-address-painful-budget-cuts-changes-staff-forum/ , August 9, 2016到訪網站 ; Curan Mehra and Jordan Bach-Lombardo,"Birgeneau Leaves Legacy of Complicated Commitment to Public Mission," *The Daily Californian,* May 3, 2013, http://www.dailycal.org/2013/05/03/birgeneau-leaves-legacy-of-complicated-commitment-to-public-mission/ , August 9, 2016 到訪網站 .

64. Wilton, "Time Is Not on Our Side," part 1.

65. UC Berkeley Research, "Faculty Excellence," https://vcresearch.berkeley.edu/excellence/faculty-excellence , March 16, 2021 到訪網站 .

66. 2015 年 5 月 3 日，作者訪談 Nicholas Dirks

67. Kerr, *The Gold and the Blue: Academic Triumphs,* 8–9.

68. Marc Gould, "UCB Faculty Advancement Slides, 1985–2011 by Discipline,"Office for Faculty Equity and Welfare, http://ofew.berkeley.edu/sites/default/files/ucbfacultyadvancementslidesbydiscipline2011.pdf ,August 18, 2016 到訪網站 .

69. 2015 年 5 月 3 日，作者於加州柏克萊訪談 Robert Birgeneau

70. 2015 年 4 月作者機密訪談

71. 2015 年 5 月 3 日，作者訪談 Nicholas Dirks

72. 2015 年 4 月 28 日，作者訪談 George Breslauer

73. Teresa Watanabe, "UC Berkeley Chancellor to Resign Following Widespread Criticism by Faculty," *Los Angeles Times,* August 16, 2016, http://www.latimes.com/local/lanow/la-me-ln-uc-berkeley-chancellor-resign-20160816-snap-story.html , August 18, 2016 到訪網站 .

74. 數據來自 National Center for Education Statistics Integrated Postsecondary Education Data System, http://nces.ed.gov/ipeds/ , August 24, 2016 到訪網站 .

75. National Center for Education Statistics, "UC Berkeley: Human Resources,"https://nces.ed.gov/ipeds/datacenter/Facsimile.aspx?unitid=110635 , September 2020 到訪網站 .

76. *Review of the Institute of East Asian Studies, University of California, Berkeley,2011–2012,* January 27, 2012 提交 .

77. "Best Colleges, 2020," *U.S. News and World Report,* 2019, http://colleges.usnews.rankingsandreviews.com/best-colleges/, September 2019 到訪網站

78. Wilton, "Time Is Not on Our Side," part 2, 2–3.

79. Wilton, "Time Is Not on Our Side," part 2, 2; U.S. Department of Education,Distribution of Federal Pell Grant Program Funds by Institution,"https://www2.ed.gov/finaid/prof/resources/data/pell-institution.html, Augst 26, 2020 到訪網站 ; "Economic Diversity Among the Top 25," *U.S. News and World Report,* https://www.usnews.com/best-colleges/rankings/national-universities/economic-diversity-among-top-ranked-schools, August 26, 2020 到訪網站 .

80. "By the Numbers," 2015, University of California, Berkeley, http://www.berkeley.edu/about/bythenumbers, December 7, 2015 到訪網站 .

81. "UC Berkeley Fall Enrollment Data," University of California, Berkeley Office of Planning and Analysis, https://opa.berkeley.edu/uc-berkeley-fall-enrollment-data , August 26, 2020 到訪網站 .

82. "A Semester Unlike Any Other," University of California, Berkeley Division of Equity and Inclusion, https://diversity.berkeley.edu/news/semester-unlike-any-other , September 25, 2020 到訪網站 .

83. 關 於 Third World Liberation Front更深入的歷史，請參閱 Gary Y. Okihiro's *Third World Studies: Theorizing Liberation* (Durham, NC: Duke University Press, 2016)

84. The Berkeley Revolution, "The Third World Liberation Front," http://revolution.berkeley.edu/projects/twlf/.

85. Gino Nuzzolillo 和 Trey Walk, "You Should Take an Ethnic Studies Course," *The Chronicle,* January 15, 2019, https://www.dukechronicle.com/article/2019/01/duke-university-you-should-take-an-ethnic-studies-course.

86. Tyler Kingkade, "Occupy Cal Berkeley Protest Draws Thousands, As Two Years of Occupation Come Home," *Huffington Post,* November 10, 2011, http://www.huffingtonpost.com/2011/11/10/thousands-gather-for-occupy-cal-protestn1086963.html , August 18, 2016到訪網站 ; Amruta Trivedi,"Chancellor's Statement to ASUC Senate Cut Short by Calls for Resignation,"*The Daily*

Californian, December 8, 2011, http://www.dailycal.org/2011/12/07/chancellors-statement-to-asuc-senate-cut-short/ , August 18, 2016 到訪網站 ; Chloe Hunt 和 J. D. Morris, "Robert Birgeneau to Step Down as Chancellor of UC Berkeley," *The Daily Californian,* March 14,2012, http://www.dailycal.org/2012/03/13/uc-berkeley-chancellor-robert-birgeneau-announces-he-will-step-down-at-years-end/, August 18, 2016 到訪網站 .

87. "The Berkeley Undergraduate Initiative Executive Summary," University of California, Berkeley Vice Chancellor for Undergraduate Education, March 30, 2016, http://vcue.berkeley.edu/sites/default/files/theundergraduate_initiative-executivesummaryfinal.pdf.

88. 2015 年 5 月 3 日，訪談 Nicholas Dirks

89. "CA Demographics," University of California, https://www.universityofcalifornia.edu/infocenter/ca-demographics, September 2020 到訪 .

90. "UC Berkeley Fall Enrollment Data," University of California, Berkeley Office of Planning and Analysis, https://opa.berkeley.edu/uc-berkeley-fall-enrollment-data , August 26, 2020 到訪網站 .

91. Doris Sze Chun, "John Fryer, The First Agassiz Professor of Oriental Languages and Literature, Berkeley," *Chronicle of the University of California,* no. 7 (Fall 2005): 2, https://cshe.berkeley.edu/sites/default/files/chron7_excerptfryer.pdf.

92. "International Student Enrollment, Fall 2019," University of California, Berkeley International Office, https://internationaloffice.berkeley.edu/sites/default/files/student-stats2019.pdf.

93. "International Student Enrollment Data," Berkeley International Office, http://internationaloffice.berkeley.edu/students/current/enrollmentdata.

94. Larry Gordon, "UC Berkeley Studies International Education Campus in Richmond," *Los Angeles Times,* February 24, 2015, http://www.latimes.com/local/education/la-me-uc-richmond-20150224-story.html#page =1 , December 7, 2015 到訪網站 .

95. UC Berkeley Public Affairs, "Campus Launches Effort to Form New Global Alliance," *UC Berkeley News,* October 16, 2015, http://news.berkeley.edu/2015/10/16/campus-announces-new-global-alliance/ , December 7, 2015 到訪網站 .

96. Larry Gordon, "UC Berkeley Studies International Education Campus"; Nicholas Dirks, "Open Letter to the Richmond Community from UC Berkeley Chancellor Nicholas Dirks: An Update on the Berkeley Global Campus," May 28, 2015, http://chancellor.berkeley.edu/sites/default/files/UCB-ChancellorDirksOpenLetterRichmond-BGCRB-5-28-15.pdf , December 7, 2015 到訪網站 .

97. Wilton, "Time Is Not on Our Side," part 1, 3.

98. 2015 年 5 月 3 日，作者訪談 Robert Birgeneau

99. 2015 年 5 月 3 日，作者訪談 Robert Birgeneau

100. Teresa Watanabe, "UC Berkeley's New Chancellor Brings Optimism—and a World Record—to an Embattled Campus," *The Baltimore Sun,* August 18, 2017, https://www.baltimoresun.com/la-me-uc-berkeley-new-chancellor-20170818-story.html , May 2020 到訪網站 .

101. Teresa Watanabe, "UC Berkeley's New Chancellor Brings Optimism."

102. Maxine Mouly 和 Olivia Buccieri, "Campus Officials Announce Elimination of $150M Deficit," *The Daily Californian,* September 26, 2019, https://www.dailycal.org/2019/09/24/campus-officials-announce-elimination-of-150-million-deficit/ , May 2020 到訪網站 .

103. UC Berkeley Public Affairs, "Chancellor Christ: Free Speech Is Who We Are," *UC Berkeley News,* ugust 23, 2017, https://news.berkeley.edu/2017/08/23/chancellor-christ-free-speech-is-who-we-are/, May 2020 到訪網站 .

104. Yao Huang, "UC Berkeley Ranks Below UCLA as 2nd-Best Public School in US," *The Daily Californian,* September 13, 2018, https://www.dailycal.org/2018/09/13/uc-berkeley-ranks-below-ucla-as-2nd-best-public-school-in-us/ , May 2020 到訪網站 .

105. Robert Morse, Matt Mason, 和 Eric Brooks, "Updates to 5 Schools' 2019 Best Colleges Rankings Data," *U.S. News and World Report,* July 25, 2019, https://www.usnews.com/education/blogs/college-rankings-blog/articles/2019-07-25/updates-to-5-schools-2019-best-colleges-rankings-data , September 2019 到訪網站 .

106. UC Berkeley Public Affairs, "UCLA, UC Berkeley Top Publics in *U.S. News* National Rankings," *UC Berkeley News,* September 2019, https://news.berkeley.edu/2019/09/09/us-news-national-rankings2020/ , May 2020 到訪網站 ; Yao Huang, "UC Berkeley Ranks Below UCLA."

107. UC Berkeley Public Affairs, "In Online Conversation, Carol Christ Gives Budget, Campus Updates," *UC Berkeley News,* May 12, 2020, https://news.berkeley.edu/2020/05/12/in-online-conversation-carol-christ-gives-budget-campus-updates/ , May 2020 到訪網站 .

108. UC Berkeley Public Affairs, "In Online Conversation, Carol Christ Gives Budget, Campus Updates."

109. "UC Berkeley Announces Plans for Fall Semester," *UC Berkeley News,* June 17, 2020, https://news.berkeley.edu/2020/06/17/uc-berkeley-announces-plans-for-fall-semester/ , June 2020 到訪網站 .

110. Jessica Ruf, "California Creates Higher Ed Recovery Taskforce to Mitigate COVID-19 Impact," *Diverse Education,* August 10, 2020, https://diverseeducation .com/article/187160/.

111. 2015 年 4 月 28 日訪談 George Breslauer .

112. "A Semester Unlike Any Other," University of California, Berkeley Division of Equity & Inclusion, https://diversity.berkeley.edu/news/semester-unlike-any-other , September 2020訪網站 .

第 7 章　驚人的野心

1. 這個故事最先是在 Brodhead 的就職演說 "More Day to Dawn," September 18, 2004 提及，轉載於 Richard H. Brodhead, *Speaking of Duke: Leading the 21st Century University* (Durham, NC: Duke University Press, 2017), 19.

2. Brodhead, "Constructing Duke," August 19, 2015新生大會 ,於 Brodhead, *Speaking of Duke,* 220.

3. 參閱 William C. Kirby, Nora Bynum, Tracy Yuen Manty, 和 Erica M. Zendell,"Kunshan, Incorporated: The Making of China's Richest Town," Case 313–103 (Boston: Harvard Business School, 2013).

4. Terry Sanford, "Outrageous Ambitions," 演講於 Annual Meeting of the Faculty, October 25, 1984, https://dukespace.lib.duke.edu/dspace/bitstream/handle/10161/91/outrageousambitions.pdf?sequence=1.

5. "Facts," Duke University, https://facts.duke.edu,accessed August 2020;"Quick Statistics about Duke University," Duke University Libraries, https://library.duke.edu/rubenstein/uarchives/history/articles/statistics , September 2020 到訪網站 .

6. "Global Companies Rank Universities," *New York Times,* October 25, 2012, https://archive.nytimes.com/www.nytimes.com/imagepages/2012/10/25/world/asia/25iht-sreducemerging25-graphi.html.

7. Brodhead, "More Day to Dawn," 於 Brodhead, *Speaking of Duke,* 20.

8. 關於 Crowell 以 及 遷 往 Durham,參閱 Robert F. Durden, *The Dukes of Durham, 1865–1929* (Durham, NC: Duke University Press, 1975), 91–96. 另 見 Crowell的回憶錄 : John Franklin Crowell, *Personal Collections of Trinity College, North Carolina, 1887–1894* (Durham, NC: Duke University Press, 1939). The Duke University Archives 保留的 Crowell 文件 , 包括 "John Franklin Crowell Records and Papers, 1883–1932." 中收藏的帳簿和成績簿。

9. 參閱 Robert F. Durden, *The Dukes of Durham*; 關於 British-American Tobacco Company 在中

國的成功參閱 Sherman Cochran, *Big Business in China: Sino-foreign Rivalry in the Cigarette Industry* (Cambridge, MA: Harvard University Press, 1980).

10. "Washington Duke and the Education of Women,"Duke University Libraries, https://library.duke.edu/rubenstein/uarchives/history/articles/washington-duke-women, September 2019 到訪網站 .

11. 參 閱 Nora Campbell Chaffin, *Trinity College, 1839–1892: The Beginnings of Duke University* (Durham, NC: Duke University Press, 1950); Earl W. Porter, *Trinity and Duke, 1892–1924: Foundations of Duke University* (Durham, NC: Duke University Press, 1964).

12. 參 閱 Robert F. Durden, *Bold Entrepreneur: A Life of James B. Duke* (Durham, NC: Carolina Academic Press, 2003), 155.

13. Robert F. Durden, *The Launching of Duke University: 1924–1949* (Durham, NC: Duke University Press, 2005), 26.

14. "Medical Center History—Overview,"Duke University Medical Center Archives, https://archives.mc.duke.edu/history , September 2020 到訪網站 .

15. "History of Duke Hospital," Duke Department of Surgery, https://surgery.duke.edu/about-department/history ,September 2020 到訪網站 .

16. "History of Duke Hospital," Duke Department of Surgery.

17. 引 用 於 Tallman Trask III, *Duke University: An Architectural Tour* by Ken Friedlein and John Pearce (New York: Princeton Architectural Press, 2015), 11–12 的前言 .

18. *First Progress Report,* Committee on Planning and Development at Duke University (June 1959), 5.

19. *First Progress Report,* Introductory Statement.

20. 引 用 於 Robert F. Durden, *Lasting Legacy to the Carolinas: The Duke Endowment, 1924–1994* (Durham, NC: Duke University Press, 1998), 149.

21. Durden, *Lasting Legacy,* 36.

22. Durden, *Lasting Legacy,* 36–37

23. Durden, *Lasting Legacy,* 32; "Quick Statistics about Duke University," Duke University Library, https://library.duke.edu/rubenstein/uarchives/history/articles/statistics .

24. "Commemorating 50 Years of Black Students at Duke University," Duke University, https://spotlight.duke.edu/50years/ .

25. *First Progress Report,* 36.

26. Richard H. Brodhead, "Coming through the Current Challenges," *Duke Today,* February 10, 2010, https://today.duke.edu/2010/02/rhbspeech.html .

27. *Long Range Planning at Duke University: Second Progress Report,* Duke University (1960), 19.

28. *The Fifth Decade,* Duke University (1964); *Duke University in the Decade Ahead (Third Progress Report),* Duke University Committee on Long Range Planning (1961).

29. "Profile of Duke University 1956–1976," Duke University (1976), 15.

30. "Profile of Duke University 1956–1976," 16–18.

31. "Profile of Duke University 1956–1976," 20.

32. "History and Mission," Duke Lemur Center, https://lemur.duke.edu/about/history-mission/ .

33. "History and Mission," Duke Lemur Center.

34. John Markis, "From Lemurs to Poisoned Chocolate:The Tale of a Lemur Center Founder," *The Chronicle,* April 23, 2019, https://www.dukechronicle.com/article/2019/04/duke-university-from-lemurs-to-poisoned-chocolate-the-tale-of-a-lemur-center-founder-john-buettner-janusch .

35. Markis, "From Lemurs to Poisoned Chocolate."

36. "History and Mission," Duke Lemur Center.

37. Sanford, "Outrageous Ambitions."

38. Howard E. Covington 與 Marion A. Ellis, *Terry Sanford: Politics, Progress, & Outrageous*

Ambitions (Durham, NC: Duke University Press, 1999),368–369.

39. Covington 與 Ellis, *Terry Sanford,* 373; "Meet Terry Sanford," Duke Sanford School of Public Policy, https://sanford.duke.edu/about-us/inside-sanford/meet-terry-sanford .

40. "Summary Report of the University Planning Committee," Duke University (1972).

41. "Summary Report," Duke University (1972).

42. 同上

43. 同上

44. Terry Sanford, "A Time for Greatness at Duke: The Epoch Campaign,"Duke University (1973), 21, https://ia600401.us.archive.org/24/items/timeforgreatness00duke/timeforgreatness00duke.pdf .

45. Sanford, "A Time for Greatness at Duke," 20.

46. *Directions for Progress: A Report to the Duke University Board of Trustees,* Duke University (1980), 1–2.

47. *Directions for Progress,*2.

48. "History and Quick Facts," Duke Nicholas School of the Environment, https://nicholas.duke.edu/general/history-quick-facts .

49. *Directions for Progress,*3.

50. *Directions for Progress,* 64.

51. "Academic Plan," Duke University (1987), 15–16.

52. Covington 與 Ellis, *Terry Sanford,* 421.

53. David Yaffe, "The Department That Fell to Earth: The Deflation of Duke English," http://Linguafranca.mirror.theinfo.org/9902/yaffe.html .

54. *Crossing Boundaries:Interdisciplinary Planning for the Nineties,* Duke University Self-Study (1988), 46.

55. Adam Beyer, "Remembering Keith Brodie: Community Mourns Passing of the Former Duke President," *The Chronicle,* December 6, 2016, http://www.dukechronicle.com/article/2016/12/remembering-keith-brodie-community-fathers-to-mourn-passing-of-the-former-duke-president .

56. Beyer, "Remembering Keith Brodie."

57. "Economic Diversity among the Top 25 National Universities," *U.S. News and World Report,* https://www.usnews.com/best-colleges/rankings/national-universitieseconomic-diversity-among-top-ranked-schools , June 2020 到訪網站 .

58. U.S. Department of Education, "Equity in Athletics Data Analysis,"https://ope.ed.gov/athletics/#/ , June 2020 到訪網站 .

59. Niharika Vattikonda, "Duke Athletics' Annual Equity Report Sheds Light on Spending, Coaching for Men's and Women's Teams," *The Chronicle,* April 10, 2019, https://www.dukechronicle.com/article/2019/04/duke-athletics-annual-equity-report-shows-differences-between-mens-and-womens-teams , d June 2020 到訪網站 .

60. Burton Bollag, "Men's Lacrosse Team at Duke U. Forfeits Games Following Accusations of Rape at Party," *The Chronicle of Higher Education,* March 27, 2006, https://www.chronicle.com/article/Mens-Lacrosse-Team-at-Duke-U/117736 , June 2020 到訪網站 .

61. Duff Wilson 與 David Barstow, "All Charges Dropped in Duke Case,"*New York Times,* April 12, 2007, https://www.nytimes.com/2007/04/12/us/12duke.html , June 2020 到訪網站 .

62. David S. Webster, *Academic Quality Rankings of American Colleges and Universities* (Springfield, IL: Charles C. Thomas Publisher, 1986), 127, 131; 引 用 David S. Webster, "America's Highest Ranked Graduate Schools, 1925–1982," *Change: The Magazine of Higher Education* 15, no. 4 (May–June 1983).

63. "U.S. News & World Report Historical University Rankings," 由 Andrew G. Reiter 編制的資料 ,

https://sites.google.com/site/andyreiter/data .

64. Sanford, "Outrageous Ambitions."

65. *Shaping Our Future: A Young University Faces a New Century,* Duke University (1994), 6–8.

66. *Shaping Our Future,* Duke University (1994).

67. *Building on Excellence,* Duke University (2001), 160.

68. "$2 Billion and Counting," *Duke Magazine,* January-February 2003, https://alumni.duke.edu/magazine/articles/2-billion-and-counting .

69. "$2 Billion and Counting."

70. "Master Plan," Duke Facilities Management, https://facilities.duke.edu/campus/master-plan ,March 16, 2021 到訪網站 .

71. "Bylaws of Duke University," Duke University Board of Trustees, https://trustees.duke.edu/governing-documents/bylaws-duke-university .

72. April 13, 2015，作者於北卡達勒姆採訪 Peter Lange

73. "Minutes of the Regular Meeting of the Academic Council: January 19, 2006," Duke University Academic Council, https://academiccouncil.duke.edu/sites/default/files/AC01-19-061.pdf , June 2020 到訪網站 .

74. 同上

75. "Bylaws of Duke University."

76. "Minutes of the Regular Meeting of the Academic Council: September 21, 2006," Duke University Academic Council, https://academiccouncil.duke.edu/sites/default/files/AC09-21-06P.pdf , June 2020 到訪網站 .

77. April 13, 2015, 作者採訪 Peter Lange

78. April 10, 2015, 作者於北卡達勒姆採訪 Sally Kornbluth

79. April 15, 2015, 作者於北卡達勒姆採訪 Tallman Trask III

80. *Building on Excellence,* 160.

81. *Building on Excellence,* 177.

82. February 7, 2021, 作者與 Peter Lange 的通信

83. April 10, 2015, 作者於北卡達勒姆採訪 Richard Brodhead.

84. "Minutes of the Regular Meeting of the Academic Council: September 21, 2006," Duke University Academic Council, https://academiccouncil.duke.edu/sites/default/files/AC09-21-06P.pdf , June 2020 到訪網站 .

85. "Duke's Financial Aid Initiative Raises $308.5 Million," *Duke Today,* January 26, 2009, https://today.duke.edu/2009/01/fai.html .

86. "In Letter to Staff, President Brodhead Outlines Duke's Response to Economic Downturn," *Duke Today,* March 1, 2009, https://today.duke.edu/2009/03/rhbletter.html .

87. "In Letter to Staff."

88. 同上

89. 同上

90. 同上

91. "Memo: Peter Lange Charges Deans to Review Strategic Plan," *Duke Today,* April 29, 2009, https://today.duke.edu/2009/04/stratmemo.html .

92. "Duke University's Endowment: 2015–16 Snapshot," Duke University (2016), https://dukeforward.duke.edu/downloads/DukeEndowment-2016_D.pdf ;Jake Satisky, "University Endowment Rises to Record $8.6 Billion after'Economic Headwinds,' " *The Chronicle,* September 28, 2019, https://www.dukechronicle.com/article/2019/09/duke-university-endowment-record-board-of-trustees#:~:text =University%20endowment%20rises%20to%20record%20%248.6%20billion%20

after%20'economic%20headwinds;"Duke's Endowment Returns Nearly 56 Percent in Fiscal Year 2021," *The Chronicle,* October 15, 2021, https://www.dukechronicle.com/article/2021/10/duke-university-endowment-gain-56-percent-dumac-how-used-financial-aid-faculty-pay-who-manages .

93. Peter Lange 給教職員的信草稿, Duke University Archives, Office of the Provost, Common Archives, 2000–2007.

94. Rachel Chason, "How Brodhead Changed Duke," *The Chronicle,* April 12, 2017, http://www.dukechronicle.com/article/2017/04/how-brodhead-changed-duke .

95. "About DukeEngage," DukeEngage, https://dukeengage.duke.edu/about-dukeengage .

96. April 9, 2015, 作者於北卡達勒姆採訪 Noah Pickus

97. *Building on Excellence,* 165.

98. "About Duke Global Health Institute," Duke Global Health Institute, https://globalhealth.duke.edu/about .

99. *Making a Difference,* Duke University (2006), 45–47.

100. "Interdisciplinarity at Duke: A Brief Inventory of Connections among Schools and University-Wide Institutes, Initiatives, and Centers," Duke OVPIS (2018), https://sites.duke.edu/interdisciplinary/files/2018/09/interdisciplinarity-at-duke-august2018-1.pdf , September 2019 到訪網站 .

101. "Interdisciplinarity at Duke."

102. 同上

103. 同上

104. 同上

105. 同上

106. April 10, 2015, 作者採訪 Sally Kornbluth

107. April 15, 2015, 作者採訪 Richard Brodhead

108. April 13, 2015, 作者採訪 Peter Lange

109. April 9, 2015, 作者於北卡達勒姆採訪採訪高海燕

110. April 10, 2015, 作者採訪 Sally Kornbluth

111. April 13, 2015, 作者採訪 Peter Lange

112. *Together Duke: Advancing Excellence through Community,* Duke University (April 2017).

113. *Times Higher Education World University Rankings,* 2017, https://www.timeshighereducation.com/world-university-rankings/2017/world-ranking#!/page/0/length/25/sortby/rank/sortorder/asc/cols/stat s;"QSWorld University Rankings 2016–2017," QS Top Universities (2017), https://www.topuniversities.com/university-rankings/world-university-rankings/2016 ;Duke University, Academic Ranking of World Universities, http://www.shanghairanking.com/World-University-Rankings/Duke-University.html .

114. "Best Medical Schools," USNWR Rankings 2019, https://www.usnews.com/best-graduate-schools/top-medical-schools/research-rankings ;"Best Law Schools,"USNWR Rankings 2019, https://www.usnews.com/best-graduate-schools/top-law-schools/law-rankings .

115. "Best Nursing Schools: Research," USNWR Rankings 2019, https://www.usnews.com/best-graduate-schools/top-nursing-schools/nur-rankings .

116. "Best Business Schools," USNWR Rankings 2019, https://www.usnews.com/best-graduate-schools/top-business-schools/mba-rankings .

117. "Duke Ranks as 6th Best Global University in Environment and Ecology,"Duke Nicholas School of the Environment (2016) 引用 USNWR 排名 , https://nicholas.duke.edu/about/news/duke-ranks-6th-best-global-university-environment-and-ecology .

118. *Summary Report of the University Planning Committee,* Duke University(1972), 95.

119. 同上

120. 同上

121. Lisa K. Childress, *The Twenty-first Century University: Developing Faculty Engagement in Internationalization* (Frankfurt, Germany: Peter Lang Publishing, 2009), 43–44.

122. *Shaping Our Future,* Duke University (1994), 26.

123. *Shaping Our Future,* Duke University (1994), 27.

124. "A Global Vision for Duke University," Duke University Global Priorities Committee (2013), Fuqua Global Executive MBA Program, http://www.fuqua.duke.edu/programs/dukemba/global-executive/ .

125. Fuqua Cross Continent MBA Program, http://www.fuqua.duke.edu/programs/dukemba/crosscontinent/ .

126. *Building on Excellence,* 89–90.

127. *Building on Excellence,* 89–92.

128. "About," Duke Global Education Office, https://globaled.duke.edu/about, September 2020 到訪網站.

129. *Duke Global Health Institute 2015–2016 Impact Report,* Duke Global Health Institute (2018), https://globalhealth.duke.edu/sites/default/files/files/dghi_annual-report-2017-2018final-forweb.pdf .

130. "Duke University and National University of Singapore Advance to Second Phase of Medical School Partnership," November 30, 2010, Duke Health, https://corporate.dukehealth.org/news/duke-university-and-national-university-singapore-advance-second-phase-medical-school .

131. April 15, 2015, 作者採訪 Richard Brodhead

132. "Duke-Kunshan Planning Guide," Duke University Office of the Provost 與 Office of Global Strategy and Programs (2011); Kirby 等人., "Kunshan, Incorporated"; 參閱我的線上課程 ChinaX, Part 10, Section 49.6, "Kunshan Field Trip," 中所拍攝的黨委書記管愛國的訪談影片。 https://www.edx.org/course/contemporary-china-the-peoples-republic-taiwan-and

133. "Duke-Kunshan Planning Guide."

134. "Duke-Kunshan Planning Guide," 20.

135. "Duke-Kunshan Planning Guide," 19.

136. "Senior Leaders Appointed for Duke Kunshan University," *Duke Today,* September 20, 2012, http://today.duke.edu/2012/09/dkuexecs .

137. "Duke-Kunshan Planning Guide."

138. March 22, 2017, 作者於中國崑山採訪高海燕

139. "Undergraduate Curriculum: Liberal Arts in the 21st Century," Duke Kunshan University, https://dukekunshan.edu.cn/en/academics/undergraduate-curriculum .

140. "Trustees Approve Undergraduate Program for Duke Kunshan University," *Duke Today,* December 3, 2016, https://today.duke.edu/2016/12/trustees-approve-undergraduate-program-duke-kunshan-university .

141. New York University, "The Creation of NYU Shanghai," March 27, 2011, https://www.nyu.edu/about/leadership-university-administration/office-of-the-president-emeritus/communications/the-creation-of-nyu-shanghai.html .

142. Sally Kornbluth, "Memo to the Faculty from Provost Sally Kornbluth," March 16, 2016, https://provost.duke.edu/sites/all/files/Duke%20and%20the%20Development%20of%20DKU%20rev%20Aug%202016%20.pdf , June 2020 到訪網站 .

143. 同上

144. 同上

145. Maria Morrison, "Duke Kunshan University Breaks Ground on 47-acre Expansion," *The Chronicle*

August 19, 2019, https://www.dukechronicle.com/article/2019/08/duke-kunshan-university-breaks-down-phase-2-expansion-china , May 2020 到訪網站 .

146. "Vincent Price Named Duke University 10th President," *Duke Today,* December 2, 2016, https://today.duke.edu/2016/12/presannouncement .

147. 同上

148. Duke Strategic Framework, https://president.duke.edu/wp-content/uploads/2019/04/Duke-Will-Strategic-Framework.pdf , October 2019 到訪網站 .

149. Duke Kunshan University, "Duke Kunshan University Welcomes Its First Undergraduate Class," August 14, 2018, http://webcache.googleusercontent.com/search?q=cache:EqrvPB1A45cJ:https://dukekunshan.edu.cn/en/news/arrival-class-of-2022&hl =en&gl =us&strip =1&vwsrc =0 .

150. Johns Hopkins University Coronavirus Resource Center, "COVID-19 Dashboard by the Center for Systems Science and Engineering (CSSE) at Johns Hopkins University," https://coronavirus.jhu.edu/map.html ,September 2020 到訪網站 .

151. Nick Anderson, "China's Coronavirus Crisis Forces Duke Kunshan University to Teach Online," *Washington Post,* February 22, 2020, https://www.washingtonpost.com/local/education/chinas-coronavirus-crisis-forces-duke-kunshan-university-to-teach-online/2020/02/22/311349aa-5333-11ea-929a-64efa7482a77story.html .

152. Duke Kunshan University, "Coronavirus: Updates on DKU's Response,"May 14, 2020, https://dukekunshan.edu.cn/en/news/special-message-novel-coronavirus , June 2020 到訪網站 .

153. Matthew Griffin 與 Carter Forinash, "Duke Limits Fall Housing to First-years and Sophomores, Scaling Back Reopening Plans," *The Chronicle,* July 26, 2020, https://www.dukechronicle.com/article/2020/07/duke-university-email-fall-changes-housing-limited-first-years-sophomore-coronavirus .

154. "A Global Celebration for Duke Kunshan's Class of 2024," *Duke Today,*August 26, 2020, https://today.duke.edu/2020/08/global-celebration-duke-kunshan%E2%80%99s -class-2024 .

155. Duke Office of Duke Kunshan University Relations, "Message to Duke '24 International Students: DKU Option for Fall 2020," https://dkurelations.duke.edu/students/duke-students-dku/message-duke-24-international-students-dku-option-fall-2020 .

156. April 15, 2015, 作者採訪 Richard Brodhead

157. 同上

158. "Minutes of the Meeting of the Academic Council: November 17, 2016,"Duke University Academic Council, http://academiccouncil.duke.edu/sites/default/files/11-17-16%20minutes.pdf .

第 8 章　中國人的世紀？

1. Qi Wang 和 Nian Cai Liu, "Higher Education Research Institutes in Chinese Universities," *Studies in Higher Education* 39, no. 8 (September 2014):1488–1498.

2. "Sustainable Development Goals: National Monitoring: Enrolment by Level of Education: Enrolment in Tertiary Education, All Programmes, Both Sexes (Number): China," UNESCO, http://data.uis.unesco.org/# , January 19, 2021 到訪網站 .

3. Andrew Jacobs, "China's Army of Graduates Struggles for Jobs," *New York Times,* December 11, 2010, https://www.nytimes.com/2010/12/12/world/asia/12beijing.html ; Qinying He, Yao Men, 和 Lin Xu, Composition Effect Matters: Decomposing the Gender Pay Gap in Chinese University Graduates,"*Economic Research* (*Ekonomska Istraživanja*) 33, no. 1 (March 2020), https://www.tandfonline.com/doi/full/10.1080/1331677X.2020.1734850 .

4. "College Enrollment in the United States from 1965 to 2018 and Projections up to 2029 for Public

and Private Colleges," Statista, November 5, 2020, https://www.statista.com/statistics/183995/us-college-enrollment-and-projections-in-public-and-private-institutions/

5. National Bureau of Statistics, "China Statistical Yearbook 2001: Number of Institutions of Higher Education by Region and Type (2000)," China Statistics Press, http://www.stats.gov.cn/english/statisticaldata/yearlydata/YB2001e/ml/indexE.htm , January 19, 2021 到訪網站 .

6. 國家統計局 ," 中國統計年鑑 2011: 高等學校數量 (2010)", China Statistics Press, http://www.stats.gov.cn/tjsj/ndsj/2011/indexeh.htm , January 19, 2021 到訪網站 .

7. William C. Kirby, "The Chinese Century? The Challenges of Higher Education,"*Daedalus* 143, no. 2 (Spring 2014): 145–156, https://www.jstor.org/stable/43297323 .

8. UNESCO Institute for Statistics, "School Enrollment, Tertiary (% Gross),"World Bank, http://data.worldbank.org/indicator/SE.TER.ENRR/countries/CN-4E-XT?display=graph , May 12, 2020 到訪網站 .

9. 有關所有這些趨勢的概述請參閱 David A. Stanfield 和 Yukiko Shimmi, "Chinese Higher Education: Statistics and Trends," 於 *International Briefs for Higher Education Leaders,* no. 1 (2012): 5–7. 關於大趨勢 , 參閱年度中國教育發展報告 , 第 21 版 (北京 : 社會科學文獻出版社 , 2011); " 毛入學率達 51.6% , 高等教育更普及了 ", 新華社 , November 26, 2020, http://www.xinhuanet.com/local/2020-11/26/c1126786875.htm .

10. Kai Yu, Andrea Lynn Stith, Li Liu, 與 Huizhong Chen, *Tertiary Education at a Glance: China* (Boston: Sense Publishers, 2012), 7.

11. 參閱 Ichisada Miyazaki, *China's Examination Hell: The Civil Service Exams of Imperial China,* 翻譯 Conrad Schirokauer (New Haven, CT: Yale University Press, 1976).

12. Ji Xianlin, 引自 Hao Ping, *Peking University and the Origins of Higher Education in China* (Los Angeles: Bridge21 Publications, 2013), 384.

13. 關於翰林院的詳盡介紹 , 參閱 Adam Yuen-chung Lui, *The Hanlin Academy: Training Ground for the Ambitious 1644–1850,* (Hamden, CT: Archon Books, 1981).

14. Gu Ming-yuan, *Cultural Foundations of Chinese Education* (Leiden, Netherlands:Brill, 2014), 108–113.

15. Benjamin A. Elman, *Civil Examinations and Meritocracy in Late Imperial China* (Cambridge, MA: Harvard University Press, 2013).

16. Frank J. Swetz, "The Introduction of Mathematics in Higher Education in China, 1865–1887," *Historia Mathematica* 1 (2, 1974), 169.

17. Richard A. Hartnett, *The Saga of Chinese Higher Education from the Tongzhi Restoration to Tiananmen Square* (Lewiston, NY: Edwin Mellen, 1998), 7.

18. 參閱 Timothy B. Weston, *The Power of Position* (Berkeley: University of California Press, 2004), 81ff.

19. 蔡元培《大學教育》於《蔡元培全集》第 5 卷（北京：中華書局，1988 年）,507–508.

20. 胡適《國立大學之重要》於《胡適散文》，姚鵬、范橋主編，（北京：中國廣播電視出版社，1992），191–192.

21. 參閱 Ruth Hayhoe, *China's Universities 1895–1995: A Century of Cultural Conflict* (New York: Routledge, 1996), 47.

22. 參閱 Wen-Hsin Yeh, *The Alienated Academy: Culture and Politics in Republican China 1919–1937* (Cambridge, MA: Harvard University Press, 1990).

23. 關於批評和美國的回應 , 參閱 Stephen Duggan, "A Critique of the Report of the League of Nations' Mission of Educational Experts to China," *Institute of International Education* 14, no. 3 (January 1933).

24. William C. Kirby, "The Internationalization of China: Foreign Relations at Home and Abroad in

the Republican Era," *China Quarterly,* no. 150 (June 1997): 455.

25. "Recent Conditions of Chinese Universities, Colleges, and Libraries," *China Institute Bulletin* 3, no. 2 (November 1938): 51–62; John Israel, *Lianda: A Chinese University in War and Revolution* (Stanford: Stanford University Press, 1998), 15.

26. Israel, *Lianda: A Chinese University in War and Revolution,* 376.

27. Hayhoe, *China's Universities 1895–1995,* 78.

28. Robert Taylor, *Education and University Enrolment Policies in China, 1949–1971,* (Canberra: Australian National University Press, 1973).

29. 參 閱 Andrew G. Walder, *Fractured Rebellion: The Beijing Red Guard Movement* (Cambridge, MA: Harvard University Press, 2009).

30. Joel Andreas, *Rise of the Red Engineers* (Stanford: Stanford University Press,2009), 189.

31. Andreas, *Rise of the Red Engineers,* 210.

32. 陳至立，" 改革開放 20 年的中國教育 "，中華人民共和國教育部 , http://www.moe.gov.cn/jybxwfb/xwzt/moe357/s3579/moe90/tnull3161.html , May 12, 2020 到訪網站 ; Suzanne Pepper, *China's Education Reform in the 1980s* (Berkeley, CA: Institute of East Asian Studies), 69.

33. Pepper, *China's Education Reform in the 1980s.*

34. " 扎根中國大地奮進強國征程，新中國 70 年高等教育改革發展歷程 "，中華人民共和國教育部 , http://www.moe.gov.cn/jybxwfb/s5147/201909/t20190924_400593.html , May 12, 2020 到訪網站 .

35. Wanhua Ma, "The Flagship University and China's Economic Reform," 於 *World Class Worldwide: Transforming Research Universities in Asia and Latin America,* P. G. Altbach and J. Bal, 編輯 . (Baltimore, MD: Johns Hopkins University Press, 2007), 32.

36. Colin Norman, "China to Get $200 Million for University Expansion,"*Science* 213, no. 4506 (1981): 420–421.

37. Martin King Whyte, "Deng Xiaoping," *China Quarterly,* no. 135 (September 1993): 515–535.

38. Ruth Hayhoe, "China's Universities and Western Academic Models," *Higher Education* 18, no. 1 (1989): 49–85.

39. Pepper, *China's Education Reform in the 1980s.*

40. 陳至立，" 改革開放 20 年的中國教育 "

41. Ruth Hayhoe, "China's Universities since Tiananmen: A Critical Assessment,"*China Quarterly,* no. 134 (June 1993): 291–309.

42. 國家統計局，" 中國統計年鑑 2007: 學校數量 (2006), China Statistics Press, http://www.stats.gov.cn/tjsj/ndsj/2007/indexeh.htm; National Bureau of Statistics, "Number of Institutions of Higher Education by Region and Type (1999)," http://www.stats.gov.cn/english/statisticaldata/yearlydata/YB2000e/T16E.htm , January 19, 2021 到訪網站 .

43. Li Lixu, "China's Higher Education Reform 1998–2003," *Asia Pacific Education Review* 5, no. 1 (2004): 14–22.

44. Xiaoyan Wang 與 Jian Liu, "China's Higher Education Expansion and the Task of Economic Revitalization," *Higher Education* 62, no. 2 (August 2011): 213–229."

45. Li Lixiu, "China's Higher Education Reform 1998–2003."

46. " 高等教育學校數量 "，中華人民共和國教育部 , http://www.moe.gov.cn/s78/A03/moe560/jytjsj2019/qg/202006/t20200611464789.html, June 2020 到訪網站 .

47. "2019 年全國高校名單 " 中華人民共和國教育部 , http://www.moe.gov.cn/jybxxgk/s5743/s5744/201906/t20190617386200.html , August 2019 到訪網站 .

48. Huiqing Jin, "China's Private Universities," *Science* 346, no. 6208 (2014): 40, http://www.sciencemag.org/content/346/6208/401.full , August 13,2015 到訪網站 .

49. 參閱 William C. Kirby, Michael Shih-ta Chen, Keith Chi-ho Wong, 與 Tracy Manty, "Xi'an International University: The Growth of Private Universities in China," Case 309-074 (Boston: Harvard Business School, 2009).

50. Kirby, "The Chinese Century?"

51. "2019 年全國高校名單"

52. "Vision and Mission," Xi'an Jiaotong-Liverpool University, https://www.xjtlu.edu.cn/en/about/overview/vision-and-mission .

53. William C. Kirby, Nora Bynum, Tracy Yuen Manty, 與 Erica M. Zendell, "Kunshan, Incorporated: The Making of China's Richest Town," Case 313–103 (Boston: Harvard Business School, 2013).

54. "三十年前的中國大學排名一覽，你怎麼看？" 搜狐, May 23, 2020, https://www.sohu.com/a/397252209_523175 .

55. "Education: Enrolment by Level of Education: Enrolment in Tertiary Education, All Programmes, Both Sexes (Number)," UNESCO Institute for Statistics, http://data.uis.unesco.org/# , May 12, 2020 到訪網站 .

56. Hayhoe, *China's Universities 1895–1995,* 119.

57. Mei Li 與 Rui Yang, "Governance Reforms in Higher Education: A Study of Institutional Autonomy in China," 於 *Governance Reforms in Higher Education in Asia: A Study of Institutional Autonomy in Asian Countries,* N. V. Varghese 與 M. Martin, 編輯, (Paris: International Institute for Educational Planning, UNESCO, 2013), 70.

58. 中華社會科學網, "中辦印發高校黨委領導下的校長負責制實施意見, Oc tober 16, 2014, http://www.cssn.cn/zx/yw/201410/t201410161364866.shtml , August 2019 到訪網站 .

59. Yao Li 等, "The Higher Educational Transformation of China and Its Global Implications," National Bureau of Economic Research, Working Paper 13849 (March 2008), 22–24.

60. 孫雁, "清華大學教育基金會成理財高手," 中國網路電視台, October 19, 2010, http://igongyi.cntv.cn/20101019/100856.shtml , October 2014 到訪網站 .

61. Hayhoe, *China's Universities 1895–1995,* 95.

62. 中華人民共和國教育部, "211 工程簡介", https://web.archive.org/web/20121110220139/http://www.moe.edu.cn/publicfiles/business/htmlfiles/moe/moe315/20409/3799.html , March 3, 2021 到訪網站 .

63. Yao Li 等, "The Higher Educational Transformation of China and Its Global Implications," 20.

64. 中國學位與研究生教育信息, "C9 聯盟高校名單", https://www.cdgdc.edu.cn/xwyyjsjyxx/xwsytjxx/yxmd/274942.shtml , January 19, 2021 到訪網站 .

65. 國務院, "規範校辦企業管理體制試點問題的通知", November 1, 2001, http://www.gov.cn/zhengce/content/2012-12/14/content5832.htm .

66. "地方普通本科高校向應用型轉變的指導意見 Difang putong benke gaoxiao xiang yingyong xing zhuanbian de zhidao yijian", 中華人民共和國教育部, October 23, 2015, http://www.moe.gov.cn/srcsite/A03/moe1892/moe630/201511/t20151113218942.html .

67. Yao Li 等, "The Higher Educational Transformation of China and Its Global Implications," 19–21.

68. dxsbb .com[大學生必備網], "2020 年清華大學學費多少？及專業收費標準", September 9, 2020, https://m.dxsbb.com/news/52163.html ; 浙江大學城市學院, "浙江大學城市學院 2020 年學費是多少？收費標準", January 14, 2020, https://www.szedu.com/data/r264225/ ; 大學生必備網, "西安國際大學 2020 年學雜費是多少？及專業收費標準", September 16, 2020, https://m.dxsbb.com/news/56603.html ; "學費和獎學金", NYU Shanghai, https://shanghai.nyu.edu/cn/zsb/cost , January 19, 2021 到訪網站 .

69. 上海市政府, "2018 年上海科技大學預算案", http://www.shanghai.gov.cn/Attach/Attaches/201802/20180213111641504.pdf , March 2019 到訪網站 .

70. 生雲龍,"清華大學教師學歷與學緣結構的變遷",清華大學教育研究 29, no. 2 (April 2008): 92–98.

71. 同上.

72. 林杰,"中美兩國教師近親繁殖之比較"高等教育研究 30, no. 12 (December 2009): 39–51.

73. 國家外國專家局,"工作中國招聘外國專家人才計畫:1000 人高層次外國專家人才計畫", http://1000plan.safea.gov.cn/index.php?s=Cont&id=12742321, August 28,2015 到訪網站;Liz Gooch, "Chinese Universities Send Big Signals to Foreigners,"*New York Times,* March 11, 2012, http://www.nytimes.com/2012/03/12/world/asia/12iht-educlede12.html , August 28, 2015 到訪網站.

74. Gooch, "Chinese Universities Send Big Signals to Foreigners."

75. Sharon LaFraniere, "Fighting Trend, China Is Luring Scientists Home,"*New York Times,* January 6, 2010, http://www.nytimes.com/2010/01/07/world/asia/07scholar.html , August 28, 2015到訪網站.

76. Kai Yu, *Diversification to a Degree: An Exploratory Study of Students' Experience at Four Higher Education Institutions in China* (Bern, Switzerland: Peter Lang, 2010), 62, https://books.google. com/books?id=6VZHgCf3SEoC&pg=PA62&lpg=PA62#v=onepage&q&f =falseAugust 27, 2015 到訪網站.

77. Yiqun Fu, "Gaokao Statistics 2014," *TeaLeaf Nation,* https://docs.google.com/spreadsheets/d/1Xg T5uoO31m5gPnPXRpAQfc26LIlJHDCrhsl6asgm -WM/edit#gid =0 , August 28, 2015 到訪網站.

78. Kong Defang 與 Yao Chun, "China to Overhaul Exam, Enrollment System by 2020," *People's Daily Online,* September 4, 2014, http://en.people.cn/n/2014/0904/c90882-8778889.html , August 28, 2015 到訪網站;Song Rongrong,"我國高考制度改革十大要點", *IFeng Talk,* September 4, 2014, http://edu.ifeng.com/a/20140904/407874500.shtml , August 28, 2015 到訪網站.

79. Kirby 等,"Kunshan, Incorporated."

80. "MOE closes 234 Chinese-Foreign Joint Education Institutions and Programs,"Ministry of Education of the People's Republic of China, July 5, 2018, http://en.moe.gov.cn/News/ TopNews/201807/t20180710342467.html ;Emily Feng, "China Closes a Fifth of Foreign University Partnerships,"*Financial Times,* July 17, 2018, https://www.ft.com/content/794b77e8-8976-11e8-bf9e-8771d5404543.

81. "教育部解讀《中國教育現代化 2035》和《實施方案》"中共中央,國務院(附全文),搜狐, February 24, 2019, https://www.sohu.com/a/297290631_473325.

82. "More Chinese Study Abroad in 2018," Ministry of Education of the People's Republic of China, March 28, 2009, http://en.moe.gov.cn/news/mediahighlights/201904/t20190401376249.html .

83. "Georgia on Their Minds," *The Economist,* February 21, 2015, https://www.economist.com/ china/2015/02/19/georgia-on-their-minds , August 28, 2015 到訪網站;Institute of International Education, "International Student Totals by Place of Origin," https://www.iie.org/Research-and-Insights/Open-Doors/Data/International-Students/Places-of-Origin May 12, 2020 到訪網站.

84. "The Unveiling Ceremony of the China-Italy Design Innovation Hub and the Tsinghua Arts and Design Institute in Milan," Tsinghua University, https://goglobal.tsinghua.edu.cn/en/news/news.en/ lgR56myTb , October 9, 2019 到訪網站.

85. "Ground-Breaking of the Tsinghua Southeast Asia Center in Indonesia,"Tsinghua University, http://eng.pbcsf.tsinghua.edu.cn/portal/article/index/id/1421.html , October 9, 2019 到訪網站.

86. Coco Liu, "Belt and Read: How China Is Exporting Education and Influence to Malaysia and Other Asean Countries," *South China Morning Post,* July 30, 2017, https://www.scmp.com/week-asia/politics/article/2097965/belt-road-and-books-how-chinas-trying-soft-power-outreach .

87. "Hungary Agrees to Open Chinese University Campus in Budapest by 2024," *Euronews,* February 5, 2021, https://www.euronews.com/2021/05/02/hungary-agrees-to-open-chinese-university-

campus-in-budapest-by-2024 .

88. *Times Higher Education World University Rankings,* 2020, https://www.timeshighereducation. co.uk/world-university-rankings/ ,May 12, 2020到訪網站 ; Academic Ranking of World Universities, "Academic Ranking of World Universities 2018," http://www.shanghairanking. com/ARWU2018.html , January 19, 2021 到訪網站 ; QS Top Universities, "QS World University Rankings 2021," https://www.topuniversities.com/university-rankings/world-university-rankings/2021 .

89. 根據來自以下的資料計算 "Double First-Class University and Discipline List Policy Update," Australian Government, Department of Education, Skills and Employment (December 14, 2017), https://internationaleducation.gov.au/International-network/china/PolicyUpdates-China/Pages/Double-First-Class-university-and-discipline-list-policy-update.aspx , March 2018 到訪網站 .

90. 中華人民共和國中央政府, " 國家中長期教育改革和發展規畫綱要 (2010–2020 年)", July 29, 2010, https://www.gov.cn/jrzg/2010-07/29/content1667143.htm.

91. dxsbb .com [大學生必備網], "How Much Is the Tuition Fee of Tsinghua University in 2020? Fee Standards for Each Major," September9, 2020, https://m.dxsbb.com/news/52163.html ;City College of Zhejiang University ,How Much Is the Tuition Fee of City College of Zhejiang University in 2020? Fee Standards," January 14, 2020, https://www.szedu.com/data/r264225/ January 19, 2021到訪網站 ; College Student's Essential Network, "How Much Are Annual Tuition and Fees for Xi'an International University in 2020? Fee Standards for Each Major," September 16, 2020, https://m.dxsbb.com/news/56603.html , January 19, 2021 到訪網站 ; "Tuition and Scholarships," NYU Shanghai, https://shanghai.nyu.edu/cn/zsb/cost , d January 19, 2021 到訪網站 .

92. "Annual Per Capita Disposable Income of Rural and Urban Households in China 1990–2019," *Statista,* November 20, 2020, https://www.statista.com/statistics/259451/annual-per-capita-disposable-income-of-rural-and-urban-households-in-hina/.

93. 中國教育在線 , June 9, 2020, https://news.eol.cn/xueshu/202006/t202006091732373.shtml.

94. "中國高等教育進入普及化時代 " [China's Higher Education Has Entered the Era of Popularization], *Xinhua,* October 13, 2020, http://www.xinhuanet.com/politics/2020-10/13/c1126597896.htm.

95. Tom Mitchell, "China University Rule Change Sparks Protests in 4 Provinces," *Financial Times,* May 23, 2016, http://www.ft.com/intl/cms/s/0/6a6c8b18-20be-11e6-aa98-db1e01fabc0c. html#axzz4AXbTFtYk , June 3, 2016 到訪網站 .

96. " 各級學校少數民族學生人數 ", 中華人民共和國教育部 , 2010, http://www.moe.gov.cn/s78/ A03/moe560/s6200/201201/t20120117129611.html .

97. " 各級學校少數民族學生人數 ", 中華人民共和國教育部 , 2020, http://www.moe.gov.cn/s78/ A03/moe560/jytjsj2019/qg/202006/t20200611464796.html ; " 中華人民共和國 2010 年人口普查 ", 中國統計出版社 , http://www.stats.gov.cn/tjsj/pcsj/rkpc/6rp/indexch.htm .

98. 清華大學 , "2019–2020 學年本科教育質量報告 ", December 2020, https://www.tsinghua.edu.cn/ local/C/24/2D/B7896456DF4989A6A6CF192E2D1515D4FF21B3A98.pdf ; "939 所高中 , 4,326 人 , 北京大學 2020 年錄取情況及生源結構分析 , September 2, 2020, http://m.mxzzzs.com/ news/104886.html .

99. " 各級學校少數民族學生人數 ," 2020.

100. Association of American Universities, "Hefei Statement on the Ten Characteristics of Contemporary Research Universities," https://www.aau.edu/sites/default/files/AAU%20Files/ Education%20and%20Service/Hefei_statement.pdf .

101. "Document 9: A ChinaFile Translation," ChinaFile, November 8, 2013, https://www.chinafile.com/

document-9-chinafile-translation.

102. 朱善璐，"以培育和弘揚社會主義核心價值觀為引領扎實抓好新形勢下高校宣傳思想工作"，中國教育新聞網，中華人民共和國教育部，February 3, 2015, http://paper.jyb.cn/zgjyb/html/2015-02/03/content430445.htm?div=-1, September 10, 2015 到訪網站，trans. Joycelyn Eby.

103. "新時代高校教師職業行為十項準則"，中國教育新聞網，中華人民共和國教育部，November 14, 2018, http://www.moe.gov.cn/srcsite/A10/s7002/201811/t20181115354921.html .

104. Emily Feng, "Chinese Universities Are Enshrining Communist Party Control in Their Charters," NPR, January 20, 2020, https://www.npr.org/2020/01/20/796377204/chinese-universities-are-enshrining-communist-party-control-in-their-charters .

105. Philip Wen, "Demand for Absolute Loyalty to Beijing at Chinese Universities Triggers Dissent," *Wall Street Journal,* December 18, 2019, https://www.wsj.com/articles/demand-for-absolute-loyalty-to-beijing-at-chinese-universities-triggers-dissent-11576674047?mod=articleinline/ .

106. White House, "President Donald J. Trump Is Protecting America from China's Efforts to Steal Technology and Intellectual Property," May 29, 2020, https://www.whitehouse.gov/briefings-statements/president-donald-j-trump-protecting-america-chinas-efforts-steal-technology-intellectual-property/ .

107. Emily Feng, "As U.S. Revokes Chinese Students' Visas, Concerns Rise About Loss of Research Talent," NPR, September 23, 2020, https://www.npr.org/2020/09/23/915939365/critics-question-u-s-decision-to-revoke-chinese-students-visas .

第 9 章　從預備學校到國家旗艦

1. Keith Bradscher, "$300 Million Scholarship for Study in China Signals a New Focus," *New York Times,* April 21, 2013; 和 "Oxford and the Rhodes Scholarship," http://www.rhodesscholar.org , June 2013 到訪網站 .

2. Edmund J. James, "Memorandum Concerning the Sending of an Educational Commission to China" (1907), 引用於 Mary Brown Bullock, "American Exchanges with China, Revisited," 於 *Educational Exchanges: Essays on the Sino-American Experiences,* Joyce K. Kallgren 與 Denis Fred Simon, 編輯 . (Berkeley: Institute of East Asian Studies, 1987), 26.

3. Su-Yan Pan, *University Autonomy, the State, and Social Change in China* (Hong Kong: Hong Kong University Press, 2009), 71.

4. 清華大學校史研究室，清華大學九十年 (Beijing: Tsinghua University, 2001), 9.

5. Yoshi S. Kuno, *Education Institutions in the Orient with Special Reference to Colleges and Universities in the United States, Part II* (Berkeley: University of California Press, 1928), 55–56.

6. 參閱 Wen-hsin Yeh, *The Alienated Academy:Culture and Politics in Republican China, 1919–1937* (Cambridge, MA: Harvard University Asia Center,1990), 207–210, 224.

7. 參閱錢穎一與李強，編輯，《老清華的社會科學》（北京：清華大學出版社，2011）．

8. 參 閱 John Israel, *Lianda: A Chinese University in War and Revolution* (Stanford:Stanford University Press, 1998).

9. Israel, *Lianda,* 38.

10. 參 閱 Andrew G. Walder, *Fractured Rebellion: The Beijing Red Guard Movement* (Cambridge, MA: Harvard University Press, 2009).

11. 參閱唐少傑，一葉知秋：清華大學 1968 年 "百日大武鬥"（香港：中文大學出版社，2003）；以及 William Hinton, *Hundred Day War: The Cultural Revolution at Tsinghua University* (New York: Monthly Review Press, 1972).

12. "三十年前的中國大學排名一覽，你怎麼看 ?", 搜狐，May 23, 2020, https://www.sohu.com/

a/397252209_523175 .

13. 參閱 Cheng Li, *China's Leaders: The New Generation* (Lanham, MD: Rowman & Littlefield, 2001), 87–126.

14. James, "Memorandum Concerning the Sending of an Educational Commission to China."

15. QS Top Universities, "QS World University Rankings 2021," https://www.topuniversities.com/ university-rankings/world-university-rankings/2021

16. " 統計數據 ", 清華大學 , https://www.tsinghua.edu.cn/xxgk/tjzl.htm .

17. Samuel Eliot Morison, *The Development of Harvard University Since the Inauguration of President Eliot, 1869–1929* (Cambridge, MA: Harvard University Press, 1930), 329.

18. " 中共清華大學委員會關於巡視整改情況 ", 清華大學 , August 27, 2017, http://news.tsinghua. edu.cn/publish/thunews/11062/2017/20170827093352932836560 /20170827093352932836560. html

19. "Tsinghua University," University Rankings, https://www.universityrankings.ch/results?ranking=Ti mes&region=World&year=2011&q=Tsinghua+University, May 12, 2020 到訪網站 ; *Times Higher Education World University Rankings,* "Tsinghua University," https://www.timeshighereducation. com/world-university-rankings/tsinghua-university , May 12,2020 到訪網站 .

20. 清華大學 , " 十三五發展規劃綱要 ", July 2016, http://www.moe.gov.cn/s78/A08/gjsleft/s7187/ zsgxgzsswgh/201703/W020170310332581867931 .pdf .

21. 同上 .

22. " 科研機構 ", 清華大學 , https://www.tsinghua.edu.cn/kxyj/kyjg1.htm , January 19, 2020 到訪網站 .

23. 清華大學 , " 十三五發展規劃綱要 "

24. " 清華大學 2019–2020 學年本科教學質量報告 ", 清華大學 , http://tsinghua.edu.cn/jwc/ info/1018/1072.htm ; 生雲龍 , " 清華大學教師學歷與學緣結構的變遷 ", 清華大學教育研究 29, no. 2 (April 2008): 92–98.

25. " 十二五發展規劃綱要 ", December 2011, 清華大學 , https://www.tsinghua.edu.cn/publish/ newthu/openness/jbxx/fzgh.htm.

26. 清華大學 , " 十三五發展規劃綱要 "

27. Yuan Yang 與 Nian Liu, "China Hushes Up Scheme to Recruit Overseas Scientists," *Financial Times,* January 9, 2019, https://www.ft.com/content/a06f414c-0e6e-11e9-a3aa-118c761d2745 .

28. 全國高教思想政治工作網 , " 清華大學 ", October 28, 2019, http://www.sizhengwang.cn/ zt/7102/2019scxmz/sfgx/2019/1028/2923.shtml.

29. 錢穎一 , " 大學人事制度改革 : 以清華大學經濟管理學院為例 ", 清華大學教育研究 34, no. 2 (April 2013): 1–8.

30. 清華大學 , " 十三五發展規劃綱要 "

31. 同上

32. 2015 年 3 月 23 日於北京作者採訪李稻葵

33. "2018–2019 學年本科教育質量報告 ", December 2019, 清華大學 , https://www.tsinghua.edu.cn/ local/D/51/C4/9C31C0CC9287C56A7E246B71ED7 3247581681794.pdf?e=.pdf.

34. " 實踐教學 ", 清華大學 , https://www.tsinghua.edu.cn/publish/newthu/newthucnt/education/edu-1-5.html , May 12, 2020 到訪網站 .

35. "2018–2019 學年教授本科課程占比 . . .", 清華大學 , https://www.tsinghua.edu.cn/xxgk/jxzlxx/ zjbkkcdjs.htm , January 19, 2021 到訪網站 .

36. Li Cao, "The Significance and Practice of General Education in China: The Case of Tsinghua University," in *Experiences in Liberal Arts and Science Education from America, Europe, and Asia: A Dialogue across Continents,* William C. Kirby 與 Marijk van der Wende, 編輯 . (New

York: Palgrave,2016).

37. "清華大學 2014–2015 學年本科教學質量報告 ", 清華大學 , https://www.tsinghua.edu.cn/jwc/bkpy/zlbg.htm .

38. Qian Yingyi, *How Reform Worked in China: The Transition from Plan to Market* (Cambridge, MA: MIT Press, 2017); 錢穎一與李強,《老清華》.

39. Tsinghua University School of Economics and Management 2013–2014,Tsinghua University brochure (Beijing, 2013), 41.

40. Pan, *University Autonomy,* 183.

41. "清華大學教職公代表大會 ", 清華大學 , December 2012, http://www.tsinghua.edu.cn/publish/newthu/openness/jbxx/jzgdbdhgd.html .

42. Emily Feng, "China Universities Accused of Ideological Weakness," *Financial Times,* June 19, 2017, https://www.ft.com/content/88191d36-54b4-11e7-9fed-c19e2700005f .

43. "清華大學 2019 年部門預算 ", 清華大學 , April 2019, https://www.tsinghua.edu.cn/publish/newthu/openness/cwzcjsfxx/cwyc2019.htm .

44. "清華大學 2020 年度預算 ", 清華大學 , https://www.tsinghua.edu.cn/publish/newthu/openness/newsml/cwyc2020.htm .

45. dxsbb .com[大學生必備網], "2020 年清華大學學費是多少？及專業收費標準 ", September 9, 2020, https://www.dxsbb.com/news/52163.html .

46. 清華大學 SEM, " 費用和獎學金 ", http://gmba.sem.tsinghua.edu.cn/content/page/expensesscholarship.html, May 2020. 到訪網站

47. " 統計數據 ", Tsinghua University, https://www.tsinghua.edu.cn/publish/newthu/newthucnt/about/about-6.html , May 12,2020 到訪網站 ; College Student's Essential Network, "How Much Are the Tuition and Fees for Tsinghua University in 2020? Expenses for Each Major," September 9, 2020, https://www.dxsbb.com/news/52163.html .

48. 清華大學 , " 十三五發展規劃綱要 "

49. 軍網 , " 清華大學開設軍民融合高端人才專修班 ", September 21, 2018, http://military.cnr.cn/zgjq/20180921/t20180921524366936.html ;Elsa B. Kania, "In Military-Civil Fusion, China Is Learning Lessons from the United States and Starting to Innovate," August 27, 2019, https://www.realcleardefense.com/articles/2019/08/27/inmilitary-civilfusionchina_islearninglessonsfromtheunitedsttesandstartingtoinnovate_114699.html .

50. 國務院 , " 國務院關於印發中國製造 2025 的通知 ", May 8, 2015, http://www.gov.cn/zhengce/content/2015-05/19/content9784.htm .

51. 清華大學 , " 十三五發展規劃綱要 "

52. 科學網 , " 中國製造 2025 添百億資金 25 項任務入圍 , October 12, 2017, http://news.sciencenet.cn/htmlnews/2017/10/390819.shtm.

53. 中國汽車工業協會 , " 工業和信息化部關於發布 2017 年工業轉型升級 （ 中國製造 2025) 資金 (部門預算) 項目指南的通知 ",May 24, 2017, http://www.caam.org.cn/policySearch/con5210981.html .

54. " 清華大學數據科學研究所工業大數據研究中心成立 ", 清華大學 , October 28, 2015, https://news.tsinghua.edu.cn/publish/thunews/9650/2015/20151029160416909874073201510291604169098740.html ; " 清華大學 ' 中國製造 2025' 與 ' 十三五 ' 中國製造企業發展戰略第四期高級研修班 ", 清華大學 , March 16, 2017, http://www.tsinghua-tj.org/news/3376.html ; 清華深圳國際研究生院 , " 先進製造學院 ", https://www.sigs.tsinghua.edu.cn/xjzzxb1/index.jhtml , May 12, 2020.

55. 北京市海淀區人民政府 , "2018 年度海淀軍民融合專題申請指南 , http://www.bjhd.gov.cn/ztzl2014/zxzt/Afour/sbzn/QYHXJZL/jmhz/201804/t201804171504152.htm, May 12, 2020 到訪網站 .

56. 青海省政府，"青海省人民政府關於印發中國製造 2025 青海行動方案的通知"，June 27, 2016, http://www.maqin.gov.cn/html/3142/241618.html，May 12, 2020 到訪網站；天津日報，"天津智能製造水平不斷提升,"May 8, 2018, http://www.gov.cn/xinwen/2018-05/08/content_5289067.htm .

57. Tom Holland, "Beijing's 'Made in China 2025' Plan Isn't Dead, It's Out of Control," *South China Morning Post,* April 8, 2019, https://www.scmp.com/week-asia/opinion/article/3004900/beijings-made-china-2025-plan-isnt-dead-its-out-control

58. 新唐人電視台，"否認放棄：中共官媒披露製造 2025 經費分配" November 13, 2018, https://www.ntdtv.com/gb/2018/11/13/a1399033.html.

59. Wanhua Ma, "The Flagship University and China's Economic Reform" 於 *World Class Worldwide: Transforming Research Universities in Asia and Latin America,* Philip G. Altbach 與 Jorge Bal, 編輯. (Baltimore, MD: Johns Hopkins University Press, 2007), 39.

60. 張曉迪，"清華控股'大瘦身'：資產跌破五千億改革尚未完成"中國經營網，May 26, 2020, http://www.cb.com.cn/index/show/zj_m/cv/cv13487671267 .

61. 清華控股，"2019 財富中國 500 強：清華控股連續六年穩進計算機行業前三"，July 15, 2019, https://www.thholding.com.cn/news/show/contentid/2847.html .

62. "中共清華大學紀律檢查委員會"，August 27, 2017, http://news.tsinghua.edu.cn/publish/thunews/11062/2017/20170827093352932836560/20170827093352932836560.html .

63. "Xi Stresses Coordinated Efforts in Central, Local Institutional Reform,"*Xinhua,* May 12, 2018, http://www.xinhuanet.com/english/2018-05/12/c_137172840.htm .

64. 孫雁，"清華大學教育基金會成理財高手"，中國網路電視台，October 19, 2010, http://igongyi.cntv.cn/20101019/100856.shtml，October 2014 到訪網站；清華大學教育基金會，"清華大學教育基金委員會 2018 年工作報告"，March 25, 2019, http://www.tuef.tsinghua.edu.cn/sites/pdf/infomation/2018ndgzbg.pdf .

65. 清華大學教育基金，"清華大學教育基金委員會 2018 年工作報告"

66. 同上 .

67. "高校巨額捐款變少：後疫情時代，高校要過緊日子？"，搜狐，December 17, 2020, https://www.sohu.com/a/438929037608848 .

68. 作者採訪 Author interview with 錢穎一，Beijing, March 23, 2015.

69. 2015 年 3 月 23 日於北京作者採訪李稻葵

70. 同上

71. William C. Kirby, Joycelyn W. Eby, Yuanzhuo Wang, "Higher Education in China: Internationalization in Turbulent Times," Case 316-066 (Boston:Harvard Business School, 2019), 8.

72. Kirby, Eby, 與 Wang, "Higher Education in China," 22.

73. 中國國家統計局，"研究生和留學人員統計"，中國統計年鑑 *2019,* http://www.stats.gov.cn/tjsj/ndsj/2019/indexeh.htm; Gao Hongmei, Hu Yiwei, Zhao Hong, Zhao Lei, "七張圖助你了解中國高考"，中國環球電視網，June 8, 2018, https://news.cgtn.com/news/3d3d414f776b544f77457a6333566d54/sharep.html.

74. Alexis Lai, "Chinese Flock to Elite U.S. Schools," CNN, November 26, 2012, https://www.cnn.com/2012/11/25/world/asia/china-ivy-league-admission/index.html .

75. Laurent Ortmans, "What the 2015 Executive MBA Survey Reveals," *Financial Times,* October 18, 2015, https://www.ft.com/content/14c11226-570e-11e5-9846-de406ccb37f2;"Global MBA Ranking 2015," *Financial Times,* http://rankings.ft.com/businessschoolrankings/global-mba-ranking-2015 .

76. Australian Government, Department of Education, Skills and Employment,"Double First-Class University and Discipline List Policy Update,"December 14, 2017, https://internationaleducation.

gov.au/International-network/china/PolicyUpdates-China/Pages/Double-First-Class-university-and-discipline-list-policy-update.aspx .

77. Kirby, Eby, 與 Wang, "Higher Education in China," 22.

78. "President Qiu Yong Visited the School of Humanities," Tsinghua University, April 1, 2015, https://news.tsinghua.edu.cn/info/1006/52325.htm .

79. CWTS Leiden Ranking, "CWTS Leiden Ranking 2020,"https://www.leidenranking.com/ranking/2020/list , January 19, 2021 到訪網站 .

80. " 中共清華大學紀律檢查委員會 "

81. Kathrin Hille 與 Richard Waters,"Washington Unnerved by China's 'Military-Civil Fusion,' " *Financial Times,* November 8, 2018, https://www.ft.com/content/8dcb534c-dbaf-11e8-9f04-38d397e6661c; Elsa B. Kania, "In Military-Civil Fusion, China Is Learning Lessons from the United States and Starting to Innovate."

82. Permanent Subcommittee on Investigations of the United States Senate,"Threats to the U.S. Research Enterprise: China's Talent Recruitment Plans," November 18, 2019, https://www.hsgac.senate.gov/imo/media/doc/2019-11-18%20PSI%20Staff%20Report%20 -%20China's%20Talent%20 Recruitment%20Plans .pdf.

83. U.S.-China Economic and Security Review Commission, *Technology, Trade, and Military-Civil Fusion: China's Pursuit of Artificial Intelligence, New Materials, and New Energy,* 116th Cong., 1st sess., 2019, https://www.uscc.gov/sites/default/files/2019-10/June%207,%202019%20Hearing%20Transcript.pdf .

84. Geremie R. Barme, "Xu Zhangrun's Fears and Hopes, July 2018–July 2020,"*China Heritage,* July 26, 2020, https://chinaheritage.net/journal/xu-zhangruns-fears-hopes-july-2018-july-2020/ .

85. Chris Buckley, "Seized by the Police, an Outspoken Chinese Professor Sees Fears Come True," *New York Times,* July 6, 2020, https://www.nytimes.com/2020/07/06/world/asia/china-detains-xu-zhangrun-critic.html?smid=em-share .

86. Geremie R. Barme, "Remonstrating with Beijing—Xu Zhangrun's Advice to China's National People's Congress," *China Heritage,* May 21, 2020, http://chinaheritage.net/journal/remonstrating-with-beijing-xu-zhangruns-advice-to-chinas-national-peoples-congres-21-may-2020/.

87. Josephine Ma 與 Guo Rui, "Chinese Professor Known for Challenging the Party Leadership Sacked by University," *South China Morning Post,* July 18, 2020, https://www.scmp.com/news/china/politics/article/3093769/chinese-professor-known-challenging-party-leadership-sacked; 中華人民共和國教育部 , " 教育部印發新時代高校教師職業行為 ",《新時代中小學教師職業行為十項指導意見》, November 14, 2018, http://www.moe.gov.cn/srcsite/A10/s7002/201811/t20181115354921.html .

88. Geremie R. Barme, "Responding to a Gesture of Support—Xu Zhangrun,"*China Heritage,* July 19, 2020, http://chinaheritage.net/journal/responding-to-a-gesture-of-support-xu-zhangrun/ .

89. " 統計數據 ", Tsinghua University, https://www.tsinghua.edu.cn/xxgk/tjzl.htm .

90. "2018–2019 Academic Year Undergraduate Education Quality Report,"Tsinghua University, December 2019, https://www.tsinghua.edu.cn/local/D/51/C4/9C31C0CC9287C56A7E246B71ED73247581681794.pdf?e=.pdf .

91. Karen Rhodes, "UC Berkeley and Tsinghua University Launch Research and Graduate Education Partnership," *Berkeley News,* September 6, 2014, http://news.berkeley.edu/2014/09/06/uc-berkeley-and-tsinghua-university-launch-research-and-graduate-education-partnership/, July 20, 2015 到訪網站 .

92. Nick Wingfield, "University of Washington and Chinese University Unite to Form Technology Institute," *New York Times,* June 18, 2015, http://www.nytimes.com/2015/06/19/business/

university-of-washington-and-chinese-university-unite-to-form-technology-institute.html , July 20, 2015 到訪網站 .

93. 中華人民共和國教育部 , " 教育部關於印發推進共建一帶一路教育行動方案的通知 ", July 15, 2016, http://www.moe.gov.cn/srcsite/A20/s7068/201608/t20160811274679.html .

94. 清華大學 , " 十三五發展規劃綱要 "

95. Beijing Net, " 清華大學全球共同發展研究院入選 ' 一帶一路 ' 研究特色智庫 ", November 18, 2019, https://www.yidianzixun.com/article/0NobAQ9l?s ; Tsinghua University, " 清華大學舉辦第四屆 ' 一帶一路 ' 達沃斯論壇 ", January 23, 2020, http://news.tsinghua.edu.cn/publish/thunews/10303/2020/20200123162907289119592/20200123162907289119592.html; 清華大學 , " 一帶一路 " 國際公共管理碩士 (IMPA-BRI) 項目 2020 年招生簡章 , http://www.sppm.tsinghua.edu.cn/xwjy/IMPABRI/ , May 12, 2020 到訪網站 .

96. Eva Dou, "Who is Tsinghua Unigroup, the Firm Preparing a \$23 Billion Bid for Micron," *Wall Street Journal blog,* July 14, 2015, http://blogs.wsj.com/digits/2015/07/14/who-is-tsinghua-unigroup-the-firm-preparing-a-23-billion-bid-for-micron/ , July 17 到訪網站 , 2015; Paul Mozur 與 Quentin Hardy, "Micron Technology Is Said to Be Takeover Target of Chinese Company,"*New York Times,* July 14, 2015, http://www.nytimes.com/2015/07/15/business/international/micron-technology-is-said-to-be-takeover-target-of-chinese-company.html , July 17, 2015 到訪網站 ; John Kang, "Why China Wants U.S. Memory Chip Technology—And What Washington Is Doing About It," December 6, 2016, https://www.forbes.com/sites/johnkang/2016/12/06/china-beijing-u-s-washington-memory-chip-semiconductor-technology/#7fd7305a46f9 .

97. Stephen A. Schwarzman, *What It Takes: Lessons in the Pursuit of Excellence* (New York: Avid Reader Press, 2019), 291.

98. Keith Bradsher, "\$300 Million Scholarship for Study in China Signals a New Focus," *New York Times,* April 20, 2013, http://www.nytimes.com/2013/04/21/world/asia/us-financier-backs-china-scholarship-program.html, July 20, 2015 到訪網站 .

99. " 清華大學 2020 年部門預算 ", Tsinghua University, July 2020, https://www.tsinghua.edu.cn/publish/newthu/openness/newsml/cwyc2020.htm .

第 10 章　歷史的包袱

1. William C. Kirby, "Engineers and the State in Modern China," 於 William P. Alford, Kenneth Winston, 與 William C. Kirby, 編輯 ., *Prospects for the Professions in China* (New York: Routledge, 2011), 286–287. 另參閱 Charles D. Musgrove, *China's Contested Capital: Architecture, Ritual and Response in Nanjing* (Honolulu: University of Hawaii Press, 2013).

2. 在這一章大量借重了王德茲編輯 , 《南京大學史》 （南京：南京大學出版社， 1992 ）以及王德茲 , 龔放與冒榮編輯 , 《南京大學百年史》 （南京：南京大學出版社， 2002 ）。

3. 王德茲 , 龔放與冒榮 , 《南京大學百年史》 , 53 。

4. Guy S. Alitto, *The Last Confucian: Liang Shu-ming and the Chinese Dilemma of Modernity* (Berkeley: University of California Press, 1979), 6–7; Laurence Schneider, "National Essence and the New Intelligentsia," 於 Charlotte Furth, 編輯 , *The Limits of Change: Essays on Conservative Alternatives in Republican China* (Cambridge, MA: Harvard University Press, 1976), 58–75, 遍見於 , 73 ,Schneider 對於學衡派學者的描述 .

5. 王德茲 , 《南京大學史》 , 134 。

6. 參閱 William C. Kirby, *Germany and Republican China* (Stanford: Stanford University Press, 1984).

7. 參閱 Wen-hsin Yeh, *The Alienated Academy* (Cambridge, MA: Harvard University Asia Center, 1990), 179, 以及遍見於 chap. 5.

8. Robert Lawrence Kuhn, *The Man Who Changed China: The Life and Legacy of Jiang Zemin* (New York: Crown Publishers, 2004), 42.

9. 參閱 Augustus S. Downing, "Report on Higher Education for the School Year 1918–19," in *Sixteenth Annual Report of the Education Department: University of the State of New York, Volume III* (Albany: University of the State of New York and State Department of Education, 1919), 60–66, https://books.google.com/books?id=CdpJAQAAMAAJ&lpg=PA190&ots=jw3g2aYwjX&dq=new%20 york%20state%20department%20of%20education%20university%20of%20nanking&pg =PA62#v =onepage&q =nanking&f=false , November 19, 2015 到訪網站 .

10. 10. 同上 , 63.

11. 王德茲，《南京大學史》，466–468。

12. 王德茲，《南京大學史》，476–477。

13. Yoshi S. Kuno, *Educational Institutions in the Orient with Special Reference to Colleges and Universities in the United States, Part II* (Berkeley: University of California, 1928)；王德茲，《南京大學史》，480。

14. 王德茲，《南京大學史》，498。

15. Mrs. Lawrence Thurston 與 Ruth M. Chester, *Ginling College* (New York:United Board for Christian Colleges in China, 1955), 2–3; Downing, "Report on Higher Education," 61–62, 71–74.

16. Ellen Widmer, "The Seven Sisters and China, 1900–1950," 於 *China's Christian Colleges: Cross-Cultural Connections, 1900–1950,* Daniel H. Bays 與 Ellen Widmer, 編輯 . (Stanford: Stanford University Press, 2009), 88.

17. Hua Ling Hu, *American Goddess at the Rape of Nanking: The Courage of Minnie Vautrin* (Carbondale: Southern Illinois University Press, 2000).

18. Thurston 與 Chester, *Ginling College,* 135.

19. 參閱 Jun Li, Jing Lin, 與 Fang Gong, "Nanjing University: Redeeming the Past by Academic Merit," 於 Ruth Hayhoe, Jun Li, Jing Lin, 與 Qiang Zha, *Portraits of 21st Century Chinese Universities: In the Move to Mass Higher Education* (Dordrecht, NL: Springer, 2011), 135–136.

20. Widmer, "The Seven Sisters and China," 94.

21. 王德茲，龔放與冒榮，《南京大學百年史》，305。

22. "南京大學揪出反黨反社會主義的反革命分子匡亞明。江蘇省委決定撤銷匡亞明一切職務，受到熱烈擁護", 人民日報, June 16, 1966, http://www.morningsun.org/chinese/library/19660616.html .

23. 文革初期，關於南大極好的資料來源是 Dong Guoqian 和 Andrew G. Walder, "Factions in a Bureaucratic Setting: The Origins of Cultural Revolution Conflict in Nanjing," *The China Journal,* no. 65 (Jan. 2011), 1–25, esp. 11–18.

24. Li, Lin, 與 Fang, "Nanjing University," 137–138.

25. 參閱張憲文，《中華民國史綱》（鄭州：河南人民出版社，1985）。

26. Guido Samarani, "Studies on the History of Republican China in the PRC and the Nanjing Research Center," *Revue Bibliographique de Sinologie,* 14 (1996): 153–158.

27. Norton Wheeler, "Educational Exchange in Post-Mao U.S.-China Relations:The Hopkins-Nanjing Center," *The Journal of American-East Asian Relations* 17, no. 1 (2010): 56–88, http://www.jstor.org/stable/23613332 .

28. Maria Blackburn, "Professor Chien, Diplomat," *Johns Hopkins Magazine,* June 10, 1986, https://pages.jh.edu/jhumag/0607web/chien.html .

29. Katie Pearce, "Trailblazing Chinese-American Grad Program Celebrates 30 Years in Nanjing," Johns Hopkins University, June 2016, http://hub.jhu.edu/2016/06/16/hopkins-nanjing-center-30th-anniversary ,October 2016 到訪網站 .

30. Mira Sorvino, "Anti-Africanism in China: An Investigation into Chinese Attitudes toward Black Students in the PRC" (Undergraduate Honors Thesis, Department of East Asian Languages and Civilizations, Harvard College, December 1989).

31. Maria Blackburn, "Professor Chien, Diplomat."

32. Li, Lin, 與 Fang, "Nanjing University," 139–140.

33. "'211 工程' 和 '985 工程' 源於 '835 建議'", 中國江蘇網, October 11, 2019, http://www.jiangsucc.com/5703-1.html.

34. 同上

35. "帶領南京大學成為國內頂尖高校的前南大校長—曲欽岳", 南京大學校友網, September 9, 2020, https://alumni.nju.edu.cn/8b/02/c21703a494338/pagem.htm.

36. 《南京大學年鑑 1999》（南京：南京大學出版社，2000），10–21。

37. Naomi Ching, "Fame Is Fortune in Sino-science,"*Nautilus,* September 19, 2013, https://nautil.us/issue/5/fame/fame-is-fortune-in-sinoscience.

38. 正如引用於 Li, Lin, 和 Fang, "Nanjing University," 141.

39. Jun Li, 等, "Nanjing University," 142; 中國統計年鑑 2006 和 1991, http://tongji.cnki.net/overseas/engnavi/YearBook.aspx?id=N2005120321&floor =1### 與 http://www.stats.gov.cn/tjsj/ndsj/2006/indexeh.htm ; http://xiaoban.nju.edu.cn/687/list.htm .

40. 南京大學, "十三五發展規劃", July 2016, 12, http://webcache.googleusercontent.com/search?q=cache:udOp7NP9pk8J:fzghc.bnu.edu.cn/docs/20181120170123477926 .pdf+&cd =1&hl =en&ct =clnk&gl =us.

41. 南京大學, "一流大學建設規劃", December 26, 2017, https://webcache.googleusercontent.com/search?q=cache:x7oX2S5vVtcJ: https://xkb.nju.edu.cn/upload/article/files/72/cf/56c3661c41d1b7bd0eceb2fd6d57/e27d8fad-5d2d-4020-9b62-b1651aebea01.pdf+&cd =2&hl =en&ct clnk&gl =us.

42. 同上

43. "School Profile," Kuang Yaming Honors School, Nanjing University, https://dii.nju.edu.cn/kymen.

44. 南京大學, "一流大學建設規劃"。

45. Li, Lin, 與 Fang, "Nanjing University," 152.

46. 南京大學, "十三五發展規劃"。

47. Manhan Education, "南京大學 2019–2020 年教研崗位人才引進與招聘計畫", 知乎, July 24, 2019, https://zhuanlan.zhihu.com/p/75070993 .

48. 南京大學新聞網, "南京大學啟動新一輪 '登峰人才支持計畫,' 選拔青年人才可享受優待", 北京中國教育, May 15, 2018, http://bj.offcn.com/html/2018/05/131161.html.

49. 2015 年 5 月 30 日, 作者於南京採訪楊忠

50. "History of NJU," Nanjing University School History Museum, https://web.archive.org/web/20170504075303/ http://museum.nju.edu.cn/univerhistory/index02.asp?column=01 .

51. "學校簡介", 南京大學金陵學院, https://www.jlxy.nju.edu.cn/xygk/xxjj.htm .

52. "南大金陵學院校友校哭了, 三本轉設為 985 校區成為南大校友了",Cunman Entertainment Network, July 19, 2020, http://www.cunman.com/new/492725cfaef94e7a8f1795ef1c8f48f9 .

53. "南京大學金陵學院搬遷後浦口校區將變成這樣", 快資訊, May 14, 2019, https://www.360kuai.com/pc/95688776f821940e5?cota =4&kuai so=1&tj url=so_rec&sign =360e39369d.

54. "南京大學 2016 年部門預算",Nanjing University, May 2016, http://xxgk.nju.edu.cn/upload/article/files/54/1a/20d4a9e8486997b264c51d78243f/9350f5b8-ab18-4d53-a997-58dbbee667b6c.pdf .

55. "南京大學校史", Nanjing University, https://web.archive.org/web/20160304030017/ http://museum.nju.edu.cn/univerhistory/index02.asp?column=01 ; "南京大學本科教學質量報告, 2013

年度 ", Nanjing University, http://xxgk.nju.edu.cn/07/15/c199a1813/page.htm .

56. 南京大學 , " 南京大學教育發展基金會工作報告 , 2017 年度 , February 28, 2019, https://njuedf. nju.edu.cn/43/ae/c4443a279470/page.htm .

57. "The Flagship History," The Language Flagship, https://www.thelanguageflagship.org/content/ flagship-history, August 2020 到訪網站 .

58. U.S. Department of Education, Office of Postsecondary Education, "Enhancing Foreign Language Proficiency in the United States" (Washington,DC, 2008), https://nsep.gov/sites/default/files/nsli-preliminary-results.pdf .

59. Joel Campbell, "BYU Trying to Recall Group from Nanjing," *Deseret News,*June 6, 1989, https:// www.deseret.com/1989/6/6/18809954/byu-trying-to-recall-group-from-nanjing ; The Nanjing Chinese Flagship Center, "About the Nanjing Chinese Flagship Center," https://chinesefs.byu.edu/, August 2020 到訪網站 .

60. William A. Stanton, "Arrival of Flagship in Taiwan Significant for US-Taiwan Relations," *Taiwan News,* October 13, 2019, https://www.taiwannews.com.tw/en/news/3794865 .

61. Elizabeth Redden, "3 More Universities Close Confucius Institutes," *Inside Higher Ed,* May 1, 2019, https://www.insidehighered.com/quicktakes/2019/05/01/3-more-universities-close-confucius-institutes .

62. William A. Stanton, "Arrival of Flagship in Taiwan Significant for US-Taiwan Relations."

63. "Donors," Schwarzman Scholars, https://www.schwarzmanscholars.org/donors/ , August 2020 到訪網站 .

64. "Schwarzman Scholars Announces Inaugural Class," Schwarzman Scholars, January 11, 2016, https://www.schwarzmanscholars.org/news-article/schwarzman-scholars-announces-inaugural-class/ .

65. "Schwarzman Scholars Announces Class of 2021," Schwarzman Scholars, December 4, 2019, https://www.schwarzmanscholars.org/news-article/schwarzman-scholars-announces-class-of-2021/

66. "Degrees of Danger," Week in China, August 30, 2019, https://www.weekinchina.com/2019/08/ degrees-of-danger/ ;"FAQ," Yenching Academy of Peking University, https://yenchingacademy. pku.edu.cn/ADMISSIONS/FrequentlyAskedQuestions.htm , August 2020 到訪網站 .

67. "Schwarzman Scholars: Global Leadership for the 21st Century,"Schwarzman Scholars, December 2018, https://www.schwarzmanscholars.org/wp-content/uploads/2018/12/Schwarzman-Scholars-Brochure.pdf ;"Fellowship Program Information Sheet─Yenching Scholarship," Smith College, https://www.smith.edu/fellowships/docs/1.YEN.2.001FellowshipInfo_SheetYenching.pdf, August 2020 到訪網站 .

68. "Class Profile: Hopkins-Nanjing Center," Johns Hopkins School of Advanced International Studies, https://sais.jhu.edu/hopkins-nanjing-center/class-profile-hopkins-nanjing-center, August 2020 到訪網站 .

69. 南京大學 , " 十三五發展規劃 "

70. 上觀新聞 , " 中央將對清華北大等 29 所高校開展專項巡視 . 王岐山 : 巡視要旗幟鮮明講政治 ", February 22, 2017, https://www.jfdaily.com/wx/detail.do?id=45466 .

71. Emily Feng, "Ideological Purge Hits China Universities with Western Ties," *Financial Times,* April 24, 2017, https://www.ft.com/content/8a7552d8-1f68-11e7-a454-ab04428977f9 .

72. " 習近平在中國政法大學考察 ", 新華網 , May 3, 2017, http://www.xinhuanet.com// politics/2017-05/03/c1120913310.htm .

73. 南京大學 zhonggong jiwei, " 南京大學黨委巡視反饋情況及整改落實工作幹部大會召開 ", 南京大學新聞網 , June 27, 2017, https://jwb.nju.edu.cn/29/01/c8317a207105/page.htm

74. 中共南京大學黨委 , " 南京大學巡視整改通報 : 對違紀中層幹部一查到底 ", 新浪新聞 ,

August 28, 2017, http://news.sina.com.cn/c/nd/2017-08-28/doc-ifykiurx2388342.shtml .

75. 同上

76. 同上

77. 南京大學中共紀委，" 校黨委中心組專題學習新黨章 "，南京大學新聞網，November 2, 2017, https://jwb.nju.edu.cn/6f/85/c8317a225157/page.htm .

78. 南京大學中共紀委，" 南京大學召開 2018 年全面從嚴治黨工作會議 "，南京大學新聞網，April 13, 2018, https://jwb.nju.edu.cn/eb/c1/c8317a256961/page.htm .

79. 南京大學，" 一流大學建設規劃 "

80. 同上

81. 同上

82. " 馬克思主義理論研究與建設項目 " 中國共產黨新聞，September 25, 2008, http://cpc.people.com.cn/GB/134999/135000/8105941.html ;" 中共中央國務院印發關於進一步加強和改進大學生思想政治教育的意見 "，中華人民共和國教育部，October 14, 2004, http://www.moe.gov.cn/s78/A12/szslef/moe_1407/moe1408/tnull20566.html .

83. "Nanjing University 2017–2018 Undergraduate Education Quality Report,"Nanjing University, December 20, 2018, https://xxgk.nju.edu.cn/e4/f7/c15434a320759/page.htm, August 2020 到訪網站 .

84. 中共南京大學委員會，" 南京大學關於切實加強和改進師德學風建設的若干意見 "，May 17, 2018, https://hr.nju.edu.cn/1d/cc/c12918a269772/pagem.htm .

85. 南京大學馬克思主義閱讀研究社，" 南大馬會致南京大學黨委書記胡金波的公開信 "，October 16,2018, https://njured.wordpress.com/2018/10/16/ .

86. 茝茝，" 中國左翼青年的崛起和官方的打壓 "，BBC News, December 28, 2018, https://www.bbc.com/zhongwen/simp/chinese-news-46616052 .

87. "Shenzhen Jasic Workers' Rights Defense: Left-Wing Youth and Political Aspirations," BBC News, August 16, 2018, https://www.bbc.com/zhongwen /simp/chinese-news-45204596.

88. " 深圳佳士維權：伸援團成員披露被警方帶走過程 "，BBC News, August 29, 2018, https://www.bbc.com/zhongwen/simp/chinese-news-45341005 .

89. 茝茝，" 中國左翼青年的崛起和官方的打壓 ".

90. 南京大學馬克思主義閱讀研究社，" 南大馬會致南京大學黨委書記胡金波的公開信 "

91. 南京大學馬克思主義閱讀研究社，" 南大馬克思主義閱讀研究會俱樂部 (09.12–11.05)"，November 2, 2018, https://njumarx.wordpress.com/2018/11/02/ .

92. 美國之音，" 深圳佳士維權活動人士再遭警方嚴厲鎮壓 "，November 11, 2018, https://www.voachinese.com/a/China-Rounds-Up-Uni-Labor-Campaigners-20181111/4653698.html .

93. 南京大學馬克思主義閱讀研究社，" 南大馬克思主義閱讀研究會俱樂部 (09.12–11.05)."

94. " 中共中央任命胡金波為南京大學黨委書記 "，南京大學校友網，October 23, 2018, https://alumni.nju.edu.cn/90/17/c276a299031/pagem.htm ; 閆宏亮，" 張異賓卸任南大黨委書記：主動提出從領導崗位退下 "，新浪新聞，October 24, 2018, https://news.sina.com.cn/o/2018-10-24/doc-ihmxrkzw0005437.shtml .

95. 南京大學馬克思主義閱讀研究社，" 南大馬會致南京大學黨委書記胡金波的公開信 "

96. 茝茝，" 中國左翼青年的崛起和官方的打壓 "

97. 赫海威，" 中國多名倡導工人權利的年輕活動人士失蹤 "，紐約時報（中文版），November 12, 2018, https://cn.nytimes.com/china/20181112/china-student-activists/ .

98. Wen Yuqing, Han Jie, 與 Luisetta Mudie, "China Replaces Head of Peking University with Communist Party Chief," Radio Free Asia, November 25, 2018, https://www.rfa.org/english/news/china/university-party-10252018143652 .html ; " 朱信凱任中國人民大學黨委常委、副校長 "，人民日報，November 28, 2018, http://renshi.people.com.cn/n1/2018/1128/c139617-30429118.

html；"祁鵬飛任中國人民大學黨委副書記"，新華網, June 27, 2019, http://www.xinhuanet. com/renshi/2019-06/27/c1124678988.htm；"Zhongong zhongyang ziyuan Hu Jinbo wei Nanjing shuji."

99. Javier C. Hernandez, "Cornell Cuts Ties with Chinese School after Crackdown on Students," *New York Times,* October 29, 2018, https://www.nytimes.com/2018/10/29/world/asia/cornell-university-renmin.html .

100. 北京大學教育法研中心, "南京大學章程", October 12, 2015, http://www.educationlaw.cn/plus/ view.php?aid=160 .

101. "教育部關於同意復旦大學章程條款修改的批覆"，中華人民共和國教育部, December 5, 2019, http://www.moe.gov.cn/srcsite/A02/zfsgdxxzc/201912/t20191216412276.html.

102. 同上

103. 同上

104. 北京大學教育法研究中心, "南京大學章程"

105. "教育部關於同意復旦大學章程條款修改的批覆"

106. Philip Wen, "Delete 'Freedom and Emphasize 'Loyalty': Chinese Colleges and Universities Revise Their Statutes, Raising Objections," *Wall Street Journal,* December 20, 2019, https://on.wsj. com/3qI9uE8 .

107. Emily Feng, "Chinese Universities Are Enshrining Communist Party Control in Their Charters," NPR, January 20, 2020, https://www.npr.org/2020/01/20/796377204/chinese-universities-are-enshrining-communist-party-control-in-their-charters .

108. Douglas Belkin 與 Philip Wen, "American Colleges Watch for Changes at Chinese Universities," *Wall Street Journal,* December 27, 2019, https://www.wsj.com/articles/american-colleges-watch-for-changes-at-chinese-universities -11577474706 .

109. "教育部 2020 年部門預算", June 11, 2020, 中華人民共和國教育部, http://www.moe.gov.cn/ srcsite/A05/s7499/202006/t20200611_465019.html .

110. "南京大學 2020 年部門預算", 南京大學, July 3, 2020, https://xxgk.nju.edu.cn/63/fb/ c15419a484347/page.htm .

第 11 章　亞洲的全球大學？

1. 2019 年 10 月 15 日作者於香港採訪張翔

2. 同上

3. 同上

4. 同上

5. 同上

6. *London Gazette,* no. 28024, May 24, 1907, 3589, https://www.thegazette.co.uk/London/ issue/28024/page/3589 , December 9, 2015 到訪網站；Peter Cunich, *A History of the University of Hong Kong, Volume 1: 1911–1945* (Hong Kong: Hong Kong University Press, 2012), 80.

7. 摘錄自 Lugard 在 1910 年 10 月號 *The Nineteenth Century and After* 上所發表的一篇文章，引自 Bernard Mellor, *Lugard in Hong Kong: Empires, Education and a Governor at Work, 1907–1912* (Hong Kong: Hong Kong University Press, 1992), 1–2.

8. Cunich, *A History of the University of Hong Kong,* 82.

9. Bert Becker, "The 'German Factor'in the Founding of the University of Hong Kong," 刊載於 *An Impossible Dream: Hong Kong University from Foundation to Re-establishment, 1910–1950,* Lau Kit-Ching Chan 與 Peter Cunich, 編輯 .(Oxford: Oxford University Press, 2002), 29.

10. Cunich, *A History of the University of Hong Kong,* 86.

11. Cunich, *A History of the University of Hong Kong,* 120.

12. Mellor, *Lugard in Hong Kong,* 3.

13. Cunich, *A History of the University of Hong Kong,* 185.

14. University of Hong Kong Calendar, 1955–1956. (Hong Kong: Cathay Press,1955), 11.

15. Cunich, *A History of the University of Hong Kong,* 169.

16. Cunich, *A History of the University of Hong Kong,* 262.

17. Cunich, *A History of the University of Hong Kong,* 301.

18. Cunich, *A History of the University of Hong Kong,* 312.

19. Brian Harrison, "The Years of Growth," in *University of Hong Kong: The First 50 Years, 1911–1961,* Brian Harrison, 編輯 . (Hong Kong: Cathay Press, 1963),54–55.

20. Cunich, *A History of the University of Hong Kong,* 335.

21. Sloss, 引自 Cunich, *A History of the University of Hong Kong,* 335.

22. Cunich, *A History of the University of Hong Kong,* 340.

23. Cunich, *A History of the University of Hong Kong,* 388–389.

24. 引自 Cunich, *A History of the University of Hong Kong,* 433.

25. Francis Stock, "A New Beginning" in Harrison, *University of Hong Kong*, 86.

26. "Milestones through the Decades,"Chinese University of Hong Kong, 2015, http://www.cuhk.edu. hk/ugallery/en/zone-a.html , December 9, 2015 到訪網站 .

27. *Faculty of Arts 100: A Century in Words and Images* (Hong Kong: University of Hong Kong Faculty of Arts, 2014), 100.

28. *Faculty of Arts 100,* 33.

29. 中國中央政府 , 中英聯合聲明全文 ,"Government of China, June 14, 2007, http://www.gov.cn/ english/2007-06/14/content649468.htm , October 22, 2019 到訪網站 .

30. Phoebe H. Stevenson, "Higher Education in Hong Kong: A Case Study of Universities Navigating through the Asian Economic Crisis" (dissertation, University of Pennsylvania, 2010), 14–15.

31. "The Basic Law of the Hong Kong Special Administrative Region of the People's Republic of China," Government of Hong Kong, October 22, 2019 到 訪 網 站 , https://www.basiclaw.gov. hk/en/basiclawtext/images/basiclawfulltexten.pdf; "Wang Gungwu, Historian and Former Vice-Chancellor of the University of Hong Kong, Shares Life Memories and His Views on Hong Kong's Future," *South China Morning Post* 影片 , September 7, 2019, https://www.scmp.com/video/hong-kong/3026052/wang-gungwu-historian-and-former-vice-chancellor-university-hong-kong .

32. "University Allows Display of Democracy Sculpture," *The Globe and Mail,* June 7, 1997, http://search.proquest.com.ezp-prod1.hul.harvard.edu/docview/1140556689?accountid=11311 , September 24, 2015 到訪網站 .

33. University Grants Committee, *Hong Kong Higher Education: To Make a Difference, To Move with the Times,* January 2004, http://www.ugc.edu.hk/eng/doc/ugc/publication/report/policydocumente. pdf , December 9, 2015 到訪網站 .

34. "Quick Stats," University of Hong Kong, http://www.cpao.hku.hk/qstats/ , October 28, 2015 到訪 網站 .

35. "Staff Profiles," Quick Stats, University of Hong Kong, https://www.cpao.hku.hk/qstats/staff-profiles , November 2020 到訪網站 .

36. Mimi Lau, "Global HKU is on Top of the World," *South China Morning Post,* November 10, 2007, http://www.scmp.com/article/615037/global-hku-top-world , January 26, 2016 到訪網站 .

37. 2015 年 10 月 20 日作者於香港採訪 Peter Mathieson.

38. University of Hong Kong Strategic Planning Unit, *University of Hong Kong Strategic 2009–2014 Development,* November 2009, 6, http://www.sppoweb.hku.hk/sdplan/eng/images/doc.pdf,

December 9, 2015 到訪網站.

39. 2015 年 10 月 15 日作者於香港採訪李國章

40. 2015 年 5 月 12 日作者於香港採訪 Ian Holliday.

41. Rayson Huang, *A Lifetime in Academia* (Hong Kong: Hong Kong University Press, 2000), 102.

42. 2015 年 5 月 15 日作者於香港採訪匿名來源

43. 2015 年 5 月 11 日作者於香港採訪錢大康

44. 同上

45. "Terms for Re-appointment beyond Retirement Age," Human Resources of HKU, September 13, 2018, https://www.hr.hku.hk/news/internalcommuni cation /announcement.php?id=428, October 22, 2019 到訪網站.

46. Cindy Wan, "HKU court calls for review of retirement age," *The Standard,* December 18, 2018, http://www.thestandard.com.hk/section-news.php?id=203359&sid =11 , October 22, 2019 到訪網站.

47. Kris Cheng, "HKU grants 2-year contract extensions for liberal profs Johannes Chan and Petula Ho instead of 5," *Hong Kong Free Press,* August 10,2018, https://www.hongkongfp.com/2018/08/10/hku-grants-2-year-contract-extensions-liberal-profs-johannes-chan-petula-ho-instead-5/ , October 22, 2019 到訪網站.

48. Karen Zhang, "HKU academic staff express discontent over retirement at 60 in forum with management and alumni," *South China Morning Post ,* November 20, 2018, https://www.scmp.com/news/hong-kong/education/article/2174164/hku-academic-staff-express-discontent-retirement-60-forum, October 22, 2019 到訪網站.

49. *Fit for Purpose Report,* 2003, http://www.hku.hk/about/governance/purpose_report.html , February 11, 2016 到訪網站.

50. "The Senate (Membership)," University of Hong Kong, 2015, http://www.hku.hk/about/governance/governancestructure/the-court/senatemembership.html , December 9, 2015 到訪網站.

51. "The Court (Membership)," University of Hong Kong, 2015, http://www.hku.hk/about/governance/governancestructure/the-court/courtmembership.html , December 9, 2015 到訪網站.

52. 2015 年 5 月 12 日作者於香港採訪 John Malpas

53. 同上

54. 同上

55. The University of Hong Kong—Strategic Development 2003–2008, "Transforming the University for the 21st Century,"https://www.sppoweb.hku.hk/sdplan/200308/english/fs-transform.htm.

56. The University of Hong Kong, "HKU Ranked 18th amongst the World's Top 200 universities," https://www.hku.hk/press/newsdetail5651.html .

57. "Asia's Global University: The Next Decade:Our Vision for 2016–2025,"The University of Hong Kong, https://www.sppoweb.hku.hk/vision2016-2025/index.html .

58. "About ZIRI," Zhejiang Institute of Research and Innovation, http://www.ziri.hku.hk/en/about.html; LKS Faculty of Medicine, The University of Hong Kong, "The University of Hong Kong-Shenzhen Hospital," https://fmpc.hku.hk/en/Clinical-Services/The-University-of-Hong-Kong-Shenzhen-Hospital .

59. *University of Hong Kong Financial Report, 2018,* http://www.feo.hku.hk/finance/information/annualreport/publications/2018/HTML/index.html October 21, 2019 到訪網站.

60. "Undergraduate Admissions," University of Hong Kong, 2019, https://aal.hku.hk/admissions/international/admissions-information?page=en/fees-and-scholarships 與 http://www.als.hku.hk/admission/mainland/admission/overview# , October 22, 2019 到訪網站.

61. "Centennial College," University of Hong Kong, 2019, https://www.centennialcollege.hku.hk/en/

faq, October 22, 2019 到訪網站 .

62. University of Hong Kong Financial Report, 2014, http://www.feo.hku.hk/finance/information/annualreport.html?v=1449761272864 , December 10, 2015 到訪網站 .

63. University of Hong Kong Financial Report, 2018, http://www.feo.hku.hk/finance/information/annualreport/publications/2018/HTML/index.html , October 21, 2019 到訪網站 .

64. 2015 年 5 月 15 日作者於香港採訪匿名來源

65. "People's Satisfaction with HKSARG's Pace of Democratic Development (Half-Yearly Average)," HKU Public Opinion Programme, https://www.hkupop.hku.hk/english/popexpress/sargperf/demo/halfyr/demohalfyr_chart.html , January 2020 到訪網站 .

66. "People's Lack of Confidence in HK's Future, People's Lack of Confidence in China's Future and People's Lack of Confidence in 'One Country, Two Systems,' " HKU Public Opinion Programme, January 2020 到 訪 網 站 , https://www.hkupop.hku.hk/english/popexpress/trust/conhkfuture/combineno/combinenohalfyrchart.html ; "People's Confidence in HK's Future, People's Confidence in China's Future and People's Confidence in 'One Country, Two Systems,' " HKU Public Opinion Programme, https://www.hkupop.hku.hk/english/popexpress/trust/conhkfuture/combine/combine_hfyearchart.html , January 2020 到訪網站 .

67. "CUHK Hong Kong Quality of Life Index Reveals Continuous Improvement of Quality of Life for Hong Kong," CUHK Communications and Public Relations Office, https://www.cpr.cuhk.edu.hk/en/pressdetail.php?id=487&t=cuhk-hong-kong-quality-of-life-index-reveals-continuous-improvement-of-quality-of-life-for-hong-kong , January 2020 到訪網站 .

68. "CUHK Hong Kong Quality of Life Index: Quality of Life in Hong Kong Declined," CUHK Communications and Public Relations Office, https://www.cpr.cuhk.edu.hk/en/pressdetail.php?id=1351&t=cuhk-hong-kong-quality-of-life-index-quality-of-life-in-hong-kong-declined, January 2020 到訪網站 .

69. "Categorical Ethnic Identity (per poll)," HKU Public Opinion Programme, https://www.hkupop.hku.hk/english/popexpress/ethnic/eidentity/poll/eid_pollchart.html , January 2020 到訪網站 .

70. "Hong Kong Controversy Strikes University Officials," *Wall Street Journal,* September 7, 2000, http://search.proquest.com.ezp-prod1.hul.harvard.edu/docview/398878047?accountid=11311, December 9, 2015 到訪網站 .

71. Peter So, "University Chief Vows Truth on Police Action," *South China Morning Post,* September 6, 2011, https://global.factiva.com/redir/default.aspx?P=sa&an=SCMCOM0020110906e7960000z&cat =a&ep=ASE , December 10, 2015 到訪網站 ; Dennis Chong and Tanna Chong, "Tsui Denies He Was Forced to Quit University," *South China Morning Post,* October 27, 2011, https://global.factiva.com/redir/default.aspx?P=sa&an=SCMP0000201 11026e7ar0000p&cat =a&ep=ASE , December 10,2015 到訪網站 .

72. Reuters,"Explainer: What Was Hong Kong's 'Occupy' Movement All About?," April 23, 2019, https://www.reuters.com/article/us-hongkong-politics-occupy-explainer/explainer-what-was-hong-kongs-occupy-movement-all-about-idUSKCN1S005M.

73. Hong Kong Special Administrative Region, "Decision of the Standing Committee of the National People's Congress on Issues Relating to the Selection of the Chief Executive of the Hong Kong Special Administrative Region by Universal Suffrage and on the Method for Forming the Legislative Council of the Hong Kong Special Administrative Region in the Year 2016," August 31, 2014, http://www.2017.gov.hk/filemanager/template/en/doc/20140831b.pdf .

74. Harry Ong, "What Is HKU's Murky Role in 'Occupy Central'?," *China Daily,* November 4, 2014, https://www.chinadaily.com.cn/hkedition/2014-11/04/content18861375.htm .

75. Kris Cheng, "Explainer: The HKU Pro-Vice-Chancellor Debacle," *Hong Kong Free Press,*

September 30, 2015, https://www.hongkongfp.com/2015/09/30/explainer-hku-council-rejects-johannes-chan-appointment-to-pro-vice-chancellor/ , December 10, 2015 到訪網站 .

76. "Thousands Sign Petition against HKU Students," RTHK News, August 5, 2015, http://news.rthk.hk/rthk/en/component/k2/1203053-20150805.htm , December 10, 2015 到訪網站 .

77. RTHK, "7,000 HKU Alumni Favor Johannes Chan," *The Standard,* September 2, 2015, http://www.thestandard.com.hk/breakingnewsdetail.asp?id=66171&icid =3&d str= , December 10, 2015 到訪網站 .

78. Michael Forsythe, "Vote at Hong Kong University Stirs Concern over Beijing's Influence," *New York Times,* September 30, 2015, http://www.nytimes.com/2015/10/01/world/asia/hong-kong-university-votes-against-promoting-johannes-chan.html , December 10, 2015 到訪網站 .

79. Billy Fung, " 轉載 : 馮敬恩九月二十九校委會會議之個人聲明全文 ", *Post 852,* September 29, 2015, http://www.post852.com/2015/09/29 , December 10, 2015 到訪網站 .

80. Jeffie Lam, "More than 3,000 March against Arthur Li's Appointment as Chairman of HKU Governing Council," *South China Morning Post,* January 4, 2016, http://www.scmp.com/news/hong-kong/education-community/article/1897821/more-3000-march-against-arthur-lis-appointment , February 11, 2016 到訪網站 .

81. 參 閱 The Report of the Review Panel on University Governance (University of Hong Kong, February 2017), http://www.gs.hku.hk/Grant_Report_and_Addendum.pdf , October 22, 2019 到訪網站 .

82. Working Party on the Recommendations of the Review Panel on University Governance, *Report of the Working Party* (University of Hong Kong, June 2017), http://www.gs.hku.hk/ReportofWorkingParty.pdf , October 22, 2019 到訪網站 .

83. *The Report of the Review Panel on University Governance.*

84. "HKU Groups Condemn Reappointment of Arthur Li," RTHK News, January 1, 2019, https://news.rthk.hk/rthk/en/component/k2/1435945-20190101.htm ,October 22, 2019 到訪網站 .

85. *Fugitive Offenders and Mutual Legal Assistance in Criminal Matters Legislation (Amendment) Bill 2019* (Hong Kong Legislative Council, March 2019), https://www.legco.gov.hk/yr18-19/english/bills/b201903291.pdf , October 22, 2019 到訪網站 .

86. Fion Li and Carol Zhong, "Everything You Need to Know About the Extradition Bill Rocking Hong Kong," *Washington Post,* June 13, 2019, https://www.washingtonpost.com/business/everything-you-need-to-know-about-the-extradition-bill-rocking-hong-kong/2019/06/11/12a7907c-8c26-11e9-b6f4-033356502dcestory.html , October 22, 2019 到訪網站 .

87. James Pomfret and Farah Master, "Hong Kong Pushes Bill Allowing Extraditions to China Despite Biggest Protest Since Handover," Reuters, June 9,2019, https://www.reuters.com/article/us-hongkong-extradition/hong-kong-pushes-bill-allowing-extraditions-to-china-despite-biggest-protest-since-handover-idUSKCN1TB08W , October 22, 2019 到訪網站 .

88. "Hong Kong Protest: 'Nearly Two Million' Join Demonstration," BBC, June 17, 2019, https://www.bbc.com/news/world-asia-china-48656471 ,October 17, 2019 到訪網站 .

89. Hillary Leung, "Hong Kong University Students Reject Invitation to Meet City's Leader for Closed-Door Talks," *Time,* July 5, 2019, https://time.com/5620905/hong-kong-student-unions-reject-carrie-lam-meeting/ , October 22, 2019 到訪網站 .

90. Alvin Lum, "University of Hong Kong President Zhang Xiang Calls for'Every Corner of Society'to Mend Political Divide through Talking as City Gears up for More Marches," *South China Morning Post,* July 18, 2019, https://www.scmp.com/news/hong-kong/politics/article/3019223/university-hong-kong-president-zhang-xiang-calls-every , October 22, 2019 到訪網站 .

91. Yojana Sharma, "Students Defy University Warnings with Classes' Boycott,"*University World News*, September 3, 2019, https://www.universityworldnews.com/post. php?story=20190903181638206 , October 22, 2019 到訪網站 .

92. Center for Communication and Public Opinion Survey, "Onsite Survey Findings in Hong Kong's Anti-Extradition Bill Protests," Chinese University of Hong Kong, August 2019, http://www.com. cuhk.edu.hk/ccpos/en/pdf/ENGantielab%20survey%20public%20report%20vf.pdf.

93. 同上

94. Li Xinxin, " 袁國勇 , " 反送中示威衝突受傷人數可能逾 2000 人 ", RTHK News, August 15,2019, https://news.rthk.hk/rthk/ch/component/k2/1474890-20190815.htm , October 22, 2019 到訪網站 .

95. Greg Torode, James Pomfret, and David Lague, "China Quietly Doubles Troop Levels in Hong Kong, Envoy Says," Reuters, September 30, 2019, https://www.reuters.com/investigates/special-report/china-army-hongkong/ , October 22, 2019 到訪網站 ; Andrew J. Nathan, "How China Sees the Hong Kong Crisis," *Foreign Affairs*, September 30, 2019, https://www.foreignaffairs.com/ articles/china/2019-09-30/how-china-sees-hong-kong-crisis , October 22, 2019 到訪網站 .

96. Cannix Yau, Wendy Wu,　　與 Gary Cheung, "Chinese President Xi Jinping Warns That Anyone Trying to Split Any Part of Country Will Be Crushed,"*South China Morning Post*, October 13, 2019, https://www.scmp.com/news/hong-kong/politics/article/3032741/chinese-president-xi-jinping-warns-anyone-trying-split-any, October 22, 2019 到訪網站 .

97. "Clashes Spread to Different Hong Kong Universities," RTHK, https://news.rthk.hk/rthk/en/ component/k2/1491306-20191111.htm , January 20202 到訪網站 .

98. Mary Hui, "Photos: Hong Kong Police and Students Are Fighting a War in One of the City's Top Universities," *Quartz*, https://qz.com/1746924/police-students-battle-in-chinese-university-of-hong-kong/, January 2020 到訪網站 .

99. Wenxin Fan and Dan Strumpf, "Hong Kong's Harrowing University Siege Ends Not with a Bang but a Whimper," *Wall Street Journal*, https://www.wsj.com/articles/hong-kongs-harrowing-university-siege-ends-not-with-a-bang-but-a-whimper-11574942822 , January 2020 到訪網站 .

100. Chan Ho-him,"Hong Kong Protests: City University Reveals Bill to Fix Vandalised Campus Will Run to Hundreds of Millions of Dollars," *South China Morning Post*, https://www.scmp.com/ news/hong-kong/education/article/3040062/hong-kong-protests-city-university-reveals-bill-fix ,January 2020 到訪網站 .

101. Jinshan Hong, "Mainland Students Flee Hong Kong Campus Clash with China Aid," *Bloomberg*, https://www.bloomberg.com/news/articles/2019-11-13/mainland-students-flee-hong-kong-campus-standoff-with-china-help , January 2020 到訪網站 ; Theo Wayt, "U.S. Universities Suspend Hong Kong Study Programs amid Deadly Protests," NBC News, https://www.nbcnews.com/news/us-news/u-s-universities-suspend-hong-kong-study-programs-amid-deadly-n108406

102. "Teaching and Learning Arrangements for the Remainder of the Semester,"The University of Hong Kong, https://www.hku.hk/press/press-releases/detail/20219.html, January 2020 到訪網站 .

103. Christian Shepherd 與 Sue Lin-Wong,"Luo Huining: Beijing's enforcer in Hong Kong," *Financial Times*, January 7, 2020, https://www.ft.com/content/c95614f6-3063-11ea-9703-eea0cae3f0de .

104. "Key Facts about New Head of China's Liaison Office in Hong Kong,"Reuters, January 5, 2020, https://www.reuters.com/article/us-honkong-china-liaison-factbox/key-facts-about-new-head-of-chinas-liaison-office-in-hong-kong-idUSKBN1Z50AS ;Natalie Lung, Iain Marlow, and Cathy Chan, "China's New Hong Kong Liaison Confident City Will Stabilize,"Bloomberg, January 4, 2020, https://www.bloomberg.com/news/articles/2020-01-04/china-announces-new-top-liaison-official-for-hong-kong?sref=8JkQ65qI .

105. Natalie Wong, Gary Cheung, and Sum Lok-kei,"Beijing's Liaison Office Says It Has Right to Handle Hong Kong Affairs, as Provided by Constitution and Basic Law," *South China Morning Post,* April 17, 2020, https://www.scmp.com/news/hong-kong/politics/article/3080506/beijings-liaison-office-says-it-has-right-handle-hong-kong .

106. Helen Davidson, "China's Top Official in Hong Kong Pushes for National Security Law," *The Guardian,* April 15, 2020, https://www.theguardian.com/world/2020/apr/15/china-official-hong-kong-luo-huining-pushes-national-security-law .

107. Anna Fifield, Tiffany Liang, Shibani Mahtani, and Timothy McLaughlin,"China to Impose Sweeping Security Law in Hong Kong, Heralding End of City's Autonomy," *Washington Post,* May 21, 2020, https://www.washingtonPost.com/world/asiapacific/china-signals-plan-to-take-full-control-of-hong-kong-realigning-citys-status/2020/05/21/2c3850ee-9b48-11ea-ad79-eef7cd734641_story.html ;Keith Bradsher, "China Approves Plan to Rein in Hong Kong, Defying Worldwide Outcry," *New York Times,* May 28, 2020, https://www.nytimes.com/2020/05/28/world/asia/china-hong-kong-crackdown.html .

108. Chris Buckley, "China Vows Tougher Security in Hong Kong. Easier Said Than Done," *New York Times,* November 6, 2019, https://www.nytimes.com/2019/11/06/world/asia/hong-kong-protests-china-national-security.html .

109. Nectar Gan, "China Approves Controversial National Security Law for Hong Kong," CNN, May 28, 2020, https://www.cnn.com/2020/05/28/asia/china-npc-hk-security-law-intl-hnk/index.html .

110. James Griffiths and Helen Regan, "Hong Kong Protest over Proposed National Security Law Met with Tear Gas," May 24, 2020, https://www.cnn.com/2020/05/24/asia/hong-kong-protest-national-security-law-intl-hnk/index.html.

111. CGTN, "Arthur Li Voices Firm Opposition to External Interference in HKSAR affairs," May 28, 2020, https://news.cgtn.com/news/2020-05-28/Arthur-Li-voices-rejection-to-external-interference-in-HKSAR-affairs-QR5cYpmMYo/index.html .

112. Wong Tsui-kai,"Hong Kong University Heads Release Statement Saying They 'Understand' New National Security Law," *South China Morning Post,* June 1, 2020, https://www.scmp.com/yp/discover/news/hong-kong/article/3086981/hong-kong-university-heads-release-statement-saying-they .

113. Chris Buckley, "What China's New National Security Law Means for Hong Kong," *New York Times,* June 28, 2020, https://www.nytimes.com/2020/06/28/world/asia/china-hong-kong-national-security-law.html .

114. "English Translation of the Law of the People's Republic of China on Safeguarding National Security in the Hong Kong Special Administrative Region,"July 1, 2020, *Xinhua,* http://webcache.googleusercontent.com/search?q=cache:fTYutlWet2cJ:www .xinhuanet.com/english/2020-07/01/c_139178753.htm+&cd =1&hl =en&ct =clnk&gl =us.

115. Chris Lau, "National Security Law: Hong Kong Academics Might Choose Self-Censorship to Protect Themselves, Law Dean Warns," *South China Morning Post,* July 15, 2020, https://www.scmp.com/news/hong-kong/politics/article/3093337/national-security-law-hong-kong-academics-might-choose-self .

116. Jerome Taylor and Su Xinqi, "Security Law: Hong Kong Scholars Fear for Academic Freedom," *Hong Kong Free Press,* July 15, 2020, https://hongkongfp.com/2020/07/15/security-law-hong-kong-scholars-fear-for-academic-freedom/ .

117. Kelly Ho, "Hong Kong's Carrie Lam Says Education Is 'Politised,' Blames Media for 'Negative, Smearing' Coverage," *Hong Kong Free Press,* July 13, 2020, https://hongkongfp.com/2020/07/13/hong-kongs-carrie-lam-says-education-is-politicised-blames-media-for-negative-smearing-

coverage/ .

118. Chan Ho-him,"University of Hong Kong Governing Council Sacks Legal Scholar Benny Tai over Convictions for Occupy Protests," *South China Morning Post,* July 28, 2020, https://www.scmp.com/news/hong-kong/politics/article/3095043/university-hong-kong-governing-council-sacks-legal-scholar .

119. 同上

120. Chan Ho-him,"University of Hong Kong's Governing Council Chief Defends Benny Tai Sacking, Rejects Allegations of Outside Interference in the Decision," *South China Morning Post,* July 31, 2020, https://www.scmp.com/news/hong-kong/politics/article/3095411/university-hong-kong-governing-council-chief-defends-benny .

121. "First Priority Is to Get Rid of 'Bad Apples' in Education: Hong Kong Security Chief," *Apple Daily,* July 30, 2020, https://hk.appledaily.com/us/20200730/XP6ZJSHFIONFE6G3UOZ7XNA27E/ .

122. Chan Ho-him,"Sacked Legal Scholar Benny Tai to Challenge Hong Kong's Leader Carrie Lam over Dismissal," *South China Morning Post,* July 29, 2020, https://www.scmp.com/news/hong-kong/politics/article/3095120/sacked-legal-scholar-benny-tai-challenge-hong-kongs-leader .

123. 2015 年 10 月 20 日作者採訪 Peter Mathieson

124. 2015 年 10 月 15 日作者採訪李國章

125. 2015 年 5 月 11 日作者於香港採訪錢大康

126. 清華大學教育收費公示，清華大學，http://www.tsinghua.edu.cn/publish/newthu/openness/cwzcjsfxx/sfxm.html，December 10, 2015 到訪網站；University of Hong Kong, "Fees and Scholarships: Tuition Fee & Cost of Living Reference," University of Hong Kong International Undergraduate Admissions, 2019, http://www.aal.hku.hk/admissions/international/admissions-information?page=en/fees-and-scholarships , October 22, 2019 到訪網站 .

127. 2015 年 10 月 21 日作者於香港採訪馮國 .

128. *Times Higher Education World University Rankings,* 2012–2013, https://www.timeshighereducation.com/world-university-rankings/2013/world-ranking#!/page/0/length/25/sortby/rank/sortorder/asc/cols/undefined .

129. 參閱 *Times Higher Education World University Rankings,* https://www.timeshighereducation.com/world-university-rankings/2021/world-ranking#!/page/0/length/25/sortby/rank/sortorder/asc/cols/stats .

130. Kelly Ng, "Yale-NUS and Duke-NUS Offer New Route for Liberal Arts Students to Become Doctors," *Today Online,* January 16, 2018, https://www.todayonline.com/singapore/yale-nus-and-duke-nus-offer-new-route-liberal-arts-students-become-doctors .

131. National University Singapore, "National University of Singapore and its Subsidiaries: Full Financial Statements for the Financial Year Ended 31 March 2014," https://www.nus.edu.sg/docs/default-source/annual-report/nus-financialreport-2014.pdf ; University of Hong Kong, "An Extract from the University's Annual Accounts 2013–2014," https://www4.hku.hk/pubunit/review/2014/anextract2014.pdf .

132. University of Hong Kong Strategic Planning Unit, "University of Hong Kong Strategic 2009–2014 Development," November 2009, 6, http://www.sppoweb.hku.hk/sdplan/eng/images/doc.pdf, December 9, 2015 到訪網站 .

133. 2015 年 10 月 21 日作者於香港採訪馮國經

134. 2019 年 10 月 15 日作者於香港採訪張翔

135. 2015 年 5 月 15 日作者於香港採訪譚廣亨

136. Shui-yin Sharon Yam 與 Alex Chow, "Hong Kong's Universities Have Fallen.There May Be No Turning Back," *New York Times,* November 24, 2021.

137. "HKU President to Continue to Engage Students and University Members,"The University of Hong Kong, https://www.hku.hk/press/press-release/detail/20123.html , January 2020 到訪網站 .

結論

1. 參閱 "Nature Index—Physical Sciences Germany (1 August 2019–31 July 2020)," https://www.natureindex.com/institution-outputs/generate/Physical%20Sciences/countries-Germany/academic/score ,March 13, 2021 到訪網站 .

2. 引用於 Mark Lander, "Seeking Quality, German Universities Scrap Equality," *New York Times,* Oct. 20, 2006.

3. 參閱 Jurgen Kaube, "Uberall Niveau. Schavans jungster Einfall: Bundesuniversitaten,"*FAZ* Nr. 39 v. (16.2.2011): 5. 另參閱 Ingo von Munch,*Rechtspolitik und Rechtskultur* (Berlin: Berliner Wissenschafts-Verlag, 2011),116–118.

4. "Nature Index," Wikipedia, 最後修改時間為 March 15, 2021, https://en.wikipedia.org/wiki/NatureIndex .

5. German Research Foundation, *Funding Atlas 2018,* https://www.dfg.de/sites/foerderatlas2018/index.html , March 12, 2021 到訪網站 . 該地圖集自 1997 年每三年出版一次。

6. 參閱 Alexander Mayer, *Universitaten im Wettbewerb: Deutschland von den 1980er Jahren bis zur Exzellenzinitiative* (Stuttgart: Franz Steiner Verlag,2019).

7. 參閱 Hans N. Weiler, *Die Erfindung einer privaten Hochschule fur offenliches Handeln* (Berlin: Hertie School of Governance, 2014).

8. 參閱 "ZU in the Current Rankings," https://www.zeppelin-university.com/university/rankings.php ,March 12, 2021 到訪網站 .

9. 參閱 Klaus Muhlhahn, *Making China Modern* (Cambridge, MA: Harvard University Press, 2019).

10. 參閱 Marijk van der Wende 與 Belinda Stratton, *Amsterdam University College: Liberal Arts and Sciences for the 21st Century:AUC's Experiences and Achievements, 2009–2012* (Amsterdam: Amsterdam University College,2012).

11. 參閱 Peter-Andre Alt, *Exzellent!? Zur Lage der deutschen Universitat* (Munchen: C. H. Beck, 2021).

12. Derek Bok, *Our Underachieving Colleges* (Princeton:Princeton University Press, 2006); James Engell 與 Anthony Dangerfield, *Saving Higher Education in the Age of Money* (Charlottesville: University of Virginia Press, 2005); Charles T. Clotfelter, *Unequal Colleges in the Age of Disparity* (Cambridge, MA: Harvard University Press, 2017); Holden Thorp 與 Buck Goldstein, *Our Higher Calling: Rebuilding the Partnership between America and Its Colleges and Universities* (Chapel Hill: University of North Carolina Press, 2018); James L. Shulman 與 William G. Bowen, *The Game of Life* (Princeton,NJ: Princeton University Press, 2001); *The Heart of the Matter: The Humanities and Social Sciences for a Vibrant, Competitive, and Secure Nation* (Cambridge, MA: American Academy of Arts and Sciences, 2013); *The Perils of Complacency: America at a Tipping Point in Science & Engineering* (Cambridge, MA: American Academy of Arts and Sciences, 2020); Simon Marginson, *The Dream Is Over: The Crisis of Clark Kerr's California Idea of Higher Education* (Berkeley: University of California Press, 2016); Mark S. Tucker, 編輯 , *Surpassing Shanghai* (Cambridge, MA: Harvard Education Press, 2011); Mark S. Ferrara, *Palace of Ashes: China and the Decline of American Higher Education* (Baltimore, MD: Johns Hopkins University Press, 2015).

13. Anthony Abraham Jack, *The Privileged Poor: How Elite Colleges Are Failing Disadvantaged Students* (Cambridge, MA: Harvard University Press, 2019); Elizabeth A. Armstrong and Laura

T. Hamilton, *Paying for the Party: How College Maintains Inequality* (Cambridge, MA: Harvard University Press, 2015); Sara Goldrick-Rab, *Paying the Price: College Costs, Financial Aid, and the Betrayal of the American Dream* (Chicago: University of Chicago Press, 2016); Tressie McMillan Cottom, *Lower Ed: The Troubling Rise of For-Profit Colleges in the New Economy* (New York: The New Press, 2017); Jennifer S. Hirsch 與 Shamus Khan, *Sexual Citizens: A Landmark Study of Sex, Power, and Assault on Campus* (New York: W. W. Norton & Company, 2020).

14. 2021 年 7 月作者與 Peter Lange 對話

15. 下面大部分的討論要感謝 John Douglass 與 Zachary Bleemer 的精采報告 *Approaching a Tipping Point? A History and Prospectus of Funding for the University of California* (Berkeley, CA: Center for Studies in Higher Education, 2018).

16. Report of the UC Office of the President, Jan. 21, 2020, https://www.universityofcalifornia.edu/press-room/uc-s-california-student-enrollment-climbs-fourth-straight-year , March 14, 2021 到訪網站 .

17. Yao Huang 與 Anna Ho, "2018 UC Accountability Report Shows High Enrollment Despite Low State Funding," August 8, 2018, https://www.dailycal.org/2018/08/08/2018-uc-accountability-report-shows-high-enrollment-despite-low-state-funding/ , March 14, 2021 到訪網站 .

18. 參閱 Douglass 與 Bleemer, *Approaching a Tipping Point?,* 12–13, 21–23; UC Berkeley Office of Undergraduate Admissions, "Estimated Student Budget,2019–2020," https://admissions.berkeley.edu/cost , March 14, 2021 到訪網站 .

19. 引用於 Bob Herbert, "Cracks in the Future,"*New York Times,* October 3,2009.

20. Robert J. Birgeneau 與 Frank D. Yeary, Rescuing Our Public Universities,*Washington Post,* September 27. 2009.

21. Emma Whitford, "Public Higher Ed Funding Still Has Not Recovered from 2008 Recession," *Inside Higher Ed*, May 5, 2020, https://www.insidehighered.com/news/2020/05/05/public-higher-education-worse-spot-ever-heading-recession , March 10, 2021 到訪網站 . 引述 Sophia Laderman 的發言 , 她是 State Higher Education Executive Officers Association 的資深政策分析師

22. American Academy of Arts and Sciences, *Public Research Universities. Recommitting to Lincoln's Vision: An Educational Compact for the 21st Century* (Cambridge, MA, 2016), 6–10; "A Look at the Shocking Student Loan Debt Statistics for 2021," Student Loan Hero, Jan. 27, 2021 更新 , https://studentloanhero.com/student-loan-debt-statistics/ March 14, 2021 到訪網站 .

23. Laura T. Hamilton 與 Kelly Nielsen, *Broke: The Racial Consequences of Underfunding Public Universities* (Chicago: University of Chicago Press, 2021).

24. State Higher Education Executive Officers Association, "State Higher Education Finance FY 2019 Report," April 2020, 10, https://shef.sheeo.org/wp-content/uploads/2020/04/SHEEOSHEFFY19Report.pdf , March 10, 2021 到訪網站 .

25. Herbert, "Cracks in the Future."

26. Henry Rosovsky, *The University: An Owner's Manual* (New York: Norton,1990), 262.

27. 參閱 William G. Bowen 與 Harold T. Shapiro, 編輯, *Universities and their Leadership* (Princeton, NJ: Princeton University Press, 1998), 尤其是 Shapiro 與 Hanna Gray 的章節 , 65–118; Scott Cowen, *Winnebagos on Wednesdays: How Visionary Leadership Can Transform Higher Education* (Princeton, NJ: Princeton University Press, 2018).

28. 參閱 Australian Government, Department of Education, Skills and Employment,"Chinese Universities Establishing Programs and Campuses in Foreign Countries," September 6, 2016, https://internationaleducation.gov.au/news/latest-news/Pages/Chinese-universities-establishing.aspx , March 10, 2021 到訪網站 .

29. 參閱 Peking University HSBC Business School網站, https://uk.phbs.pku.edu.cn/index.

php?m=content&c =index&a =lists&catid =21 , March 10, 2021 到訪網站 .

30. 參閱 William C. Kirby, "The International Origins and Global Aspirations of Chinese Universities: Along the New Silk Road," 於 Marijk C. van der Wende, William C. Kirby, Nian Cai Liu, 與 Simon Marginson, 編輯, *China and Europe on the New Silk Road: Connecting Universities across Eurasia* (Oxford: Oxford University Press, 2020), 18–32.

31. Amy Binder 與 Kate Wood, *Becoming Right: How Campuses Shape Young Conservatives* (Princeton, NJ: Princeton University Press, 2014); Norimitsu Onishi, "Will American Ideas Tear France Apart? Some of Its Leaders Think So," *New York Times,* February 9, 2021, https://www. nytimes.com/2021/02/09/world/europe/france-threat-american-universities.html , February 21, 2021 到 訪 網 站 ; Norimitsu Onishi, "Heating Up Culture Wars, France To Scour Universities for Ideas That 'Corrupt Society,' " *New York Times,* February 18, 2021, https://www.nytimes. com/2021/02/18/world/europe/france-universities-culture-wars.html , February 21, 2021 到 訪 網 站 .

32. "Education Minister Warns against 'Wrong Western Values,' " *Global Times,* February 3, 2015, https://www.globaltimes.cn/content/905557.shtml .

33. Association of American Universities, "Hefei Statement on the Ten Characteristics of Contemporary Research Universities," (2013) https://www.aau.edu/sites/default/files/AAU%20 Files/Education%20and%20Service/Hefei_statement.pdf .

頂尖大學的條件

從現代大學的演變，洞見教育卓越的關鍵

2024年4月初版　　　　　　　　　　　　定價：新臺幣680元
有著作權・翻印必究
Printed in Taiwan.

著　　者	William C. Kirby			
譯　　者	許	芳	菊	
叢書主編	李	佳	姍	
校　　對	陳	嫻	若	
	林	婉	君	
內文排版	薛	美	惠	
封面設計	陳	文	德	

出　版　者	聯經出版事業股份有限公司	副總編輯	陳	逸	華
地　　　址	新北市汐止區大同路一段369號1樓	總 編 輯	涂	豐	恩
叢書主編電話	(02)86925588轉5395	總 經 理	陳	芝	宇
台北聯經書房	台北市新生南路三段94號	社　　長	羅	國	俊
電　　　話	(02)23620308	發 行 人	林	載	爵
郵政劃撥帳戶第0100559-3號					
郵撥電話	(02)23620308				
印　刷　者	文聯彩色製版有限公司				
總　經　銷	聯合發行股份有限公司				
發　行　所	新北市新店區寶橋路235巷6弄6號2樓				
電　　　話	(02)29178022				

行政院新聞局出版事業登記證局版臺業字第0130號

本書如有缺頁，破損，倒裝請寄回台北聯經書房更換。　ISBN　978-957-08-7322-1 (平裝)
聯經網址：www.linkingbooks.com.tw
電子信箱：linking@udngroup.com

國家圖書館出版品預行編目資料

頂尖大學的條件：從現代大學的演變，洞見教育卓越
的關鍵/ William C. Kirby著 . 許芳菊譯 . 初版 . 新北市 . 聯經 .
2024年4月 . 528面 . 17×23公分
譯自：Empires of ideas
ISBN　978-957-08-7322-1（平裝）

1.CST：高等教育 2.CST：大學 3.CST：教育史 4.CST：比較研究

525.9　　　　　　　　　　　　　　　　　　　113003367